JN117573

刑法の授業

[上巻]

髙橋直哉 著

成文堂

はしがき

　本書は，私がロースクールで行っている授業を，出来るだけリアリティを保ちながら紙上で再現するというコンセプトで書かれています。ですので，普段授業を受けるのと同じように予習→授業→復習という流れを意識して本書を利用していただければ，実際に授業を受けているような感覚で読み進めていただけるのではないかと思います。

　まず，予習として，各回の冒頭に掲げられている「基本事項」を各自の基本書で確認した上で，「課題判例」を読んで「チェック」項目について自分の考え方をまとめてみてください。私は，ロースクールの授業では，現実の具体的な問題に取り組むことの重要性を意識してもらいたいと思っています。現実の問題に興味・関心をもつということは，法律を学ぶ者にとって決定的に重要なマインドでしょう。そのような見地から，本書では，課題判例について全文を掲載することにこだわりました。一般の判例教材では，論点に関係する部分を抜粋して紹介しています。学修という観点からすれば，それが効率的であるかもしれませんが，判例教材では編者による内容の取捨選択がなされるため，そこで紹介されるものはどうしても二次資料的な性格を免れません。本当に判例を読もうとするのであれば，他人の目を介してではなく，まずは自分の目でその全文に目を通すことから始めるべきだと思います。自分の目で全文を読むことによって，思わぬ発見があるかもしれません。また，判例の言葉は，現実の難題に直面し，それと格闘しながら紡ぎだされたものです。そこには，机上での抽象的な思索にはない重みがあります。そのような文章に数多く触れることは，法曹にとって必要なセンスを磨くのに役立つでしょう。

　なお，判例の中には，場合によって不適切だと思われたり，不快に感じられたりする表現や描写が含まれていることがあるかもしれませんが，公刊物に掲載されているものについては原則としてそのままにしました。現実を見る／知るという観点から，いたずらに削除・修正をするべきではないと考えたものですので，ご了解ください。

　このような予習をして授業に臨みます。ロースクールの授業は法曹志望者を対象とするのですから，実務家になるために有用な内容のものでなければなりませ

ん。特に，判例・通説をきちんと説明することが重要です。司法試験においても，判例・通説の正確な理解は欠かせません。そのため，本書の「授業」も，判例・通説をベースにして進められています。

　しかし，重要なのは判例・通説をただ覚えるということではなく，正確に理解した上で，それを用いて具体的な事案を解決する能力を身につけるということです。そのためには，判例・通説の根底にある考え方やその射程，更には問題点なども含めて検討し，判例・通説の内容や妥当性について自分の頭で考えるというプロセスを経ることが必要です。このプロセスを省略し，判例・通説のフレーズだけ覚えても，結局は使い物にならないことがほとんどです。

　私は，授業において，この「考える」ということの重要性をメッセージとして伝えたいと思っています。そのため，自分自身が疑問に思っていることは率直に述べることにしています。それが本書では，「私も分からないんだけれども，皆さんはどう考えますか？」といった類の問いとして発せられています。リアルな授業であれば，このような問いをきっかけとして学生さんと議論するところですが，紙上ではそのようなやり取りをすることができません。ですので，本書を読まれる方は，その問いを自分で考え，必要があれば，友人と議論したり先生に尋ねたりしてみてほしいと思います。

　ロースクールの授業では，司法試験のことを意識せざるを得ません。本書でも試験戦略的なことがところどころで語られています。授業でこのような話しをすることについて批判的な見方があるのは承知していますが，これまで司法試験に挑戦する多くの学生さんを相手に授業を行ってきた経験から，試験の際にどのような点に留意すべきかということについて何のサジェスチョンもしないのは不親切ではないかと感じています。学生は刑法だけを勉強するわけではありませんし，試験では時間も紙幅も限られているのですから，何が学修上優先順位の高い事柄なのかを見極め，それを試験の答案でどのように表現したらよいのかということに学生は大きな関心を寄せざるを得ないでしょう。そのような学生の立場に留意した授業が展開されなければ，授業から学ぼうとする学生のインセンティブが低下してしまいます。

　しかし，他方で，試験対策のことばかり考えると，受験のためのスキルを向上させることにのみ汲々とし，将来法曹となったときに役立つ地力が十分に養われません。そうすると，法科大学院の授業は，司法試験のことを意識しつつも，法

曹となる者が身につけるべき能力の涵養に資するものでなければならないでしょう。試験対策に偏った教育は，短期的には試験において成果を上げるかもしれませんが，長期的には学生をスポイルしてしまう恐れがあるのではないでしょうか。本書は，そのような思いを抱きながら私なりに重ねてきた試行錯誤の一コマを表すものでもあります。

　ところで，授業には余談や脱線がつきものです。本書にもその類のことが結構含まれています。スタンダードな刑法理論を勉強しようとして授業に臨む者にとってはノイズのように感じられるかもしれませんが，これまで刑法を私なりに勉強してきた過程で抱いた様々な思いが表現されているところもあるので，おつきあいいただけると嬉しいです。

　最後に，復習として授業で学んだことを整理します。その際，余裕があったら「授業後の課題」に取り組んでみるのもよいでしょう。そこでは，授業で学んだことの理解を確認する問題や発展的な問題，あるいは，授業では取り扱うことができなかった問題などが取り上げられています。しっかり取り組めば，理解をより深めることに役立つでしょう。

　このように，本書はロースクールの授業に由来するものですが，学部の授業でもテキストや参考書としてお使いいただけると思います。更に，刑法総論・各論を一通り学んだ方であればどなたでも関心をもって読み進めていただくことができるでしょう。

　原稿段階で，只木誠氏（中央大学教授），原口伸夫氏（駒澤大学教授），箭野章五郎氏（桐蔭横浜大学准教授），秋山紘範氏（大東文化大学非常勤講師），谷井悟司氏（中央大学助教）に目を通していただき，多くの貴重なご助言をいただきました。ここに記して謝意を表します。

　成文堂には，出版事情厳しき折，本書の出版を快くお引き受けいただきました。阿部成一社長，並びに，編集の労に当たっていただいた篠崎雄彦氏に心より感謝申し上げます。

　それでは，「刑法の授業」の始まりです。皆さん，一緒に楽しく勉強しましょう。

　2021 年 10 月

髙 橋 直 哉

目　　次

第15回　罪　数

凡　例

［教科書等］

浅田・総論　浅田和茂『刑法総論〔第2版〕』（2019年）

浅田・各論　浅田和茂『刑法各論』（2020年）

井田・総論　井田良『講義刑法学・総論〔第2版〕』（2018年）

井田・各論　井田良『講義刑法学・各論〔第2版〕』（2020年）

伊東・総論　伊東研祐『刑法講義総論』（2010年）

伊東・各論　伊東研祐『刑法講義各論』（2011年）

伊藤ほか・総論［執筆者］　伊藤渉ほか『アクチュアル刑法総論』（2005年）

伊藤ほか・各論［執筆者］　伊藤渉ほか『アクチュアル刑法各論』（2007年）

今井ほか・総論［執筆者］　今井猛嘉ほか『刑法総論〔第2版〕』（2012年）

今井ほか・各論［執筆者］　今井猛嘉ほか『刑法各論〔第2版〕』（2013）

大塚・総論　大塚仁『刑法概説（総論）〔第4版〕』（2008年）

大塚・各論　大塚仁『刑法概説各論〔第3版〕』（1996年）

大谷・総論　大谷實『刑法講義総論〔新版第5版〕』（2019年）

大谷・各論　大谷實『刑法講義各論〔新版第4版補訂版〕』（2015年）

川端・総論　川端博『刑法総論講義〔第3版〕』（2013年）

川端・各論　川端博『刑法各論講義〔第2版〕』（2010年）

小林・総論　小林憲太郎『刑法総論の理論と実務』（2018年）

小林・各論　小林憲太郎『刑法各論の理論と実務』（2021年）

斎藤・総論　斎藤信治『刑法総論〔第6版〕』（2008年）

斎藤・各論　斎藤信治『刑法各論〔第4版〕』（2014年）

佐伯・考え方　佐伯仁志『刑法総論の考え方・楽しみ方』（2013年）

佐伯・法教　佐伯仁志「論点講座・刑法各論の考え方・楽しみ方〔第1回～第18回〕」法学教室355号（2010年）～378号（2012年）

塩見・道しるべ　塩見淳『刑法の道しるべ』（2015年）

曽根・総論　曽根威彦『刑法総論〔第4版〕』（2008年）

曽根・各論　曽根威彦『刑法各論〔第5版〕』（2012年）

高橋・総論　高橋則夫『刑法総論〔第4版〕』（2018年）

高橋・各論　高橋則夫『刑法各論〔第3版〕』（2018年）

団藤・総論　団藤重光『刑法綱要総論〔第3版〕』（1990年）

団藤・各論　団藤重光『刑法綱要各論〔第3版〕』（1990年）

内藤・総論　内藤謙『刑法講義総論』（上）（1983年）（中）（1987年）（下Ⅰ）（1991年）（下Ⅱ）（2002年）

中森・各論　中森喜彦『刑法各論〔第4版〕』（2015年）

西田・総論　西田典之（橋爪隆補訂）『刑法総論〔第3版〕』（2019年）

西田・各論　西田典之（橋爪隆補訂）『刑法各論〔第7版〕』（2018年）

西原・総論　西原春夫『刑法総論改定版（上巻），改定準備版（下巻)』（1993年）

橋爪・悩みどころ　橋爪隆『刑法総論の悩みどころ』（2020年）

橋爪・法教　橋爪隆「論点講座・刑法各論の悩みどころ」法学教室427号（2016年）～450号（2018年）

橋本・総論　橋本正博『刑法総論』（2015年）

橋本・各論　橋本正博『刑法各論』（2017年）

林・総論　林幹人『刑法総論〔第2版〕』（2008年）

林・各論　林幹人『刑法各論〔第2版〕』（2007年）

日高・総論　日高義博『刑法総論』（2015年）

日高・各論　日高義博『刑法各論』（2020年）

平川・各論　平川宗信『刑法各論』（1995年）

平野・総論Ⅰ・Ⅱ　平野龍一『刑法総論』Ⅰ（1972年）Ⅱ（1975年）

平野・概説　平野龍一『刑法概説』（1977年）

藤木・総論　藤木英雄『刑法講義総論』（1975年）

藤木・各論　藤木英雄『刑法講義各論』（1976年）

堀内・総論　堀内捷三『刑法総論〔第2版〕』（2004年）

堀内・各論　堀内捷三『刑法各論』（2003年）

前田・総論　前田雅英『刑法総論講義〔第7版〕』（2019年）

前田・各論　前田雅英『刑法各論〔第7版〕』（2020年）

町野・総論　町野朔『刑法総論』（2019年）

町野・現在　町野朔『犯罪各論の現在』（1996年）

松原・総論　松原芳博『刑法総論〔第2版〕』（2017年）

松原・各論　松原芳博『刑法各論〔第2版〕』（2021年）

松宮・総論　松宮孝明『刑法総論講義〔第5版補訂版〕』（2018年）

松宮・各論　松宮孝明『刑法各論講義〔第5版〕』（2018年）

山口・総論　山口厚『刑法総論〔第3版〕』（2016年）

山口・各論　山口厚『刑法各論〔第2版〕』（2010年）

山中・総論　山中敬一『刑法総論〔第3版〕』（2015年）

山中・各論　山中敬一『刑法各論〔第3版〕』（2015年）

[講座，判例解説等]

最判解　最高裁判所判例解説刑事篇

百選Ⅰ　佐伯仁志＝橋爪隆編『刑法判例百選Ⅰ〔第8版〕』（2020年）

百選Ⅱ　佐伯仁志＝橋爪隆編『刑法判例百選Ⅱ〔第8版〕』（2020年）

重判解　重要判例解説

争点　西田典之＝山口厚＝佐伯仁志編『刑法の争点』（2007年）

執筆者・クローズアップ総論　山口厚編著『クローズアップ刑法総論』（2003 年）
執筆者・クローズアップ各論　山口厚編著『クローズアップ刑法各論』（2007 年）

［判例集］

刑集　最高裁判所刑事判例集・大審院刑事判例集

民集　最高裁判所民事判例集

刑録　大審院刑事判決録

高刑集　高等裁判所刑事判例集

裁判集　最高裁判所裁判集（刑事）

高検速報　高等検察庁編高等裁判所刑事裁判（判決）速報

裁特　高等裁判所刑事裁判特報

東時　東京高等裁判所刑事判決時報

下刑集　下級裁判所刑事裁判例集

裁時　裁判所時報

刑月　刑事裁判月報

［雑誌等］

判時　判例時報

判タ　判例タイムズ

法教　法学教室

法セ　法学セミナー

現刑　現代刑事法

刑ジャ　刑事法ジャーナル

曹時　法曹時報

法協　法学協会雑誌

［記念論文集］

植村退官　植村立郎判事退官記念論文集-現代刑事法の諸問題（1）～（3）（2011 年）

神山古稀　神山敏雄先生古稀祝賀論文集（1）（2）（2006 年）

川端古稀　川端博先生古稀記念論文集（2014 年）

佐々木喜寿　佐々木史朗先生喜寿祝賀-刑事法の理論と実践（2002 年）

下村古稀　下村康正先生古稀祝賀-刑事法学の新動向（上）（下）（1995 年）

中山古稀　中山研一先生古稀祝賀論文集（1）～（5）（1997 年）

西田献呈　西田典之先生献呈論文集（2017 年）

平野古稀　平野龍一先生古稀祝賀論文集（上）（下）（1990 年）

八木古稀　八木國之先生古稀祝賀論文-刑事法学の現代的展開（上）（下）（1992 年）

山口献呈　山口厚先生献呈論文集（2014 年）

山中古稀　山中敬一先生古稀祝賀論文集（上）（下）（2017 年）

▶第**1**回◀

開講に当たって──判例の学び方──

授 業

　この授業では，刑法の総論・各論を一通り勉強したことを前提に，学修上重要度が高いと思われる項目について，基本事項を再確認しながら，正確な理解を定着させることを狙っています。その際，いくつかの重要判例を検討の素材としますので，最初に判例の学び方について，少しお話しておきたいと思います。

　法を学ぶ際に判例が重要な意義をもっていることは，今更言うまでもありません。法が実際にどのように解釈・運用されているのかを知るためには，「現に妥当している法（Law in action）」をしっかりと学ぶ必要があります。

　このことは，刑法においては特に重要です。現行刑法典は，明治40年に制定され，翌41年に施行されたものであり，その後何度も改正されてはいるものの，基本的な部分はあまり変わっていません。そのため，判例が様々な解釈を通じて，社会状況の変化に対応しようとする場面が少なからず生じてきます。また，条文の記載も比較的あっさりしているため，具体的にそれが何を意味するのかは判例を通じて明らかとなる場合も少なくありません。このような事情のため，判例を知らないと，その条文がどのような場合に適用されるのかがよくわからないということも出てくるのです（皆さんは，罪刑法定主義という原則があるということを学んだと思います。罪刑法定主義の観点から見たとき，このような状況はどのように評価されるべきなのか，考えてみることも面白いでしょう）。

　更に，皆さんにとっては，もっと世俗的な（しかし切実な）関心として，司法試験に挑むためには判例の理解が欠かせないというということがあると思います。当然のことながら，皆さんは，日々の学修において判例をしっかり勉強されているでしょう。

　ところで，皆さんは，普段，どのようなツールで判例を勉強されているでしょうか？　判例学修のための代表的な教材としては『判例百選』があります。現在

でも多くの人が使っているのではないでしょうか。『判例百選』に限らず，判例教材では数多ある判例・裁判例の中から学修上重要なものをピックアップして解説しているのですが，そこで取り上げられている判例は，どのような意味で「重要」なのでしょうか？　この問いに対する一つの答えは，「基本的な判例であるから重要なのである」というものです。この答えは決して間違いではありません。ただ，「基本的」ということの意味は，通常の例であるとか，典型例であるとか，そういった意味とは少しニュアンスが違うように思われます。考えてみると，条文に書かれている事柄に当てはまることが明らかであるならば，ほとんど解釈などは必要なく，ストレートにその条文を適用すれば事足りるはずです。このような場合は，単に条文を確認し，その言葉の意味を確かめる程度のことをすればよいわけで，判断に迷うことはありません。むしろ，問題になるのは，条文に書かれている事柄そのものズバリとは言えないが，だからと言って全く無関係とも言い難いというような，いわばその条文の射程がどこまで及ぶのかが問われる場面でしょう。このような場合にどのようなリーズニングをするのかというところに，まさに法律家らしさが現れてくると思います。この解釈が正解であの解釈は不正解だとか，こちらが100点であちらは0点というような，はっきりとした評価を下すことがなかなか難しい問題が法解釈の場面ではたくさん出てきます。様々な考慮要因があり，時として対立することもあるような諸利益の調整を図りながら，微妙な線引きをしていくことが求められる問題が数多くあります。判例は，実際にそのような問題についてどのようなリーズニングをしたのか，ということを示す，いわばお手本のようなものだといえるかもしれません。

　そのような目線で学修者として判例とどのように向き合うべきかということを改めて考えてみましょう。そうすると，判例の結論・要旨のようなものをただ覚えるということにはあまり意味がないということが分かってくるのではないでしょうか。意味がないというと言いすぎかもしれませんが，先に見たように法的なリーズニングのあり方が重要なのだとすれば，結論それ自体よりもむしろ「なぜその結論に至ったのか」という思考の過程の方が大事だということです。よく「法律学は説得の学問である」と言われます（もっとも，ここには三百代言的な法律家を揶揄するニュアンスが込められるときもありますが，その点は今は措きます）。説得するためには，理由が要ります。どのような理由でその結論に至ったのか，その思考のプロセスを追体験するところに，判例を学ぶ重要な意味があると私は思いま

す。判例教材で取り上げられている判例は，その多くが，このような意味で重要なものであるといえるでしょう。ですから，取り上げられている判例は，条文にそのものズバリで当てはまることが明らかなような典型例ではなく，当てはまるかどうかが微妙な限界事例が多いのです。

　このことは，法律の学修の仕方にも関係してくるでしょう。現在でも，法律学修の基本は，条文と判例と基本書だと思いますが，これらをどのように組み合わせて学ぶのが効率的か，これは学生さんにとって永遠の悩みであると思います。ここでも王道があるわけではないですが，おそらく，基本をしっかり身につけた上で，その応用力を養うというのが，多くの人の目指すべきところではないでしょうか。条文を確認するのは法律学の出発点です。その意味を確認するためには基本書を読むことが欠かせません。まずは，これによって，その条文が対象としている事柄の基本的な類型（ど真ん中ストライクの事例）の取り扱いを確認しましょう。ここでは，当然，その典型例がなぜそのように取り扱われるべきなのか，その理由があるはずです。その点を確かめた上で，さて，その考え方はどういった事例にまで及び得るのか，ここで他の事例への応用が問題となってくるでしょう。その問題を考える際に格好の素材が判例であるといえます。先に見たように，学修上の重要判例とされているものの多くは限界事例（あるいは考え方が対立し得る事例）です。しかし，その解決のための出発点は，あくまで典型例を取り扱う際の基本的な考え方になければなりません。その基本的な考え方から見たときに，その限界事例はどのように解されるべきなのか，という思考の流れが大切です。このように基本→応用という流れの中で，前者から後者に進む思考の過程を明晰に示すこと，そして，望むらくはその内容が合理的であることが求められているといえるでしょう。このように考えると，判例の結論だけを覚えるということにあまり意味はないということがよくわかるのではないでしょうか。

　さて，ここで法律の解釈について一言述べておくことにします。これまで述べてきたように，判例を学ぶことには法的なリーズニングの仕方を修得するという意味があるのですが，そこで中心となるのは法解釈の仕方です。おそらく，皆さんは，いわゆる法的三段論法[1]をマスターすることが大切である，ということを先輩方などから口酸っぱく言われていると思います。それはそれで重要なことですが，ここでは，法解釈には理由が必要である，という当たり前のことについて少し述べておきたいと思います。複数の解釈の可能性があり得るところで，特定

```
                        法の解釈

    ・法的三段論法
    ・法解釈には理由が必要である
    →基本的な類型（「ど真ん中ストライクの事例」）と具体的に問
      題となっている事例との違いが大きければ大きいほど，両
      者を同じように取り扱うためには，より強い説得力のある
      理由を提示しなければならない
    ＊「富士山理論」（長尾龍一）
```

の解釈を支持するには，なぜそう解するのか，その理由を示さなければなりません。このとき，基本的な類型（「ど真ん中ストライク」の事例）と具体的に問題となっている事例の違いが大きければ大きいほど（両者の距離が離れていればいるほど），両者を同じように取り扱うためには，より強い説得力のある理由を提示しなければならないでしょう（法哲学者の長尾龍一先生は，このような事情を「富士山理論」という言葉で表現しています[2]）。そして，最早両者を同じように取り扱うことはできないとするのであれば，それはなぜかという理由も必要になるでしょう。これらの場合には，きちんと理由を提示しなければなりません。逆に言うと，そのような問題が生じない場合には，細かい理由づけを付さずとも相手方は納得してくれるはずです。これを試験の答案に置き換えると，ほとんど争いがあるはずのない自明の事柄について言わずもがなのことを長大に論じ，他方で見解が対立する問題について何らの理由づけも付さずに結論が導かれている，というような答案がまずいことはすぐにわかるのではないでしょうか。学生の皆さんには，そのあたりを

---

[1] 適用されるべき法規範を大前提，具体的な事実を小前提として，法規範を事実にあてはめて結論が導き出されるという思考のプロセスのことを法的三段論法と呼びます。大前提である法規範は，通常，「AならばXとなる」という仮定の表現形式をとります。この「Aならば」という仮定条件が充たされること，すなわち「A」という事実が存在することが小前提です。この「AならばXとなる」と「Aという事実が存在する」（＝「当該事案はAである」）ということから，「Xとなる」という結論が導かれます。この法的三段論法は，論理的には常に正しいのですが，それは「Aという事実が存在する」という前提が正しい限りにおいていえることです。法の適用において正しい事実認定が求められることは，言うまでもありません。

[2] 長尾龍一『法哲学入門』（2007年）171頁（「法は富士山のような形をしている。頂上が法の言葉の中心的意味であり，裾野に近づくにつれて，言葉の中心的意味から離れていく。そして，その距離に比例して実質的正当化が要求される。」）。

意識してほしいと思います。

　以上のことを踏まえて，次に，判例の学び方について，私が皆さんにお願いしたいことをいくつか述べておきましょう。

　第1に，判例を学ぶときには，事実関係をきちんと確認してください。最高裁判例を勉強するときでも，第1審から読むことが大切です。もっとも，たとえ重要判例に限定したとしても，全科目の判例について，これを実行するのは至難の業でしょうから，実際には各科目数件くらいしかできないかもしれません。しかし，件数は少なくとも，しっかりやればそれ相応に得るものも多いと思います。基本書だけで勉強していると，どうしても話が抽象的なものになりがちで，実際にそれを具体的な事例に適用したらどうなるのか，というあたりのセンスが磨かれません。法的な問題は，あくまで具体的な事例が前提となって現れるものだということを意識することが大切です。

　第2に，判例が一定の結論を導くときに，どの事実に注目しているのかを確認してください。事案の中に含まれている雑多な具体的事実の中から，どのような事実を抽出して結論に結び付けているのかを確認することによって，その判例がどの事実を重要なものと考えたのかが見えてきます。

　第3に，判例がなぜその結論に至ったのか，その理由を考えることが重要です。ただし，ここで注意しなければならないのは，わが国の判例，特に最高裁判例は，結論に至る理由づけを明示しないことが非常に多いということです。このような謙抑的な態度には理由もあるのでしょうが，個人的にはあまり親切ではないような気がします[3]（「由らしむべし知らしむべからず」のような傲慢な態度が看取されると言うと言いすぎでしょうが，例えば，アメリカ合衆国連邦最高裁判所の判例では，読み応えのある詳細な意見が述べられるのとは対照的です）。学生さんの中には，（ある意味真面目に）判例の言い回しを正確に覚えて試験の答案で再現しているのにどうして評価が低いのだと質問にくる人がいますが，その場合は，往々にして理由づけが欠けていることが多いと思われます。判例のような達意の表現は，最高裁判事には許されても，一法学徒には許されず，やはりきちんと理由を付して論ずることが求められるということなのでしょう[4]。そこで注意しなければならないのが，先に述

---

[3] 浅田先生は，不親切な最高裁判例が多いことを指摘され，「日本語であるにもかかわらず『最高裁決定の真意は何か』をあれこれと忖度しなければならないような事態は適切ではない」とされています（浅田和茂『遠ざかる風景　私の刑事法研究』[2016年]104頁以下）。

べた判例がどの事実を特に指摘しているのかという点です。学生の皆さんには，この事実と最終的な結論との対応関係を見て，どうすればその事実からその結論を導き出すことができるのかという理由を考えるようにしてもらいたいと思います。このような思考ができるようになれば，それは試験の答案でも必ず生きてくるはずです。その理由づけについては，定評のある基本書や判例教材などで大体手がかりが得られますが，余裕があれば最高裁の調査官が書いた解説（『最高裁判所判例解説刑事編』）を参照することをおすすめします（これは実務では絶大な影響力を有しています）。

　第4に，先例との関係にも留意してください。明示的に判例変更がなされる場合は分かりやすいですが，そのような場合でなくとも，先例との関係が問題になるようなケースは少なくありません。例えば，後で取り上げますが，正当防衛の急迫性や自招侵害に関する，昭和52年判例，平成20年判例，平成29年判例の関係をどのように理解するか，という点は，かなり微妙なところを含む難しい問題であり，その点の考え方次第で，「判例によれば……」という主張の妥当性が変わってくることになります。

　このこととも関連して，最後に，当該判例の射程に注意してください。その判例の考え方はどのような事案にまで及ぶのかをきちんと弁えることが大切です。この判断を誤ると「判例によれば……」などと言って，判例の考え方が妥当しない事例まで同じように論じてしまうことになりかねません。もっとも，先に述べたように最高裁判例は理由を詳細には述べないことが多いので，どのような事案にまでその射程が及ぶのかが分かりにくい場合が少なからずあります。その場合には，様々な判例評釈なども参考にしながら，「具体的な事実がどのように変わったならば，この判例の考え方は及ばなくなるであろうか」ということを考えてみるのが有益でしょう。

---

[4] 古江先生は，最高裁判例は「達人技」「名人技」であり，修行中の身で真似できる技ではない，と仰っています（古江頼隆『事例演習刑事訴訟法〔第3版〕』[2021年] 5頁）。同書の冒頭にある「設問を解く前に」は，受験生必読であると思います。

```
┌─────────────────────────────────────────────┐
│              判例学修のポイント                 │
│                                              │
│  ・事実関係を正確に把握する                      │
│    ＊最高裁判例でも第1審から読むこと              │
│  ・結論を導く際にどのような事実が考慮されているのかを正   │
│    確に把握する                               │
│  ・結論に至る理由づけを考える                     │
│  ・先例との関係を考える                          │
│  ・当該判例の射程を考える                        │
│    →具体的な事実がどのように変われば，当該判例の考え方   │
│      は及ばなくなるのか？                       │
└─────────────────────────────────────────────┘
```

　以上のような点に注意して，これからいくつかの判例を交えながら，刑法の基本事項を学んでいくことにしましょう。

授業後の課題

　授業では，判例がなぜその結論に至ったのか，その理由を考えることが重要である，ということを述べました。これを踏まえて，次の問題に取り組みなさい。

〔問題〕

　以下は，最決平元・6・26刑集43・6・567の決定理由の一部である。

　「被告人が帰った時点では，Aにおいてなお制裁を加えるおそれが消滅していなかったのに，被告人において格別これを防止する措置を講ずることなく，成り行きに任せて現場を去ったに過ぎないのであるから，Aとの間の当初の共犯関係が右の時点で解消したということはでき」ない。

　これを次のような文章に書き換えたい。かっこの中に適切な文章を補って，この文章を完成させなさい。

　「共犯関係の解消が認められるかどうかは，（　　　　　　　　）によって判断されるべきである。本件の場合，被告人が帰った時点では，Aにおいてなお制裁を加えるおそれが消滅していなかったのに，被告人において格別これを防止する措置を講ずることなく，成り行きに任せて現場を去ったに過ぎない。この事実を前提にすると，（　　　　　　　　　）。従って，被告人とAとの間の当初の共犯関係がこの時点で解消したということはできない。」

考え方

　示されている判例の文章は，「……であるから，……」という形になっています。この「……であるから」という語は，その前に述べた部分を理由として，その帰結を導く役割を担います。そうすると，この語の前の部分で述べられていることが，「共犯関係が右の時点

で解消したということはでき」ないという帰結の理由になっているはずです。そこで，前の部分を見てみると，「被告人が帰った時点では，Ａにおいてなお制裁を加えるおそれが消滅していなかったのに，被告人において格別これを防止する措置を講ずることなく，成り行きに任せて現場を去ったに過ぎない」とあるのですが，これは基本的に事実を表しています。そうすると，この文章の背後には，この事実から共犯関係の解消は認められないという帰結を導くための判断基準があることになるはずです。すなわち，共犯関係の解消を判断する際の規範が，この文章の背後には隠れているはずなのです。そこで，その隠れている規範を明示した文章に書き換えてみてくださいというのが，この課題の主たる狙いであるということになります。ここで共犯関係の解消については自己の行為の因果性を遮断したかどうかによって判断する，という通説的な見解を前提にして考えてみましょう。そうすると，最初の（　　）には「自己の行為の因果性を遮断したかどうか」という言葉が入り，後の（　　）には，「被告人は自己の行為の因果性を遮断したとはいえない」といった言葉が入ることになるでしょう。

　このように言葉を補充すると，「共犯関係の解消が認められるかどうかは，自己の行為の因果性を遮断したかどうかによって判断されるべきである。本件の場合，被告人が帰った時点では，Ａにおいてなお制裁を加えるおそれが消滅していなかったのに，被告人において格別これを防止する措置を講ずることなく，成り行きに任せて現場を去ったに過ぎない。この事実を前提にすると，被告人は自己の行為の因果性を遮断したとはいえない。従って，被告人とＡとの間の当初の共犯関係がこの時点で解消したということはできない。」という文章になります。最初の「共犯関係の解消が認められるかどうかは，自己の行為の因果性を遮断したかどうかによって判断されるべきである。」という部分は，「自己の行為の因果性を遮断したならば共犯関係の解消が認められる」という規範があることを示しており，次に「本件の場合，被告人が帰った時点では，Ａにおいてなお制裁を加えるおそれが消滅していなかったのに，被告人において格別これを防止する措置を講ずることなく，成り行きに任せて現場を去ったに過ぎない。この事実を前提にすると，被告人は自己の行為の因果性を遮断したとはいえない。」という事実を認定[5]しています。両者を照らし合わせると，「自己の行為の因果性を遮断したならば」という規範の仮定条件が満たされていませんので，「当初の共犯関係がこの時点で解消したということはできない。」という結論が導かれることになります。

---

[5] 事実認定といっても，何らの評価も加えることなく正しい事実を認定することはできない場合が少なくありません。このケースでも，規範の仮定条件部分に，「因果性の遮断」という評価的要素が含まれていますので，これに当たるかどうかを判断する際には，評価の問題が生ずることは避けられません。法解釈による規範の具体化と事実認定とを截然と区別するのは思いのほか難しいのです。このあたりに興味のある方は，井田良「法令の解釈・事実の認定・法令の適用―刑罰法規適用過程の構造をめぐって―」研修848号（2019年）3頁以下などをお読みになってみてはいかがでしょうか。

▸第**2**回◂

不 作 為 犯

基本事項の確認

□不作為犯の意義を確認しなさい。

□不真正不作為犯と罪刑法定主義の関係について確認しなさい。

□不真正不作為犯の成立要件を確認しなさい。

□作為義務の発生根拠に関する諸見解を確認しなさい。

課題判例❶

殺人被告事件

最高裁判所第二小法廷平成 15 年（あ）第 1468 号

平成 17 年 7 月 4 日決定

主　　文

本件上告を棄却する。

当審における未決勾留日数中 250 日を本刑に算入する。

当審における訴訟費用は被告人の負担とする。

理　　由

　弁護人 N 及び被告人本人の各上告趣意のうち，憲法 21 条違反をいう点は，本件公訴の提起及び審理が被告人やその関係する団体に対する予断等に基づくものとは認められないから，前提を欠き，その余の弁護人 N の上告趣意は，憲法違反，判例違反をいう点を含め，実質は単なる法令違反，事実誤認の主張であり，その余の被告人本人の上告趣意のうち，判例違反をいう点は，引用の判例が事案を異にし，あるいは所論のような趣旨を判示したものではないから，前提を欠き，その余は，憲法違反をいう点を含め，実質は単なる法令違反，事実誤認の主張であって，いずれも適法な上告理由に当たらない。

　なお，所論にかんがみ，不作為による殺人罪の成否につき，職権で判断する。

1　原判決の認定によれば，本件の事実関係は，以下のとおりである。

(1) 被告人は，手の平で患者の患部をたたいてエネルギーを患者に通すことにより自己

治癒力を高めるという「シャクティパット」と称する独自の治療（以下「シャクティ治療」という。）を施す特別の能力を持つなどとして信奉者を集めていた。

(2) Aは，被告人の信奉者であったが，脳内出血で倒れて兵庫県内の病院に入院し，意識障害のため痰の除去や水分の点滴等を要する状態にあり，生命に危険はないものの，数週間の治療を要し，回復後も後遺症が見込まれた。Aの息子Bは，やはり被告人の信奉者であったが，後遺症を残さずに回復できることを期待して，Aに対するシャクティ治療を被告人に依頼した。

(3) 被告人は，脳内出血等の重篤な患者につきシャクティ治療を施したことはなかったが，Bの依頼を受け，滞在中の千葉県内のホテルで同治療を行うとして，Aを退院させることはしばらく無理であるとする主治医の警告や，その許可を得てからAを被告人の下に運ぼうとするBら家族の意図を知りながら，「点滴治療は危険である。今日，明日が山場である。明日中にAを連れてくるように。」などとBらに指示して，なお点滴等の医療措置が必要な状態にあるAを入院中の病院から運び出させ，その生命に具体的な危険を生じさせた。

(4) 被告人は，前記ホテルまで運び込まれたAに対するシャクティ治療をBらからゆだねられ，Aの容態を見て，そのままでは死亡する危険があることを認識したが，上記(3)の指示の誤りが露呈することを避ける必要などから，シャクティ治療をAに施すにとどまり，未必的な殺意をもって，痰の除去や水分の点滴等Aの生命維持のために必要な医療措置を受けさせないままAを約1日の間放置し，痰による気道閉塞に基づく窒息によりAを死亡させた。

2　以上の事実関係によれば，被告人は，自己の責めに帰すべき事由により患者の生命に具体的な危険を生じさせた上，患者が運び込まれたホテルにおいて，被告人を信奉する患者の親族から，重篤な患者に対する手当てを全面的にゆだねられた立場にあったものと認められる。その際，被告人は，患者の重篤な状態を認識し，これを自らが救命できるとする根拠はなかったのであるから，直ちに患者の生命を維持するために必要な医療措置を受けさせる義務を負っていたものというべきである。それにもかかわらず，未必的な殺意をもって，上記医療措置を受けさせないまま放置して患者を死亡させた被告人には，不作為による殺人罪が成立し，殺意のない患者の親族との間では保護責任者遺棄致死罪の限度で共同正犯となると解するのが相当である。

以上と同旨の原判断は正当である。

よって，刑訴法414条，386条1項3号，181条1項本文，刑法21条により，裁判官全員一致の意見で，主文のとおり決定する。

（裁判長裁判官　中川了滋　裁判官　福田博　裁判官　滝井繁男　裁判官　津野修　裁判官　今井功）

チェック

□どの時点でいかなる内容の作為義務を認めているか？

□作為義務をどのような根拠から認めているか？

□その作為義務に関する考え方は理論的にどのように説明することができるか？

課題判例❷

覚せい剤取締法違反，保護者遺棄致死被告事件

最高裁平成元年（あ）第551号

同年12月15日第三小法廷決定

　　　　　　　主　　文

本件上告を棄却する。

当審における未決勾留日数中200日を本刑に算入する。

　　　　　　　理　　由

　被告人本人の上告趣意のうち，憲法38条違反をいう点は，原判決が被告人又は共犯者の自白のみによって被告人を有罪としたものでないことは判文に照らして明らかであるから，所論は前提を欠き，その余は，違憲をいうかのような点を含め，実質は事実誤認，単なる法令違反，量刑不当の主張であり，弁護人Ｙの上告趣意は，量刑不当の主張であって，いずれも刑訴法405条の上告理由に当たらない。

　なお，保護者遺棄致死の点につき職権により検討する。原判決の認定によれば，被害者の女性が被告人らによって注射された覚せい剤により錯乱状態に陥った午前零時半ころの時点において，直ちに被告人が救急医療を要請していれば，同女が年若く（当時13年），生命力が旺盛で，特段の疾病がなかったことなどから，十中八九同女の救命が可能であったというのである。そうすると，同女の救命は合理的な疑いを超える程度に確実であったと認められるから，被告人がこのような措置をとることなく漫然同女をホテル客室に放置した行為と午前2時15分ころから午前4時ころまでの間に同女が同室で覚せい剤による急性心不全のため死亡した結果との間には，刑法上の因果関係があると認めるのが相当である。したがって，原判決がこれと同旨の判断に立ち，保護者遺棄致死罪の成立を認めたのは，正当である。

　よって，刑訴法414条，386条1項3号，181条1項但書，刑法21条により，裁判官全員一致の意見で，主文のとおり決定する。

（裁判長裁判官　貞家克己　裁判官　安岡滿彦　裁判官　坂上壽夫　裁判官　園部逸夫）

> **チェック**
> □この判例は不作為の因果関係についてどのような考え方に立っているとみられ
> 　るか？
> □もし被告人が救急医療を要求していても救命されていなかった合理的な疑いが
> 　残る場合には，結果回避可能性がないのだから結局保護責任自体が否定され，
> 　保護責任者遺棄罪も成立しないということにならないか？

授 業

　今回のテーマは「不作為犯」です。まず，一般的な事柄を確認しておきましょ
う。不作為犯には，構成要件が不作為の形式で規定されている真正不作為犯と作
為の形式で規定されているように見える構成要件を不作為で実現する場合である
不真正不作為犯とがあるということは既にご存知でしょう。このうち，特に総論
的な検討を要するのは，不真正不作為犯です。

　まず出発点として，不真正不作為犯においては，条文上，どのような不作為が
処罰の対象となるのかが明記されていないので，そもそもこれを認めることがで
きるのかという問題があります。教科書では，不真正不作為犯を認めることは罪
刑法定主義に反するのではないかという問題がある，などと書かれているでしょ
う。ですが，実務的には（そしてほとんどの学説においても），不真正不作為犯を認め
ることは罪刑法定主義に反する，とは考えられていません。皆さんも，試験の答
案では，努々，「不真正不作為犯を認めることは罪刑法定主義に反する」などと断
定はしないでください。そんなことをしたら数行で解答が終わってしまいます。

　これは極端な話かもしれませんが，ある意味試験というものの本質に関わると
ころがあります。それは，自分が何を正しいと信じるのかということと，試験で
どのように答えるのが適切（得策？）かということとは，分けて考えた方が賢明で
ある，ということです。時間無制限で自分の主義主張を存分に展開できるのであ
れば別ですが，司法試験のように時間と紙幅が限られている試験では，当然のこ
とながら書けることは物理的に限られています。そうなると，多くの受験生は，
判例・通説の立場に立って解答するでしょう。自分がその分野で学ぶべきことを
きちんと理解しているということを示さなければならないのですから，当然，学
修段階で優先順位の高い事柄をまず書くはずであり，また，そうであるべきで
しょう。いかに優れた（と自分では思っている）見解でも，判例・通説の立場を度

外視して展開されるのであれば，独りよがりな見方とみなされることは必定です。自分が判例・通説を正しいと思っているかどうかとは別に，自分は判例・通説を正しく理解していますよ，ということはきちんと伝えなければなりません。いわば，規定演技のようなものです。試験ではこの点の出来が評価を大きく左右すると考えた方がよいでしょう。

　ただし，重要なのは，判例・通説を妄信することではなく，正しく理解することだという点には注意しなければなりません。そして，正しく理解するということは，判例・通説の長所だけではなく短所も合わせて理解するということを意味します。大概，判例・通説の短所は，それとは異なる説の長所に対応しています（そして，多くの場合，その逆の関係も見られます）。最近の司法試験では，「A説とB説の双方に言及して自らの見解を示しなさい」といった設問が見られ，学生の間では細かい学説にも注意しなければならないという意識を持つ人がいらっしゃるようですが，そんなに細かい学説にこだわるよりも，まずは判例・通説を上述のような意味で正確に理解することを心がければ，自ずとそれとは異なる立場の主張も合わせて学ぶことになるでしょう。実務の世界は，単なる学説辞典のような人を求めているのではなく，きちんとした法的リーズニングができる人を求めていると考えるべきでしょうから，このような学び方をした方が，よほど気が利いていると思います。

　話を戻しましょう。不真正不作為犯を認めることは罪刑法定主義に反するという主張は，堅苦しく展開すると次のような形のものになります。すなわち，作為犯は「……してはならない」という禁止規範に違反するものであるのに対し，不作為犯は「……せよ」という命令規範に違反するものであるから，不真正不作為犯に作為犯の構成要件を適用して処罰することは類推適用であって罪刑法定主義に反する，というのがそれです。これに対して，通説は，構成要件が作為の形式で規定されているように見える場合でも，その根底には法益を尊重せよという規範があり，それには禁止規範（作為の場合）だけでなく，一定の命令規範（不作為の場合）も含まれる，と応答します。例えば，殺人罪（199条）の根底には，「人の生命を尊重せよ」という規範があり，そこには「人を殺すな」という禁止規範に加えて，「人の生命を救助せよ」という命令規範も含まれるのだから，命令規範に違反する不作為も199条の構成要件に該当するので罪刑法定主義には反しない，とするのです[1]。このような通説に対しては，「それだと真正不作為犯が存在する

ことを説明できない。そのような考え方が正しいとすれば，例えば，130条には
住居侵入罪だけ規定されていれば足りるはずである。しかし，実際には不退去罪
が規定されているのだから，立法者は通説のような考え方を採用していないこと
になる」といった批判がなされています[2]。余裕があったらこのような批判に対し
てどのように応答するかを考えてみるのも面白いと思いますが[3]，とりあえずは
通説の考え方を理解していれば学修者としては十分でしょう。

このような通説の立場からすると類推適用だという批判は回避できそうです
が，それでも条文でいかなる不作為が処罰されるのかが明記されていないという
問題は残ります。そこで，解釈を通じて不真正不作為犯の成立要件・成立範囲を
明確にする必要がある，ということから不真正不作為犯の要件論が重要な問題と
なってくるのです。そこで，次に不真正不作為犯の成立要件の問題に移りましょう。

不真正不作為犯の成立要件

1 作為義務
　☞具体的な義務内容の特定
2 作為の可能性・容易性
　☞作為との構成要件的同価値性の意義
　（→不作為による実行行為）
　☞具体的な不作為による実行行為の特定
3 結果
4 因果関係
5 主観的要件（故意・過失など）

不真正不作為犯の成立要件に関しては，概ね，上記のような要件を挙げるのが
一般的だと思います。ここではいくつか注意点を挙げておきます。

まず，不真正不作為犯論の核である作為義務についてですが，その発生根拠の
問題は後に取り上げるとして，学生さんの答案を見ているときに気になる点があ
るので，そのことに触れておきます。それは，よく「従って，甲には作為義務が
認められる」というような答案がみられるという点です。しかし，この表現だけ

---

[1] 井田・総論153頁，大谷・総論128頁，西田・総論122頁など。
[2] 松宮・総論91頁。
[3] 例えば，佐伯・考え方82頁以下などを読んでみてはどうでしょうか。

では全く不十分です。なぜならば，問題となっているのは作為義務一般ではなく，具体的事実の下で当該行為者にどのような作為が義務付けられるのか，ということだからです。判例を読めば明らかですが，実際に問題となるのは，病院に連れて行って治療を受けさせる義務というような具体的なものだということを意識してください。答案でも，そのように具体的な義務の内容を明示する形で作為義務を示すようにしてください。そうすることによって，どの時点での，どのような不作為が問題なのかが明らかとなり，作為の可能性・容易性の判断もより具体的なものとなって，最終的にどの不作為が実行行為になるのかが紛れなく示されることになります[4]。

　次に，不真正不作為犯の要件を挙げるときに，「作為との構成要件的同価値性」という点をどのように位置づけるかということが問題となり得ます[5]。大きく分けると，これを不真正不作為犯の成立要件の一つとして位置づける考え方と，これ自体は成立要件ではないとする考え方があります。両者を分けているのは，主として作為義務の発生根拠をどこに求めるのかという点の違いです。前者は作為義務の発生根拠を法令などの形式的なものに求めるため，それだけで不作為犯の成立を認めると成立範囲が広くなりすぎることから，「作為との構成要件的同価値性」という実質的な要件を更に設けて成立範囲を限定しようとするのです[6]。しかし，現在の通説は，作為義務の発生根拠それ自体を実質的に判断しています。このような考え方に立つと，作為義務が肯定され，作為の可能性・容易性が認められる不作為であるにもかかわらず，当該犯罪の実行行為に当たらないというケースは，基本的にないことになります。このような考え方によれば，「作為との構成要件的同価値性」のある不作為のみが当該犯罪の実行行為になり得るのであり，作為義務が認められ，かつ，作為の可能性・容易性が肯定される不作為がそ

---

[4] このような視点がないと，例えば，未遂犯の成否が問題となる事案では，どの時点で実行の着手が肯定されるのかがはっきりせず，論述にしまりがなくなるおそれがあります。

[5] 橋爪・悩みどころ 58 頁以下参照。

[6] 内藤・総論（上）234 頁，曽根・総論 204 頁など。なお，同価値性を，当該不作為が作為と同程度の危険性を有するものかどうかという観点から問題とし，（例えば，不作為による殺人罪と保護責任者遺棄致死罪の区別のように）構成要件を区別する指標として用いる見解も見られます（大谷・総論 139 頁）。しかし，当該犯罪の実行行為性を肯定するためには一定の類型的な危険性が必要だということは，作為犯の場合にも同様に問題となることですから，端的に危険性の有無を問題とすれば足り，特に不作為犯に固有の問題として論ずる意義は乏しいように思われます。

れに当たる，とされることになります。すなわち，「作為との構成要件的同価値性」というのは不真正不作為犯の成立要件の一つではなく，実行行為性が認められる不作為を示す標語的な意味合いをもつものとして位置づけられているとでも言えるでしょう[7]。私も，このように考えるのが妥当だと思います。

それでは，次に作為義務の発生根拠に移りましょう。

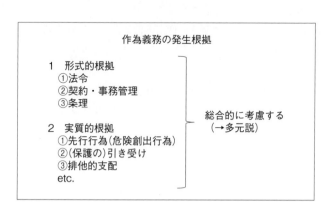

作為義務の発生根拠

1 形式的根拠
　①法令
　②契約・事務管理
　③条理

2 実質的根拠
　①先行行為(危険創出行為)
　②(保護の)引き受け
　③排他的支配
　etc.

総合的に考慮する
(→多元説)

かつては，作為義務の発生根拠を①法令，②契約・事務管理，③条理の三つに分類する「形式的三分説」と呼ばれる考え方が有力でした。しかし，この考え方には，少なくとも二つの問題があります。

まず，他の法令に義務が規定されていれば，それが直ちに刑法上の犯罪を基礎づける作為義務の根拠になると考えることには，飛躍があるということです。例えば，民法上の扶養義務（877条）は，それに違反すれば直ちに殺人罪や保護責任者遺棄罪になるような義務だとは考えられないでしょう。また，道交法では，事故を起こした運転者に負傷者を救護する義務を規定していますが（72条1項），これもそれに違反すれば直ちに殺人罪や保護責任者遺棄罪になるような義務だと考えることはできないでしょう。この救護義務違反が別途罰則の対象となっている（117条）ことも併せて考えるならばなおさらです[8]。

もう一つの問題は，条理というものに関係しています。条理に基づいて作為義

---

[7] 松原先生は，同価値性を，作為義務を具体化ないし実質化する際の指導原理として位置づけています（松原・総論94頁）。ところで，「指導原理」とは何でしょう？　皆さんは，この言葉をどのように理解されますか？

務が肯定される例として，先行行為などが挙げられていますが，そもそも条理とは何かが明確ではありません。日本語として条理とはどのような意味なのでしょうか？　広辞苑では，「物事の道理。すじみち。」とあります。そこで，すじみちを引くと「物事の道理。条理。すじ。」とあります。道理を引くと「物事のそうあるべきすじみち。ことわり。」とあります。更に，ことわり（これは漢字一字で「理」です）を引くと「道理。条理。」と出てきます。ぐるぐる回って，どこまで行っても実質的な意味内容が明らかとはなりません。「自己言及性」だとか「相互参照ループ」だとかといったしゃれた言葉を用いれば，哲学や論理学の問題としては興味深いかもしれませんが，当面，刑法学の議論としては条理という概念は不明確すぎるといわざるを得ないでしょう[9]。

　以上のようなことから，現在では，作為義務の発生根拠を実質的に考えていく立場が一般的になっています。問題は，何がその「実質的な」根拠になるのかという点にあります。これまで，先行行為，事実上の引き受け，排他的支配といったものが有力な候補として主張されてきました。

　先行行為を基準とする見解は，原因力のある作為と自然的な原因力を欠く不作為との間の存在構造上のギャップを埋め，不作為犯が作為犯と同価値であるためには，不作為者が不作為以前に法益侵害に向かう因果の流れを自ら設定していなければならない，と主張します[10]。事実上の引受け行為を基準とする見解は，作為義務から倫理的要素を排除するためには，不作為者と被害者との関係ではなく，不作為者と法益との関係に着目して，法益と不作為者の密着性という事実的要素からアプローチすべきである，と主張します。そのような前提から，法益の保護が具体的に不作為者に依存していたという事実関係が作為義務を根拠づけるとするのです。具体的には，①法益の維持・存続を図る結果条件行為の開始（例：嬰児に食物を与えること，交通事故の被害者に救助の手を差しのべること），②そのよう

[8] なお，過去の司法試験の出題趣旨などでも，形式的に法令に義務が定められていることを挙げるだけでは不十分であるということが，何度か指摘されています（もっとも，これは，法令に規定があるということを指摘してはならないと言っているのではなく，それだけで作為義務を肯定するのは妥当ではないという意味だと思われます）。
[9] ちなみに，ある辞書では「条理」について「刑法において不作為犯の要件である作為義務の根拠となるもの」という説明がありました。こちらとしては，それが何かを知りたいのですが。なお，法学全般にわたる条理の法源性に関する議論については，田中成明『現代法理学』（2011 年）87 頁以下参照。
[10] 日高義博『不真正不作為犯の理論』（1979 年）154 頁。

な行為の反復・継続性，③法益保護についての排他性の確保によって，「事実上の引受け行為」が認められ，作為義務が肯定されるとします[11]。更に，排他的支配に着目する見解は，作為と不作為の同価値性を担保する要素は，不作為者が結果へと向かう因果の流れを掌中に収めていたこと，すなわち，因果経過を具体的・現実的に支配していたことにあるという認識を出発点として，作為義務の発生根拠を類型的に明確化しようとします。そのような観点から，まず，不作為者が自己の意思に基づいて排他的支配を有し，また，設定した場合に作為義務を認め，他方で，支配の意思に基づかないで事実上結果を支配する地位が認められる場合（これを「支配領域性」と呼びます）には，排他的支配における支配の意思に代わるものとして，不作為者こそが作為すべきであったという規範的要素を考慮すべきであるとし，それを，親子，建物の所有者，賃借人，管理者のように，その身分関係，社会的地位に基づき社会生活上継続的に保護・管理義務を負う場合に限定して作為義務が課される，とします[12]。

　これらは，皆，作為義務が認められるもっともな理由を示しているといえる側面がある一方で，どれか一つだけで不作為犯の全てを説明できるかというとそれは難しいというのが現状でしょう[13]。理論的には更に検討を加えて作為義務の一元的な根拠を探求することにも少なからぬ意義が認められるでしょうが，実際面では，作為義務の発生根拠を一元的に理解しなければならないという要請はそれほど大きくはなく，むしろ複数の要因を合わせて考慮することによって作為義務を基礎づけるという考え方の方が受け入れやすいという側面があるようです。いわば，多元説とでもいうべき考え方がそれです[14]。

　判例もそのような考え方に立っていると思われます。そのことを示している典型的な例が，課題判例1（最決平17・7・4刑集59・6・403）です。これは，シャクティパット事件として有名なものです。この事案で，最高裁は，①「自己の責めに帰すべき事由により患者の生命に具体的な危険を生じさせた」ことと②「被告人を信奉する患者の親族から，重篤な患者に対する手当てを全面的にゆだねられた立場にあった」ことを指摘した上で，「直ちに患者の生命を維持するために必要

[11] 堀内捷三『不作為犯論』（1978年）254頁以下。
[12] 西田典之「不作為犯論」芝原邦爾ほか編『刑法理論の現代的展開　総論I』（1988年）89頁。なお，佐伯先生は，排他的支配＋危険創出ないしは増加を保証人的地位の発生根拠とされています（佐伯・考え方89頁以下）。
[13] 橋爪・悩みどころ65頁以下参照。

な医療措置を受けさせる義務を負っていた」という結論を導いています。①は先行行為（あるいは危険創出行為）に親近性があり、②は保護の引き受けという観点からも排他的支配という観点からも説明できる点でしょう。いずれにせよ、ここでは、性質が異なる２つの点を引き合いに出して作為義務が認められているということに注意してほしいと思います[15]。試験でも、このように根拠となり得る事情が複数ある場合には、それらを併せて指摘して作為義務を導き出すという論じ

---

[14] 作為義務の発生根拠を考える場合には、事実的な基礎と規範的な正当化根拠の双方に着目する必要があると思います（因果的支配と自由保障に着目するものとして佐伯・考え方90頁、結果原因の支配と自由制約の正当化根拠に着目するものとして橋爪・悩みどころ74頁）。前者の事実的な基礎に関しては、当の行為者が結果の発生を実質的に左右し得る状態にあるのかどうかという点が重要でしょう。排他的支配ということで重視されていたのは、主としてこの点だと思われます（もっとも、「排他性」まで要求するのは行き過ぎであり、当の行為者が結果を十分に回避できるだけの立場にあるという程度で足りるように思われます。また、不作為による幇助の場合には、正犯の犯行に有意な影響を及ぼし得る立場にあるといったことが求められるのではないでしょうか）。後者の規範的な正当化根拠で問題となるのは、自由制約の理由でしょう。不作為犯を肯定することに作為犯に比べてより慎重さが求められる理由の一つは、不作為犯を肯定する場合の方が作為犯よりも自由を制約する度合いが大きいというところにあります。そのため、そのような強い自由制約を正当化できるだけの根拠を示さなければならないのです。近時の有力な見解は、この点も可能な限り事実的な要素に還元すべきだという見方をするようです。しかし、最終的に問題となっているのが、義務づけの根拠だとすれば、純粋な事実的要素だけで、これを説明することができるとみることには疑問の余地があります（近時、この点を強調するものとして、安田拓人「不作為犯」法教490号［2021年］110頁以下参照）。なぜならば、事実的要素をいくら積み重ねてみても、そこから「……しなければならない」という義務を直接導出することができると考えることには、少なからぬ異論が予想されるからです。例えば、「自分で結果発生の危険を発生させた者は自らその危険を取り除くべきである」という見方は多くの者の直感にも合致するでしょうが、「自分で結果発生の危険を発生させた」という事実から、どうして「自らその危険を取り除くべきである」という義務づけが導き出されるのか、と問われたら、どのように答えるでしょうか？　また「傷病者の保護を引き受けたらならばその保護を全うすべきである」ということも当然といえば当然でしょうが、「保護を引き受けた」という事実から、どうして「最後まで保護を全うすべきである」という義務づけが導き出されるのでしょうか？　「親は子供を保護するべきである」ということもこれまた当然でしょうが、どうして「親である」という事実から「子供を保護するべきである」という義務が生ずるのでしょうか？　ここでは、「事実／価値」「存在／当為」の二分法にまつわる古くからの問題がかかわっているように思われます。このような疑問にとらわれた人は、ヒューム、ムーア、サール、パトナムなどの著作に手を伸ばすことになるかもしれません。しかし、当面、皆さんはあまりこんなところに引っかからない方が賢明です。そのようなことを気にしていたら、司法試験合格は遠のきます。哲学的懐疑は、往々にして世俗の利益の実現を妨げるものです。もし、哲学的懐疑にとらわれるということがどういうことか、そして、それが法解釈論を学ぶことにとっていかに脅威となるのかということに興味のある方がいらっしゃったら、中島義道『哲学の教科書』（2001年）を読んでみてはどうかと思います（ただし、法律学に戻ってこれなくなっても責任はもちません）。

方をすれば安定感が出てくるのではないでしょうか[16]。

　ところで，皆さんの中には，この事件の事実関係を前提としたときに，こんな重篤な状態の被害者を病院からホテルに移送させたら，それだけで被害者の死を惹起する危険性が十分に認められるから，既にその段階で殺人罪の実行行為が認められるのではないか，という疑問を持った人がいるのではないでしょうか。実際，第1審は，病院から連れ出しホテルにおいて生存に必要な措置を何ら講じなかった一連の行為を実行行為と認定していました。これに対して，控訴審では，ホテルに運び込まれる以前には行為者に殺意があったと認定することはできないと判断したため，不作為犯の問題がよりクローズアップされることになりました[17]。このように事実認定の違いが，理論的に異なる理解の仕方につながる場合があることには十分に注意が必要です。

　不作為犯に固有の問題として，最後に因果関係の問題に少し触れておきましょう。

---

[15] 日高・総論158頁。なお，挙げられている2つの事情は，作為義務を認める上で必須のものだとまではいえないでしょう（藤井敏明・最判解平成17年度203頁）。どちらか一方だけでも作為義務を基礎づけることは可能であったかもしれないが，両方指摘することでより一層強く作為義務を肯定することができる，といったものだと思います。

[16] もっとも，このような思考方法には，一つの事情だけでは作為義務を根拠づけることは難しそうだが，複数の事情を合わせれば作為義務があると十分に言うことができる，というような，いわば合わせ一本のような発想に至る可能性があることに注意が必要でしょう。一つ一つの事情だけでは作為義務を根拠づけられないものが合わさるとどうして作為義務を根拠づけられるのかは，説明を必要とします。そういった点で，学説が作為義務の発生根拠を一元的に理解しようと努力していることには依然として意味があるといわなければなりません。

[17] 第1審の量刑は懲役15年であったのに対し，控訴審の量刑は懲役7年でした。控訴審は量刑において被告人のために酌量すべき事情の一つとして，「本件は不作為による殺人の事案であり，殺害行為の態様において特段悪質性が高いとはいえないこと」を挙げています。ここには，不作為であることが刑を減軽する理由となり得るという考え方がうかがわれます。確かに，他の事情において等しければ，作為犯よりも不作為犯の方が，その違法性や責任は（常にというわけではないとしても一般的には）軽いともいえそうです。実際，例えば，ドイツでは不作為犯について刑の任意的減軽を定めた規定があります（ドイツ刑法典13条2項）。しかし，他方で，不真正不作為犯は，不作為が作為と構成要件的に同価値である場合でなければ成立しません。この「作為と不作為の構成要件的同価値性」と「不作為犯における刑の減軽可能性」は両立し得るのか，という点は，興味深い問題です。

```
┌─────────────────────────────────────────────────────┐
│                    不作為の因果関係                      │
│   不作為の実行行為 ─────────────→ 結果                 │
│                       因果関係                          │
│  1 条件関係                                             │
│  「あれなければこれなし」                                 │
│  ・作為犯の場合                                          │
│  「その行為がなければその結果は発生しなかった」             │
│  ・不作為犯の場合                                        │
│  「期待された作為がなされていればその結果は発生しなかっ      │
│    たであろう」                                         │
│   ☞結果回避可能性「結果回避が合理的な疑いを超える程度      │
│     に確実である」                                      │
│  2 危険の現実化                                         │
└─────────────────────────────────────────────────────┘
```

　因果関係について詳しくは次のテーマで扱いますが，一般に刑法上の因果関係は，まず条件関係を判断し，それが肯定されることを前提にして更に法的因果関係を判断する（現在では「行為の危険の結果への現実化」によって判断するという考え方が有力です）とされています。

　条件関係については，一般に「その行為がなかったならばその結果は発生しなかったであろう」という仮定的消去法の公式によって判断されます。このときに重要なのが，この判断では，「その行為」という前件を取り除くだけで，そうでなければあったであろう仮定的な条件を付け加えてはならないとされていることです。これは考えてみると当たり前の話で，条件関係の判断においては，その行為が実際に発生した結果に因果的影響力をもったのかどうか（誤解を恐れずに俗っぽい表現をすれば「効いた」のかどうか）を問題としているのですから[18]，実際に発生していない仮定的な出来事を考慮に入れることはできないはずです（実際に発生していない出来事が現実に発生した具体的な結果に因果的影響力を及ぼすということはあり得ません）。

　しかし，作為犯の場合にはそれでよいとしても，不作為犯の場合には少々事情が異なります。まず，先の公式を適用するときに，不作為犯の場合，「その行為がなかったならば」というのは何を意味するのか，ということが問題となります。

---

[18] この点に着目すると，条件関係の公式ではなく，行為が結果へと現実に因果法則的影響を及ぼしていることによって条件関係の存否を判断する合法則的条件説の方が適切であるということになるかもしれません（山中・総論 269 頁以下など）。

一体，不作為がないというのはどういうことを意味するのでしょうか？　ここで，刑法における不作為というのは，単なる無ではなく，作為義務に違反すること，すなわち，「一定の期待された作為をしないこと」として理解されていることに注意しなければなりません。このような理解を前提にすれば，「その不作為がなかったならば」ということは「期待された作為をしていたならば」ということを意味するはずです。ところが，この「期待された作為」というものは，現実には行われなかったことですから，仮定的な条件になります。つまり不作為犯における条件関係の判断においては，仮定的な条件を付け加えなければならないという点で，一般的な条件関係の判断とは異なることに注意が必要です（これは，不作為犯が義務違反をその本質的要素としていることから生ずることであり，類似の問題は過失犯でも生じます）[19]。

　さて，このように不作為犯の場合には，「期待された作為を行っていたならばその結果は発生しなかったであろう」といえるかどうかを判断することになるのですが，「期待された作為」というものは現実には行われていないのですから，これが仮に行われていたならばどうなっていたであろうかという予測をしなければなりません。ここに不作為犯における条件関係判断のもう一つの特徴があります。この点に関して，課題判例2（最決平元・12・15刑集43・13・879）では，「直ちに被告人が救急医療を要請していれば，…十中八九同女の救命が可能であった」としています。この「十中八九」という表現がやや曲者で，とらえ方によっては「80～90％の確率で」というような意味合いで理解したくなるところもありますが，一般的にはそのように理解されてはおらず，ほぼ確実に結果の発生が防止されていたというような意味合いでとらえられています[20]。課題判例2の「同女の救命は合理的な疑いを超える程度に確実であったと認められる」という部分は，その趣旨を表したものだといえるでしょう。

　最後に不作為犯の因果関係について，2点補足しておきます。

　第1に，今見た条件関係について，期待された作為を行っても結果の発生を防止することができなかったと判断された場合，それは単に条件関係が否定されるにとどまらず，そもそも作為義務違反が認められないことになって実行行為性が

---

[19] このような問題意識を，条件関係として論ずるべきか，結果回避可能性として論ずるべきかに関しては，橋爪・悩みどころ12頁以下参照。
[20] 原田國男・最判解平成元年度385頁参照。

否定される[21]のではないか，という問題があります。条件関係が否定されるだけならば未遂犯は成立し得るのに対し，実行行為性を否定すると未遂犯も成立しないという点で違いが出てきます[22]。しかし，ここは，やはり条件関係の問題として理解しておくのが穏当ではないでしょうか[23]。「期待された作為を行っていたならばその結果は発生しなかったであろう」という判断は，事後的に見て結果の発生を確実に防止できたといえるかどうかを問題とするものであり，「結果の発生を防止できたかもしれないが確実に防止できたとはいえない」という場合でも条件関係は否定されます。しかし，事後的に見て結果の発生を確実に防止できたとはいえないから，行為の時点において結果の発生を防止する作為をする義務はなかったとはいえないように思います。未遂犯の処罰根拠は結果発生の危険性に求められますが，例えば，死体に対する殺人未遂罪の成否が問題となるような場合に，事後的に見ると行為の時点では既に死体であったので死の結果を発生させることが不可能であった場合でも殺人未遂罪が成立する場合があると一般的には理解されています。事後的に見るとそもそも結果の発生があり得なかった場合ですら未遂犯が成立し得るというのであれば，期待された作為を行っていれば（確実とはいえないが）結果の発生が防止されていた可能性があるという場合には，その期待された作為を行わないことにより結果発生の危険性を生じさせたとはいえるでしょうから，やはり未遂犯の成立は肯定できるように思います[24]。

　第 2 に，基本書などで「不作為の因果関係」といったタイトルで取り上げられている問題は，今見たように基本的には条件関係にまつわる問題ですから，これ

---

[21] 西田・総論 124 頁。
[22] 救命可能性・延命可能性がないため殺人罪の実行行為性を欠くとして殺人未遂罪の成立を否定した裁判例として，札幌地判平 21・11・30 LEX/DB25441701。
[23] なお，松原・総論 100 頁以下参照。
[24] 札幌地判平 15・11・27 判タ 1159・292 は，適切な救命措置を講じていれば救命された可能性があったのだから被告人は保護責任者に当たるが，被告人が執るべき救命措置を講じたとしても，被害者が死亡した可能性は否定できないから，因果関係を認めることには合理的な疑いが残るとして保護責任者遺棄罪の成立を認めています。西田先生は，この場合に保護責任者遺棄罪の成立が認められる理由を，同罪が抽象的危険犯であるというところに求めています（西田・各論 36 頁）。しかし，確実とはいえないけれども救命可能性はあったということが保護責任を基礎づけるのであれば，同様のことは不作為による殺人罪における作為義務にも妥当し得るように思われます。殺人未遂罪が成立するためには，保護責任者遺棄罪よりも具体的な結果発生の危険性が必要だとしても，事後的に見て結果の発生を回避できたかどうかに合理的な疑いが残る場合には一切そのような具体的な危険は発生しないとはいえないでしょう。

が認められるだけで常に刑法上の因果関係を肯定できるというわけではなく，場合によっては更に法的な因果関係の存否を判断しなければならないケースも出てきます。例えば，親が育児を放棄し，赤ちゃんが衰弱して生命に危険が及ぶ状態になったところで，他者によってその赤ちゃんが救助され病院に運ばれたが医師の医療ミスもあり結局死亡してしまったというケースを考えてみましょう。この場合，親の育児放棄という不作為と最終的な死の結果との間の条件関係は肯定できるでしょう（親が育児放棄しなければ赤ちゃんが死亡することはなかった，ということは確かでしょう）。しかし，このケースでは，医師の医療ミスが介在しているので，このような事情があってもなお法的な因果関係を肯定することができるのか，ということを更に検討しなければなりません。要するに，ここは結局，一般の因果関係の問題と変わるところはないということでしょう。

授業後の課題

　甲は，A（生後 4 か月）の母親である。1 か月前に夫が失踪したことから育児ノイローゼに陥った甲は，A の殺害を意図し，某日朝の授乳を最後に，それ以降 A に授乳や水分補給（以下「授乳等」という）を一切しなくなった。通常，A のような生後 4 か月の健康な乳児に授乳等を一切しなくなった場合，その時点から，約 24 時間を超えると，脱水症状や体力消耗による生命の危険が生ずるとされている。実際，24 時間が経過したところで A には脱水症状が生じたが，27 時間が経過したところで，偶々，甲の留守中に訪ねてきた甲の母親 B によって発見され病院に運ばれて治療を受けたため A は一命をとりとめた。この場合，甲に殺人未遂罪が成立するとして，実行の着手はどの時点において認められるでしょうか。

考え方

　甲には A の生命を保続するために授乳等をする義務があるということを前提に，脱水症状により A の生命に具体的な危険が生じた時点において実行の着手が肯定される，というのが，おそらく一般的な理解ではないかと思います[25]。基本的にこれでよいと思いますが，個人的にいくつか気になっている点を挙げておきましょう[26]。

　第 1 に，この場合，殺人罪の実行行為性を有する不作為はどの時点で認められるのでしょうか？　生命に危険が生じた時点以降の不作為が殺人罪の実行行為に当たる不作為であるというのが 1 つの解答でしょうが，その場合，作為義務はどのように理解されることになるのかが気になります。生命に危険が及ぶ前でも甲には授乳等をする義務は当然あるはずです

---

[25] 高橋・総論 406 頁，松原・総論 331 頁など。なお，曽根威彦『刑法原論』（2016 年）474 頁。

[26] 不作為犯の未遂については，学説史も含めて，塩見・道しるべ 90 頁以下参照。

が，それは不作為による殺人を基礎づける作為義務ではないということになるのでしょうか？

　第 2 に，仮に生命に危険が生じた時点以降の不作為が実行行為だと解した場合，実行の着手もその段階に至らないと肯定できないのでしょうか？　一般に実行の着手については，実行行為それ自体ではなくとも実行行為に密接な行為にとりかかれば，実行の着手を肯定することはできるとされています。だとすれば，殺人の実行行為に当たる不作為に密接な直前の不作為の段階でも実行の着手を肯定することは可能だということにならないでしょうか？

　第 3 に，例えば，妻が，夫の殺害を企図して，毎日，朝食の味噌汁に微量の毒物を混入させて食べさせ続けたところ，2 か月が過ぎたあたりから肝機能障害が生じ，それが原因で 1 年後に死亡したとします。この場合，最初に毒物を投与した行為は殺人罪の実行行為にはならないのでしょうか？[27]　仮にこれが殺人罪の実行行為に当たり得るとするならば，甲の不作為についても授乳等を放棄した段階から実行行為に当たるといえるのではないでしょうか？　それとも，そもそも毒物事例の場合も，最初の毒物投与行為は殺人罪の実行行為に当たらないのでしょうか？　はたまた，実行行為は認められるけれども，結果発生の具体的な危険性が発生しなければ未遂犯は成立しないということもあり得るのでしょうか？

　更に，作為犯では，犯罪の実現に向けて複数の行為が予定されている場合，結果を直接発生させる行為とその前の行為とを合わせて「一連の実行行為」と見る考え方が示されることがありますが，それと比べると，不作為犯の場合には，（複数の行為ではなく）1 つの不作為が継続しているとも考えられそうなので，全体を「一連の実行行為」と見ることは作為の場合より容易であるようにも見えます。皆さんはどう考えるでしょうか？

---

[27] 杉本先生は，このような場合の殺人罪の実行の着手時期は，毒物の「1 回目の投与」に認められるべきであると主張されています（杉本一敏「行為の構造から見た『実行の着手』時期（2）」刑ジャ 68 号［2021 年］126 頁）。

▶第3回◀

因 果 関 係

基本事項の確認

□因果関係の意義を確認しなさい。

□条件関係の意義について確認しなさい。

□条件説，相当因果関係説の内容について確認しなさい。

□「行為の危険の結果への現実化」という言葉で意味されているのは，どのようなことか確認しなさい。

課題判例3

傷害致死，傷害被告事件

昭和63年（あ）第1124号

平成2年11月20日第三小法廷決定

主　　文

本件上告を棄却する。

理　　由

　弁護人Kの上告趣意は，単なる法令違反，事実誤認，量刑不当の主張であって，刑訴法405条の上告理由に当たらない。

　なお，原判決及びその是認する第1審判決の認定によると，本件の事実関係は，以下のとおりである。すなわち，被告人は，昭和56年1月15日午後8時ころから午後9時ころまでの間，自己の営む三重県阿山郡……所在の飯場において，洗面器の底や皮バンドで本件被害者の頭部等を多数回殴打するなどの暴行を加えた結果，恐怖心による心理的圧迫等によって，被害者の血圧を上昇させ，内因性高血圧性橋脳出血を発生させて意識消失状態に陥らせた後，同人を大阪市住之江区南港所在の建材会社の資材置場まで自動車で運搬し，右同日午後10時40分ころ，同所に放置して立ち去ったところ，被害者は，翌16日未明，内因性高血圧性橋脳出血により死亡するに至った。ところで，右の資

材置場においてうつ伏せの状態で倒れていた被害者は，その生存中，何者かによって角材でその頭頂部を数回殴打されているが，その暴行は，既に発生していた内因性高血圧性橋脳出血を拡大させ，幾分か死期を早める影響を与えるものであった，というのである。

このように，犯人の暴行により被害者の死因となった傷害が形成された場合には，仮にその後第三者により加えられた暴行によって死期が早められたとしても，犯人の暴行と被害者の死亡との間の因果関係を肯定することができ，本件において傷害致死罪の成立を認めた原判断は，正当である。

よって，同法414条，386条1項3号，181条1項但書により，裁判官全員一致の意見で，主文のとおり決定する。

（裁判長裁判官　可部恒雄　裁判官　坂上寿夫　裁判官　園部逸夫　裁判官　佐藤庄市郎）

チェック

□この事案で因果関係が肯定されている理由はどこにあると考えられるか？

□行為後に暴行を加えた第三者には何罪が成立すると考えられるか？

□仮に行為後に第三者が加えた暴行によって大幅に死期が早まったとしたら結論に違いは生ずるか？

□最決昭42・10・24刑集21・8・1116（米兵ひき逃げ事件）と本決定とは同じ考え方に基づいているか？

課題判例4
傷害致死被告事件
最高裁判所第二小法廷平成15年（あ）第35号
平成15年7月16日決定

　　　　　　　主　　　文

本件各上告を棄却する。

　　　　　　　理　　　由

被告人Mの弁護人Oの上告趣意は，量刑不当の主張であり，被告人Hの弁護人Tの上告趣意は，事実誤認，単なる法令違反，量刑不当の主張であり，被告人Jの弁護人Kの上告趣意は，事実誤認，単なる法令違反の主張であり，被告人Sの弁護人Nの上告趣意は，違憲をいう点を含め，実質は単なる法令違反，事実誤認，量刑不当の主張であって，いずれも刑訴法405条の上告理由に当たらない。

なお，所論にかんがみ，職権により判断する。

1　原判決の認定によると，本件の事実関係は，次のとおりである。

(1)　被告人4名は，他の2名と共謀の上，被害者に対し，公園において，深夜約2時間10分にわたり，間断なく極めて激しい暴行を繰り返し，引き続き，マンション居室において，約45分間，断続的に同様の暴行を加えた。

(2)　被害者は，すきをみて，上記マンション居室から靴下履きのまま逃走したが，被告人らに対し極度の恐怖感を抱き，逃走を開始してから約10分後，被告人らによる追跡から逃れるため，上記マンションから約763mないし約810m離れた高速道路に進入し，疾走してきた自動車に衝突され，後続の自動車にれき過されて，死亡した。

2　以上の事実関係の下においては，被害者が逃走しようとして高速道路に進入したことは，それ自体極めて危険な行為であるというほかないが，被害者は，被告人らから長時間激しくかつ執ような暴行を受け，被告人らに対し極度の恐怖感を抱き，必死に逃走を図る過程で，とっさにそのような行動を選択したものと認められ，その行動が，被告人らの暴行から逃れる方法として，著しく不自然，不相当であったとはいえない。そうすると，被害者が高速道路に進入して死亡したのは，被告人らの暴行に起因するものと評価することができるから，被告人らの暴行と被害者の死亡との間の因果関係を肯定した原判決は，正当として是認することができる。

よって，刑訴法414条，386条1項3号，181条1項ただし書により，裁判官全員一致の意見で，主文のとおり決定する。

（裁判長裁判官　北川弘治　裁判官　福田博　裁判官　亀山継夫　裁判官　梶谷玄　裁判官　滝井繁男）

チェック

□この事案で因果関係が肯定されている理由はどこにあると考えられるか？
□課題判例3と課題判例4を統一的に説明することはできるか？

授　業

今回のテーマは「因果関係」です。因果関係については興味深い判例が多数あり，多くの議論がなされている領域なので，学生さんもしっかり勉強するところだと思いますが，試験などではなかなか自信をもって答えることができないという不安を抱えている人も少なくないように見受けられます。私の見るところ，それには理由があり，そこには教える側の責任もあるのではないか，と思うところがあります。そういうわけで，少しばかり自戒の念も込めてお話してみたいと思います。

```
                    因果関係の意義
  実行行為 ─────────────────→ 結果
                     因果関係
  ☞結果犯において実行行為と構成要件的結果との間に
    刑法上要求される一定の原因と結果の関係
  ＊因果関係が否定される場合
    →犯罪は未遂にとどまる（結果的加重犯の場合には
      基本犯が成立するにとどまる）
```

　因果関係は，結果犯において実行行為と構成要件的結果との間に刑法上要求される一定の原因と結果の関係のことです。因果関係が認められなければ，犯罪は既遂とならず未遂に止まります（結果的加重犯の場合には，加重結果の帰責が否定され，基本犯のみが成立するに止まります）。ところで，犯罪の成立に因果関係が要求されるのはどうしてなのでしょうか？　よく，因果関係は結果の発生を理由としてより重い処罰（あるいはより重い違法性）を肯定するために必要であるといったことを書いている答案を見ます。これ自体が別に間違いだとは思いませんが，結果が発生するとなぜ重く処罰されることになるのでしょうか？　この点については，応報の要請であるとか，一般予防の要請であるとか，非常に難しい議論が展開されていますが[1]，正直なところこれだといえるような腑に落ちる見解にはなかなかお目にかかれません。考えてみると，因果関係とは何か，ということは古くから多くの学問分野で議論されてきた大問題であり，どこからも文句が出ないような見解はいまだに提示されていないようです[2]。このような根源的な問題を深く考えることはとても大切なことですが，他方で，そのような深遠な議論から実際の問題を解決するための具体的な基準を導くことはなかなか難しいというのも事実

---

[1] 例えば，井田・総論 124 頁参照。

[2] 哲学における因果関係論の概説として，スティーヴン・マンフォード＝ラニ・リル・アンユム（塩野直之＝谷川卓訳）『因果性』（2017 年），ダグラス・クタッチ（相松慎也訳）『因果性』（2019 年）参照。更に法的な観点を加味したものとしては，H.L.A. ハート＝トニー・オノレ（井上祐司＝植田博＝真鍋毅訳）『法における因果性』（1991 年）があります。なお，社会科学における因果性の問題については，佐藤俊樹『社会科学と因果性』（2019 年）が興味深い考察を加えています。同書ではマックス・ウェーバーの方法論が取り上げられていますが，その中で，ウェーバーは J.v. クリースによって提唱された「適合的因果構成 adäquate Verursachung」の考え方を採用したという見方が示されています。さて，この v. クリースの見解は，実は刑法学でも言及されることがあるものです。どんな見解なのか，興味があったら調べてみるのも面白いでしょう。

です。実際，試験の答案でそのような議論を展開する機会もまずないでしょう。そこで，ここでは，そのような根源的な問題があるということを頭の片隅に置きつつ，実際の具体的な問題を考えながら，刑法における因果関係の判断のあり方について検討したみたいと思います。

　さて，刑法上の因果関係については，第1段階として条件関係の存否を判断し，次いで，第2段階として法的な因果関係の存否を判断するという2段階の判断を行うというのが現在の一般的な理解でしょう。

因果関係の判断

1　事実的なつながり
　　条件関係：「その行為がなければその結果は発生しない」

2　結果を実行行為に法的に帰属させるのに相応しい結びつき（法的因果関係）
　　→条件関係＋α

　極々大雑把に言うと，条件関係のところでは実行行為と結果との間の事実的なつながりの有無を判断し，それが肯定されたうえで，更に，その結果を実行行為に法的に帰属させるに相応しい結びつきがあるかどうかを法的な因果関係の問題として判断する，という構成になっているといえるでしょう。そもそもこの2つの判断を因果関係の問題としてひとまとめにしてよいのかどうかは，実はかなり問題のあるところです。例えば，ドイツでは，わが国で言うところの条件関係に当たる部分が因果関係の問題であり，法的な因果関係に当たる部分は客観的帰属論という別のカテゴリーに分類して論ずることが定説になっています[3]。しかし，

---

[3] わが国で，このような方向性を明確に打ち出すのは，山中・総論 256 頁以下です。ところで，客観的帰属論は，発生させられた結果が行為者の行為の「しわざ」かどうかを問う理論の総称であるといわれます（山中・総論 292 頁）。この「しわざ」という言葉は，Werk というドイツ語の訳語ですが，この言葉は，「〜のせい」であるという責任を連想させるニュアンスを含んでいます。「しわざ」と「せい（所為）」はほぼ同義で用いられることがありますし，Das ist dein Werk.というドイツ語は，「これは君のしでかしたことだ」という意味になります（『独和大事典』小学館）。因果関係と責任は区別されなければならないということは，近代刑法学の常識でしょうが，どうすればそれが実現できるのかは考えてみるとよく分からないところがありそうです（因果関係を「〜のせい」という視点から考えるものとして，一ノ瀬正樹『英米哲学入門』［2018 年］参照）。

因果関係か客観的帰属か，というような問題の立て方は，学修者にとっては当面あまり生産的ではありませんので，ここではわが国で一般的な「条件関係＋法的因果関係」という枠組みを前提にして話を進めていきましょう。

　まず，条件関係についてですが，「その行為がなければその結果は発生しなかったであろう」という仮定的消去法の形で判断されるものだということは既に学修済みでしょう。この点に関しては，仮定的因果経過，択一的競合，合義務的な択一的挙動[4] といった理論的に興味深い問題が沢山あり，また，近時は合法則的条件説という興味深い理論も有力に主張されているところですが，実際問題としてこの点が争点となるようなケースはそんなに多く生ずるわけではありませんので，ここでは詳細な検討は割愛することにします。ただ，1点，特に過失犯に関しては，条件関係の判断と結果回避可能性の関係が問題となりますので，判例（最判平 15・1・24 判時 1806・157［交差点黄色点滅信号事件］）も参照しながら押さえておいていただきたいと思います。

　これに対して，法的因果関係については，議論が盛んですし，多くの興味深い判例もあります。試験でも頻出するところですので，しっかり勉強しておく必要があるでしょう。かつて，この問題については，条件関係が認められれば刑法上の因果関係を肯定することができるとする条件説と，条件関係の存在を前提として，私たちの社会生活上の経験に照らしてその行為からその結果が発生するということが相当だと認められる場合に因果関係を肯定するとする相当因果関係説とが対立し，通説は相当因果関係説に立つ，そして，相当因果関係説の内部で，その相当性を判断する資料（判断基底）をどこに求めるかという点で主観説，客観説，折衷説の対立があると整理されていました。私も学生時代にはそのようにならいました。

　しかし，現在では，議論状況が大きく変わっています。その変化の契機となったのは，判例だったと思われます。後に詳しく見ますが，明らかに相当因果関係説では説明が困難であるが，その結論自体はおおむね妥当だと考えられる判例が

---

[4] これらの用語は難解ですね。因果関係の問題に限らず，刑法学の用語には難しい表現がよく出てきますが，それはドイツ語を翻訳したものであることが少なくありません。わが国における学問の近代化が西欧の学問の輸入から始まったという歴史的経緯から見ても，また，西欧語と日本語の違いという点から見ても，わが国の学問において翻訳がもつ意義はとても大きいように思われます。更に，近時では，日本法を外国人に説明する場合にどのような表現を用いるべきかという，かつてとは逆の問題も生じています。

現れたことによって，従来の相当因果関係説の欠点が意識されるようになってき
たということが非常に大きかったといえるでしょう。様々な議論がなされている
ところではありますが，行為と結果との間に異常な介在事情があるにもかかわら
ず因果関係を肯定するべきだと考えられる事例があることがはっきりと自覚され
たということが，最も大きかったと思います。従来の相当因果関係説によれば，
行為後に異常な事態が介在した場合には，介在事情が予測不可能であるため因果
経過の経験的通常性が認められず，因果関係が否定されるはずだが，本当にそれ
でよいのだろうか，ということが問題視されたのです[5]。

　そこから，学説では，行為の危険が結果に現実化したといえる場合に因果関係
を肯定するという考え方（危険現実化説）が急速に有力化しました。現在では，危
険の現実化という表現を明示的に用いる判例も現れるに至っています（最決平22・
10・26刑集64・7・1019［日航機ニアミス事件］）。そのため，学生さんにとっても，こ
の危険現実化説を理解するということが，学修上の当面の目標となっています。

　というわけで，ここでも危険現実化説について詳しく見ていくことにします
が，予め注意しておきたいことがあります。それは，この危険現実化説というも
のの性格にまつわることです。この問題に限りませんが，学生さんは，最終的に
試験の答案でどのように書くべきかということから逆算して理論などを勉強して
いくことが多いようです。そのときの典型的な思考の流れは，「規範定立→事実の
認定→あてはめ」というものですが，どうもその際，規範の部分を何か公式的な
ものとして捉えようとする傾向が非常に強いように思われます。イメージ的に言
うと数学の公式に近いようなとらえ方です。通常，数学の公式では，そこに具体
的な数値が代入されれば一義的な答えが出てきます。つまり，公式それ自体に正
解に至る筋道が埋め込まれていて，後はその時々の具体的な要素をそこにはめ込

---

[5] もっとも，相当因果関係説の立場から，行為後に生じた異常な介在事情を判断基底から除
き，行為時の行為から結果の発生することが一般の経験則から見てあり得ると判断されるの
であれば，因果関係は肯定されるとする見解も見られます（大谷・総論222頁）。このよう
に考えると，当初の行為によって致命的な傷害が発生していれば，その後にどんな異常な事
情が介在して被害者死亡の結果が発生したとしても（例えば，全く無関係の第三者が被害者
に発砲し，それによって即死したとしても），当初の行為と被害者の死の結果との因果関係
は肯定されることになりそうです。しかし，そうだとすれば，現実に生じた因果の流れや実
際に発生した具体的な結果（例えば，死因の違いなど）を無視することになり妥当ではない
と思われます（「現実に生じた因果経過は異常なものであったが，その行為からその結果が
発生することは相当といえる」という説明の仕方は表現としても不自然ではないでしょう
か）。

めば，常に一つの正しい答えが導き出されるというようなイメージです。しかし，法解釈で問題とされる規範は，このようなイメージとは相当に異なっています。規範（と呼ばれているもの）それ自体がもつ結論を具体的に規定する力が弱く，同じ「規範」を用いても人によって異なる結論に至ることは頻繁に生じます。特に，規範を表現する言葉それ自体に解釈の余地があったり，価値判断の違いによってあてはめの仕方が異なったりする可能性がある場合には，このような傾向が強くなります。このような事情を無視して，何でもかんでも規範を公式のようにして用いると，おかしなことになるのです。

　危険現実化説に関しても，そのような問題が生ずることがままあります。典型的なのは，次のような例です。「因果関係の有無は，行為の危険が結果に現実化したか否かによって判断される。その判断に当たっては，①行為の危険性，②介在事情の異常性，③介在事情が結果に及ぼした寄与度，④行為と介在事情との関係を検討しなければならない。本件において，①は，…。②は，…。③は…。④は，…。以上より，行為の危険が結果に現実化したといえるから，因果関係を肯定することができる」。このような答案をよく見かけます。皆さんの中にも，このように書いている人がいるのではないでしょうか。このような書き方が全ていけないとは言いませんが，注意すべき点があります。

　まず，いかなる場合でも因果関係が問題となるときには，このような「公式」を冒頭に掲げて，後はあてはめに進むということをやっていると，場合によっては，実際には問題とならない（あるいは問題にすべきではない）事柄について無理やりこじ付け的なことを書くようなことになってしまいます。例えば，上述した文中の④は全ての場合に問題となる事情ではないのですが，これを因果関係を判断する際には常に考慮しなければならない要因のように「公式化」してしまうと，実態に合わないおかしなことを書いてしまうことがよくあります[6]。

　もう一つ注意が必要なのは，これら①〜④の事情を個別に取り上げたところで，それをただ並べただけではあまり説得力がないということです。例えば，①行為の危険は大きい，②介在事情は異常である，③介在事情が結果に及ぼした影

---

[6] 例えば，甲がＡに激しい暴行を加え致命傷を負わせて立ち去った後に，甲とは無関係の乙がやってきて倒れているＡに暴行を加えたため若干早く死亡したというような問題を出すと，乙の暴行は甲によって誘発されたものであるというようなことを書いてくる答案が時々ありますが，そのような捉え方は不適切でしょう。

響は小さい，④行為と介在事情との間に特別な関係はない，といったことを個別に確認したところで，そこから直ちに行為の危険が結果に現実化したとか，していないとかといった結論が導かれるわけではないでしょう。重要なのは，これらの事情から，どのように考えれば「行為の危険が結果に現実化した（しなかった）」といえるのかを説明するということです。イメージ的に言うと，「①行為の危険は…。②介在事情は…。③介在事情が結果に及ぼした影響は…。④行為と介在事情との間に…。これらの事情からすれば，…というように考えることができる。従って，行為の危険が結果に現実化したといえるから因果関係を肯定することができる」というような，この下線部に当たる説明の部分があるかないかで，説得力が大きく変わります。皆さんには，このことをきちんと意識しておいてほしいと思います[7]。

　さて，前置きが長くなってしまいました。本題に戻りましょう。危険現実化説の概略を確認したいと思います。

---

[7] 余談ですが，私は，危険現実化説というのは，それ自体が何か特定の結論を導き出すことを可能にする力を有している「理論」といえるのだろうか，という点に疑問をもっています。この点について，私はかなり懐疑的で，危険現実化説というのは「理論」というよりは，むしろ「説得の技術」あるいは「説明の技法」のようなテクニカルなものではないだろうかという印象を強く持っています。説明の仕方次第では，行為の危険が結果に現実化したともしないとも，如何様にでも説明することができる。その意味で，「行為の危険の結果への現実化」という言葉自体にはほとんど実体的な意味はなく，限りなく唯名論的なフレーズに近いのではないか。そんな思いを常々抱いていたところ，最近，安田先生が，「『危険の現実化説』などという『理論』『学説』は実は存在しない。危険の現実化があるというのは，因果関係があることの言い換えにすぎず，それだけでは何も語ったことにはならない。『同説』の実態は，判例を素材とした事例群の分類・類型化作業にすぎない」（安田拓人「実行行為と因果関係」法教 487 号［2021 年］92 頁）と喝破されているのを見て我が意を得たりという感がしました。もっとも，「それではそもそも『理論』とは何なのか？」「なぜ他の言い方ではなく『危険の現実化』というフレーズが選ばれるのか？」といったもやもやした感覚は，いまだに払拭されていません。

```
                        危険の現実化
    危険の現実化：実行行為の危険が結果へと現実化した場合に
    因果関係を肯定することができる
            実行行為                    → 結果
              |
            ①危険性       ②現実化

    ①の具体的内容の確定
      ☞何を基礎事情として危険性を判断するか？
    ②のプロセスの吟味
      ☞介在事情の性質，結果に及ぼした寄与度，
        実行行為と介在事情の関係etc.
```

　危険現実化説に立って因果関係を判断する場合の基本的な思考の流れは非常にシンプルです。重要な点は二つあります。一つは行為の危険の具体的な内容を確定すること，もう一つはそれがどのような意味で結果に及んだ（あるいは及んでいない）といえるのかを説明することです。この二つは実際には密接に関係しており，分けにくいこともありますが，理屈の上ではこのように分けることができます[8]。この2点に留意して，内容を吟味していけば，何とか形にはなるはずです。

　ところで，このように分けた場合，行為の危険の内容を考えるときに一つ注意してもらいたい点があります。それは，ここで問題としている危険は結果に影響した危険のことであり，行為がその属性として一般的に有している全ての危険ではないということです。例えば，「Xは，Aを殺害しようとして，Aを断崖絶壁に追い詰め，Aに向けてピストルを発砲したところ，弾丸はAに命中しなかったが，何とかして撃たれまいとしたAが足を滑らせて断崖絶壁から転落して死亡した」という例を考えてみましょう。このような問題を出すと，因果関係を論ずるときに，「人に向けてピストルを撃つ行為はそれ自体人の死の結果を惹起する危険を有している」ということを書いてくる答案をよく見かけます。しかし，Aはピストルの弾が当たって死亡したわけではありません。ピストルを発砲する行為が死の結果を惹起する危険を一般的に有していることは確かでしょう。しかし，このケースでは，そのように発砲行為それ自体が一般的に有している結果発生の

8　橋爪・悩みどころ13頁以下参照。

危険が問題になっているのではありません。実際にＡの死の結果につながった危険が問題とされているのです。イメージ的には，実際に発生したＡの死という結果を惹起する危険がＸの発砲行為にあったといえるかどうか（実際に発生した結果に現実化したといえる危険が当初の行為にあったといえるかどうか）を問題にしているとでもいえるでしょう[9]。従って，Ａが断崖絶壁から転落して死亡するという結果を惹起する危険がＸの発砲行為にあったといえるかが問われなければなりません（その点について，皆さんはどう考えるでしょうか？　後で考えてみてください）。

　このような視点は，危険の「現実化」を考えるところにも関係してきます。問題となる「危険」の内容がどのようなものかによって，それが結果に「現実化」する筋道も変わってくるのです。この点についてはいろいろな分析が可能だと思いますが，ここでは，近時有力な「直接的な現実化」と「間接的な現実化」を分ける考え方[10]に従って，少しばかりお話しておきましょう。

　行為それ自体に結果を直接惹起する危険があり，その危険が介在事情などによって遮られることなく結果に及んでいる場合には，行為の危険が結果に現実化したと評価することができるでしょう。これが，行為の危険が直接的に結果に現実化した場合です。

・実行行為の危険性が介在事情によって遮断されることなく結果に及んでいる（例：死因となる傷害が実行行為によって形成されている）
・介在事情の異常性はそれ自体として因果関係を否定する要因とはならない
・介在事情の影響力が実行行為の危険性を凌駕し，実行行為の危険性を打ち消してしまうような場合には因果関係が否定されることがあり得る（例：介在事情によって死因が変わった場合）

[9]　橋爪・悩みどころ14頁以下参照。
[10]　島田聡一郎・ジュリスト1332号（2007年）157頁，山口・総論61頁参照。

　課題判例 3（最決平 2・11・20 刑集 44・8・837）は，まさにこのような場合だと思
われます。この判例では，「犯人の暴行により被害者の死因となった傷害が形成さ
れた場合には，仮にその後第三者により加えられた暴行によって死期が早められ
たとしても，犯人の暴行と被害者の死亡との間の因果関係を肯定することができ
」るとされています。この事案において特徴的な点は，第三者の暴行という故
意の犯罪行為が介在している点です。通常，私たちの社会生活は，人は故意に犯
罪行為に出ることはないという前提で営まれています。従って，第三者による故
意の犯罪行為という介在事情は通常は予測できない異常なものだということにな
るでしょう[11]。そうすると，この判例は，このような異常な事態が介在したにも
かかわらず，それが死期を早めたにすぎないときには，当初の行為者の行為と発
生した結果との間の因果関係を肯定することができる，という判断をしたことに
なります。つまり，ここでは，介在事情が予測できない異常なものであっても因
果関係が肯定されており，介在事情の異常性，ひいては因果経過の経験的通常性
は，因果関係の判断において重要な意味をもっていないということです。このよ
うに，行為の危険が直接結果に現実化したかどうかが問題となる場合には，介在
事情の異常性ということは特に決定的な意味をもっておらず，むしろ介在事情が
結果に及ぼした影響力の大きさが重要な意味をもってくることになるでしょう。
その際，介在事情が結果の発生にどの程度の影響を及ぼせば因果関係が否定され
るかは多分に価値判断の要素を含みますが，実行行為の危険を打ち消してしまう
ような新たな危険を介在事情が生み出したとみられるような場合，あるいは，介
在事情によって実質的に異なる結果が発生したと評価できるような場合には行為
の危険の結果への現実化が認められず因果関係が否定される，といった見方がで
きるように思われます[12]。

　なお，課題判例 3 との関連で，この途中で暴行を加えた第三者の罪責はどうな
るのかについて，若干，補足しておきます。この点に関しては，死因となった傷
害を発生させた行為についてだけ因果関係を認めるべきだ（従って，この第三者の
罪責は傷害罪に止まる）という見方もありますが，一般的にはこの第三者にも傷害

---

[11] 故意の犯罪行為も予測可能であるという前提に立つと，例えば，金物屋さんは怖くて包丁
など売ることができなくなるでしょう。
[12] 小坂敏幸「行為の危険性の現実化──因果関係」植村立郎編『刑事事実認定重要判例 50
選（上）〔第 3 版〕』（2019 年）29 頁参照。

致死罪が成立すると解されています。なぜならば、この第三者の暴行も被害者の死期を早めたのですから、その危険が具体的な死の結果に現実化したことは否定できないと考えられるからです。このように考えると、複数の人に一つの死の結果が帰責されることになり、死の結果が二重に評価されているようにも見えます。しかし、結果の二重評価が問題となるのは、一つの結果を同一の行為者に二重に帰責する場合であって（これが問題となる事例として、最決昭53・3・22刑集32・2・381［熊撃ち事件］参照）、一つの結果を複数の行為者に帰責する場合には二重評価の問題は生じないと一般に解されています。

　さて、次に、課題判例4（最決平15・7・16刑集57・7・950）を見てみましょう。この判例の事案では、被害者は自動車に轢かれて死亡したのであり、被告人らの暴行によって生じた傷害により死亡したのではありません。従って、暴行がそれ自体として直接被害者の死の結果を惹起する危険を問題とすると、そのような危険が被害者の死の結果に現実化したとは言いにくい事案です。では、被害者はなぜ車に轢かれたのかというと、高速道路に侵入したからでした。皆さんの中に、素の状態で高速道路に入ったことがある人はいるでしょうか？　まず、いらっしゃらないでしょう。そのような行為が高速で走行する自動車によって轢かれる危険のあるものだということは、誰にでもわかることです。判例も、「被害者が逃走しようとして高速道路に進入したことは、それ自体極めて危険な行為であるというほかない」としています。そのように危険であることが分かり切っている行為を被害者自身がとったということは、この被害者の死の結果は、被害者自身がとった行為の危険が現実化したものであり、被告人らの暴行の危険が現実化したものではない、という見方も一見したところではありそうです。

　しかし、判例は、この事案においても因果関係を肯定しました。そこでは、「被害者は、被告人らから長時間激しくかつ執ような暴行を受け、被告人らに対し極度の恐怖感を抱き、必死に逃走を図る過程で、とっさにそのような行動を選択したものと認められ、<u>その行動が、被告人らの暴行から逃れる方法として、著しく不自然、不相当であったとはいえない</u>」ということが指摘されています。この下線部に注目してほしいのですが、ここでは、介在事情の異常性、因果経過の通常性が問題とされています。課題判例3では、かなり異常な介在事情があったにもかかわらず、その点に関する言及はなかったのに対し、課題判例4では因果経過の通常性について言及されているのはどうしてなのか、ということを考えてみな

ければなりません。

　行為の危険の結果への現実化という観点からすると，この点については次のように考えることができるでしょう。先に見たように，この考え方において問題となるのは結果に現実化した危険が当初の行為にあったのかどうかです。この判例では，被害者がこのような行動をとることによって自動車に轢かれて死ぬような危険が当初の暴行にあったのかどうかが問われます。そうだとすれば，ここでは，被告人らの暴行によって被害者がどのような行動をとることが予測されるのかという因果経過の通常性が重要な意味をもってくるでしょう。なぜならば，被告人らの暴行によって被害者がこのような行動をとってもそれはおかしなことではないといえるのであれば，被告人らの暴行には被害者にそのような不適切な行動をとらせて自らを危険にさらすような危険があったと評価することが十分に可能になると思われるからです。このように直接結果を発生させたのは介在事情であっても，その介在事情を経由して結果発生に至る危険[13]が当初の行為にあったといえるのであれば，その行為の危険が介在事情を介して間接的に結果に現実化したということができるでしょう。このような場合には，介在事情の異常性，因果経過の経験的通常性が，因果関係の判断において重要な意味をもつことになります。

---

[13] 危険現実化説において行為の危険が問題とされる場合，それは「実行行為の危険性」を意味するものと一般に考えられています（山口・総論 60 頁など）。しかし，ここで「実行行為の危険性」という場合，これは，問題となる行為が当該犯罪の実行行為であるということを基礎づける危険性（実行行為性を基礎づける危険性）に限定されるのか，それとも実行行為性を基礎づけている危険性とは異なる当該行為のもつ危険性でも足りるのかは，必ずしも意識的に議論されているわけではないようです。仮に，課題判例 4 において結果に現実化した危険性を「被害者に恐怖感から生命を危機にさらすような逃走手段を採用させる危険」（樋口亮介・百選 I（第 8 版）29 頁）ととらえた場合，この危険は当該傷害致死罪の実行行為性を基礎づける危険性でしょうか？　例えば，行為者が暴行を加えたのではなく，殺すと脅したので被害者が恐怖感から同様の行動をとったというようなケースでも「被害者に恐怖感から生命を危機にさらすような逃走手段を採用させる危険」が認められることがあり得ると考えるのであれば，このような危険は当該暴行（あるいは傷害）行為が傷害致死罪の実行行為に当たることを基礎づける危険性とは異なるのではないか，という見方もありそうな気がします（なお，只木誠「脅迫に起因する傷害」研修 872 号［2021 年］12 頁参照）。この点は，結果的加重犯においては，いわゆる「直接性」（基本犯に類型的に内在する高度の危険が結果に直接実現したという関係が認められること）の要否として論じられていますが，結果的加重犯に限らず一般的に問題となることでしょう（なお，松原・総論 85 頁以下参照）。私はどう考えたらよいのか迷っているのですが，皆さんはどう考えるでしょうか？

```
                          間接現実化型
        実行行為 ─────×────→ 結果
                                      ↗(死)
                    介在事情(死因形成)

   ・実行行為それ自体には結果を直接的に発生させる危険性は
     認められない
     (→結果を直接的に発生させているのは介在事情である)
   ・介在事情を経由しなければ結果は発生しないのであるから
     介在事情が異常であればあるほど因果関係は否定される方
     向に赴く
     (→介在事情の異常性は重要な考慮要素となる)
   ・実行行為の危険性の具体的な内容は何か
     ☞介在事情を経由して結果発生に至る危険性
        ・実行行為が介在事情を誘発している関係はないか
        ・実行行為それ自体に介在事情を条件とする結果発生の
          危険が認められないか
```

　このように行為の危険の「直接的な現実化」と「間接的な現実化」を分けることは，類型化としては非常にわかりやすいですし，実際，多くの事例を分析するときにも有益だと思います。ただ，これはあくまで大まかな分類に過ぎず，もう少し別の観点からの分析を必要とする場合も出てきます。例えば，トランク監禁事件（最決平18・3・27刑集60・3・382）では，監禁行為の危険をどのように把握するかという問題と追突事故という介在事情の性質をどのように理解するかという問題とが微妙に絡み合っているといえそうです。この事案については，各自でどのように説明するか考えてみてください。

　最後に，行為時に存在していた特殊事情の取り扱いについて簡単に言及しておきます。かつて，相当因果関係説の内部で，相当性の判断基底に関し，行為者が行為当時に認識した事情，及び，予見し得た事情を判断の基礎とするという主観説，行為当時に客観的に存在した全ての事情，及び，行為後に生じた事情のうち一般人にとって予見可能であった事情を判断の基礎とするという客観説，一般人が認識しまたは予見することができたであろう事情，及び，行為者が特別に認識，予見していた事情を判断の基礎とするという折衷説があり，特に客観説と折衷説が対立していました。危険現実化説に立った場合，この問題はどうなるのかという質問をよく受けますが，行為時に存在していた事情に関する限りでは，それは行為の危険を判断する際にどのような事実を基礎に置くべきかという問題として

理解すれば足りるものと思われます[14]。

授業後の課題

　以下は最決昭 42・10・24 刑集 21・8・1116 の判決理由の一部である。

　「被告人は，普通乗用自動車を運転中，過失により，被害者が運転していた自転車に自車を衝突させて被害者をはね飛ばし，同人は，被告人の運転する自動車の屋根にはね上げられ，意識を喪失するに至ったが，被告人は被害者を屋上に乗せていることに気づかず，そのまま自動車の運転を続けて疾走するうち，前記衝突地点から 4 粁余をへだてた地点で，右自動車に同乗していた A がこれに気づき，時速約 10 粁で走っている右自動車の屋上から被害者の身体をさかさまに引きずり降ろし，アスファルト舗装道路上に転落させ，被害者は，右被告人の自動車車体との激突および舗装道路面または路上の物体との衝突によって，顔面，頭部の創傷，肋骨骨折その他全身にわたる多数の打撲傷等を負い，右頭部の打撲に基づく脳クモ膜下出血および脳実質内出血によって死亡したというのである。この事実につき，原判決は，『被告人の自動車の衝突による叙上の如き衝撃が被害者の死を招来することあるべきは経験則上当然予想し得られるところであるから，同乗車 A の行為の介入により死の結果の発生が助長されたからといって，被告人は被害者致死の責を免るべき限りではない。』との判断を示している。しかし，右のように同乗者が進行中の自動車の屋根の上から被害者をさかさまに引きずり降ろし，アスファルト舗装道路上に転落させるというがごときことは，経験上，普通，予想しえられるところではなく，ことに，本件においては，被害者の死因となった頭部の傷害が最初の被告人の自動車との衝突の際に生じたものか，同乗者が被害者を自動車の屋根から引きずり降ろし路上に転落させた際に生じたものか確定しがたいというのであって，このような場合に被告人の前記過失行為から被害者の前記死の結果の発生することが，われわれの経験則上当然予想しえられるところであるとは到底いえない。したがって，原判決が右のような判断のもとに被告人の業務上過失致死の罪責を肯定したのは，刑法上の因果関係の判断をあやまった結果，法令の適用をあやまったものというべきである。」

　この判例で因果関係が否定されたのはなぜか，その理由を簡潔にまとめなさい。

考え方

　この判例については，相当因果関係説に立って介在事情の異常性，予測不可能性を理由に因果関係を否定したものだという理解もありますが[15]，異常な事情が介在したにもかかわらず因果関係を肯定する判例（前掲最決平 2・11・20）があることも併せて考えてみるならば，そのような介在事情の異常性という点だけで因果関係を否定したとするのでは必ずしも十

---

[14] 山口・総論 62 頁。これに対して，小林先生は，このようなケースは危険の現実化の射程外であって，ここまで危険の現実化の判断枠組みを及ぼすのは行き過ぎであると批判されています（小林・総論 148 頁以下）。

[15] 相当因果関係説の折衷説によったものだとする理解として，海老原震一・最判解昭和 42 年度 286 頁。

分ではないと思われます。この事案では，死因がどの段階で生じたものかが判明していないので，疑わしきは被告人の利益にという観点から，死の結果は後の同乗者の行為によって生じたという前提で考えなければなりません。従って，衝突行為がもつ直接死の結果を発生させる危険が結果に現実化したと判断することはできません。他方で，同乗者の行為を経由して結果が発生する危険が衝突行為にあったかと言えば，このような同乗者の行為が介在することは経験則上予測できないことであり，当初の衝突行為が後の同乗者の引きずりおろし行為を誘発したというような関係も見られないことから，そのような危険が当初の衝突行為にあったと判断することもできないでしょう。従って，当初の衝突行為の危険が結果に現実化したとはいえない，という観点から因果関係を否定したというように解することができると思われます[16]。

---

[16] 山口厚『基本判例に学ぶ刑法総論』（2010 年）13 頁参照。

▶第**4**回◀

正 当 防 衛 ①

基本事項の確認
□正当防衛の意義を確認しなさい
□正当防衛の成立要件を確認しなさい

課題判例5
殺人，器物損壊被告事件
最高裁判所第二小法廷平成28年（あ）第307号
平成29年4月26日決定

主　文

本件上告を棄却する。
当審における未決勾留日数中310日を本刑に算入する。

理　由

弁護人Kの上告趣意は，判例違反をいう点を含め，実質は事実誤認，単なる法令違反の主張であって，刑訴法405条の上告理由に当たらない。

所論に鑑み，本件における正当防衛及び過剰防衛の成否について，職権で判断する。

1　第1審判決及び原判決の認定並びに記録によれば，本件の事実関係は，次のとおりである。

(1)　被告人は，知人であるA（当時40歳）から，平成26年6月2日午後4時30分頃，不在中の自宅（マンション6階）の玄関扉を消火器で何度もたたかれ，その頃から同月3日午前3時頃までの間，十数回にわたり電話で，「今から行ったるから待っとけ。けじめとったるから。」と怒鳴られたり，仲間と共に攻撃を加えると言われたりするなど，身に覚えのない因縁を付けられ，立腹していた。

(2)　被告人は，自宅にいたところ，同日午前4時2分頃，Aから，マンションの前に来ているから降りて来るようにと電話で呼び出されて，自宅にあった包丁（刃体の長さ約13.8 cm）にタオルを巻き，それをズボンの腰部右後らに差し挟んで，自宅マンション

前の路上に赴いた。

(3) 被告人を見付けたAがハンマーを持って被告人の方に駆け寄って来たが，被告人は，Aに包丁を示すなどの威嚇的行動を取ることなく，歩いてAに近づき，ハンマーで殴りかかって来たAの攻撃を，腕を出し腰を引くなどして防ぎながら，包丁を取り出すと，殺意をもって，Aの左側胸部を包丁で1回強く突き刺して殺害した。

2 刑法36条は，急迫不正の侵害という緊急状況の下で公的機関による法的保護を求めることが期待できないときに，侵害を排除するための私人による対抗行為を例外的に許容したものである。したがって，行為者が侵害を予期した上で対抗行為に及んだ場合，侵害の急迫性の要件については，侵害を予期していたことから，直ちにこれが失われると解すべきではなく（最高裁昭和45年（あ）第2563号同46年11月16日第三小法廷判決・刑集25巻8号996頁参照），対抗行為に先行する事情を含めた行為全般の状況に照らして検討すべきである。具体的には，事案に応じ，行為者と相手方との従前の関係，予期された侵害の内容，侵害の予期の程度，侵害回避の容易性，侵害場所に出向く必要性，侵害場所にとどまる相当性，対抗行為の準備の状況（特に，凶器の準備の有無や準備した凶器の性状等），実際の侵害行為の内容と予期された侵害との異同，行為者が侵害に臨んだ状況及びその際の意思内容等を考慮し，行為者がその機会を利用し積極的に相手方に対して加害行為をする意思で侵害に臨んだとき（最高裁昭和51年（あ）第671号同52年7月21日第一小法廷決定・刑集31巻4号747頁参照）など，前記のような刑法36条の趣旨に照らし許容されるものとはいえない場合には，侵害の急迫性の要件を充たさないものというべきである。

前記1の事実関係によれば，被告人は，Aの呼出しに応じて現場に赴けば，Aから凶器を用いるなどした暴行を加えられることを十分予期していながら，Aの呼出しに応じる必要がなく，自宅にとどまって警察の援助を受けることが容易であったにもかかわらず，包丁を準備した上，Aの待つ場所に出向き，Aがハンマーで攻撃してくるや，包丁を示すなどの威嚇的行動を取ることもしないままAに近づき，Aの左側胸部を強く刺突したものと認められる。このような先行事情を含めた本件行為全般の状況に照らすと，被告人の本件行為は，刑法36条の趣旨に照らし許容されるものとは認められず，侵害の急迫性の要件を充たさないものというべきである。したがって，本件につき正当防衛及び過剰防衛の成立を否定した第1審判決を是認した原判断は正当である。

よって，刑訴法414条，386条1項3号，181条1項ただし書，刑法21条により，裁判官全員一致の意見で，主文のとおり決定する。

（裁判長裁判官　菅野博之　裁判官　小貫芳信　裁判官　鬼丸かおる　裁判官　山本庸幸）

チェック

□本決定は侵害の急迫性をどのようなものとして理解しているか？

□本決定と最決昭52・7・21刑集31・4・747とはどのような関係に立つと考えられるか？

課題判例6

殺人未遂被告事件
昭和49年（あ）第2786号
同50年11月28日第三小法廷判決

　　　　　　主　　　文

原判決を破棄する。
本件を名古屋高等裁判所に差し戻す。

　　　　　　理　　　由

弁護人Nの上告趣意について
　所論にかんがみ職権をもって調査すると、原判決には、以下の理由により、判決に影響を及ぼすべき法令違反があり、これを破棄しなければ著しく正義に反するものと認める。
1　原判決は、被告人の本件行為は自己の権利を防衛するためにしたものとは認められないから、第1審判決がこれを過剰防衛行為にあたるとしたのは事実誤認であるとして、第1審判決を破棄し、自ら次の事実を認定判示した。
　被告人は、昭和48年7月9日午後7時45分ころ、友人のSとともに、愛知県西尾市寺津町……付近を乗用車で走行中、たまたま同所で花火に興じていたT（当時34年）、K、Hらのうちの1名を友人と人違いして声を掛けたことから、右Tら3名に、「人違いをしてすみませんですと思うか。」、「海に放り込んでやろうか。」などと因縁をつけられ、そのあげく酒肴を強要されて同県幡豆郡吉良町の飲食店「J」でTらに酒肴を馳走した後、同日午後10時過ぎころ、右Sの運転する乗用車でTらを西尾市寺津町……M方付近まで送り届けた。ところが、下車すると、Tらは、一せいに右Sに飛びかかり、無抵抗の同人に対し、顔面、腹部等を殴る、蹴るの暴行を執拗に加えたため、被告人は、このまま放置しておけば、右Sの生命が危いと思い、同人を助け出そうとして、同所から約130メートル離れた同市巨海町……の自宅に駆け戻り、実弟I所有の散弾銃に実包4発を装てんし、安全装置をはずしたうえ、予備実包1発をワイシャツの胸ポケットに入れ、銃を抱えて再び前記M方前付近に駆け戻った。しかしながら、SもTらも見当たらなかったため、Sは既にどこかにら致されたものと考え、同所付近を探索中、同所から約30メートル離れた同市寺津町……付近路上において、Tの妻Gを認めたので、Sの所在を聞き出そうとして同女の腕を引っ張ったところ、同女が叫び声をあげ、これを聞

いて駆けつけたTが「このやろう。殺してやる。」などといって被告人を追いかけてきた。そこで、被告人は、「近寄るな。」などと叫びながら西方へ約11・2メートル逃げたが、同所……付近路上で、Tに追いつかれそうに感じ、Tが死亡するかも知れないことを認識しながら、あえて、右散弾銃を腰付近に構え、振り向きざま、約5・2メートルに接近したTに向けて1発発砲し、散弾を同人の左股部付近に命中させたが、加療約4か月を要する腹部銃創及び左股部盲管銃創の傷害を負わせたにとどまり、同人を殺害するに至らなかったものである。

2　原判決は、被告人の右行為が自己の権利を防衛するためのものにあたらないと認定した理由として、被告人が銃を発射する直前にTから「殺してやる。」といわれて追いかけられた局面に限ると、右行為は防衛行為のようにみえるが、被告人が銃を持ち出して発砲するまでを全体的に考察し、当時の客観的状況を併せ考えると、それは権利を防衛するためにしたものとは到底認められないからであると判示し、その根拠として、(1) 被告人は、Tらから酒肴の強要を受けたり、帰りの車の中でいやがらせをされたりしたうえ、友人のSが前記M方付近で一方的に乱暴をされたため、これを目撃した時点において、憤激するとともに、Sを助け出そうとして、Tらに対し対抗的攻撃の意思を生じたものであり、Tに追いかけられた時点において、同人の攻撃に対する防禦を目的として急に反撃の意思を生じたものではないと認められること、(2) 右M方付近は人家の密集したところであり、時刻もさほど遅くはなかったから、被告人は、Sに対するTらの行動を見て、大声で騒いだり、近隣の家に飛び込んで救助を求めたり、警察に急報するなど、他に手段、方法をとることができたのであり、とりわけ、帰宅の際は警察に連絡することも容易であったのに、これらの措置に出ることなく銃を自宅から持ち出していること、(3) 被告人が自宅へ駆け戻った直後、Sは独力でTらの手から逃れて近隣のU方へ逃げ込んでおり、被告人が銃を携行してM方付近へきたときには、事態は平静になっていたにもかかわらず、被告人は、Tの妻の腕をつかんで引っ張るなどの暴行を加えたあげく、その叫び声を聞いて駆けつけ、素手で立ち向ってきたTに対し、銃を発射していること、(4) 被告人は、殺傷力の極めて強い4連発散弾銃を、散弾4発を装てんしたうえ、予備散弾をも所持し、かつ、安全装置をはずして携行していることを指摘している。

3　しかしながら、急迫不正の侵害に対し自己又は他人の権利を防衛するためにした行為と認められる限り、その行為は、同時に侵害者に対する攻撃的な意思に出たものであっても、正当防衛のためにした行為にあたると判断するのが、相当である。すなわち、防衛に名を借りて侵害者に対し積極的に攻撃を加える行為は、防衛の意思を欠く結果、正当防衛のための行為と認めることはできないが、防衛の意思と攻撃の意思とが併存している場合の行為は、防衛の意思を欠くものではないので、これを正当防衛のための行為と評価することができるからである。

しかるに、原判決は、他人の生命を救うために被告人が銃を持ち出すなどの行為に出

たものと認定しながら，侵害者に対する攻撃の意思があったことを理由として，これを正当防衛のための行為にあたらないと判断し，ひいては被告人の本件行為を正当防衛のためのものにあたらないと評価して，過剰防衛行為にあたるとした第1審判決を破棄したものであって，刑法36条の解釈を誤ったものというべきである。

　なお，原判決がその判断の根拠として指摘する諸事情のうち，前記 (1)，(2)，(4) は，いずれも被告人に攻撃の意思があったか否か，又は被告人の行為が已むことを得ないものといえるか否か，に関連するにとどまるものであり，また，同 (3) も，Sの所在を聞き出すためにした行為であるというのであるから，右諸事情は，すべて本件行為を正当防衛のための行為と判断することの妨げとなるものではない。

4　以上のとおり，原判決には，判決に影響を及ぼすべき法令違反があり，これを破棄しなければ著しく正義に反するものと認められる。よって，所論に対し判断を示すまでもなく，刑訴法411条1号により原判決を破棄し，同法413条本文に従い，本件を原審である名古屋高等裁判所に差し戻すこととする。

　この判決は，裁判官江里口清雄の補足意見及び裁判官天野武一の反対意見があるほか，裁判官全員一致の意見によるものである。

　裁判官江里口清雄の補足意見は，次のとおりである。

　私は，被告人の本件行為が自己の権利防衛のためにしたものとは認められないとした原審の判断は刑法36条の解釈を誤ったものと考えるが，急迫不正の侵害の点について意見を付加する。

　原判決は，検察官の控訴趣意に対する説示において，「被告人が銃を発射する直前にTから「殺してやる」といわれ，追いかけられたことが，その局面に限ると，Tの被告人に対する急迫不正の侵害の如く見えるけれども，本件被告人の行為を，被告人が銃を持ち出してから発砲するまで，全体的に考察し，当時の客観的状況を併せ考えると，それが権利防衛のためにしたものであるとは，到底認められない」と判示して，その理由を詳細に掲げている。右判示の「被告人に対する急迫不正の侵害の如く見えるけれども」の文言が，急迫不正の侵害のように見えるがその存否の点はしばらく措いてという趣旨か，急迫不正の侵害の存在を認定したものかは，措辞適切を欠いて，必ずしも明確ではないが，これに続く部分を併せ判読すれば，後者のように受けとれる。しかし，私は，右Tの行為を被告人に対する急迫不正の侵害であると断ずることに，ちゅうちょを感ずる。

　原判決が認定した事案の概要は，被告人が自宅から銃を携行して友人Sの被害現場に駆け戻ったときには，Sは，すでに独力でTらの手をのがれ，近隣の家に逃げ込んでいて，Tらの姿も見当たらなかった。被告人は，Sがどこかにら致されたと考え，付近を探索中，同所から約30メートル離れた路上でTの妻を認め，Sの所在を聞き出そうとして同女の腕をつかんで「ちょっとこい。」と引っ張ったところ，同女が悲鳴をあげ，これを聞いてTが駆けつけ，「このやろう殺してやる。」などといって被告人を追いかけて

きた。被告人は、「近寄るな。」などと叫びながら約11メートル逃げたが、追いつかれそうに感じ、Tが死亡するかも知れないことを認識しながら、あえて銃を腰付近に構え、振り向きざま、約5メートルに接近したTに発砲命中させた、というのである。すなわち、被告人が銃を持って引き返したときにはSやTらの姿はなく、事態は平静に復し、Sに対する急迫不正の侵害は、すでに去っていたのである。被告人の発砲行為はその後にされたもので、Sを救出するためのものではない。その直接の誘因は、被告人がTの妻の腕をつかんで引っ張ったことにある。

ところで、午後10時過ぎの路上で、銃を持った壮年の男から腕を引っ張られた妻の悲鳴を聞き、その夫が駆けつけ、「このやろう。」などといって追いかけてくることは、夫として当然の所為ではあるまいか。その際「殺してやる。」といったことは穏やかではないが、Tは特に凶器を持っていたわけではない。実弾を装てんし安全装置をはずした銃を持った被告人が「近寄るな。」などと叫んで11メートル余り逃げ、Tがこれを追いかけたからといって、また当夜それまでのTらの無法な行動を考慮にいれても、Tの右行為を正当防衛の要件である急迫不正の侵害とするには、疑問の余地があるのではあるまいか。本件を全体的に考察するとき、私は、被告人の行為が正当防衛ひいては過剰防衛にあたらないとする原審の結論には、むしろ、賛意を覚えるものである。多数意見は、被告人の本件行為が自己の権利防衛のためにしたものとは認められないとする原審の判断について、法令の解釈を誤ったとするものであって、急迫不正の侵害などについては、何ら言及していない。いわんや、急迫不正の侵害の存在を是認するものではない。私は、差戻し後の控訴審において、この点についても審理をつくすことを希望するものである。

裁判官天野武一の反対意見は、次のとおりである。

私は、以下の理由により、多数意見に反対し、本件は上告を棄却すべきものと考える。

1　多数意見においては、原判決は、他人（友人S）の生命を救うために被告人が銃を持ち出すなどの行為に出たものと認定しながら、侵害者（T）に対する攻撃の意思があることを理由として、これを正当防衛のための行為にあたらないと判断したものである、と解し、原判決が第1審判決の認めた過剰防衛行為を否定する根拠として指摘する「諸事情」は本件行為を正当防衛のための行為と判断することの妨げとなるものではないとの見解のもとに、刑法36条の解釈を誤っていると論じて、原判決を破棄し原審に差し戻すべきものとするのである。

2　しかしながら、私は、原判決の真意を理解する仕方において多数意見と立場を異にし、原判決は、前記Tに対する被告人の対抗的攻撃の意思ないし対抗的攻撃意図を強調するの余り、多数意見のいわゆる諸事情の説示に文言の多くを費して判文の内容に解釈の余地を残したことを免れないにしても、本件事案に即してその文意を実質的に検討すれば、その全文を貫く趣旨は、次のように理解してこれを読みとることができるのである。すなわち、

(1)　まず、前記友人Sに対する関係における急迫不正の侵害は、すでに去っているこ

と。

(2)　Ｔの被告人に対する関係では，「殺してやるといわれ，追いかけられた局面に限ると，急迫不正の侵害の如くに見えるけれども，本件被告人の行為を，被告人が銃を持ち出してから発砲するまで，全体的に考察し，当時の客観的状況を併せ考えると，それが権利防衛のためにしたものであるとは，とうてい認められない。」旨の判示部分が示すとおり，原判決は，被告人の発砲行為が急迫不正の侵害に対して行われたものではなく，したがって，やむことを得ないでしたものではない，と判断しているのであって，この場合には，防衛意思の存在が否定されることによって，正当防衛も過剰防衛も成立することはないとの見解に立っていること。

(3)　かくして，原判決が「結局，被告人の本件行為には，正当防衛の観念をいれる余地はないといわねばならない。そして被告人の行為が正当防衛行為に該らないとする以上，防衛の程度を超えたかどうかを問題とする過剰防衛行為が成立し得ないことは，いうまでもないところである。」とする結論が，正しい意味をもつことになること。

　　しかも，この結論は，記録に徴し，原判決の主文とともに肯認するに足るというべきである。

3　思うに，急迫不正の侵害を欠くところに刑法 36 条にいう防衛はあり得ない。それゆえ，原判決としては，急迫不正の侵害を欠く場合であることを一層明確に判示しさえすれば必要にして十分であったのであり，そうであれば，被告人の行為の非防衛性の面をくりかえし強調するまでもなく過剰防衛行為の不成立を説き得たのであった。しかるに，原判決の文脈は被告人の行為の攻撃性の解明に重点をおくことをもってすべてに答え得るものとするかのような印象を与えてしまい，その結果，多数意見をして防衛意思の存否に関する判文の判断に疑念を生ぜしめ，本件に対し破棄差戻しによる審理反覆の措置を執らしめるに至ったものであることに想到せざるを得ない。しかし，私によれば，原判決は，上記のとおり，急迫不正の侵害が欠如する趣旨の判断を含めていわゆる諸事情をくわしく記述しつつ，かかる判文の構成に及んだものと見るほかはないのである。

4　よって，私は，本件上告は理由がなく，これを棄却すべきものとするのであるが，仮りに急迫不正の侵害に対して本件行為がされたものであるとした場合における防衛意思に関する刑法 36 条の解釈については，多数意見の見解にしたがう。

（裁判長裁判官　関根小郷　裁判官　天野武一　裁判官　坂本吉勝　裁判官　江里口清雄裁判官　高辻正己）

チェック

□本決定は防衛の意思の内容をどのように理解しているか？

□本決定は「防衛に名を借りて侵害者に対し積極的に攻撃を加える行為は，防衛の意思を欠く」とするが，これと「単に予期された侵害を避けなかったというにとどまらず，その機会を利用し積極的に相手に対して加害行為をする意思で

侵害に臨んだときは，もはや侵害の急迫性を充たさない」とする最決昭 52・7・21 刑集 31・4・747 との間にはどのような違いがあるか？

授 業

今回は「正当防衛」の問題を取り上げます。正当防衛に関しては理論的にも実務的にも多くの問題がありますので，学生の皆さんはしっかり勉強する必要があります。

まず，出発点として，条文（36 条 1 項）に照らして，正当防衛の要件を確認しておくことにしましょう。

正当防衛の成立要件

1　急迫不正の侵害
(1)　急迫性
(2)　不正
(3)　侵害
2　自己又は他人の権利
3　防衛するため→防衛の意思
4　やむを得ずにした行為→防衛行為の必要性・相当性

正当防衛は，「急迫不正の侵害に対して，自己又は他人の権利を防衛するため，やむを得ずにした行為」（36 条 1 項）のことをいいます。これをさらに分節化すると，「①急迫②不正の③侵害に対して，④自己又は他人の権利を⑤防衛するため，⑥やむを得ずにした行為」に分けることができます。このそれぞれに検討を要する問題がありますので基本書で確認してください。この授業では，このうち①「急迫性」と⑤「防衛するため（→防衛の意思）」を取り上げて検討することにします。

まず，急迫性についてですが，これは，法益侵害が間近に押し迫っていること，又は現に存在していることをいうとされています。ここから，過去の侵害や将来の侵害に対する正当防衛は認められない，とされます。このような意味での急迫性は，客観的な事態の進展状況に着目した事実的・時間的な概念として理解されているものだと言えるでしょう。急迫性をこのように理解するならば，侵害に先行する事情がいかなるものであっても，侵害が間近に迫っていれば急迫性を肯定

することができるはずです。

　しかし，判例は，急迫性をこのように客観的・事実的概念に純化しているわけではありません。そのことを最初に意識させた判例は，最決昭 52・7・21 刑集 31・4・747（昭和 52 年決定）でした。この昭和 52 年決定は，「刑法 36 条が正当防衛について侵害の急迫性を要件としているのは，予期された侵害を避けるべき義務を課する趣旨ではないから，当然又はほとんど確実に侵害が予期されたとしても，そのことからただちに侵害の急迫性が失われるわけではないと解するのが相当であ」るが，「同条が侵害の急迫性を要件としている趣旨から考えて，単に予期された侵害を避けなかったというにとどまらず，その機会を利用し積極的に相手に対して加害行為をする意思で侵害に臨んだときは，もはや侵害の急迫性の要件を充たさないものと解するのが相当である」と判示しました。これによれば，侵害が客観的に押し迫っていても，「その機会を利用し積極的に相手に対して加害行為をする意思で侵害に臨んだときは」侵害の急迫性が否定されることになります。ここには，侵害に先行する事情などを考慮して急迫性の肯否を判断するという考え方が見て取れるでしょう。このように判例は，急迫性を客観的・事実的な概念に純化しているわけではなく，規範的・評価的な概念として用いているということを確認しておきましょう。

　この昭和 52 年決定は，その後の判例の展開に大きな影響を及ぼしましたが，いくつかの疑問・批判が提起されていました。

　まず，積極的加害意思という心情要素によって正当防衛の成否が左右されることになって不当だとする批判があります。しかし，判例において，積極的加害意思は，行為者の主観面だけではなく，様々な客観的事情を総合して認定されており，心情刑法であるとの批判は直ちには当てはまらないように思われます。

　もっとも，これに対しては更に，客観的な間接事実から主観的要件を認定するという手法は裁判員にとってわかりにくく，間接事実が実質的な要件を示しているのであれば，端的にそれを要件とすべきである，との批判もなされているところです[1]。いかなる判断方法がわかりやすいものかは一概にはいえませんが，急迫性を否定する実質的な要件は何なのかという点は重要でしょう。この点について昭和 52 年決定は多くを語っていませんが，一般には次のような見方が有力でし

---

[1] 佐伯仁志「裁判員裁判と刑法の難解概念」曹時 61 巻 8 号（2009 年）2517 頁。

た。すなわち，正当防衛は，法による本来の保護を受ける余裕のない緊急の場合
に，補充的に私人にこれを許す緊急行為の一種であるが，積極的加害意思が認め
られる場合にはこのような正当防衛の本質的属性である緊急行為性が欠ける，と
の考え方が基礎にあるとの理解がそれです[2]。しかし，このように考えるのであれ
ば，急迫性を否定するためには緊急行為性が欠けることが決定的なのであるから
常に積極的加害意思を認定する必要はないのではないか，また，仮に積極的加害
意思が認められなくとも急迫性が否定される場合があるとすれば，それはどのよ
うな場合であり，また，その判断基準はいかなるものかということが問われるこ
とになるでしょう。実際，昭和 52 年決定後の裁判例の中には，明示的に積極的加
害意思を認定することなく急迫性を否定するものもみられたのです[3]。

　加えて，いわゆる自招侵害の事例で個別の要件に言及することなく正当防衛の
成立を否定した最決平 20・5・20 刑集 62・6・1786（平成 20 年決定。これについては
次回取り上げます）の出現や，学説における侵害回避義務論（被侵害者が正当な利益を
犠牲にすることなく，予期された侵害を容易に回避できた場合には，回避すべき危険が現実
化しているにすぎないから侵害の急迫性は否定されるべきである，とする見解）[4] の台頭と
相まって議論は混とんとした状況を呈するようになっていました。

　そのような状況の中で現れたのが，課題判例 5（最決平 29・4・26 刑集 71・4・274
［平成 29 年決定］）です。平成 29 年決定は，「刑法 36 条は，急迫不正の侵害という
緊急状況の下で公的機関による法的保護を求めることが期待できないときに，侵
害を排除するための私人による対抗行為を例外的に許容したものである。した
がって，行為者が侵害を予期した上で対抗行為に及んだ場合，侵害の急迫性の要
件については，侵害を予期していたことから，直ちにこれが失われると解すべき
ではなく（最高裁昭和 45 年（あ）第 2563 号同 46 年 11 月 16 日第三小法廷判決・刑集 25 巻
8 号 996 頁参照），対抗行為に先行する事情を含めた行為全般の状況に照らして検討
すべきである。具体的には，事案に応じ，①行為者と相手方との従前の関係，②
予期された侵害の内容，③侵害の予期の程度，④侵害回避の容易性，⑤侵害場所
に出向く必要性，⑥侵害場所にとどまる相当性，⑦対抗行為の準備の状況（特に，
凶器の準備の有無や準備した凶器の性状等），⑧実際の侵害行為の内容と予期された侵

害との異同，⑨行為者が侵害に臨んだ状況及び⑩その際の意思内容等を考慮し，行為者がその機会を利用し積極的に相手方に対して加害行為をする意思で侵害に臨んだとき（最高裁昭和 51 年（あ）第 671 号同 52 年 7 月 21 日第一小法廷決定・刑集 31 巻 4 号 747 頁参照）など，前記のような刑法 36 条の趣旨に照らし許容されるものとはいえない場合には，侵害の急迫性の要件を充たさないものというべきである。」との判断を示した上で，「被告人は，A の呼出しに応じて現場に赴けば，A から凶器を用いるなどした暴行を加えられることを十分予期していながら，A の呼出しに応じる必要がなく，自宅にとどまって警察の援助を受けることが容易であったにもかかわらず，包丁を準備した上，A の待つ場所に出向き，A がハンマーで攻撃してくるや，包丁を示すなどの威嚇的行動を取ることもしないまま A に近づき，A の左側胸部を強く刺突したものと認められる。このような先行事情を含めた本件行為全般の状況に照らすと，被告人の本件行為は，刑法 36 条の趣旨に照らし許容されるものとは認められず，侵害の急迫性の要件を充たさないものというべきである。」として正当防衛の成立を否定したのです。

　平成 29 年決定は，最高裁としてはじめて 36 条の趣旨を明示した点でまず注目されます。そこで指摘される緊急行為性は，先に見たように昭和 52 年決定の基礎にもなっていた考え方であるという理解が有力であったことからすれば，緊急行為性の欠如を理由として急迫性を否定するという枠組み自体は昭和 52 年決定と共通しているとみることができるでしょうが，平成 29 年決定は，積極的加害意思が認められない場合でも急迫性が否定される場合があることを認める点で昭和 52 年決定よりも射程の広い，より包括的な枠組みを示したものということができるでしょう[5]。これによって，昭和 52 年決定は急迫性が否定される一類型に関するものとしてその意義は相対化されることになるでしょう。更に，積極的加害意思を認定する際の考慮要素はほぼ平成 29 年決定で列挙されていると考えられそうですから，（類型論を別とすれば）今後は積極的加害意思論が独自の意義をもつことはあまりなくなるのではないかと思われます。

---

[5] 橋爪隆・百選 I（第 8 版）48 頁。もっとも，本決定は，昭和 52 年決定の基礎にあった考え方を，より具体的・実質的に表現し直したものと見ることができそうですので，これによって実務における正当防衛の成立範囲を変更しようとするようなものではないでしょう（中尾佳久・最判解平成 29 年度 112 頁参照）。他方，このような見方に対して批判的なものとして，安田拓人「正当防衛（2）」法教 494 号（2021 年）117 頁以下参照。

　平成 29 年決定は，急迫性判断の考慮要素として，前述の①〜⑩を挙げていま
す。このうち，主観的な事情は②③⑩ですが，②③は主として他の客観的事情と
の関係でその意義を有するものであり，全体的に考慮要素を客観化する姿勢がう
かがわれます。また，④⑤⑥には，前述した侵害回避義務論と共通する方向性が
看取されるところです。

　このように客観的事情を中心とする様々な考慮要素を総合考慮して急迫性の肯
否を判断するという手法が採用された背景には，裁判員裁判を意識したわかりや
すい判断方法を示すという意図もあるように思われます[6]。確かに，客観的な間接
事実から主観的な要件を認定するという積極的加害意思論に見られるようなわか
りにくさは，平成 29 年決定にはないかもしれません。しかし，平成 29 年決定の
判断においては，種々の考慮要素をどのように総合判断すべきかという点に関す
る基準はほとんど示されておらず，結局最後は緊急行為性という 36 条の趣旨に全
てが収斂する構造となっており，判断プロセスがはっきりしないという意味では
かえってわかりにくいという見方もあり得るでしょうし，判断の安定化という観
点からも今後に課題を残しているように思われます。

　なお，平成 29 年決定が挙げている事情のうち，⑨⑩については，不正の侵害に
後行する事情であるから，これを考慮して急迫性を否定するのは妥当ではないと
の批判があります[7]。確かに，急迫性は侵害以前の事情に基づいて判断されるのが
理屈上は当然であるようにも思われますが，急迫性判断の客観化という観点か
ら，このような判断方法を支持する見解も見られます[8]。理論的には，急迫性，防
衛の意思，防衛行為の相当性といった要件相互の関係をどのように整理するべき
かが問題となりそうです。

---

[6] 中尾・前掲 109 頁以下参照。

[7] 小林憲太郎「自招侵害論の行方―平成 29 年決定は何がしたかったのか」判時 2336 号（2017
年）144 頁参照。

[8] 佐伯仁志「正当防衛の新判例について」判時 2357＝2358 合併号（2018 年）22 頁。佐伯先
生は，不正の侵害が始まるまでの事情と始まった後の事情を画然と分けることは，形式的に
過ぎるとし，例えば，被告人の防御が防御的なものに留まった場合には正当防衛を認めてよ
いのではないかとされています（中尾・前掲 116 頁も同旨）。

```
┌─────────────────────────────────────────────┐
│        平成 29 年決定における急迫性の判断枠組み           │
│                                              │
│  1    36 条の趣旨・・・刑法 36 条は，急迫不正の侵害という緊急状   │
│   況の下で公的機関による法的保護を求めることが期待できない      │
│   ときに，侵害を排除するための私人による対抗行為を例外的に許     │
│   容したものである                               │
│  2  （侵害の予期＋）対抗行為に先行する事情を含めた行為全般の      │
│   状況に照らして検討する                          │
│  3    具体的な考慮要素                           │
│   ①行為者と相手方との従前の関係，②予期された侵害の内容，③      │
│   侵害の予期の程度，④侵害回避の容易性，⑤侵害場所に出向く必      │
│   要性，⑥侵害場所にとどまる相当性，⑦対抗行為の準備の状況       │
│   （特に，凶器の準備の有無や準備した凶器の性状等），⑧実際の侵    │
│   害行為の内容と予期された侵害との異同，⑨行為者が侵害に臨ん      │
│   だ状況，⑩行為者が侵害に臨んだ際の意思内容               │
│  4    刑法 36 条の趣旨に照らし許容されるものとはいえない場合に    │
│   は，侵害の急迫性の要件を充たさない                   │
│   ☞積極的加害意思論の意義は相対化された？               │
└─────────────────────────────────────────────┘
```

　ところで，学生さんの中には，平成 29 年決定を読んで，試験で解答する際に
も，この①～⑩を暗記して列挙するべきだと考える人がいるかもしれませんが，
そのようなことをする必要はおそらくないでしょう[9]。具体的な事情によってこ
れらの要素がもつ意味や重要性は異なり得るのですから，単純にこれらを列挙し
てただ当てはめを行ってみても，結局どのような結論に至るべきなのかは明らか
とならないでしょう。大切なのは，これらの事情をどのように評価するべきなの
かという視点をはっきりさせて論ずることだと思われます。その意味では，平成
29 年決定が 36 条の趣旨について比較的詳しく判示している部分を，具体的事案
においてどのように理解するか，といったあたりが勘所としては重要になると思
います。

　平成 29 年決定は，平成 20 年決定に触れていないことからすると，両者は今後
も併存していくと見るのが素直な解釈でしょう。この点については，侵害の招致
がない場合には，侵害の予期を前提に平成 29 年決定の枠組みが妥当するのに対
し，侵害の招致がある場合には，侵害の予期を問題とすることなく，平成 20 年決
定のように急迫性とは異なる要件で処理をする，という解釈が提示されていま
す[10]。有益な視点だと思われますが，例えば，意図的な挑発の場合には侵害の招

---

[9]　橋爪・悩みどころ 100 頁以下参照。
[10]　橋田久・平成 29 年度重判解 154 頁。

致があっても急迫性を否定することが考えられそうですので，侵害の招致の有無ではっきりと線引きができるかは疑問も残るところです。いずれにせよ，平成29年決定と平成20年決定の関係については，今後の判例の動向にも注意しながら引き続き検討をしていく必要があるでしょう。

次に，防衛の意思の問題に移りましょう。

防衛の意思

⑦説：必要説…主観的正当化要素として防衛の意思が必要である（→「防衛する『ため』」という文言）
　　⑦⁻¹説：目的説…防衛の目的・動機を必要とする
　　⑦⁻²説：認識説…防衛の認識で足りる
⑦説：不要説…防衛の意思は不要である

正当防衛は，「防衛するため」の行為でなければなりません。判例・通説は，この「防衛するため」というところで防衛の意思が必要であるとしています。学説では防衛の意思は不要であるとする見解も有力に主張されており，かつては違法論における行為無価値論と結果無価値論が対立する場面の一つとして盛んに議論されておりました。しかし，その議論はかなり図式的に両説を対比させる傾向があり，持ち出される事例もいわゆる偶然防衛と呼ばれるややリアリティの乏しい感のするものでありました[11]。また，特に実務法曹を目指して学修している者にとっては，まず判例の正確な理解が優先されることでしょうから，とりあえずは必要説を前提とした上で，具体的な事実関係の下でその有無を判断することができるようになることが目標となるでしょう。

そこで防衛の意思の内容が問題となりますが，この点については防衛の目的と解する見解と防衛の認識とする見解があるとされます。大雑把に言うと，防衛の目的説は，目的・動機のレベルで防衛するためにやっているのだという意思・意欲のようなものを必要とするでしょうから，反撃行為の際に，例えば大変興奮していて咄嗟に行為に出たというような場合にはそのような意思・意欲を認めにく

---

[11] もっとも，例えば，松原芳博「偶然防衛」現刑56号（2003年）47頁以下を読むと，この問題は決してリアリティのないものではなく，また，刑法理論上の根本的な考え方の違いと関連しているものだということが，よく分かるでしょう。

いこともあると思われます。しかし，急迫不正の侵害に直面している緊急状態の下で反撃行為に出る者の心理状態を考えてみれば，興奮・憤激・逆上等々，なかなか冷静なままではいられないであろうことは容易に想像できることであり，そのような場合に明確に防衛を目的としていなかったという理由で正当防衛を否定してしまうことは妥当ではないでしょう。実際，判例は，反撃者が興奮・憤激・逆上といった心理状態にある場合でも防衛の意思を認めています。

　それでは，更に，反撃行為に出る際には相手方に対する怒りの念がこみあげてくる場合も少なくないと思われますが，そのような場合はどう考えるべきでしょうか？　この場合も，単に相手方を攻撃する意思があったから防衛の意思が否定され正当防衛にはならない，とするのは行き過ぎであるように思われます。このように考えるのが妥当であるとするならば，防衛の意思は攻撃の意思と併存し得るものでなければなりません。防衛の認識説は，この点をとらえて，自分が急迫不正の侵害に直面しており，それに対して反撃行為に出ているということを認識していれば防衛の意思は認められる，と考えます。これに対して，判例はどうかというと，ここが微妙なところなのですが，判例は防衛の意思を正当防衛状況の認識に純化してはいないようなのです。そのことをうかがわせるのが，課題判例6（最判昭 50・11・28 刑集 29・10・983）です。この判例は，「防衛に名を借りて侵害者に対し積極的に攻撃を加える行為は，防衛の意思を欠く結果，正当防衛のための行為と認めることはできないが，防衛の意思と攻撃の意思とが併存している場合の行為は，防衛の意思を欠くものではない」と判示しています。防衛の意思と攻撃の意思とが併存し得るという点は先に述べた通り，十分に理解することができるところですが，「防衛に名を借りて侵害者に対し積極的に攻撃を加える行為は，防衛の意思を欠く」という点をどのように理解すべきなのかが問題となります。「防衛に名を借りて」ということは形式的には防衛行為に出ているように見えるが実際はそうではなかった，つまり，客観的・外形的には防衛行為のように見えるけれども，主観的・内心的には防衛行為をするつもりではなかった，というような意味合いでとらえられそうです。しかし，この判例では，急迫不正の侵害はあるという認定が前提となっており，行為者はそれを認識していることになっています。ということは，もし，正当防衛状況の認識があれば防衛の意思は認められるとするのであれば，この事案でも防衛の意思は肯定されそうなのに，それが否定されていることになるでしょう。従って，判例は，防衛の意思を正当防衛

58

状況の認識に純化しているとはいえないと思われます。

判例における防衛の意思①

・最判昭46・11・16刑集25・8・996（刑法36条の防衛行為は，防衛の意思をもつてなされることが必要であるが，相手の加害行為に対し憤激または逆上して反撃を加えたからといつて，ただちに防衛の意思を欠くものと解すべきではないとした事例）
・最判昭50・11・28刑集29・10・983（防衛に名を借りて積極的に攻撃を加える行為は防衛の意思を欠くが，防衛の意思と攻撃の意思が併存している場合は防衛の意思を欠くものではないとした事例）
・最判昭60・9・12刑集39・6・275（被告人が，自己の経営するスナック店内において，相手方から一方的にかなり激しい暴行を加えられているうち，憎悪と怒りから調理場にあった文化包丁を持出し，「表に出てこい」などといいながら出入口へ向ったところ，相手方から物を投げられ，「逃げる気か」といって肩を掴まれるなどしたため，更に暴行を加えられることを恐れ，振向きざま手にした包丁で相手方の胸部を一突きして殺害した事実関係の下においては，被告人の行為は，「表に出てこい」などの言辞があったからといって，専ら攻撃の意思に出たものとはいえず，防衛の意思を欠くことにはならないとした事例）

では，判例の考え方はどのようなものなのでしょうか？　この点に関しては，判例は，明確に防衛の意思・目的があることを防衛の意思を肯定するために常に必要であると解しているわけではないが，防衛に名を借りて積極的に攻撃を加える意思である場合には，もはや防衛の意思・目的の意味合いが全くなくなってしまっているので，そのような場合には防衛の意思を否定している，というように理解することができるのではないかと思います。防衛の意思を肯定するために，防衛の意思・目的の要素があることを積極的に必要とするわけではないが，そのような意思・目的の要素がなくなった（ゼロである）という場合には防衛の意思を否定する，というような考え方[12]とでも言えるでしょうか。

---

[12] 安廣・前掲144頁参照。

判例における防衛の意思②

判例は，防衛の意思についてその内容をかなり希薄化させているが，もっぱら攻撃の意思である場合，積極的加害意思がある場合には防衛の意思を欠くとしている点で，防衛の意思を正当防衛状況の認識に純化してはいない（学説にいうところの認識説とは異なる）
→攻撃の意図（動機・目的）が防衛の意図（動機・目的）を排除し尽くし，後者がゼロになったとみられる場合に，防衛の意思が否定される（安廣文夫・最判解昭和 60 年度 144 頁）

　判例は，防衛の意思が否定される場合について，積極的に加害行為をする意思の場合のほかに，専ら攻撃の意思である場合と表現することもありますが，後者の表現は防衛の意思・目的の要素がゼロになっている場合だということをより分かりやすく表現していると思われます。

　判例における防衛の意思の内容をこのように理解したとして，最後に 2 点注意しておきたいと思います。

　第 1 点は，積極的加害意思と急迫性及び防衛の意思の関係についてです。先に見たように，判例は積極的加害意思がある場合には急迫性が欠けるという判断をしていました。この点は，平成 29 年決定以後も基本的には変わりがありません（平成 29 年決定もこの判断を否定してはいません）。他方で，課題判例 6 は，積極的加害意思がある場合には防衛の意思が否定されると判断しているように見えます。ここで，積極的加害意思が急迫性を否定する場合と，防衛の意思を否定する場合とで何か違いがあるのかということが問題となります。この点に関しては，急迫性にかかわる積極的加害意思は反撃行為に及ぶ前の段階における本人の意思内容を問題とするものであるのに対し，防衛の意思は反撃行為に及ぶ時点における本人の意思内容を問題とするものである点で両者には違いがあるとされます[13]。

　第 2 点は，判例を概観すると，積極的加害意思があることを理由に急迫性を否定して正当防衛の成立を否定したものはいくつかありますが，積極的加害意思を理由に防衛の意思を否定して正当防衛の成立を否定したものはほとんど見られないようであるという点です。それでは，判例が防衛の意思において積極的加害意思を問題にしているのはどのような場合かというと，それはほとんどが過剰防衛

---

[13] 安廣・前掲 150 頁参照。

の成否が問題となっている場合です（実際，防衛の意思を否定して過剰防衛を認めなかった判例はあります）。判例の考え方を前提にすると，（他の要件は備わっているが）積極的加害意思があるという理由で防衛の意思が認められず正当防衛が否定されるケースというのは極めて例外的なものに限られ，そのような理由で防衛の意思が否定されるのはほとんどが過剰防衛の成立を否定する場面だということになりそうです[14]。

授業後の課題

　課題判例 5 では，「刑法 36 条は，急迫不正の侵害という緊急状況の下で公的機関による法的保護を求めることが期待できないときに，侵害を排除するための私人による対抗行為を例外的に許容したものである」とされています。この「公的機関による法的保護を求めることが期待できないとき」というのはどのような状況を指すのか，考えられる具体的な例を挙げなさい。

考え方

　警察はここにいう公的機関の代表例でしょうから，課題判例 5 の表現を文字通りに受け取れば，「警察による法的保護を求めることが期待できないとき」に例外的に私人による対抗

---

[14] このことから，判例における防衛の意思は，違法性に関係するものというよりは責任に関係するものではないか，という見方が出てくることになります（例えば，松宮・総論 149 頁以下）。ここには興味深い問題が含まれているように思われます。まず，気になるのは，「正当防衛は純然たる違法性阻却事由に尽きるのだろうか？」という点です。現行法上，正当防衛は不可罰であるのに対し，過剰防衛は刑の任意的減免にとどまります。仮に，正当防衛と過剰防衛とが連続的な概念であるとすれば，前者から後者への移行によるこの取扱いの区別にはやや飛躍があるようにも思われます。理論的には，違法性・責任が減少することによる刑の減免との間に，責任が阻却されて無罪と，違法性・責任が阻却されて無罪という領域があるでしょうし，更には，可罰的な違法性・責任が欠けることで無罪という領域があると考えることも不可能ではないでしょう（斎藤・総論 176 頁以下参照）。仮に，このような意味で犯罪不成立であるが故に不可罰となる場合の適用条文を 36 条 1 項に求めるのであれば，責任に関係する要素として防衛の意思の必要性をそこに読み込む契機があるとみることもできるかもしれません。また，正当防衛と過剰防衛とが防衛行為として連続した概念であるという見方に立つならば，（違法性に関連する要素か責任に関連する要素かという体系論とは次元が異なる）正当防衛と過剰防衛とに共通する防衛行為性を基礎づける要素として防衛の意思が必要だという考え方も出てくるかもしれません（現に判例は，量的過剰による過剰防衛の成否を判断する際に，防衛の意思の連続性・一貫性のようなものを考慮しているように見えます）。このような問題関心は，試験に答えるという観点からは無益（もしかしたら有害？）かもしれませんが，刑法学は本来もっと自由でよいはずです。「理論の世界には疑ふことの許されない権威はない。私は特に若い學徒の…思惟における徹底的な態度を希望する」（佐伯千仭「原因において自由なる行為」日本刑法學會『刑事法講座第 2 巻　刑法（Ⅱ）』［1952年］309 頁）という言葉を，私たちは改めて噛みしめるべきであると思います。

行為が許容されるのですから，反対解釈をすれば「警察による法的保護を求めることが期待できるとき」には私人による対抗行為は許されないということになりそうです。しかし，例えば，街中で暴漢に襲われたとき，近くに交番があったならば，まず交番に駆け込むべきであり，そうすることなく対抗行為に出た場合には正当防衛にならないのでしょうか（更に，この場合，急迫性が欠けるとすると過剰防衛にもならないことになります）。また，「法的保護を受けられる」ことではなく，「法的保護を求める」ことが問題なのだとすると，警察への通報は多くの場合において可能でしょうから，それをせずに対抗行為に出ることは正当防衛にならない，ということになると，正当防衛が認められる範囲はかなり狭くなってしまいそうです[15]。この判例がそのようなことを企図しているとはとても思われません。

　正当防衛は，緊急避難及び自救行為と並んで，緊急行為の一種であるといわれます。ここで緊急行為とは，緊急状態にあるため，公的機関による法的保護を受けられない場合に許される私人の利益侵害行為をいうとされます[16]。この定義によれば，法的保護を求めることよりは，むしろ法的保護が受けられることの方が本質的なことであるように思われます。そうすると，判例がいう「法的保護を求めること」には，求めたならば（確実とはいえなくとも，少なくとも高度の蓋然性をもって）「法的保護が受けられること」が当然に織り込み済みであると考えるべきでしょう。従って，公的機関に法的保護を求めても，適切な法的保護が受けられる見込みが薄ければ，正当防衛は依然として可能であるということになるはずです。このような場合には，公的機関による法的保護を求めることが「期待できない」といってよいと思います。

　さて，公的機関による法的保護を求めても，必ず保護を受けられるという保証はないという不確実性は常につきまといます。この保護が受けられないかもしれないというリスクを作り出しているのは，不正な侵害者の側です。それにもかかわらず，そのリスクを被侵害者側に負担させるのは，少なくとも一般化できるような見方ではないでしょう。従って，被侵害者側に公的な保護を求めるべき義務を一般的に課すのは妥当ではないでしょう。

　更に，不正な侵害が間近に押し迫っている状況では，必ずしも冷静な判断を常に行うことができるとは限りません。そのような精神的に動揺を生ずる可能性の高い状況においては，必ずしも公的な保護を求めることが「期待できない」場合も多いでしょう。

　このように考えてみると，①公的機関に法的保護を求めても法的保護を受けられる可能性が低いとき，②公的機関による法的保護を受けられないかもしれないというリスクを生じさせた原因が主として侵害者側にあるとき，③公的機関による法的保護を求めるという冷静な対応をとることが困難な心理状態にあるときなどは，「公的機関による法的保護を求めることが期待できないとき」に当たるように思われます[17]。そうすると，①公的機関による法的保護を確実に受けられる（または，その蓋然性が極めて高い），②公的機関による法的保護を受けられないリスクを生み出した原因が被侵害者の側にもある[18]，③侵害を予期していて十分に冷静な判断を行えるだけの時間的余裕がある，といった要因があるときには，具体的

---

[15]　なお，松宮孝明『先端刑法総論』（2019 年）75 頁以下参照。

[16]　大谷・総論 271 頁。

な状況によっては「公的機関による法的保護を求めることが期待できる」として私人による
対抗行為が許されない場合もあり得るということになるのではないでしょうか。もとより試
論の域を出ませんが，いずれにせよ，課題判例5が言うところの正当防衛の趣旨の内実に関
しては，より具体的な検討が必要であることは確かでしょう。

---

[17] これは，①〜③の事情はそれぞれが「公的機関による法的保護を求めることが期待できな
いとき」の十分条件となり得るということであり，必要条件であるという趣旨ではありませ
ん。例えば，「公的機関による法的保護を受けられる可能性が低いとき」は「公的機関によ
る法的保護を求めることが期待できないとき」に当たり得るとしても，逆に「公的機関によ
る法的保護を受けられる可能性が高いとき」には直ちに「公的機関による法的保護を求める
ことが期待できる」（＝正当防衛が否定される）とするものではありません。
[18] 意図的な挑発の場合などは，このような点を考慮する余地があるでしょう。なお，自招侵
害全般にまで視野を広げた場合，周知のごとく判例では「急迫性」とは異なる観点から正当
防衛の成立が否定されていますが（課題判例7），課題判例5が言うところの正当防衛の趣旨
が「急迫性」の要件以外に関してどのような意味をもつのかという点も今後検討を要する問
題であるように思われます。

▸第5回◂

正 当 防 衛 ②

基本事項の確認

□自招侵害に関してどのような考え方があるか確認しなさい
□過剰防衛の意義を確認しなさい

課題判例❼

傷害被告事件
最高裁判所第二小法廷平成18年（あ）第2618号
平成20年5月20日決定

主　　文

本件上告を棄却する。

理　　由

　弁護人Sの上告趣意は，判例違反をいう点を含め，実質は単なる法令違反，事実誤認，量刑不当の主張であり，被告人本人の上告趣意は，単なる法令違反，事実誤認，量刑不当の主張であって，いずれも刑訴法405条の上告理由に当たらない。

　所論にかんがみ，本件における正当防衛の成否について，職権で判断する。

1　原判決及びその是認する第1審判決の認定によれば，本件の事実関係は，次のとおりである。

(1) 本件の被害者であるA（当時51歳）は，本件当日午後7時30分ころ，自転車にまたがったまま，歩道上に設置されたごみ集積所にごみを捨てていたところ，帰宅途中に徒歩で通り掛かった被告人（当時41歳）が，その姿を不審と感じて声を掛けるなどしたことから，両名は言い争いとなった。

(2) 被告人は，いきなりAの左ほおを手けんで1回殴打し，直後に走って立ち去った。

(3) Aは，「待て。」などと言いながら，自転車で被告人を追い掛け，上記殴打現場から約26.5m先を左折して約60m進んだ歩道上で被告人に追い付き，自転車に乗ったまま，水平に伸ばした右腕で，後方から被告人の背中の上部又は首付近を強く殴打した。

（4）被告人は，上記Aの攻撃によって前方に倒れたが，起き上がり，護身用に携帯していた特殊警棒を衣服から取出し，Aに対し，その顔面や防御しようとした左手を数回段打する暴行を加え，よって，同人に加療約3週間を要する顔面挫創，左手小指中節骨骨折の傷害を負わせた。

2　本件の公訴事実は，被告人の前記1（4）の行為を傷害罪に問うものであるが，所論は，Aの前記1（3）の攻撃に侵害の急迫性がないとした原判断は誤りであり，被告人の本件傷害行為については正当防衛が成立する旨主張する。しかしながら，前記の事実関係によれば，被告人は，Aから攻撃されるに先立ち，Aに対して暴行を加えているのであって，Aの攻撃は，被告人の暴行に触発された，その直後における近接した場所での一連，一体の事態ということができ，被告人は不正の行為により自ら侵害を招いたものといえるから，Aの攻撃が被告人の前記暴行の程度を大きく超えるものでないなどの本件の事実関係の下においては，被告人の本件傷害行為は，被告人において何らかの反撃行為に出ることが正当とされる状況における行為とはいえないというべきである。そうすると，正当防衛の成立を否定した原判断は，結論において正当である。

よって，刑訴法414条，386条1項3号，181条1項ただし書により，裁判官全員一致の意見で，主文のとおり決定する。

（裁判長裁判官　古田佑紀　裁判官　津野修　裁判官　今井功　裁判官　中川了滋）

チェック

□本決定が正当防衛の成立を否定した理由はどこにあるか？

□本決定は正当防衛の個別の成立要件に言及していないが，例えば，どうして侵害の急迫性が欠けるとは判断しなかったと考えられるか？

課題判例8

傷害被告事件
最高裁判所第一小法廷平成20年（あ）第124号
平成20年6月25日決定

主　　文

本件上告を棄却する。
当審における未決勾留日数中70日を本刑に算入する。

理　　由

弁護人Fの上告趣意は，事実誤認，単なる法令違反，量刑不当の主張であって，刑訴法405条の上告理由に当たらない。

　なお，所論にかんがみ，職権で判断する。

1　原判決の認定及び記録によれば，本件の事実関係は，次のとおりである。

(1)　被告人（当時64歳）は，本件当日，第1審判示「Aプラザ」の屋外喫煙所の外階段下で喫煙し，屋内に戻ろうとしたところ，甲（当時76歳）が，その知人である乙及び丙と一緒におり，甲は，「ちょっと待て。話がある。」と被告人に呼び掛けた。被告人は，以前にも甲から因縁を付けられて暴行を加えられたことがあり，今回も因縁を付けられて殴られるのではないかと考えたものの，同人の呼び掛けに応じて，共に上記屋外喫煙所の外階段西側へ移動した。

(2)　被告人は，同所において，甲からいきなり殴り掛かられ，これをかわしたものの，腰付近を持たれて付近のフェンスまで押し込まれた。甲は，更に被告人を自己の体とフェンスとの間に挟むようにして両手でフェンスをつかみ，被告人をフェンスに押し付けながら，ひざや足で数回けったため，被告人も甲の体を抱えながら足を絡めたり，けり返したりした。そのころ，二人がもみ合っている現場に乙及び丙が近付くなどしたため，被告人は，1対3の関係にならないように，乙らに対し「おれはやくざだ。」などと述べて威嚇した。そして，被告人をフェンスに押さえ付けていた甲を離すようにしながら，その顔面を1回殴打した。

(3)　すると，甲は，その場にあったアルミ製灰皿（直径19cm，高さ60cmの円柱形をしたもの）を持ち上げ，被告人に向けて投げ付けた。被告人は，投げ付けられた同灰皿を避けながら，同灰皿を投げ付けた反動で体勢を崩した甲の顔面を右手で殴打すると，甲は，頭部から落ちるように転倒して，後頭部をタイルの敷き詰められた地面に打ち付け，仰向けに倒れたまま意識を失ったように動かなくなった（以下，ここまでの被告人の甲に対する暴行を「第1暴行」という。）。

(4)　被告人は，憤激の余り，意識を失ったように動かなくなって仰向けに倒れている甲に対し，その状況を十分に認識しながら，「おれを甘く見ているな。おれに勝てるつもりでいるのか。」などと言い，その腹部等を足蹴にしたり，足で踏み付けたりし，さらに，腹部にひざをぶつける（右ひざを曲げて，ひざ頭を落とすという態様であった。）などの暴行を加えた（以下，この段階の被告人の甲に対する暴行を「第2暴行」という。）が，甲は，第2暴行により，肋骨骨折，脾臓挫滅，腸間膜挫滅等の傷害を負った。

(5)　甲は，Aプラザから付近の病院へ救急車で搬送されたものの，6時間余り後に，頭部打撲による頭蓋骨骨折に伴うクモ膜下出血によって死亡したが，この死因となる傷害は第1暴行によって生じたものであった。

2　第1審判決は，被告人は，自己の身体を防衛するため，防衛の意思をもって，防衛の程度を超え，甲に対し第1暴行と第2暴行を加え，同人に頭蓋骨骨折，腸間膜挫滅等の傷害を負わせ，搬送先の病院で同傷害に基づく外傷性クモ膜下出血により同人を死亡させたものであり，過剰防衛による傷害致死罪が成立するとし，被告人に対し懲役3年6月の刑を言い渡した。

　これに対し，被告人が控訴を申し立てたところ，原判決は，被告人の第1暴行については正当防衛が成立するが，第2暴行については，甲の侵害は明らかに終了している上，防衛の意思も認められず，正当防衛ないし過剰防衛が成立する余地はないから，被告人は第2暴行によって生じた傷害の限度で責任を負うべきであるとして，第1審判決を事実誤認及び法令適用の誤りにより破棄し，被告人は，被告人の正当防衛行為により転倒して後頭部を地面に打ち付け，動かなくなった甲に対し，その腹部等を足げにしたり，足で踏み付けたりし，さらに，腹部にひざをぶつけるなどの暴行を加えて，肋骨骨折，脾臓挫滅，腸間膜挫滅等の傷害を負わせたものであり，傷害罪が成立するとし，被告人に対し懲役2年6月の刑を言い渡した。

3　所論は，第1暴行と第2暴行は，分断せず一体のものとして評価すべきであって，前者について正当防衛が成立する以上，全体につき正当防衛を認めて無罪とすべきであるなどと主張する。

　しかしながら，前記1の事実関係の下では，第1暴行により転倒した甲が，被告人に対し更なる侵害行為に出る可能性はなかったのであり，被告人は，そのことを認識した上で，専ら攻撃の意思に基づいて第2暴行に及んでいるのであるから，第2暴行が正当防衛の要件を満たさないことは明らかである。そして，両暴行は，時間的，場所的には連続しているものの，甲による侵害の継続性及び被告人の防衛の意思の有無という点で，明らかに性質を異にし，被告人が前記発言をした上で抵抗不能の状態にある甲に対して相当に激しい態様の第2暴行に及んでいることにもかんがみると，その間には断絶があるというべきであって，急迫不正の侵害に対して反撃を継続するうちに，その反撃が量的に過剰になったものとは認められない。そうすると，両暴行を全体的に考察して，1個の過剰防衛の成立を認めるのは相当でなく，正当防衛に当たる第1暴行については，罪に問うことはできないが，第2暴行については，正当防衛はもとより過剰防衛を論ずる余地もないのであって，これにより甲に負わせた傷害につき，被告人は傷害罪の責任を負うというべきである。以上と同旨の原判断は正当である。

　よって，刑訴法414条，386条1項3号，181条1項ただし書，刑法21条により，裁判官全員一致の意見で，主文のとおり決定する。

（裁判長裁判官　泉徳治　裁判官　横尾和子　裁判官　甲斐中辰夫　裁判官　才口千晴　裁判官　涌井紀夫）

チェック

□本決定が過剰防衛の成立を否定した理由はどこにあるか？

□仮に本事案で全体的に考察して1個の過剰防衛が認められるとすれば，それ自体としては正当防衛になり得る第1暴行によって惹起された死の結果についても罪責を負うことになり不当ではないか？

授　業

　今回も「正当防衛」の問題を取り上げます。最初は自招侵害の問題です。侵害を招いた原因が侵害を受けた側にある場合を自招侵害と呼び，この場合に正当防衛が成立するかということが議論されています。相手方の侵害がそもそも正当防衛に当たる場合には，これに対して正当防衛で対抗することができないというのは当然ですが，そうではなく，相手方の侵害が不正である場合には，それに対する反撃行為には形式的に見ると正当防衛の要件が備わっているようにみえます。しかし，だからと言って無条件に正当防衛を認めてよいのか，ということには疑問が生ずるでしょう。細かい理論的な問題は措くとして，自招侵害の場合には，不正な侵害を自ら招いている点で侵害を受ける側にも落ち度があるのですから，その点を考慮することなく，一方的に侵害を受けた側の反撃行為だけが正当化されるということには，なんだか腑に落ちないものを感ずるのではないでしょうか。それはまっとうな感覚であり，かねてよりこのような場合には正当防衛が否定されることもあるのではないかということが議論されてきました。

　この問題について，学説では様々な見解が示されてきました。

```
                    自招侵害

  1　類型
 （1）意図的な挑発による場合（挑発防衛）
 （2）故意によって侵害を招いた場合
 （3）過失によって侵害を招いた場合
  2　諸見解
   ㋐説：正当防衛権の濫用である
   ㋑説：社会的相当性を欠く
   ㋒説：急迫性を欠く
   ㋓説：防衛の意思を欠く
   ㋔説：防衛のための行為とはいえない
   ㋕説：相当性が欠ける
   ㋖説：原因において違法な行為の理論
  etc.
```

　正当防衛権の濫用であるとする見解，社会的相当性を欠くとする見解，急迫性を欠くとする見解，防衛の意思を欠くとする見解，防衛のための行為とはいえないとする見解，防衛行為の相当性が欠けるとする見解，原因において違法な行為

の理論などがそれです[1]。これらは，それぞれにもっともだと思われる内容を有していますが，いまだ通説だと言えるような見解はないと言えるでしょう。一口に自招侵害と言っても，例えば，意図的に挑発した場合，自らの故意行為あるいは過失行為によって侵害を招いた場合など，様々な類型が考えられるところであり，全体をまとめて一つの理論で説明するのは難しいところがあります。例えば，相手を挑発して先に手を出させて，それに対する正当防衛に名を借りて痛めつけてやれと考え，その通りにしたという意図的な挑発の場合には，事前に積極的加害意思がある場合に当たるでしょうから，判例の立場によれば急迫性が否定されることになるでしょう（最決昭 52 年 7 月 21 日刑集 31 巻 4 号 747 頁）。しかし，このような考え方で対応できる事例は限られており，それ以外に正当防衛が否定されるケースはないのかということが気になるところです。

　その関連で注意しなければならないのが，課題判例 7（最決平 20・5・20 刑集 62・6・1786［平成 20 年決定］）です。

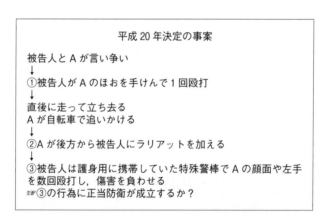

　これは「ラリアット事件」と呼ばれている有名な事件です[2]。この判例では，「被告人は，A から攻撃されるに先立ち，A に対して暴行を加えているのであって，A の攻撃は，被告人の暴行に触発された，その直後における近接した場所での一連，一体の事態ということができ，被告人は不正の行為により自ら侵害を招

---

[1] 学説の詳細については，橋爪隆『正当防衛論の基礎』（2007 年）253 頁以下参照。

いたものといえるから，A の攻撃が被告人の前記暴行の程度を大きく超えるものでないなどの本件の事実関係の下においては，被告人の本件傷害行為は，被告人において何らかの反撃行為に出ることが正当とされる状況における行為とはいえないというべきである」と判示されています。これを分けて考えてみると，①相手方の侵害が自己の行為によって触発された，その直後における近接した場所での一連，一体の事態であること，②自己の不正な行為により自ら侵害を招いたこと，③相手方の侵害が先行する自らの行為の程度を大きく超えるものではないこと，を理由として，正当防衛の成立が否定されていると見ることができます。ここでは，侵害の予期や積極的加害意思といった反撃行為者の主観面に言及されていない点が特に注目されます。

平成 20 年決定の判断枠組み

1　考慮要因
①自らの不正な暴行により侵害を招いたこと
②侵害は自らの不正な暴行の直後に近接した場所で行われた一連，一体の事態であること
③侵害が先行する自らの暴行の程度を大きく超えるものではないこと
→侵害の予期を問題とせず，その他の主観的要素にも言及してない
☞本判例の射程は基本的な事実関係が同じものに限定されるであろう
2　結論
「何らかの反撃行為に出ることが正当とされる状況における行為とはいえない」→正当防衛状況の否定
☞「急迫性」を否定する論理（昭和 52 年決定，平成 29 年決定）とは異なる

　ここで注意を要するのは，この判例では，正当防衛の個別の要件が否定されているわけではないということです。この事件では，原審は急迫性を否定していたのですが，最高裁は急迫性には言及せず，しかしながら「正当防衛の成立を否定した原判断は，結論において正当である」としています。この「結論において正

---

2 調査官解説では，ラリアットにわざわざ「"lariat" 元々は投げ縄の意味であるが，プロレスにおいては，相手の首元や胸に自分の腕の内側部分を打ち当てる技をいう」という注が付されています（三浦透・最判解平成 20 年度 409 頁）。私はこれを読んだときに，法曹のエリートが非常に誠実に解説を書いている姿と，ラリアットの名手であるスタン・ハンセンが対戦相手に強烈な一撃を食らわせている姿とが，頭の中で交錯し，クスッと笑ってしまいました。

当である」という言い方には「理由付けはともかく」という含みがあるでしょう。いずれにせよ，この判例では，個々の要件に関連してではなく，先の3点を挙げて正当防衛状況が否定されていることに注意しなければなりません。このような考え方は，正当防衛の要件論との結びつきが弱く，正当防衛の成立が否定される実質的理由も必ずしも詳らかではないので，あまり一般化すべきものではないでしょう。本決定の射程は，当面，本件と基本的な事実関係が同じ事案に限定されると考えるべきだと思います[3]。

　ところで，前回勉強したように判例は，近時，急迫性について新たな判断を示し，急迫性が否定されるのは積極的加害意思がある場合に限られないということを明らかにしました（最決平29・4・26刑集71・4・274）。そこで，この平成29年決定と課題判例7（平成20年決定）との関係が問題となりますが，平成29年決定は平成20年決定に言及してはいませんので，今後も急迫性を否定する判断と平成20年決定のような判断とは併存していくものと思われます[4]。そういうわけで，自招侵害のケースについて，判例では正当防衛が否定される類型が少なくとも2つあるということになります。このように考えた場合には，両決定の適用対象はどのようにして区別されるのかというすみわけの問題と，どちらにも当たらないが正当防衛が否定される場合があるのかという問題が出てくることになりますが，これらは今後の検討課題ということになりそうです。その点を踏まえながら，少なくとも典型的な事例においてはこの二つの考え方を使いこなせるようになることが，当面の学修目標だといえるでしょう。

平成20年決定と平成29年決定の関係

・平成20年決定と平成29年決定は併存していく？
・侵害の予期の有無，侵害の招致の有無による区別？
・これ以外に正当防衛状況が否定される場合はあるのか？

　ここで，侵害回避義務論に触れておきましょう。これは，被侵害者が正当な利益を犠牲にすることなく，予期された侵害を容易に回避できた場合には，回避すべき危険が現実化しているにすぎないから侵害の急迫性は否定されるべきであ

---

[3] 三浦透・最判解平成20年度437頁参照。
[4] 橋爪・悩みどころ100頁。

る，とする見解です。具体的には，侵害を予期しつつ現場に向かう場合には，現場に赴くだけの正当な理由が認められない限り，急迫性が否定されるのに対し，予期された侵害を待ち受ける場合には，現場にとどまることについて正当な理由がある限り，侵害の急迫性は否定されない（但し，警察の救助要請によって確実に侵害を回避しうる状況でありながらあえて対抗行為に出た場合については，急迫性は否定される），とします[5]。

　この考え方は，侵害に先行する事情を考慮して侵害の急迫性を否定する判例の考え方を基本的に支持しつつも，昭和52年決定に示された積極的加害意思論のように被侵害者の主観だけを過度に重視するのは妥当ではなく，被侵害者の置かれた利益状況によって緊急状況性を判断すべきだ，と主張します。このような見方に対しては，有力な支持者が見られる一方で，この見解は防衛行為以前の義務違反を処罰対象にしている，正当な利益の存否の判断が不明確である，といった批判も向けられているところです。また，この見解が，正当防衛状況の判断が問題となる全ての場合をカバーできるものかどうかに関しても議論があり，この見解の主張者である橋爪先生も平成20年決定のようなケースは判断基準が異なる可能性を認めておられるようです[6]。

　ところで，佐伯先生は，防衛行為を生命に対する危険の高い行為とそうでない行為に分けて，生命に対する危険の高い防衛行為は，重大な法益を守るためで，かつ，他に侵害を避ける方法がない場合に限って許容するべきであり，急迫不正の侵害を受けた者が，侵害から安全確実に逃げることが可能であり，侵害者の生命に対して危険の高い防衛行為を行う必要性がある場合には，被侵害者は逃げなければならず，逃げずに，生命に対する危険の高い防衛行為に出た場合には，防衛行為の相当性が否定される，との見解を主張されています[7]。これは，「退避義務論」と呼ばれることがありますが，正当防衛においては補充性は要件とされておらず退避義務はないと一般的に言われていることもあってか，この見解に対しては正当防衛の成立範囲を制約しすぎではないかという批判も強いところです。退避義務というネーミングの問題もあるのかもしれませんが，急迫不正の侵害者に対してはいかなる反撃行為も許されるわけではなく，当然のことながら正当防

---

[5] 橋爪・悩みどころ90頁。

[6] 橋爪・悩みどころ95頁以下参照。

[7] 佐伯・考え方149頁。

衛には限界があるのですから，そのような限界を超えた防衛行為は許されず，そのような防衛行為が許されないことの反面において他の侵害回避手段をとるべき義務[8]があるという説明は，それ自体としては十分に理解できるものだと思います[9]。問題はその線引きをどのように行うか，また，その理由をどこに求めるか，ということでしょう。ここにおいて，私たちは，正当防衛が認められる根拠について改めて考えてみる必要がありそうです。皆さんも是非考えてみてください[10]。

　次に過剰防衛の問題に移りましょう。過剰防衛については，質的過剰と量的過剰があるとされます。

```
                         過剰防衛

 質的過剰と量的過剰
 最判昭 34・2・5 刑集 13・1・1（当初は正当防衛の要件を備え
 る場合であっても，相手の侵害態勢が崩去った後なお引続い
 て追撃行為に出て，相手方を殺傷したときは全体として過剰
 防衛に当るとした事例）→量的過剰を肯定
```

　このうち量的過剰は，不正の侵害が終了した後も防衛行為を認める点で疑問がないではなく，現にこれを否定する見解もあります。否定説は，①刑の減免根拠に関する違法減少説の立場からすれば「『量的過剰』の場合には，攻撃者の急迫不正の侵害から被攻撃者の正当な利益を守ったという違法減少の前提が存在しない」[11]，②侵害が終了しているので相手方は「正」である，③量的過剰の実体は復讐であって凡そ防衛に値せず，「防衛」の程度を越えたとはいえない，④量的過剰

---

[8] 念のため付言すると，この義務違反自体が処罰されるわけではないことは明らかです（例えば，退避せずに侵害を甘受したからといって処罰されるわけではないことは当然です）。

[9] 佐伯先生は，アメリカ合衆国の議論を参考にして，このような見解を主張されています。アメリカの議論については，ヨシュア・ドレスラー（星周一郎訳）『アメリカ刑法』（2008 年）329 頁以下参照。なお，アメリカでは「自己の家を防衛するためであれば，生命に関わる有形力を行使することができる」とする「住居防衛（defense of habitation）」という観念があるようです（ドレスラー・前掲 387 頁以下参照）。わが国でも，盗犯等防止法に類似の規定（同法 1 条 1 項 2 号）があるのは興味深いことだと思います。

[10] 安田拓人「正当防衛（1）」法教 493 号（2021 年）100 頁以下参照。例えば，退避義務論に対しては，「正当防衛を法益衡量の原理だけで理解しようとするアプローチの限界が現れている」という指摘（山口・総論 138 頁）がありますが，この指摘の意味を皆さんは理解できますか？

[11] 山本輝之「防衛行為の相当性と過剰防衛」現刑 9 号（2000 年）56 頁。

に 36 条 2 項を適用するならば，事前の予防的防衛についても同様でなければならないが，その実体は先制攻撃に他ならない，⑤量的過剰の場合に 36 条 2 項の適用を認める立場も，適用を否定すべき場合を認めるはずであるが，その限界は曖昧である，といったことを論拠とします[12]。

　しかし，これらはいずれも量的過剰防衛を否定する決定的な理由とはいえないでしょう。①についてはそもそも前提とする違法減少説それ自体に看過し難い難点があると思われます。また，②③は，量的過剰の場合は急迫不正の侵害が終了しているとはいえ直前までは存在しているという点を軽視しており，そのような不正の侵害者に対してなされる行為であるという点でなお不正な侵害に対する行為という構造を保持していると見ることは可能でしょう。④については，事前の予防的防衛の場合には急迫不正の侵害がまだ全く現前していないという点で正当防衛状況が存在しないのですから，量的過剰防衛の場合とは事情が異なるというべきだと思われます。区別基準が曖昧であることは，区別そのものが不必要だとか無意味であるだとかということを意味するものではないですから，⑤も決め手とはいえません。実質的に考えてみても，量的過剰防衛を一切認めないという価値判断には，防衛行為者が過剰な行為をとってしまうような事態を招いた（決して小さいとはいえない）一因が侵害者側にもあることを軽視している嫌いがあり妥当とは言い難いように思われます。

　このように量的過剰防衛というカテゴリーを認めたとしても，当然のことながらその成立範囲には限界があります。一旦，急迫不正の侵害が加えられたならば，その終了後になされたいかなる反撃・追撃行為も過剰「防衛行為」になると考えることはできません。過剰防衛は，急迫不正の侵害に対してなされた行為についてしか認めることはできないのですから，急迫不正の侵害が終了した後になされた行為がなお終了以前の急迫不正の侵害に対してなされた行為といえるような関係が認められなければなりません。この点で，急迫不正の侵害が存在していた時点からそれが終了した後になお反撃行為がなされた時点までの一連の事態を一つの防衛事象として捉えることが可能でなければなりません。急迫不正の侵害終了の前後で形式的に分断せず，全体を一連の事態として捉えるという意味で，ここでは全体的考察が不可欠でしょう。

---

[12] 橋田久「外延的過剰防衛」産大法学 32 巻 2 ＝ 3 号（1998 年）229 頁以下参照。

このように考える場合には，急迫不正の侵害終了前後の事態を全体として一連の防衛事象と捉えることができるかどうかの判断基準をどこに求めるかが問題となります。この点について，課題判例8（最決平20・6・25刑集62・6・1859）は，第1暴行と第2暴行は，「侵害の継続性」及び「防衛の意思」の有無という点で，明らかに性質を異にしているということを指摘して，その間には断絶があるとし，過剰防衛の成立を否定しています。

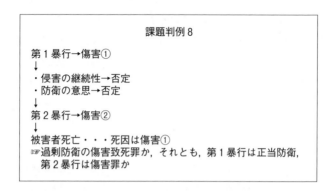

問題が防衛事象性の有無にあることからすれば，このように，客観的には急迫不正の侵害の有無，主観的には防衛の意思の有無を基準とすることには相応の理由があるといえます。ただ，量的過剰防衛も認められるという前提に立つのであれば，急迫不正の侵害が終了した後でも過剰防衛は成立し得るのですから，侵害の継続性の有無はそれ自体で結論を左右し得るような要素ではなく，より決定的なのは防衛の意思の有無だということになるでしょう。

ただ，ここで防衛の意思という場合，その内容がどのようなものかは問題です[13]。これを正当防衛の成立要件としての防衛の意思と同視すると，急迫不正の侵害が終了したことを認識しながら反撃行為を継続する場合には，急迫不正の侵害に関する認識が欠けるため防衛の意思は否定されるということになりそうですが，そうだとすれば，量的過剰の場合には，急迫不正の侵害が終了したのにまだ継続しているものと誤信していたというような場合を除き過剰防衛は認められないということにもなりかねず，量的過剰防衛を認める範囲が狭くなり過ぎるよう

---

[13] 橋爪・悩みどころ115頁以下参照。

に思われます。

　むしろここで重要なのは，認識の側面よりも意思の側面であるように思われます。課題判例 8 も，相手方が更なる侵害行為に出る可能性がないことを認識していたということだけでなく，専ら攻撃の意思に基づいて第 2 暴行に出たという点も指摘しており，前者の認識の点だけで防衛の意思を否定する趣旨ではないと思われます。また，質的過剰の事案で，急迫不正の侵害が継続しており，行為者にその認識があったとしても，途中から専ら攻撃の意思しかなくなったような場合に過剰防衛の成立が否定される（ただし実際には，そのようなケースが容易に生ずるとは思われませんが）とすれば，決定的なのは急迫不正の侵害を認識していたかどうかではなく，専ら攻撃の意思であったかどうかという点だと考えるのが妥当でしょう。だとすれば，このような意味で理解された防衛の意思の継続性は，急迫不正の侵害に対して反撃行為が複数に及ぶ場合の過剰防衛の限界を画する基準として量的過剰・質的過剰いずれの事案においても共通して妥当するものだということができるでしょう（質的過剰のケースにおける最決平 21・2・24 刑集 63・2・1 参照）。

　ここで，課題判例 8 の考え方について，2 点考えてみたいことがあります。一つは，体系的な問題です。この判例は，第 1 暴行と第 2 暴行を全体的に 1 個の行為と見るか，分断するかを体系的にどの段階で判断しているのでしょうか？　これは，構成要件該当性を判断する対象としての「1 個の行為」を選び出すものだと見るのが，実務の大勢のようです[14]。しかし，課題判例 8 が挙げている急迫不正の侵害の有無や防衛の意思の有無という事情は，違法性阻却事由の有無の判断それ自体ではないとしても，少なくとも構成要件に該当するかどうかを判断するという観点から見た場合には過剰な要素を含んでいるように思われます。これを 1 個の行為を確定するための「中間的な検討」と捉え，あくまで構成要件該当性判断の前に位置づけられるものとするならば，そのような判断方法には，構成要件該当性判断や違法性の判断の対象となる行為をまず確定するとしながら，実際上はその判断の中で違法性や責任に関する判断が先取りされているのではないかという感じを個人的にはもっています[15]。

14　永井敏雄「量的過剰防衛」龍岡資明編『現代裁判法大系㉚〔刑法・刑事訴訟法〕』（1999 年）135 頁。
15　高橋則夫「犯罪論における分析的評価と全体的評価」刑ジャ 9 号（2009 年）43 頁，佐伯・考え方 172 頁，橋爪・悩みどころ 109 頁以下など参照。

　課題判例 8 の事案では，まずは一連の行為が傷害致死罪の構成要件に該当すると考えたとしても，違法性判断の段階で急迫不正の侵害の有無や防衛の意思の有無という点で一連の行為を 1 個の行為として取り扱うことはできないとして，第 1 暴行と第 2 暴行が分断されることになり，それぞれについて改めて構成要件該当性，違法性，有責性を判断することにより，第 1 暴行は傷害致死罪の構成要件に該当するが正当防衛となり無罪，第 2 暴行は単なる傷害罪が成立する，と解することもできるように思われます[16]。

　もう一つ，課題判例 8 の事案で，もし仮に全体が 1 個の行為と判断されていたならばどうなるか，という点を考えてみたいと思います。仮に全体を 1 個の行為とすると，結論は傷害致死罪が成立し過剰防衛となる，ということになるでしょう。ここで気になるのが，死の結果は第 1 暴行から生じており，第 1 暴行だけにとどまっていれば正当防衛になっていたはずであるという点です。そこで終わっていれば正当化されていたはずの行為が，その後に過剰な行為が続くことによって全体が違法になるというのは何となく腑に落ちないものがあります。第 2 暴行の段階でも防衛の意思が継続しているということは，むしろ軽く処罰されるべき場合であるはずなのに，処断刑が重くなるのは不当であるような気がします（過剰防衛として刑の減免を認めればよいだろうという問題ではないでしょう）[17]。この場合には過剰防衛としても傷害罪の限度にとどめるべきだという見解も主張されているところですが，それには理由があると私は思います[18]。皆さんは，どう考えるでしょうか？

授業後の課題

　課題判例 8 の事案において，第 1 暴行によって生じた傷害と第 2 暴行によって生じた傷害があることは分かったが，死因となった傷害がどちらの暴行によって生じたのか判明しなかったとする。他の事情に変わりはないとして，この場合の処理はどうなるかを考えて簡潔に示しなさい。

---

[16] 私自身は，こちらの方がよいのではないかと思っています。もっとも，このような考え方は，一般に受け入れられているというわけではないので，試験の答案では先に示した実務の大勢の見方に従っておいた方が無難かもしれません

[17] 橋爪・悩みどころ 118 頁参照。

[18] 私見の詳細については，髙橋直哉「複数の反撃行為と過剰防衛の成否」駿河台法学第 26 巻第 2 号（2013 年）52 頁以下参照。

考え方

　死因となる傷害が正当防衛となる第 1 暴行から生じた可能性がある以上，「疑わしきは被告人の利益に」の原則により，致死の結果について行為者に罪責を認めることはできません[19]。従って，単なる傷害罪が成立するにとどまります。ちなみに，このケースで，第 1 暴行と第 2 暴行が一連の防衛行為と見られる場合には，過剰防衛として傷害致死罪が成立するとする見解が有力ですが[20]，過剰防衛が認められた方がかえって処断刑は重くなるのは不均衡ではないかという疑問があることは授業でも述べた通りです[21]。

　ところで，このようなケースで，第 2 暴行にのみ関与した者がいたとしたらどうなるでしょうか？　承継的共同正犯は否定されるとして[22]，207 条の適用があるとしたならば[23]，どのように解決されることになるのでしょう？　考えてみてください。

---

[19] ここではぼやかしていますが，「疑わしきは被告人の利益に」という原則が事実認定の場面でどのように作用するのかは，よく分からないところがあります。本問の場合に傷害致死罪の罪責を認めることが不当であるのは確かでしょうが，それは第 2 暴行から死の結果が発生したことが立証されていない以上，傷害致死罪の成立を認めることはできないということの帰結であって，そこから直ちに第 1 暴行から死の結果が発生したと認定することができるのかは議論の余地があるかもしれません（例えば，第 1 暴行と第 2 暴行を分断して考えるならば，どちらの暴行から死因となる傷害が発生したか，いずれについても合理的な疑いを入れない程度には立証できていないとして，どちらにも死の結果は帰責できない，とする論もあり得るかもしれません）。いわゆる択一的認定のような場面でも，似たような問題が出てくると思います。刑訴法でしっかり勉強してください。

[20] 永井・前掲 134 頁など。なお，松田俊哉・最判解平成 21 年度 12 頁以下参照。

[21] そもそも，違法な行為と発生した結果との間の因果関係が不明なのであれば，その結果が帰責されないのは当然のことであるように思われます（髙橋・前掲 58 頁以下参照）。有力説の考え方は，全体を 1 個の行為とすることによって違法性の分断的評価を否定するものですが，そのように解するべき必然性はないでしょう（橋爪・悩みどころ 118 頁参照）。

[22] 最決平 24・11・6 刑集 66・11・1281。

[23] 最判令 2・9・30 刑集 74・6・669。

▸ **第6回** ◂

故意・錯誤

基本事項の確認

□故意の意義・種類について確認しなさい

□「事実の錯誤」と「違法性の錯誤」の意義，及び，両者の区別について確認しな
さい

□「具体的事実の錯誤（同一構成要件内の錯誤）」と「抽象的事実の錯誤（異なる構
成要件間の錯誤）」の意義，及び，その取扱いについて確認しなさい

課題判例⑨

贓物故買被告事件

昭和22年（れ）第238号

同23年3月16日第三小法廷判決

主　文

本件上告はこれを棄却する

理　由

　弁護人M同S上告趣意書第1点は『原判決は証拠に依らず有罪の判決を為した違法が
有ると思ひます夫れは原判決事実中の「被告人に対する司法警察官の聴取書中の判示
（一）の衣類はOが早々処置せねばいけんと云ふたが近頃衣類の盗難が各地であり殊に
売りに来たのが朝鮮人であるからO等が盗んで売りに来たものでないかと思った旨の
供述記載」の証拠に依っては被告が本件物品が贓品であるとの情を知った事実は全々認
められません只Oが物品の処分を急いだとか朝鮮人だから或は物品が贓物であること
が分ると云ふらしいが一般にそう考へなければならない事も無いし又各地で盗難があっ
ても其れ故に本件物件が贓物であると考へなければならない理由もありません犯人に盗
品だと告げられたとか売りに来たものが贓品であると云ふことを告げたとでも云ふこと
があれば格別只前掲げた証拠だけでは原判決理由（一）記載の品物が贓物なることの情

を知ったものと認めることは出来ないと思ひます原判決理由（二）記載の事実に付いて原審公判廷に於ける調書に依ると問此の時は怪しい品と知って買ったと云ふ事だが何処で盗んだ品物と云ふて居ったか答其処迄は知らなんだのです前申ました様に同じ紋付が45枚もありましたからおかしいと思った丈けですと陳述したことは明かですが此の時も犯人から盗品であることを告げられたとか売りに来たものに盗品であることを聞いたとか云ふのであれば格別右供述だけでは本件物件が贓品であることを知って買ったと認めるには無理で証拠は無いと思ひます右公判調書の外に本件物件が贓品たることを知ったと云ふ事を認める証拠はありません」というのである。

　しかし贓物故買罪は贓物であることを知りながらこれを買受けることによって成立するものであるがその故意が成立する為めには必ずしも買受くべき物が贓物であることを確定的に知って居ることを必要としない或は贓物であるかも知れないと思ひながらしかも敢てこれを買受ける意思（いわゆる未必の故意）があれば足りるものと解すべきである故にたとえ買受人が売渡人から贓物であることを明に告げられた事実が無くても苟くも買受物品の性質，数量，売渡人の属性，態度等諸般の事情から「或は贓物ではないか」との疑を持ちながらこれを買受けた事実が認められれば贓物故買罪が成立するものと見て差支ない（大審院昭和2年（れ）第1007号昭和2年11月15日言渡判決参照）本件に於て原審の引用した被告人に対する司法警察官の聴取書によれば被告人は判示（一）の事実に付き「(1) 衣類はＯが早く処置せねばいけんといったが (2) 近頃衣類の盗難が各地であり殊に (3) 売りに来たのが朝鮮人であるからＯ等が盗んで売りに来たのではなからうかと思った」旨自供したことがわかる右 (1) 乃至 (3) の事実は充分人をして「贓物ではないか」との推量をなさしむるに足る事情であるから被告人がこれ等の事情によって「盗んで来たものではなかろうかと思った」旨供述して居る以上此供述により前記未必の故意を認定するのは相当である判示（二）の事実に付ては原審公判廷に於て被告人が原判示と同趣旨の供述をしたことが原審公判調書によってわかる従って原審が証拠無くして知情の事実を認定したものとはいえないので論旨は理由がない。

　同第2点は「原判決は被告の自白のみに依って有罪の判決をした違法が有ると思います右証拠に依って原審の様に本件の物品が贓品たることを知って買ったと認められるにしても日本国憲法の施行に伴う刑事訴訟法の応急的措置に関する法律第10条第3項に何人も自己に不利益な唯一の証拠が本人の自白である場合は有罪とされ又は刑罰を科せられないとあるから判決を以て有罪と判断し刑罰を科するには自白以外の証拠がなければならないのに拘らず右提示の証拠は孰れも被告人の控訴審に於ける供述及司法警察官に対する被告本人の自白で其れ以外に知情の点の立証なきに拘らず有罪の判決を為したのは右法条の存在を看過した違法の判決で而も右違法は判決に影響を及ぼすこと明白なれば原判決は取消され更に相当の御判断あるべきものと存じますので茲に上告を申立次第です」というのである。

　しかし犯罪構成要件たる事実の大部分が他の証拠の裏付によって認め得られる以上其

一部に付ては被告人の自白以外他に証拠が無くても所論法条に違反するものでないこと既に当裁判所の判例とする処で（昭和22年12月16日言渡昭和22年（れ）第136号事件判決参照）今なお変更の要を認めない従って知情の事実の如き贓物故買罪成立要件の一小部分に付き被告人の自白以外他に証拠が無い旨を主張して原判決を攻撃する論旨は上告の理由とならない。

　仍て刑事訴訟法第446条に従ひ主文の如く判決する。

　以上は当小法廷裁判官全員一致の意見である。

（裁判長裁判官　長谷川太一郎　裁判官　井上登　裁判官　庄野理一　裁判官　島保　裁判官　河村又介）

> **チェック**
> □本判決は贓物故買罪（盗品等有償譲受け罪）の故意についてどのような考え方をしているか？

課題判例10

強盗殺人未遂，銃砲刀剣類所持等取締法違反，火薬類取締法違反被告事件
昭和52年（あ）第623号
同53年7月28日第三小法廷判決

主　　文

　本件上告を棄却する。

　当審における未決勾留日数中350日を本刑に算入する。

理　　由

　被告人本人の上告趣意（上告趣意補充書による趣意を含む。）第1点，第2点，第8点，第9点，弁護人Uの上告趣意（上告趣意補充書による趣意）第3，第4について

　所論のうち，憲法31条違反，判例違反をいう点は，原審における所論指摘の公判期日において公判手続が更新されていることが当該公判調書の記載により明らかであるから，前提を欠き，その余の点は，単なる法令違反の主張であって，いずれも刑訴法405条の上告理由にあたらない。

　被告人本人の上告趣意第4点，弁護人Uの上告趣意第1点（上告趣意補充書による趣意第1を含む。）について

　所論のうち，憲法38条3項違反をいう点は，原判決の引用する第1審判決挙示の自白以外の証拠により自白が補強されていることは明らかであるから，前提を欠き，その余の点は，単なる法令違反の主張であって，いずれも刑訴法405条の上告理由にあたらな

い。

被告人本人の上告趣意第 3 点，第 7 点について

所論のうち，憲法 31 条違反，判例違反をいう点は，原判決の主文によれば，原判決が被告人に不利益に刑を変更しているものでないことが明らかであるから，前提を欠き，その余の点は，単なる法令違反の主張であって，いずれも刑訴法 405 条の上告理由にあたらない。

同第 6 点について

所論は，憲法 31 条違反をいう点もあるが，実質は単なる法令違反，量刑不当の主張であって，刑訴法 405 条の上告理由にあたらない。

同第 10 点について

所論のうち，判例違反をいう点は，所論引用の判例は第 1 審公判廷での被告人の供述を第 2 審において証拠として採用することができない旨を判示しているものではないから，前提を欠き，その余の点は，違憲をいう点を含めて実質は単なる法令違反の主張であって，いずれも刑訴法 405 条の上告理由にあたらない。

同第 11 点について

所論のうち，判例違反をいう点は，所論引用の判例は事案を異にし本件に適切でなく，その余の点は，単なる法令違反，事実誤認の主張であって，いずれも刑訴法 405 条の上告理由にあたらない。

同第 5 点，第 12 点，第 13 点，弁護人 U の上告趣意補充書による趣意第 2 について

所論は，単なる法令違反，事実誤認，量刑不当の主張であって，刑訴法 405 条の上告理由にあたらない。

弁護人 U の上告趣意第 2 点について

所論は，憲法 36 条違反をいう点もあるが，実質はすべて単なる法令違反，事実誤認の主張であって，刑訴法 405 条の上告理由にあたらない。

同第 3 点について

所論は，要するに，刑法 243 条に規定する同法 240 条の未遂とは強盗が人を殺そうとしてこれを遂げなかった所為をいうのであるから，原判決が K に対する傷害の結果につき被告人の過失を認定したのみで，何らの理由も示さず故意犯である強盗殺人未遂罪の成立を認めたのは，右法条の解釈を誤り，その結果，当裁判所昭和 23 年（れ）第 249 号同年 6 月 12 日第二小法廷判決，同 31 年（あ）第 4203 号同 32 年 8 月 1 日第一小法廷判決と相反する判断をしたものである，というのである。

よって検討するのに，刑法 240 条後段，243 条に定める強盗殺人未遂の罪は強盗犯人が強盗の機会に人を殺害しようとして遂げなかった場合に成立するものであることは，当裁判所の判例とするところであり（最高裁昭和 31 年（あ）第 4203 号同 32 年 8 月 1 日第一小法廷判決・刑集 11 巻 8 号 2065 頁。なお，大審院大正 11 年（れ）第 1253 号同年 12 月 22 日判決・刑集 1 巻 12 号 815 頁，同昭和 4 年（れ）第 382 号同年 5 月 16 日判決・

刑集 8 巻 5 号 251 頁参照），これによれば，K に対する傷害の結果について強盗殺人未遂罪が成立するとするには被告人に殺意があることを要することは，所論指摘のとおりである。

しかしながら，犯罪の故意があるとするには，罪となるべき事実の認識を必要とするものであるが，犯人が認識した罪となるべき事実と現実に発生した事実とが必ずしも具体的に一致することを要するものではなく，両者が法定の範囲内において一致することをもって足りるものと解すべきである（大審院昭和 6 年（れ）第 607 号同年 7 月 8 日判決・刑集 10 巻 7 号 312 頁，最高裁昭和 24 年（れ）第 3030 号同 25 年 7 月 11 日第三小法廷判決・刑集 4 巻 7 号 1261 頁参照）から，人を殺す意思のもとに殺害行為に出た以上，犯人の認識しなかった人に対してその結果が発生した場合にも，右の結果について殺人の故意があるものというべきである。

これを本件についてみると，原判決の認定するところによれば，被告人は，警ら中の巡査 T からけん銃を強取しようと決意して同巡査を追尾し，東京都新宿区西新宿……附近の歩道上に至った際，たまたま周囲に人影が見えなくなったとみて，同巡査を殺害するかも知れないことを認識し，かつ，あえてこれを認容し，建設用びょう打銃を改造しびょう 1 本を装てんした手製装薬銃 1 丁を構えて同巡査の背後約 1 メートルに接近し，同巡査の右肩部附近をねらい，ハンマーで右手製装薬銃の撃針後部をたたいて右びょうを発射させたが，同巡査に右側胸部貫通銃創を負わせたにとどまり，かつ，同巡査のけん銃を強取することができず，更に，同巡査の身体を貫通した右びょうをたまたま同巡査の約 30 メートル右前方の道路反対側の歩道上を通行中の K の背部に命中させ，同人に腹部貫通銃創を負わせた，というのである。これによると，被告人が人を殺害する意思のもとに手製装薬銃を発射して殺害行為に出た結果，被告人の意図した巡査 T に右側胸部貫通銃創を負わせたが殺害するに至らなかったのであるから，同巡査に対する殺人未遂罪が成立し，同時に，被告人の予期しなかった通行人 K に対し腹部貫通銃創の結果が発生し，かつ，右殺害行為と K の傷害の結果との間に因果関係が認められるから，同人に対する殺人未遂罪もまた成立し（大審院昭和 8 年（れ）第 831 号同年 8 月 30 日判決・刑集 12 巻 16 号 1445 頁参照），しかも，被告人の右殺人未遂の所為は同巡査に対する強盗の手段として行われたものであるから，強盗との結合犯として，被告人の T に対する所為についてはもちろんのこと，K に対する所為についても強盗殺人未遂罪が成立するというべきである。したがって，原判決が右各所為につき刑法 240 条後段，243 条を適用した点に誤りはない。

もっとも，原判決が，被告人の T に対する故意の点については少なくとも未必的殺意が認められるが，被告人の K に対する故意の点については未必的殺意はもちろん暴行の未必的故意も認められない旨を判示していることは，所論の指摘するとおりであるが，右は，行為の実行にあたり，被告人が現に認識しあるいは認識しなかった内容を明らかにしたにすぎないものとみるべきである。また，原判決は，K に対する傷害について被

告人の過失を認定し，過失致死傷が認められる限り，強盗の機会における死傷として刑法 240 条の適用があるものと解する旨を判示しているが，右は強盗殺人未遂罪の解釈についての判断を示したものとは考えられない。原判決は，K に対する傷害の結果について強盗殺人未遂罪が成立することの説明として，T につき殺害の未必的故意を認め，同人に対する強盗殺人未遂罪が成立するから K に対する傷害の結果についても強盗殺人未遂罪が成立するというにとどまり，十分な理由を示していないうらみがあるが，その判文に照らせば，結局，K に対する傷害の結果について前述の趣旨における殺意の成立を認めているのであって，強盗殺人未遂罪の成立について過失で足りるとの判断を示したものとはみられない。

　以上のとおりであって，原判決が当裁判所の判例と相反する判断をしたものでないから，論旨は理由のないことが明らかである。なお，所論引用の当裁判所昭和 23 年（れ）第 249 号同年 6 月 12 日第二小法廷判決は事案を異にし本件に適切でないので，右判例違反をいう点は刑訴法 405 条の上告理由にあたらない。

　よって，同法 408 条，181 条 1 項但書，刑法 21 条により，裁判官全員一致の意見で，主文のとおり判決する。

（裁判長裁判官　環昌一　裁判官　天野武一　裁判官　江里口清雄　裁判官　髙辻正己　裁判官　服部高顕）

チェック
　□本判決が被告人の認識していなかった客体に発生した傷害の結果についても殺人の故意を肯定したのは，どのような考え方に基づくものか？
　□本判決は故意の個数についてどのような考え方をしているか？

授　業

　今回のテーマは「故意・錯誤」です。まず，故意について，体系的地位，故意犯処罰の根拠，故意概念と判断基準といった点について概観してみたいと思います。

　故意を犯罪論上どの段階に位置付けるかという問題は，犯罪論の根幹にかかわる問題です。

　行為無価値論と結果無価値論が対比される場合にも，この点は主戦場の一つとなります。そういうわけで，理論的には非常に興味深い問題なのですが，何のために議論しているのか分からない（どこに実益があるのかよく分からない）ようなところもあったりするので，特に刑法を理論的に突き詰めて考えてみたいという方

```
                  故意の体系的地位
 ㋐説：故意は違法要素であり，違法行為類型としての構成要
    件の要素である
 ㋑説：故意は違法要素であるとともに責任要素でもあり，違
    法・有責行為類型としての構成要件の要素である
 ㋒説：故意は責任要素であり，違法・有責行為類型としての
    （有責行為類型の面における）構成要件要素である
 ㋓説：故意はもっぱら責任要素である
```

（そういう方は，往々にして司法試験では苦戦しがちなので注意してください）でなければあまり深入りしない方が賢明だと思います。ただ，是非とも確認しておいていただきたいのは，ある問題で故意の存否を論じているときに，自分は体系上どの段階でそれを論じているのかということをきちんと理解しているか，という点です。例えば，いわゆる誤想防衛のケースについては，故意が阻却されるとする見解が通説ですが，これは体系上どの段階の問題なのかきちんと説明できるでしょうか?[1]　また，防衛行為の結果が予想外に侵害者以外の第三者に生じた場合について，方法の錯誤が問題となる場面と誤想防衛[2]の一種とされる場面の2つの場面で故意の肯否が問われますが，それぞれどう違うのか説明できるでしょうか?[3]　このあたりに体系的理解の正確さが現れますので，注意しておいてください。

　次に，故意犯処罰の根拠ですが，ここでは，なぜ故意犯の処罰が原則なのか，また，なぜ故意犯の方が過失犯よりも重く処罰されるのか，その理由が問題になります。故意犯の方が過失犯より重いというのは，一見すると当たり前で異論の

---

[1] ちなみに，この問題について，井田先生は消極的構成要件要素の理論というかなり難しい見解を主張されています（井田・総論 382 頁参照）。故意の体系的位置づけが犯罪論の構造とどのようにかかわるのかという点について深く勉強してみたい方は，井田先生の体系書をお読みになるとよいでしょう。

[2] この場合を誤想防衛と呼ぶことは妥当ではないとする見方もありますが，名称はともかく行為者の認識した事実を前提とした場合，それが正当防衛に当たる事実の認識である限り（つまり，客観的には正当防衛に当たらないが，主観的には正当防衛に当たる事実を認識しているという限り）故意を認めることはできないという点では誤想防衛と問題は共通していると見ることができるでしょう。要は，故意を肯定するためにはどのような事実の認識が必要なのかという点が決定的なのであり，これを誤想防衛と呼ぶかどうかは二次的な問題にすぎないということです。

[3] なお，大阪高判平 14・9・4 判タ 1114 号 293 頁参照。

余地がないようにも思われますが，改めてその理由を考えて見ると，それほど上手く説明できないところもあり，実際，見解が一致しているわけでもないようです。

例えば，団藤先生は，「故意において，行為者の反規範的人格態度がもっとも明白に認められる。…過失では，行為者は犯罪事実を知らず，したがって本来の規範に対する直接的な人格態度はみられない。そこでは，注意義務の違反を通じて間接的に反規範的人格態度がみられるにすぎない。これに対して，故意では，行為者は犯罪事実を知っているのであり，規範の問題（「人を殺してよいか」など）が具体的に与えられている。したがって，行為者の規範に対する人格態度は直接的である。故意も過失もともに反規範的な人格態度を示すものにちがいないが，それが本来の規範に対して直接的であるかどうかに両者の区別がある」とされています[4]。ここでは，故意犯処罰の根拠は直接的な反規範的人格態度に求められています。このような考え方は，故意の本質を考える場合，意思的・意欲的側面を重視する方向に赴くことが予想されます。

他方で，山口先生は，「行為の違法性を基礎付ける事実を認識・予見した者は，それによって当該行為を行うことが違法であるという認識（違法性の意識）に到達して，反対動機を形成し，当該行為にでることを思いとどまらなければならない。規範意識を十分に働かせず，又は規範意識の不十分さのために行為にでた場合には，そもそも行為にでないことが期待されていたのであるから，行為にでたことが非難されることになるのである」とされています[5]。ここでは，反規範的人格態度への言及がなく，反対動機を形成せずに行為に出たことが端的に非難されており，意思的・意欲的側面にかかるウェートは軽減されているように見受けられます。

また，井田先生は，「刑法が法益保護の目的を達成するためには，法益の侵害・危険に向けられた意思的行為である故意行為に対し，より重い規範的評価を加え，より重い刑を科すことが合理的である」と述べられています[6]。ここでは，法益保護の必要性・合理性という観点，すなわち，刑法の機能という観点から故意犯処罰の根拠が説明されているという点に特徴があるといえるでしょう。

---

[4] 団藤・総論291頁以下。

[5] 山口・総論201頁。

[6] 井田・総論164頁

更に，近時，遠藤判事は，「死亡結果発生を意図している意図型殺意は，刑法が明示した規範を意識的に無視したもので，規範を明示することで人の規範意識に働きかけて法益を保護するという刑法の役割に対する正面からの積極的挑戦」であるというところに強い非難が向けられる根拠があるのに対し，「結果発生は意図していないが，結果発生の可能性が高いことは認識している場合は，結果発生の可能性の高い行為をそれと分かって行っている以上，法益保護という刑法の目的からは，発生した結果や危険について強い非難形式で非難する必要があ」り，また，「結果発生の可能性が高い行為をそれと分かってしている以上，反対動機の形成は十分に期待できることから，そのような強い非難形式で非難することが相当である」という見解を主張されています[7]。これは，殺意の種類に応じて，非難の根拠が異なるとするものであり，大変興味深いものです。もっとも，意図型殺意の場合も反対動機の形成の点は問題となるでしょうから，両者の非難の根拠がそれほど異なるものなのかは見方が分かれる可能性があるように思われます。

いずれにせよ，故意犯処罰の根拠に関しては，かならずしも見解の一致が見られるわけではなく，また，故意犯処罰の根拠と故意概念の理解との間にいかなる関係があるのかも，それほど踏み込んだ議論はなされていないようです[8]。

次に，故意概念とその判断基準の問題に移りましょう。伝統的な議論では，故意概念を確定的故意と不確定的故意に分け，前者には，構成要件の実現を意図している場合（意図）と犯罪事実の発生を確実なものとして認識・予見している場合（確知）とがあり，後者には，未必の故意，概括的故意，択一的故意などが含まれる，と整理していました[9]。

さて，このような故意概念を前提として，とりわけ議論が盛んなのが未必の故意と認識ある過失の区別という問題です。この点に関する議論は非常に錯綜していますが，大要，以下のように整理できるかと思います。

---

[7] 遠藤邦彦「殺意の概念と証拠構造に関する覚書」植村退官（2）205頁以下。

[8] 何をもって故意と見るかは，多分に立法形式によっても左右されるところがありそうです（佐伯・考え方251頁）。現行刑法では故意と過失という二分法が採用されていますが，例えば，故意と過失の間に中間類型を設ける三分法も考えられます。一般論として言えば，分類の少ない方がそれぞれのカテゴリーに多様なものが含まれる可能性が高くなり，そこに共通する性質を見出すことが難しくなるといえるでしょう。

[9] ただ，意図の場合は結果の発生をかならずしも確実なものとして認識しているとは限らない点で，これを確定的故意と呼ぶことには違和感もあるところであり，実際，意図を確定的故意とは別の類型とする見解も見られます。

```
┌─────────────────────────────────────────────────┐
│          未必の故意と認識ある過失の区別                │
│                                                 │
│  1   認容説                                      │
│  2   蓋然性説                                     │
│  3   動機説                                      │
│   ＊積極的動機説と消極的動機説                       │
│  4   実現意思説                                    │
│  5   認識的要素と意思的要素を相関的に考慮することによっ    │
│     て故意と過失の線引きをしようとする見解             │
└─────────────────────────────────────────────────┘
```

　第 1 説は，認容説です。例えば，団藤先生は，「故意においては犯罪事実の発生に対する積極的な人格態度がみられなければならない。そのためにはかならずしも行為者が事実の発生を意図ないし希望したことは必要でないが，少なくともこれを認容したことが必要である。意思説をこの意味に理解するかぎり，意思説が妥当である（認容説……）。つまり故意の成立には事実の表象という知的要素……のほかに，このような情緒的ないし意欲的要素……が必要なのである」とされています[10]。故意の本質を結果発生の意欲，希望という点に求める意思説を基本としつつ，その意思の内容を認容まで緩和するという見解だということができるでしょう。ここで認容の意義については，結果が発生してもよいとする，結果発生を積極的に肯定・是認する態度としての積極的認容と，結果が発生してもかまわない，意に介さない，という消極的態度としての消極的認容に分けられますが，認容説は一般に消極的認容があれば足りると解しています。

　認容説に対しては，認容という情緒的・感情的要素によって故意と過失を区別するのは適切ではない，認容という微妙な心理状態を立証することは困難である，消極的認容に心理的実体はない（結果発生の可能性を認識しつつ行為に出た場合には消極的認容があるというのであればそれは特別な心理状態を示しているものではない）といった批判が向けられています。

　第 2 説は，蓋然性説です。これは，故意の本質に関する認識説を出発点としつつ，認識の対象となる結果発生の可能性を単なる可能性ではなく，より高い結果発生の蓋然性まで要求するという見解です。この見解は，しばしば立証面でメリットがあることを主張します。例えば，前田先生は，「『憤激の余りの殺人』の

---

[10]　団藤・総論 295 頁

ように計画性のない事案においては，人が死ぬ危険性の高い行為を，そのような行為とわかって行ったと認めることができるか否かを直接の立証対象とすることによって，殺意の存否の判断が容易となる」と述べられているところです[11]。

蓋然性説に対しては，単なる可能性と蓋然性の区別は曖昧である，意思的要素を無視している，結果発生の蓋然性を認識しても，自己の技量などを信頼して結果は発生しないであろうと考えて行為に出た場合には故意を認めることはできない，結果発生の可能性は低くても結果を意図していた場合には故意を認めるべきである，といった批判が加えられています。

第3説は，動機説です。もっとも，これがどのような見解なのかは，若干分かり難いところがあります。例えば，大谷先生は，動機説とは「行為者は認識を否定しないでそれを自己の行為への動機づけとしたかどうかを基準とする説である」と説明されています[12]。しかし，これを文字通りに理解しますと，意図の場合には結果発生を認識しながら，それを行為の動機づけにしたということができるが，未必の故意の場合にはそのような動機は存在しないのではないかという疑問が生ずることとなり，実際，そのような批判が向けられているところです。しかし，動機説の本来の趣旨は，犯罪事実の認識と意思決定との間に意識的な関係が認められる場合に故意を認めようとするものであり，文字通り犯罪事実の認識を行為の動機としたことまで必要とするものではないと思われます。その点を明確にするためには，動機説とは，犯罪事実の認識を行為を思いとどまる動機とせずに行為に出た場合に故意を認める見解だと理解する方が妥当であるように思われます[13]。この点は，時に，「犯罪事実の認識を行為に出る動機とした場合に故意を認めるという見解」を積極的動機説，「犯罪事実の認識を行為を思いとどまる動機とせずに行為に出た場合に故意を認める見解」を消極的動機説として区別されたりもします。

この動機説に対しては，犯罪事実を認識しながら行為に出た場合には結局反対動機を形成しなかったのであるから結果発生の可能性を認識しつつ行為に出た場合には常に故意が認められることになりはしないか，という疑問が生ずる可能性がありますが，この点に関し，西田先生は，「未必の故意があるというためには，

---

[11] 前田・総論 164 頁以下。
[12] 大谷・総論 155 頁以下。
[13] 佐伯・考え方 245 頁。

結果発生の蓋然性の認識を必要と解した上で，その認識を反対動機にしなかったことが必要である」としていわゆる「修正された動機説」を主張されています[14]。なお，動機という概念が不明確である，一般的な意味での動機は問題とならない，といった批判も向けられているところです。

　第 4 説として，実現意思説が挙げられます。この説の代表的論者である井田先生は，「構成要件該当事実が全体として意思的実現の対象に取り込まれたかどうかが，確定的故意を含めて故意の全領域をカバーする統一的な基準であ」り，「このような実現意思の有無は，……意思の強さと，認識された事実実現の確実度とのバランスにより判断されることになる」とされます。すなわち，「①当該構成要件該当事実の実現を意図し目的としていたときは，明白に実現意思が認められる」「②構成要件該当事実が実現されることを確実なものとして認識しつつ，その行為に出た場合にも，その事実は実現意思に取り込まれたといえる」「③構成要件該当事実が実現する蓋然性（すなわち，結果の不発生を当てにすることが不合理な程度の可能性）を認識したときには，回避措置がとられない限り，事実の発生は実現意思に取り入れられたといえることから故意が認められる」「④低い程度の可能性の認識は，その事実の実現が意図的に追求されるのでない限り，故意とはいえない」とされるのです[15]。この見解は，基本的なモチーフは動機説と共通していますが，「動機」という言葉がミスリードであるということを懸念し，別の観点から表現し直したものだといえるでしょう。

　この見解が，認識的要素と意思的要素のバランスによって判断するという視点を提示しているのは注目されるところですが，他方で，「実現意思に取り込まれた」という状態は一体どのような状態をいうのかがかならずしも明確ではなく，半ば融通無碍であるという批判があり得ます[16]。

　ここまで，従来の議論状況を簡単に見てきましたが，全体として，これまでの議論は，意図と確知を共に確定的故意に分類しつつ，これと不確定的故意，とりわけ未必の故意とを併せて故意全体について統一的な理論的根拠を与えようとす

---

[14] 西田・総論 232 頁。

[15] 井田・総論 265 頁以下。他に，実現意思説をとるものとして，川端・総論 189 頁以下，高橋・総論 180 頁以下，橋本・総論 92 頁以下など。

[16] 佐伯先生は，この説を評して，「論者が故意を認めるべきだと考える場合に，『実現意思に取り込まれた』と評価しているにすぎないようにも思われる」と手厳しく述べております（佐伯・考え方 247 頁）。

る傾向が強いように思われます。また，これら故意論における理論的探求が事実認定論をどの程度意識して展開されたものなのかについては，少なからぬ疑問があるといえそうです。

　これに対して，近時，意図と確知の性質の違いに着目し，認識的要素と意思的要素を相関的に考慮することによって故意と過失の線引きをしようとする見解が主張されていることが注目されます。例えば，佐伯先生は，「責任のない行為を処罰することはできないが（責任主義），責任非難の可能な行為を，どのような類型に区別するかは，ある程度まで立法裁量の問題である。現在の刑法のように故意と過失の２類型とするか，故意を意図と確定的故意に限定して，未必の故意を故意と過失の中間類型とする３類型にするか，未必の故意と認識ある過失を一緒にして中間類型とするか，立法政策上の当否は別にして，いずれも選択可能であろう。このように故意の限界がある程度まで決め方の問題だということを考えれば，現行法の解釈としても，故意の範囲を，認識的要素と意思的要素を相関的に考慮して決めることは不可能ではないと思われる」と述べられており[17]，また，遠藤判事も，「認識的要素は，法益保護という刑法の目的から強い非難形式を導く積極的根拠を提供すると同時に，強い非難を加える前提としての反対動機の形成が可能かどうかを読み取る鍵として機能しているといえる。これに対し，意図を中核とする意思的要素は，意図という心理の中に法益侵害（犯罪結果）を描いていることから，強い非難形式の前提となる反対動機の形成が可能であることを前提として，規範意識に働きかけるという刑法の手段への挑戦として，より直接的，積極的な規範違反性，非難可能性を読み取る鍵として機能しているといえる。このような機能の違いから，殺意に関する認識的要素と意思的要素は，証拠構造的な違いにとどまらず，殺意があると強く非難される根拠にも違いをもたらすものと考えられる。そしてこの認識的要素と意思的要素は，殺意の構造なり殺意が問題となる場面の内心の実態からみても，あるいは殺意があると強く非難される根拠からも，異なる観点からの要素でありながら，お互いに相補い合う相補的な関係にあると考えられる」と述べられているところです[18]。このような見解の当否は，ここでは措くとして，注目すべきは，どのような要素から故意を認定すべきかという視点を自覚的に含んだ形での故意論が展開されるようになってきたの

---

[17] 佐伯・考え方 251 頁。
[18] 遠藤・前掲 206 頁。

は, 比較的最近のことである, という点です。翻ってこのことは, 従来の故意論が故意認定論とかならずしも連動して展開されてはこなかったということを示しているように思われます。

　故意概念に関する学説の状況はこのくらいにして, 次に判例についてみてみることにしたいと思います。

　周知の如く, 一般に判例は認容説に立っているといわれております。そのリーディングケースと目されるのが, 課題判例9(最判昭23・3・16刑集2・3・227)です。この判例は,「或は贓物であるかも知れないと思いながらしかも敢てこれを買受ける意思(いわゆる未必の故意)があれば足りるものと解すべきである」と述べており, この「敢て」というところが認容説をとっている根拠だとされているのです。しかしながら, この点に関しては,「敢て」というのは, 行為者の内心に存在する心理状態ではなく, 裁判官の評価を示しているのではないかという見方も示されています。確かに, 故意について「犯罪事実の認識, 認容」と表現する裁判例は多く, その表現自体は認容説に親和性のあるものだとはいえますが, その判断の内実が認容説に合致するものかは, かならずしも判然としません。

　ここで, 参考までに, 裁判例において殺意がどのように表現されているのか, いろいろな例をピックアップしてみました[19]。

　まず, 行為者が結果発生の危険性を認識した上で行為に及んだことから未必の故意を認めるというタイプのものが見られます。ここでは, 文面上, 認容に当たるような言葉が用いられていない点に特徴がありそうです。このような表現をするのは, 結果発生の危険性が高い場合が多いようですが, そのような点も考慮すると, 形式的には蓋然性説的な言い回しであるようにも見えます。

　二つ目は, 行為者が行為情況を認識しつつ,「あえて」行為に及んだことを指摘して, 未必の故意を認めるというタイプのものです。これは, 文言上は認容説に立っているように見えますが, 前述のように「あえて」ということが何を意味しているのかは, かならずしも明確ではないように思われます。

　三つ目は, 行為者が結果発生の危険性を認識しつつ, 行為に及んだことから,「死ぬかもしれないがそれでも構わないという心理状態」にあったことを指摘し

---

[19] 網羅的に分析したわけでは全くありませんので, あくまで参考程度のものと考えてください。なお, 判例の分析については, 半田靖史「殺人の故意の認定―(続)裁判員裁判の判決書からみた『殺意』概念―」刑ジャ53号(2017年)4頁以下参照。

判例における様々な表現

①危険性の認識＋行為に及んだこと→未必の故意
「被告人は，被害者を死亡させる危険性の高い行為であることを認
識した上で，本件加速行為とその後の運転行為に及んだものと認め
られ，未必の殺意があったものと認められる」（大阪地判平 28・3・
22 LEX/DB25542828）
②行為情況の認識＋「あえて」行為に及んだこと→未必の故意
「被告人は，長野市……の A 店前路上において，被害者の引きずり
を認識しつつ，あえて発進，走行し，被害者を引きずり続けたと優
に認定でき，そうすると，被害者に対し，いわゆる未必の殺意を抱
いていたと認定できるというべきである」（長野地判平 24・10・19
LEX/DB25483421）
③危険性の認識＋行為に及んだこと
→死ぬかもしれないがそれでも構わないという心理状態→殺意
「被告人は，遅くとも本件各暴行を開始した時点では，被害女性が
死ぬかもしれない危険な行為と分かりながら，本件各暴行を加えた
といえるから，当時，被告人は被害女性が死ぬかもしれないが，そ
れでも構わないという心理状態にあったこと，すなわち，殺意を有
していたと評価することができる」（大阪地判平 24・7・4 LEX/DB
25482241）
④危険性の認識＋行為に及んだこと
→通常であれば死亡しても構わないという心理状態にあった→未
必の殺意
「被告人は，客観的にみて人を死亡させる危険性が高い行為を，そ
のような危険性が高い行為であると認識しながら行ったといえる
のであるから，通常であれば，被告人は，被害者が死亡してもかま
わないという心理状態にあった，すなわち，未必の殺意を有してい
たと認められることになる」（大分地判平 24・3・14 LEX/DB
25480928）
⑤動機の不存在→殺意の存在に関する合理的な疑い
「本件当時，被告人が，今，A を連れ出すなどすれば死亡するかも
しれないことを認識，認容していながら，上記 800 万円を得るため
に，あえて A の連れ出しに及んだとは考え難いのである」「もとよ
り，殺人罪においても，具体的な動機が認定できなければ，故意が
認定できないというわけではないが，少なくとも何らかの動機が合
理的に想定し得るというのでなければ，行為者が殺意を有していた
ことには，通常合理的疑いが生じると考えられる」（東京高判平
15・6・26 刑集 59・6・450）

て，殺意を認めるというタイプのものです。これも認容説的な言い回しですが，
「死ぬかもしれないがそれでも構わないという心理状態」を認定している点で，認
容を心理的実体として捉えているのではないかと思われます。

　四つ目は，これと基本的に同じ傾向のものですが，「結果が発生しても構わない
という心理状態」を「通常であれば」という条件付で認めるところに特徴が見ら
れます。三つ目のものより若干規範的な判断の度合いが高いものだと見ることが

できるかもしれません。

　最後に，動機の存在に言及するものも一定数見られます。特に，動機の不存在が殺意の存在に関する合理的な疑いを生じさせるという形で，故意を否定する方向に作用することが比較的多いようです。これは，動機の不存在が意思的要素の不足につながり故意を否定するということで，認容説的な考え方に親和性があるように思われるところです。

　このような例を見てみますと，殺意に関していえば，多くの裁判例は一応認容説的な表現を基調とはしているように見受けられます。しかしながら，その判断の実質においては，情緒的な要素として「認容」に当たる事実を積極的に認定しているといえるのか，かならずしもはっきりしないケースが少なくなく，その意味で判例が認容説だと断言することにはやや躊躇するところがあります。

　故意については様々な理論が提示されていますが，故意が認められるすべての場合を統一的に説明し得る一元的な理論を構築することはなかなか難しそうです。他方で，理論的には対立していても，実際上，結論に差が出てくる場合は，それほど多くはないように思われます。いずれの見解に立っても，意図と確知の場合は故意を認めるでしょうし，結果発生の可能性が極めて乏しい手段を選択している場合には（既に実行行為性が否定され，実行行為の認識を欠くため）故意は否定されるでしょう（たとえ結果の発生を強く望んでいたとしても，それは単なる願望にすぎません）。結果発生の蓋然性を認識している場合は同時に消極的認容も認められるでしょうから，この場合も結論に差が生ずることはほとんどないと思われます。そうすると，主として問題となるのは，結果発生の可能性を認識しているにとどまり，かつ，結果の発生を意図してはいないというケースだということになるでしょう。このようなケースについて，自己の拠って立つ理論的立場を明らかにした上で，関係する具体的な事実を摘示しながら結論を導くという思考プロセスを述べられるようになることが，当面の学修目標になると思います。

　さて，故意の問題はこれくらいにして，次に錯誤の問題に移ります。錯誤とは，行為者の主観的な認識と客観的な実在との間に不一致・食い違いがある場合を指しますが，刑法学ではやたら何とかの錯誤という言葉がたくさん出てきますので，混乱を避けるため，用語・概念を整理しておきたいと思います。

```
                        錯誤の種別

    1   事実の錯誤と違法性の錯誤
    2   具体的事実の錯誤と抽象的事実の錯誤
    3   客体の錯誤，方法の錯誤，因果関係の錯誤
```

　まず，「事実の錯誤」と「違法性の錯誤（禁止の錯誤・法律の錯誤と呼ばれる場合も
あります）」という区別があります。事実の錯誤とは，犯罪事実について，行為者
が認識したものと実際に発生したものが一致しない場合であり，違法性の錯誤と
は，犯罪事実は正しく認識していたが，錯誤によって自己の行為が法律上許され
ないことを知らなかった場合であるとされます。この区別は，一般に，事実の錯
誤であれば故意が阻却されるのに対し，違法性の錯誤であれば（いろいろな考え方
がありますが）必ずしも故意あるいは責任が阻却されるわけではないことから，重
要であるとされます（特に，従来の判例の立場を前提とすると違法性の錯誤は故意あるい
は責任の存否に何ら影響を及ぼさないことから，事実の錯誤か違法性の錯誤かという区別は
重要な意味をもつことになります）。

　次に，「具体的事実の錯誤」と「抽象的事実の錯誤」という区別があります。具
体的事実の錯誤は，認識事実と実現事実の不一致が同一構成要件内で生ずる場合
であり（同一構成要件内の錯誤とも呼ばれます），抽象的事実の錯誤は，認識事実と実
現事実の不一致が異なる構成要件間にまたがって生ずる場合のことを指します
（異なる構成要件間の錯誤とも呼ばれます）[20]。

　錯誤の区別に関しては，更に，事実の錯誤の態様に応じて，「客体の錯誤」「方
法の錯誤」「因果関係の錯誤」が区別されます。客体の錯誤は，認識した侵害客体
の属性に関する錯誤であり，例えば，Aを殺そうとして，Aだと思ってピストル
で射殺したら，実は，Aによく似た別人Bであったという場合がこれに当たりま
す。方法の錯誤[21]（打撃の錯誤とも言います）は，認識した客体とは異なる客体に侵
害が発生した場合であり，例えば，Aを殺そうと思ってピストルを発射したが，
Aには命中せず，予想外に隣にいたBに命中してBが死亡したという場合がこれ
に当たります。因果関係の錯誤は，認識した客体に侵害が生じたが，因果経過が
予見したものとは異なる場合であり，例えば，Aを溺死させるつもりで，橋から
川に突き落としたところ，Aは落下中に橋脚に激突して死亡したという場合がこ
れに当たります。この区別と，先にあげた「具体的事実の錯誤」と「抽象的事実

の錯誤」の区別を掛け合わせると，合計 6 種類の錯誤のパターンがあることになります[22]。皆さんは，錯誤が問題となるケースに遭遇したら，それがどのパターンの錯誤なのかを正確に分類できるようになっていることが望まれるでしょう。

　このような分類を前提にして，ここでは，「具体的事実の錯誤」と「抽象的事実の錯誤」の問題を取り上げることにします。

　まず，「具体的事実の錯誤」についてですが，これについては法定的符合説と具体的符合説が対立するとされています。法定的符合説は，認識事実と実現事実とが構成要件の範囲内において符合している場合には実現事実について故意を認め

---

[20] 少し横道にそれますが，私は以前からこれらの用語法は紛らわしいなと思っています。というのも，「事実の錯誤」と「違法性の錯誤」を区別するときには「事実の錯誤は故意を阻却する」とされているのに対し，「具体的『事実の錯誤』」の場合には判例・通説によると必ずしも故意が阻却されるわけではないからです。このことから，事実の錯誤の場合には故意を阻却する重大なものとそうではないものとがあるというような説明も見られますが，そうすると最初の「事実の錯誤は故意を阻却する」という用例はミスリードであると思います。この点について，私は，「事実の錯誤は故意を阻却する」という場合の事実の錯誤は，錯誤のためにそもそも犯罪事実の認識が全く認められない場合を指しているのに対して，「具体的事実の錯誤」や「抽象的事実の錯誤」という場合の事実の錯誤は，行為者に（何らかの）犯罪事実に当たる認識は一応あることを前提にして，実際に発生した結果をその認識と結びつけて故意犯の成立を認めることができるかどうかが問題となる場合を指しているのではないかと思っています。例えば，目の前にいる「人」を「熊」だと思って発砲したという場合，「人」の認識はありませんから殺人罪の故意は絶対に認められません（これが「事実の錯誤は故意を阻却する」という場合です）。これに対して，A を殺そうと思って発砲したところ予想外に B に命中して B が死亡したという場合は，「人を殺す」認識はあるので殺人罪の故意を認めるに足る認識は一応あるのですが，これと実際に発生した B の死亡という結果を結び付けて B の死亡という結果に対する故意犯の成立を認めることができるのかということが問題になります（これが「具体的事実の錯誤」の場合です）。このように分けて考えた方が分かりやすいと私は思うのですが，必ずしも一般的ではなさそうなので，皆さんはあまり使わない方が賢明だと思います。なお，高橋・総論 192 頁以下では，事実の錯誤が「犯罪事実が存しないのに存すると誤認する場合」「犯罪事実が存するのに存しないと誤認する場合」「一定の犯罪事実を他の犯罪事実と誤認する場合」に分けられています。

[21] 町野先生は，「方法の錯誤」は，「どうみても，誤解を招く用語である。間違えて『方向の錯誤』と書いた答案がときどきあるが，むしろ，この方が良いのかなと思う」と述べられています（町野朔『プレップ刑法〔第 3 版〕』[2004 年] 115 頁）。私もこのような答案にお目にかかったことがあります。方法に手違いがあった（ために予想外の客体に結果が発生した）という意味で「方法の錯誤」と呼ばれているのだと思いますが，確かに分かりにくい用語ではありますね。でも，「方向の錯誤」などと書くと素人だと思われてしまいますから，皆さんはきちんと「方法の錯誤」と書いてください。ちなみに，ラテン語では aberratio ictus といい，これは打撃のはずれを意味します。

[22] 因果関係の錯誤は常に具体的事実の錯誤であるとする見解があります（内藤・総論（下）Ⅰ901 頁）。皆さんは，抽象的事実の錯誤における因果関係の錯誤の例を挙げよと言われたら，どのような例を挙げますか？

ることができるとする見解であるのに対し，具体的符合説は，実現事実について
故意を認めるためには認識事実と実現事実との間に具体的な符合が必要だとする
見解だと，これまでは説明されてきました。しかし，具体的符合説も，認識事実
と実現事実の間に少しでもズレが生じた場合には実現事実について故意を否定す
るというわけではありません。現在では，具体的符合説も認識事実と実現事実と
が構成要件の範囲内において符合しているかどうかを問題としており，ただその
符合を抽象的に考えるか具体的に考えるかという点で法定的符合説と異なるもの
である，という理解が有力になっています（そのため，法定的符合説を抽象的法定符
合説，具体的符合説を具体的法定符合説と呼ぶことが多くなりました[23]）。両説は，客体
の錯誤においては結論が異なりませんが，方法の錯誤においては結論が異なり，
学説上は華々しく議論が展開されています。しかし，学修者の目線で見ると，あ
まり細かい議論に拘泥しても生産的ではありませんので，判例を基本にしながら
その基本的な考え方と問題点を考えるというのが優先順位としては高いと思いま
す。そこで，課題判例10（最判昭53・7・28刑集32・5・1068）について考えてみる
ことにしましょう。

　この判例では，犯人が強盗の手段として人を殺害する意思の下に銃を発射して
殺害行為に出た結果，犯人の意図した者に対して右側胸部貫通銃創を負わせた
外，犯人の予期しなかった者に対しても腹部貫通銃創を負わせたときは，後者に
対する関係でも強盗殺人未遂罪が成立するとしています。そこでは，「犯罪の故意
があるとするには，罪となるべき事実の認識を必要とするものであるが，犯人が
認識した罪となるべき事実と現実に発生した事実とが必ずしも具体的に一致する
ことを要するものではなく，両者が法定の範囲内において一致することをもって
足りるものと解すべきである……から，人を殺す意思のもとに殺害行為に出た以
上，犯人の認識しなかった人に対してその結果が発生した場合にも，右の結果に
ついて殺人の故意があるものというべきである」とされています。一般にこれは
法定的符合説（抽象的法定符合説）に立つものだと理解されているところです。

---

[23] 山口・総論220頁以下など参照。

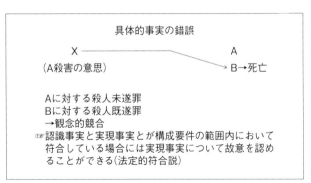

この判例では，なぜそのように理解するべきなのか，という理由までは示されていません。この点に関し，学説では，構成要件的に同一の評価を受ける事実を認識していれば発生した事実に関する規範の問題は与えられているということが理由として挙げられています。試験の答案としてはこれでよいかもしれませんが，このような考え方の問題点も知っておくとよいでしょう。このような考え方に対しては，もし，「規範の問題は与えられている」ということが反対動機形成の可能性があったから故意犯を認めることができるということだとすれば，それは何も同じ構成要件の範囲内に限った話ではなく，異なる構成要件間で錯誤が生じている場合（抽象的事実の錯誤の場合）でも変わらないはずである（従って，抽象的符合説に至るはずである）という批判が向けられています[24]。確かに，器物損壊の意思で殺人の結果が生じたという場合であっても，規範の問題（「他人の器物を損壊してはならない」）には直面しているのですから，先のような理由付けによればこの場合でも（少なくとも）器物損壊罪の成立は認めるべきだということにもなりそうです。

　また，法定的符合説は，故意を認めるには構成要件的に類型化された事実の認識が必要であるが，それで足りると考えます。「Aという『人』を殺す意思でBという『人』の死の結果を生じさせた」という場合には，「『人』を殺す」という殺人罪の構成要件に該当する事実の認識は認められるとするのです。しかし，「Aの死」と「Bの死」は構成要件的に異なる結果であると言わざるを得ません。課題判例10でも二つの強盗殺人未遂罪の成立が認められています。このように二つ

---

[24]　山口・総論 221 頁，佐伯・考え方 259 頁。

の故意犯の成立が認められるということは，A の死と B の死を構成要件的に同じ
ものとは評価できないことを示しているともいえそうです[25]。具体的符合説（具体
的法定符合説）は，まさにこの点を強調して，方法の錯誤の場合には，実現事実に
ついては過失犯しか成立しないと主張します。

　ところで，今見たように，課題判例 10 では，二つの故意犯の成立が認められて
います[26]。このような考え方を数故意犯説と言いますが，これに対しては，一人
の人を殺す意思しかないのに 2 個の殺人（未遂）罪を肯定するのは責任主義に反す
るという批判があります。これに対しては，2 個の故意犯を認めても観念的競合
となるのだから責任主義には反しないと反論されているところです[27]。

　以上，法定的符合説にもいろいろと問題のあるところですが，とりあえずは，
この立場に立って具体的な問題を処理することができるというのが，最低限要求
される学修レベルであると考えておくとよいでしょう[28]。

　最後に，抽象的事実の錯誤[29] について，簡単にまとめておきます。

---

[25] 山口先生は，「構成要件的の重要性と錯誤の重要性の判断基準とを違ったものとして理解し
ている抽象的法定符合説は，法定的符合説（構成要件的符合説）の論理に沿っているようで
いて，実は沿っておらず，『法定的符合説としては誤っている』と思われる」と喝破されて
います（山口・総論 221 頁）。
[26] 数故意犯説による場合，故意犯の成立範囲に限定はあるでしょうか？　例えば，雑踏の中
で特定の人の殺害を企図して発砲した場合，何個の殺人（未遂）罪が成立することになるの
でしょうか？　実際には狙った客体以外の客体については，命中しなければ殺人（未遂）罪
の成否は問題とされていませんが，命中したかどうかで故意犯の成否が変わるのでしょう
か？　興味があったら考えてみてください（なお，松宮・総論 197 頁参照）。
[27] もっとも量刑の場面でも責任主義に反しないと言い切れるかは，問題のあるところです
（東京高判平 14・1・25 判タ 1168・306 参照）。
[28] 私は，個人的には具体的法定符合説に魅力を感じていますが，気になっているのはその実
用面です。具体的法定符合説を採る場合には，故意が肯定される場合と否定される場合を区
別する基準を明確に示さなければなりませんが，それはなかなか難しいなというのが現在の
実感です（井田・総論 191 頁参照）。理論的な純粋さと実用性とを秤にかけた場合（この比
較衡量自体が適切ではないのかもしれませんが），科学的な真理の探究とは異なり，法的な
問題の解決においては，明らかに不公正な結論に至らない限り，後者を重視するというのも
賢慮ある選択なのかもしれないと思ったりします。皆さんはどう思われるでしょうか？
[29] 錯誤論の意義・役割については，故意論そのものなのか，故意のない客体に故意を転用す
るものなのか（英米では「移転意図　transferred intent」という概念があります），刑の不
均衡を是正する機能を担うものなのか（日高・総論 325 頁以下）といった見解の対立が見ら
れます。皆さんは，どう考えますか？

```
                    抽象的事実の錯誤①

  行為者が主観的に認識した事実（A 罪）
  客観的に実現した事実（B 罪）

☞故意が認められるためには構成要件に該当する事実の認識
  が必要であるから，そのような認識を欠いている場合には
  故意犯の成立を肯定することはできない
⇒認識事実と実現事実とが構成要件的に重なり合う場合には，
  その重なり合いが認められる限度で故意犯の成立を認める
  ことができる
```

　判例・通説であるとされる法定的符合説によれば，故意が認められるためには構成要件に該当する事実の認識が必要ですから，錯誤が異なる構成要件にまたがって生じている場合，実現事実について故意犯は認められないのが基本です。ただし，これを貫徹すると故意犯が成立する範囲が限定されすぎることから，認識事実と実現事実とが構成要件的に重なり合う場合には，その限度で故意犯の成立を肯定することができるとされています。

　これをもう少し具体的に述べると次のようになります。

```
                    抽象的事実の錯誤②

  行為者が主観的に認識した事実（A 罪）
  客観的に実現した事実（B 罪）

原則：B 罪について故意を認めることはできない（→38 条 2 項
      に注意）
→A 罪の未遂犯と B 罪の過失犯の観念的競合
例外：A 罪と B 罪の構成要件が実質的に重なり合う場合には，
      その重なり合う限度で故意犯の成立を認めることができる
例：A 罪が窃盗，B 罪が強盗の場合には，両罪の構成要件が実
    質的に重なり合う窃盗の限度で故意犯の成立を認めるこ
    とができる
☞構成要件の実質的な重なり合いの判断基準
    ・保護法益の共通性
    ・行為態様の類似性
```

　行為者が主観的に認識した事実が A 罪，客観的に実現した事実が B 罪に当たるとしましょう。もし，B 罪の方が重ければ，いかなる理論に立っても B 罪で処罰

することはできません。なぜならば38条2項があるからです。このように条文が
そのものズバリのことを定めている場合には，条文を挙げる必要があるでしょ
う[30]。ただ，38条2項は重い犯罪で処罰してはいけないと定めているだけですの
で，それ以外の処理の仕方については解釈に委ねられることになります。そこで
法定的符合説によると，基本はA罪の未遂犯とB罪に相当する過失犯の観念的競
合ということになりますが，例外的に両罪の構成要件が実質的に[31]重なり合う場
合には，その重なり合う限度で故意犯の成立を肯定することができる，とされま
す。その構成要件の実質的な重なり合いを判断する際には，①保護法益の共通性
と②行為態様の共通性・類似性が基準になるとされます。例えば，強盗罪と窃盗
罪の場合には，（所有権と）占有の点で保護法益の共通性が認められ，奪取罪とい
う点で行為態様も共通していると見ることができるので窃盗罪の限度で構成要件
の実質的な重なり合いが認められるから，窃盗罪の成立を肯定することができる
ということになります[32]。これに対して，生体遺棄罪（217条・218条）と死体遺棄
罪（191条）では保護法益が異なるので構成要件の実質的な重なり合いは否定され
ると解されています。実際問題として重要なのは，財産犯相互の重なり合いをど
の範囲で認めるか，という問題でしょう。窃盗と占有離脱物横領の関係はよく取
り上げられますが，窃盗と詐欺，詐欺と恐喝，窃盗と横領，窃盗と器物損壊など，
あまり一般の教科書類では取り上げられていないものの試験問題に出されてもお
かしくはない場合がありますので，先の基準に照らして自分なりに考えておくと
よいと思います[33]。

授業後の課題

　最決平2・2・9判時1341・157は，「被告人は，本件物件を密輸入して所持した際，覚せ
い剤を含む身体に有害で違法な薬物類であるとの認識があったというのであるから，覚せい
剤かもしれないし，その他の身体に有害で違法な薬物かもしれないとの認識はあったことに
帰することになる。そうすると，覚せい剤輸入罪，同所持罪の故意に欠けるところはない」
と判示しました。故意の認識内容としては構成要件該当事実の認識が必要である，という立
場からは，この判示はどのように説明されることになるでしょうか？

---

[30] なお，38条2項は，軽い罪の認識で重い罪に当たる事実を実現した場合，重い罪の成立を
認めつつ，軽い罪の刑で処断する処理を認めたものだとする理解もあり得ますが，現在で
は，軽い罪しか成立しないと一般に理解されています（最決昭54・4・13刑集33・3・179参
照）。
[31] この「実質的に」という言葉は入れておくべきです。

考え方

　故意の認識内容としては，（少なくとも）構成要件該当事実の認識が必要であるとするのが通説です。この点に関しては，2つ注意すべき点があります。

　まず，厳密な意味での法的な概念を認識している必要はありません。刑法上の「文書」の意義を正確に知らなければ文書偽造罪の故意は認められない，ということになると専門に刑法を勉強した人でなければ文書偽造罪は成立しないというおかしなことになってしまうでしょう。刑罰法規の意味を誤解して，自分の行為はその刑罰法規に該当しないと考えたという場合は，あてはめの錯誤（包摂の錯誤）と呼ばれ，故意は阻却されないとされます。

　他方で，厳密な意味での法的な概念まで認識している必要はないとしても，単なる裸の事実の認識では故意を認めるに十分ではありません。例えば，「白い粉」を所持しているという認識で覚せい剤所持罪の故意を認めることはできません。それでは，どのような認識があれば同罪の故意を認めることができるのでしょうか？　覚せい剤輸入罪・同所持罪は「覚せい剤」を輸入，所持する場合に成立する犯罪です。従って，構成要件要素としての客体である「覚せい剤」の認識が必要なはずですが，前掲最決平2・2・9は，これを「覚せい剤を含む身体に有害で違法な薬物類であるとの認識」で足りると判断したことになります。この「身

---

[32] 窃盗罪の認識で強盗罪を実現した場合のように，軽い罪の認識で重い罪に当たる事実を実現した場合に関しては，故意の存否は問題にならず，専ら客観的な軽い罪の構成要件該当性が認められるかが問題となるという見解が有力です（橋爪・悩みどころ157頁以下など）。これに対して特に異論を唱えるものではありませんが，故意の存否は問題にならないと断定してよいのかには，やや疑問がないではありません。確かに，軽い罪に当たる事実を認識しているのですから，行為者の主観的な認識が軽い罪の故意を充足し得るものであるとはいえるでしょう。しかし，このようなケースで問題となっているのは，そのような行為者の認識と発生した結果とを結びつけてよいかどうかという問題であって，単純に客観的な構成要件該当性が認められるかどうかに尽きるものではないように思われます。

　個人的に気になっているのは，具体的事実の錯誤の場合との比較です。具体的事実の錯誤の場合には，実現事実について故意が認められるか，という問題設定がなされているように思います。例えば，Aを殺害する意思で，Aに向けて拳銃を発射したが，それがAには命中せず，付近にいたBに命中し，Bが死亡した，という例では，Bに対する殺人罪の「故意」が認められるか，ということが問われているように思われます。しかし，上の抽象的事実の錯誤の説明によれば，この場合もAを殺害する意思がある以上故意があるのは当たり前ということになりはしないでしょうか。この点に関して，私は，行為者は，Aを殺害するという殺人罪の故意に当たりうる認識を有しているが，実際に発生したBの死亡という結果をその認識に結び付けてよいか（主観的に帰属させることができるかと表現してもよいと思います）が問題となっており，従来，これを実現事実について「故意を認めることができるか」と表現してきたのではないかと思っています。

　これと同じように，抽象的事実の錯誤の場合も，先の例で言えば，行為者が有している窃盗罪の故意に当たり得る認識に，実現した事実を帰属させることができるかが問題となっている点では変わりがなく，ただ，その際に，実現事実が認識事実と構成要件的に重なり合わなければ帰属を認めることができないというステップが付け加わっているのではないか，というイメージをもっています。

[33] この点に関しては，橋爪・悩みどころ167頁以下が大変有益です。

体に有害で違法な薬物類であるとの認識」というものは，刑罰法規に書かれている「覚せい剤」というものが何を意味しているのかを一般人の立場から考えたときに理解すべき内容を指していると言えるでしょう。このような事情を指して，構成要件に該当する事実の認識があるといえるためには，その構成要件に該当する事実の「意味の認識」が必要であると，と言われることがあります。そして，この意味の認識とは専門家の立場からのものではなく，一般人（素人）の立場からのもので足りると解されています。

　ところで，前掲最決平2・2・9において，「覚せい剤かもしれない」という認識が行為者の脳裏に明示的に浮かんでいたとすれば，覚せい剤所持罪などの故意が認められることにあまり問題はないでしょう。だとすれば，この判例がいう「覚せい剤を含む身体に有害で違法な薬物類であるとの認識」は，「覚せい剤かもしれない」ということの明示的な認識を問題としているのではなく，「覚せい剤である可能性を排除してはいなかった」という点に重点を置いた判断ではないかと思われます。つまり，「身体に有害で違法な薬物類であるとの認識」があれば，「覚せい剤ではない」という明示的な排除の認識がない限り，結局「覚せい剤かもしれないという認識」があると考えてよいと判断したものではないかということです。

　似たような問題は，近時，特殊詐欺に関する問題でも生じています。最判平30・12・11刑集72・6・672は，指示を受けてマンションの空室に赴き詐欺の被害者が送付した荷物を名宛人になりすまして受け取るなどした者について，「指示を受けてマンションの空室に赴き，そこに配達される荷物を名宛人になりすまして受け取り，回収役に渡すなどしている。加えて，被告人は，異なる場所で異なる名宛人になりすまして同様の受領行為を多数回繰り返し，1回につき約1万円の報酬等を受け取っており，被告人自身，犯罪行為に加担していると認識していたことを自認している。以上の事実は，荷物が詐欺を含む犯罪に基づき送付されたことを十分に想起させるものであり，本件の手口が報道等により広く社会に周知されている状況の有無にかかわらず，それ自体から，被告人は自己の行為が詐欺に当たる可能性を認識していたことを強く推認させるものというべきである。」「被告人は，荷物の中身が拳銃や薬物だと思っていた旨供述するが，荷物の中身が拳銃や薬物であることを確認したわけでもなく，詐欺の可能性があるとの認識が排除されたことをうかがわせる事情は見当たらない。」「このような事実関係の下においては，被告人は，自己の行為が詐欺に当たるかもしれないと認識しながら荷物を受領したと認められ，詐欺の故意に欠けるところはな（い）」と判示しました。この判例は，詐欺の故意を推認させる事実を指摘しており，詐欺罪の故意の認定方法を示すものとして重要ですが，詐欺罪の構成要件に該当する事実の認識の内実を考えるという点では，実体法的にも興味深いものだと思われます。この点に関しては，前掲最決平2・2・9を引き合いに出して，何らかの犯罪（＝違法行為）に関与していることの認識があれば詐欺の故意を認めることができる，という見方も出てくるかもしれません。しかし，前掲最決平2・2・9も「『覚せい剤を含む』身体に有害で違法な薬物類であるとの認識」を必要としていることからすると，やはり「『詐欺を含む』違法行為に関与している認識」は必要であるというべきでしょう。この判例も，何らかの違法行為に関与していることの認識で詐欺の故意を認めることができるとしたものではありません。

第 7 回

過　失

基本事項の確認

□過失犯の構造に関する諸見解を整理しなさい

□過失犯の成立要件を確認しなさい

課題判例❶

業務上失火・業務上過失致死傷被告事件

最高裁判所第二小法廷平成 10 年（あ）第 579 号

平成 12 年 12 月 20 日決定

主　　文

本件上告を棄却する。

理　　由

　弁護人 H 外 4 名の上告趣意のうち，憲法違反をいう点は，実質は単なる法令違反の主張であり，判例違反をいう点は，判例の具体的摘示を欠いた主張であり，その余は，単なる法令違反，事実誤認の主張であって，適法な上告理由に当たらない。

　なお，原判決の認定するところによれば，近畿日本鉄道東大阪線生駒トンネル内における電力ケーブルの接続工事に際し，施工資格を有してその工事に当たった被告人が，ケーブルに特別高圧電流が流れる場合に発生する誘起電流を接地するための大小二種類の接地銅板のうちの一種類を Y 分岐接続器に取り付けるのを怠ったため，右誘起電流が，大地に流されずに，本来流れるべきでない Y 分岐接続器本体の半導電層部に流れて炭化導電路を形成し，長期間にわたり同部分に集中して流れ続けたことにより，本件火災が発生したものである。右事実関係の下においては，被告人は，右のような炭化導電路が形成されるという経過を具体的に予見することはできなかったとしても，右誘起電流が大地に流されずに本来流れるべきでない部分に長期間にわたり流れ続けることによって火災の発生に至る可能性があることを予見することはできたものというべきである。したがって，本件火災発生の予見可能性を認めた原判決は，相当である。

よって，刑訴法414条，386条1項3号により，裁判官全員一致の意見で，主文のとおり決定する。

（裁判長裁判官　北川弘治　裁判官　河合伸一　裁判官　福田博　裁判官　亀山継夫　裁判官　梶谷玄）

> **チェック**
>
> □なぜ「炭化導電路が形成されるという経過を具体的に予見することはできなかったとしても」，火災発生に至る可能性があることを予見できるのか？
> □本決定の判断は，結果及びその結果の発生に至る因果関係の基本的部分が予見可能であれば，過失犯の成立のために必要な予見可能性は肯定できるとする具体的予見可能性を採用したものか？

課題判例⑫

業務上過失致死被告事件
最高裁判所第一小法廷平成16年（あ）第385号
平成17年11月15日決定

主　文

本件上告を棄却する。

理　由

弁護人M，同Hの上告趣意のうち，判例違反をいう点は，判例の具体的摘示を欠き，その余は，事実誤認，量刑不当の主張であって，刑訴法405条の上告理由に当たらない。

なお，所論にかんがみ，業務上過失致死罪の成否について，職権で判断する。

1　原判決の認定及び記録によると，本件の経過は，次のとおりである。

(1)　被告人は，埼玉医科大学総合医療センター（以下「本センター」という。）の耳鼻咽喉科科長兼教授であり，同科の医療行為全般を統括し，同科の医師を指導監督して，診察，治療，手術等に従事させるとともに，自らも診察，治療，手術等の業務に従事していた。原審相被告人A（以下「A」という。）は，本件当時，医師免許を取得して9年目の医師であり，埼玉医科大学助手の地位にあって，被告人の指導監督の下に，耳鼻咽喉科における医療チームのリーダー（指導医）として，同チームに属する医師を指導監督して，診察，治療，手術等に従事させるとともに，自らも診察，治療，手術等の業務に従事していた。第1審相被告人B（以下「B」という。）は，本件当時，医師免許を取得して5年目の医師であり，本センター病院助手の地位にあって，被告人及びAの指導監督の下に，耳鼻咽喉科における診察，治療，手術等の業務に従事していた。

(2) 本センターの耳鼻咽喉科における診療は，日本耳鼻咽喉科学会が実施する耳鼻咽喉科専門医の試験に合格した医師を指導医として，主治医，研修医各 1 名の 3 名がチームを組んで当たるという態勢が採られていた。その職制上，指導医の指導の下に主治医が中心となって治療方針を立案し，指導医がこれを了承した後，科の治療方針等の最終的決定権を有する科長に報告をし，その承諾を得ることが必要とされていた。難しい症例，まれな症例，重篤な症例等では，チームで治療方針を検討した結果を医局会議(カンファレンス) にかけて討議し，科長が最終的な判断を下していた。なお，耳鼻咽喉科では，原則として毎週木曜日，被告人による入院患者の回診（教授回診）が行われ，それに引き続いて医局でカンファレンスが開かれていた。

(3) X（以下「X」という。）は，平成 12 年 8 月 23 日（以下，単に月日のみを記す場合は，いずれも平成 12 年中のことである。），本センターで，Bの執刀により，右顎下部腫瘍の摘出手術を受け，術後の病理組織検査により，上記腫瘍は滑膜肉腫であり，再発の危険性はかなりあるという検査結果が出た。滑膜肉腫は，四肢大関節近傍に好発する悪性軟部腫瘍であり，頭頸部領域に発生することはまれで，予後不良の傾向が高く，多くは肺に転移して死に至る難病であり，確立された治療方法はなかった。9 月 7 日，上記検査結果がカンファレンスで報告されたが，同科には，被告人を始めとして滑膜肉腫の臨床経験のある医師はいなかった。Xの治療には，前記専門医の試験に合格している Aを指導医に，Bを主治医とし，これに研修医が加わった 3 名が当たることになった。

(4) その後，Xは，9 月 25 日から再入院することとなった。9 月 18 日か 19 日ころ，Bは，同科病院助手のC医師から，VAC療法が良いと言われ，同療法を実施すればよいものと考えた。VAC療法とは，横紋筋肉腫に対する効果的な化学療法と認められているもので，硫酸ビンクリスチン，アクチノマイシン D，シクロフォスファミドの 3 剤を投与するものである。硫酸ビンクリスチンの用法・用量，副作用，その他の特記事項は，同薬剤の添付文書に記載されているとおりであり，用法・用量として通常，成人については 0.02〜0.05 mg/kg を週 1 回静脈注射する，ただし，副作用を避けるため，1 回量 2 mg を超えないものとするとされており，重要な基本的事項として骨髄機能抑制等の重篤な副作用が起こることがあるので，頻回に臨床検査（血液検査，肝機能・腎機能検査等）を行うなど，患者の状態を十分に観察すること，異常が認められた場合には，減量，休薬等の適切な処置を行うこととされ，本剤の過量投与により，重篤又は致死的な結果をもたらすとの報告があるとされていた。また，各種の文献においても，その用法・用量について，最大量 2 mg を週 1 回，ないしはそれ以上の間隔をおいて投与するものとされ，硫酸ビンクリスチンの過剰投与によって致死的な結果が生じた旨の医療過誤報告が少なからずなされていた。

(5) 9 月 18 日か 19 日ころ，Bは，本センターの図書館で文献を調べ，整形外科の軟部腫瘍等に関する文献中にVAC療法のプロトコール（薬剤投与計画書）を見付けたが，そこに記載された「week」の文字を見落とし，同プロトコールが週単位で記載されてい

るのを日単位と間違え，同プロトコールは硫酸ビンクリスチン 2 mg を 12 日間連日投与することを示しているものと誤解した。そのころ，B は，A に対し，上記プロトコールの写しを渡し，自ら誤解したところに基づき，硫酸ビンクリスチン 2 mg を 12 日間連日投与するなどの治療計画を説明して，その了承を求めたが，A も VAC 療法についての文献や同療法に用いられる薬剤の添付文書を読まなかった上，上記プロトコールが週単位で記載されているのを見落とし，B の上記治療計画を了承した。さらに，9 月 20 日ころ，B は，被告人に，X に対して VAC 療法を行いたい旨報告し，被告人はこれを了承した。被告人は，その際，B に対し，VAC 療法の具体的内容やその注意点などについては説明を求めず，投与薬剤の副作用の知識や対応方法についても確認しなかった。

(6) 9 月 26 日，B は，医師注射指示伝票を作成するなどして，X に硫酸ビンクリスチン 2 mg を 9 月 27 日から 10 月 8 日まで 12 日間連日投与するよう指示するなどし，9 月 27 日から X への硫酸ビンクリスチン 2 mg の連日投与が開始された。同日，B は，看護師から硫酸ビンクリスチン等の使用薬剤の医薬品添付文書の写しを受け取ったが，X の診療録（カルテ）につづっただけで，読むこともなかった。9 月 28 日のカンファレンスにおいても，B は X に VAC 療法を行っている旨報告したのみで，具体的な治療計画は示さなかったが，被告人はそのままこれを了承した。

(7) 9 月 27 日から 10 月 3 日までの 7 日間，X に硫酸ビンクリスチン 2 mg が連日投与され，10 月 1 日には，歩行時にふらつき等の症状が生じ，10 月 2 日には，起き上がれない，全身けん怠感，関節痛，手指のしびれ，口腔内痛，咽頭痛，摂食不良，顔色不良等が見られ，体温は 38.2 度であり，10 月 3 日には，強度のけん怠感，手のしびれ，トイレは車椅子で誘導，口内の荒れ，咽頭痛，前頸部に点状出血などが認められ，血液検査の結果，血小板が急激かつ大幅に減少していることが判明した。そこで，同日，B の判断により，血小板が輸血され，硫酸ビンクリスチンの投与は一時中止された。

(8) 被告人は，9 月 28 日の教授回診の際，X を診察し，10 月初め（10 月 2，3 日ころと認められる。），病棟内で X が車いすに乗っているのを見かけ，抗がん剤の副作用で身体が弱ってきたと思い，10 月 4 日には X の様子を見て重篤な状態に陥っていることを知ったが，硫酸ビンクリスチンの過剰投与やその危険性には思い至らず，B らに対し何らの指示も行わなかった。

(9) 10 月 6 日夕方，A，B，C 医師が，B が参考にしたプロトコールを再検討した結果，週単位を日単位と間違えて硫酸ビンクリスチンを過剰に投与していたことが判明した。X は，10 月 7 日午後 1 時 35 分，硫酸ビンクリスチンの過剰投与による多臓器不全により死亡した。

(10) 症例として 18 歳の女性に誤って 5 日間連続して 1 日 2 mg のビンクリスチンを投与したものの生存した例があり，本センター救命救急センター教授 T は，10 月 1 日の 5 倍投与の段階であれば，応援要請があれば救命の自信があり，10 月 4 日までなら実際に治療してみないと分からないと供述している。

2　第1審判決及び原判決が認定した過失は，次のとおりである。

　第1審判決は，Bに対し，誤った抗がん剤の投与計画を立てて連日硫酸ビンクリスチンを投与した過失及び高度の副作用が出ていたのに適切な対応をとらなかった過失，A及び被告人に対し，〔1〕誤った投与計画を漫然と承認し過剰投与させた過失，〔2〕副作用に対する対応についてBを事前に適切に指導しなかった過失をそれぞれ認定した。これに対し，被告人と検察官が各控訴を申し立て，原判決は，A及び被告人の〔1〕の各過失については，第1審判決の認定を是認したが，第1審判決が，副作用への対応に関し，訴因に記載されていた副作用への対処義務を認めず，〔2〕の指導上の過失のみを認めたことには，事実の誤認があるとして破棄・自判し，被告人に対する犯罪事実として，次のとおりの業務上の注意義務及び過失を認定した。

(1) 科長であり，患者に対する治療方針等の最終的な決定権者である被告人としては，Bの治療計画の適否を具体的に検討し，誤りがあれば直ちにこれを是正すべき注意義務を負っていた。ところが，9月20日ころ，Bから前記化学療法計画について承認を求められた際，その策定の経緯，検討内容（副作用に関するものを含む。）の確認を怠り，前記化学療法を実施することのみの報告を受けて，具体的な薬剤投与計画を確認しなかったため，それが硫酸ビンクリスチン1日2mgを12日間連日投与するという誤ったものであることを見逃してこれを承認し，以後，Bらをして，前記薬剤の投与間隔の誤った化学療法計画に基づいて，硫酸ビンクリスチンを連日Xの体内に静脈注射させて過剰投与させた。

(2) 前記化学療法を実施した際には，Xに対する治療状況，副作用の発現状況等を的確に把握し，高度な副作用が発現した場合には，速やかに適切な対症療法を施して，Xの死傷等重大な結果の発生を未然に防止しなければならない注意義務があったのに，これを怠り，9月28日に実施された科長回診の際に同女のカルテ内容の確認を怠るなどした。

3　そこで，被告人の過失について検討する。

(1) 2 (1) の過失について

　右顎下の滑膜肉腫は，耳鼻咽喉科領域では極めてまれな症例であり，本センターの耳鼻咽喉科においては過去に臨床実績がなく，同科に所属する医局員はもとより被告人ですら同症例を扱った経験がなかった。また，Bが選択したVAC療法についても，B，Aはもちろん，被告人も実施した経験がなかった。しかも，VAC療法に用いる硫酸ビンクリスチンには強力な細胞毒性及び神経毒性があり，使用法を誤れば重篤な副作用が発現し，重大な結果が生ずる可能性があり，現に過剰投与による死亡例も報告されていたが，被告人を始めBらは，このようなことについての十分な知識はなかった。さらに，Bは，医師として研修医の期間を含めて4年余りの経験しかなく，被告人は，本センターの耳鼻咽喉科に勤務する医師の水準から見て，平素から同人らに対して過誤防止のため適切に指導監督する必要を感じていたものである。このような事情の下では，被告人は，主治医のBや指導医のAらが抗がん剤の投与計画の立案を誤り，その結果として抗がん剤

が過剰投与されるに至る事態は予見し得たものと認められる。そうすると，被告人としては，自らも臨床例，文献，医薬品添付文書等を調査検討するなどし，VAC療法の適否とその用法・用量・副作用などについて把握した上で，抗がん剤の投与計画案の内容についても踏み込んで具体的に検討し，これに誤りがあれば是正すべき注意義務があったというべきである。しかも，被告人は，BからVAC療法の採用について承認を求められた9月20日ころから，抗がん剤の投与開始の翌日でカンファレンスが開催された9月28日ころまでの間に，Bから投与計画の詳細を報告させるなどして，投与計画の具体的内容を把握して上記注意義務を尽くすことは容易であったのである。ところが，被告人は，これを怠り，投与計画の具体的内容を把握しその当否を検討することなく，VAC療法の選択の点のみに承認を与え，誤った投与計画を是正しなかった過失があるといわざるを得ない。したがって，これと同旨の原判断は正当である。

(2) 2 (2) の過失について

　抗がん剤の投与計画が適正であっても，治療の実施過程で抗がん剤の使用量・方法を誤り，あるいは重篤な副作用が発現するなどして死傷の結果が生ずることも想定されるところ，被告人はもとよりB，Aらチームに所属する医師らにVAC療法の経験がなく，副作用の発現及びその対応に関する十分な知識もなかったなどの前記事情の下では，被告人としては，Bらが副作用の発現の把握及び対応を誤ることにより，副作用に伴う死傷の結果を生じさせる事態をも予見し得たと認められる。そうすると，少なくとも，被告人には，VAC療法の実施に当たり，自らもその副作用と対応方法について調査研究した上で，Bらの硫酸ビンクリスチンの副作用に関する知識を確かめ，副作用に的確に対応できるように事前に指導するとともに，懸念される副作用が発現した場合には直ちに被告人に報告するよう具体的に指示すべき注意義務があったというべきである。被告人は，上記注意義務を尽くせば，遅くとも，硫酸ビンクリスチンの5倍投与（10月1日）の段階で強い副作用の発現を把握して対応措置を施すことにより，Xを救命し得たはずのものである。被告人には，上記注意義務を怠った過失も認められる。

　原判決が判示する副作用への対応についての注意義務が，被告人に対して主治医と全く同一の立場で副作用の発現状況等を把握すべきであるとの趣旨であるとすれば過大な注意義務を課したものといわざるを得ないが，原判決の判示内容からは，上記の事前指導を含む注意義務，すなわち，主治医らに対し副作用への対応について事前に指導を行うとともに，自らも主治医等からの報告を受けるなどして副作用の発現等を的確に把握し，結果の発生を未然に防止すべき注意義務があるという趣旨のものとして判示したものと理解することができるから，原判決はその限りにおいて正当として是認することができる。

　よって，刑訴法414条，386条1項3号により，裁判官全員一致の意見で，主文のとおり決定する。

（裁判長裁判官　甲斐中辰夫　裁判官　横尾和子　裁判官　泉德治　裁判官　島田仁郎

裁判官　才口千晴）

チェック
□過失の競合とは，どのような場合をいうのか？
□この事案において監督過失の考え方を取り入れることはできないか？
□この事案において過失の共同正犯を認めることはできないか？

授　業

　今回のテーマは「**過失**」です。周知の通り，過失犯については，その構造をどのように把握するかという点について議論があります。いわゆる「**過失構造論**」と呼ばれるのが，これです。この議論は，非常に先鋭な対立があるように描写されますが，今日ではその違いはかなり相対化してきており，特に具体的な結論の点で違いが出てくる場面は相当に限られています。そのような意味で，この議論はかなり図式的なところがありますが，過失犯に対する基本的な見方という点では，依然として重要な視座を提供するものなので，その概略はきちんと理解しておく必要があります。

過失犯の構造

①旧過失論（伝統的過失論）…過失は故意と並ぶ責任条件ないし責任形式（責任要素）であり，故意犯と過失犯との間に構成要件該当性・違法性の段階では本質的な違いはない。過失の実体は，結果を予見するように意思を緊張させれば結果の発生を予見できたのに，不注意によってその予見を欠き行為に出て結果を発生させたところにある。⇒（結果予見可能性→）結果予見義務中心
②新過失論…過失の実体は，その行為が社会生活上要求される基準行為から逸脱しているところにある。⇒結果回避義務中心（→客観的注意義務）
　＊過失は，構成要件該当性・違法性段階においても検討される。
③新新過失論（危惧感説）…結果回避義務を中心に過失犯の構造を考える点では新過失論と同様であるが，結果回避義務を肯定する前提となる予見可能性に関して，具体的な結果の予見可能性は必要ではなく，危惧感・不安感の程度で足りる。

　旧過失論（伝統的過失論）は，過失は故意と並ぶ責任条件ないし責任形式（責任要素）であり，故意犯と過失犯との間に構成要件該当性・違法性の段階では本質

的な違いはないとしました。過失の実体は，結果を予見するように意思を緊張させれば結果の発生を予見できたのに，不注意によってその予見を欠き行為に出て結果を発生させたところにある，と考えました[1]。構成要件該当事実を認識・予見している心理状態が故意であるのに対し，その予見が可能である（のに漫然と結果を発生させてしまった）心理状態が過失だとみるのです。この見解によれば，過失は予見義務違反として理解され，その実質においては予見可能性の有無・程度が決定的な要素だということになります。

これに対して，新過失論は，過失の実体は，その行為が社会生活上要求される基準行為から逸脱しているところにあると考えます。予見可能性が不要であるというわけではないですが，より本質的なのは，とるべき結果回避措置をとらなかったこと，すなわち結果回避義務違反にあるとされました[2]。この見解によれば，基準行為から逸脱する行為だけが構成要件に該当する違法な行為であると解されることになります。

更に，新新過失論（危惧感説）は，結果回避義務を中心に過失犯の構造を考える点では新過失論と同様ですが，結果回避義務を肯定する前提となる予見可能性に関して，具体的な結果の予見可能性は必要ではなく，危惧感・不安感の程度で足りると主張します[3]。

これら諸見解の関係を，その論争の文脈に即して少し整理してみましょう。

まず，旧過失論と新過失論の対立は，予見可能性中心の旧過失論では，結果と因果関係が存在し，かつ，予見可能性が認められれば過失犯が成立することになってしまい，それでは処罰範囲が広すぎるのではないかという批判が新過失論の側からなされる，という形で顕在化しました。例えば，自動車の運転をすれば何らかの事故が生ずる予見可能性はほとんど常に生ずるので，旧過失論では，事実上，結果責任に近いことになってしまうということが批判されたのです。そして，その前提として，そもそも，交通法規を遵守して安全に走行している自動車運転行為でも違法な行為だと解することになるのはおかしいという批判が向けられたのです。これに対して，新過失論は，結果の予見可能性があっても，その結

[1] 平野・総論Ⅰ191頁，内藤・総論（下）Ⅰ1104頁，町野・総論213頁，西田・総論275頁以下など。
[2] 川端・総論206頁，団藤・総論333頁以下，大塚・総論211頁以下，大谷・総論182頁，高橋・総論218頁以下など。
[3] 藤木・総論240頁以下。

果を回避するために要求される基準行為を遵守していれば過失犯は成立しないとすべきだと主張しました。この基準行為を遵守している行為は，たとえその危険がゼロではないとしても「許された危険」として過失行為には当たらないとされたのです。ここで新過失論が旧過失論に対して批判を展開している文脈は，過失犯の成立範囲をいかにして限定するかという問題意識を基礎にするものだといえるでしょう。

　もっとも，このような批判を受けて，今日では，旧過失論も，過失犯においてもその実行行為性は問題になるということを認めています（修正旧過失論と呼ばれることもあります）[4]。その上で，その実行行為を把握する際に，新過失論では，過失犯全てを基準行為を行わなかったという不作為犯として理解することになる[5]，基準行為の内容が不明確で無限定な処罰を招くおそれがある，実際上は，各種行政法規に定められている措置が基準行為とみなされやすいため過失致死傷罪などが行政法規違反に対する制裁の代替措置となりかねない，などと新過失論に対して批判を加えています。

　次に，新新過失論（危惧感説）が登場してきた背景として，公害などの社会問題があったことに留意しなければなりません。科学技術の発達などにより，私たちの社会には多くの未知の危険が生み出されるようになりましたが，そのような未知の危険が問題となる場合，もしかしたら結果が発生するかもしれないといった危惧感・不安感があればそれを払拭するための結果回避措置を義務づけるべきではないか，という関心が，結果回避義務の前提としての予見可能性の内容を危惧感で足りるとする主張の根底にあったということができます。深刻な公害事犯などを目の当たりにし，未知の危険であったから分からなかったという安易な責任逃れを認めるべきではないという発想が垣間見られるところです。ここでは，過失犯の成立範囲を拡張するという関心が中心になっていると見ることができます。

　このような議論の過程を経て，今日の議論状況はどうかというと，旧過失論も過失犯における実行行為というものを承認し，（その位置づけはともかく）新過失論も予見可能性を必要としていることから，説明の仕方はともかく，少なくとも結論において両説に顕著な違いが生ずることは，ほとんどなくなっているように思

---

[4] 橋爪・悩みどころ201頁以下参照。
[5] もっとも，結果回避義務違反を過失の実行行為と理解するならば，過失犯は全て不作為犯になってしまうという批判はあまり適切ではないと思います（橋爪・悩みどころ209頁参照）。

われます。他方，予見可能性の点については，正面切って危惧感説を支持する判例・学説はほとんど見られなくなっています[6]。この点でも，収斂化傾向がみられるところです。しかし，実際の過失犯の成否を考えるに当たっては，その実行行為をどのように把握するか，予見可能性の内実をどのように理解するか，また，過失の認定方法などの点で，依然として，過失犯の構造論に関する基本的な考え方の違いが異なる見方として現れてくることがありますので，皆さんも，ここで説明したことぐらいは頭の中に入れておくことが有益でしょう[7]。

さて，過失の構造論はこれくらいにして，より実践的な，過失犯の要件論や過失の認定方法の問題に移ることにしましょう。

過失は注意義務違反であり，注意義務の内容は結果予見義務と結果回避義務に分けられる，と一般に説明されます。

過失犯の成立要件

1　過失・・・注意義務違反
2　注意義務→結果予見義務＋結果回避義務
3　過失の判断構造
　　結果予見可能性→結果予見義務→結果回避可能性→結果回避義務？

義務はその可能性を前提としますので，結果予見義務は予見可能性を，結果回避義務は結果回避可能性をそれぞれ前提とするということが一応いえるでしょう。このように考えるならば，過失の有無を判断する際には，結果の予見可能性→結果予見義務→結果回避可能性→結果回避義務の順で検討することになりそうです。このような判断が間違いであるわけではありませんし，実際，このように判断している判例もあります[8]。しかし，予見しただけで結果を回避する行動をと

---

[6] 危惧感説を明示的に採用した裁判例としては，徳島地判昭48・11・28刑月5・11・1473があります（「予見可能性は，行為者に結果回避義務として結果防止に向けられたなんらかの負担を課するのが合理的だということを裏付ける程度のものであればよく，したがって，この場合の予見可能性は具体的な因果過程を見とおすことの可能性である必要はなく，何事かは特定できないが，ある種の危険が絶無であるとして無視するわけにはゆかないという程度の危惧感であれば足りる……」）。

[7] 近時，このような過失構造論とは距離を置き，よりプラグマティックな観点から注意義務の内容を具体化していこうとする見解（樋口亮介「注意義務の内容確定基準」山口献呈195頁以下）が主張されており，注目されます。

らなければ何の意味もありませんから[9]，結果予見義務を果たしたかどうかを個
別に検討する意義は，実際上はほとんどないでしょう[10]。実際に重要なのは，予
見可能な結果を回避することですから，結果を予見することができたのか（予見
可能性）ということと，その結果をどうすれば回避できたのか（結果回避義務）と
いうことに主たる関心が向けられることになり，後者との関係で結果回避可能性
の有無が問われるという図式になることが多いと考えられます。

　これは実務における過失の判断方法にも合致すると思われます。実務では，過失
を判断する際には結果からさかのぼって考えていく方法がとられるといわれます。

実務における過失の判断方法

発生した結果
↓（誰の行為に起因するのか？）
結果と因果関係のある行為（→過失行為の候補）の特定
↓（何をすれば結果を回避できたのか？）
結果回避行動（→結果回避義務の候補）の存否・内容
　→実際にそのような行動をとることが可能であったか？
　　（結果回避可能性）
　→そのような行動をとる契機となる結果発生の予見が可能で
　　あったか？（結果予見可能性）

　すなわち，①発生した結果は誰の行為に起因するのかを検討し，その結果と因
果関係のある行為（過失行為の候補）を特定する→②何をすれば結果の発生を回避
できたのかを考え，結果回避行動（結果回避義務の候補）の存否・内容を具体化す
る→③実際にそのような結果回避行動をとることはできたのか（結果回避可能性）

---

[8] 代表的なものとして，最判昭 42・5・25 刑集 21・4・584（弥彦神社事件）があります（「被
告人らにこの事故に関する過失の罪責があるかどうかを，右結果の発生を予見することの可
能性とその義務および右結果の発生を未然に防止することの可能性とその義務の諸点から
順次考察してみると……」）。
[9] もっとも，このような場合には，過失ではなく故意が認められるケースもあるでしょう。
[10] 一般的に，注意義務の内容については，旧過失論は結果予見義務だと解するのに対し，新
過失論は結果回避義務だと解すると説明されます（曽根・総論 171 頁，高橋・総論 220 頁な
ど）。ただ，結果予見義務の判断基準が予見可能性に置かれるとすれば，予見可能性がある
にもかかわらず結果を回避しなかった場合には常に結果予見義務違反がある（従って過失が
肯定される）ということになりそうです。もしこの帰結が妥当でないとすれば，旧過失論に
立っても，結果予見義務だけでなく結果回避義務も注意義務の内容に含まれると解されるこ
とになるでしょう。

を検討する→④そのような行動をとる契機となる結果発生の予見可能性はあったのかを検討する，という順に判断されていくとされます[11]。ここでは，結果予見義務は問題とならず，結果回避義務が注意義務の内容をなしており，それを義務づけることができる結果の予見可能性と回避可能性の有無が問われるという形になっています。

　なお，併せて，判例において過失犯が犯罪事実としてどのように記載されているのかを参照しておきましょう[12]。例えば，次の文章は，過失運転致死傷罪の罪となるべき事実の記載です（さいたま地判平29・7・3LEX/DB25546452）。

「①被告人は，平成29年2月8日午後零時27分頃，中型貨物自動車を運転し，埼玉県草加市α×丁目×番××号付近道路を東京都足立区方面から越谷市方面に向かい進行中，同所先の信号機により交通整理が行われている交差点にさしかかり，同交差点を直進通過しようとした。このような場合，②自動車運転者としては，同交差点の対面信号機の信号表示に留意し，これに従って進行すべき注意義務がある。ところが，③被告人はこれを怠り，カーナビゲーションを表示する携帯電話機の画面に脇見をして同信号表示に留意せず，同信号機が赤色の灯火信号を表示しているのを看過して漫然時速約46キロメートルで同交差点に進入した過失により，④折から左方道路から青色の信号表示に従って同交差点に進入してきたB（当時43歳）運転の普通貨物自動車の右側部に自車前部を衝突させ，その衝突により，前記B運転車両をその左方に暴走させて，越谷市方面から東京都足立区方面に向け赤色の信号表示に従って減速しながら同交差点に接近していたC（当時54歳）運転の普通乗用自動車に衝突させるとともに，自車を右前方に暴走させて，埼玉県草加市α△丁目△△番△△号先歩道上を越谷市方面から東京都足立区方面に向けて歩行中のD（当時38歳）に自車前部を衝突させて，同人と一緒にいたE（当時1歳）とともに転倒させて車底に巻き込んだ上，前記Dを自車左後輪で轢過するなどし，よって，前記Dを即時同所において脳挫傷により死亡させるとともに，前記Eに加療約1週間を要する頭部挫創等の傷害を，前記Bに全治約2週間を要する胸椎捻挫等の傷害を，前記Cに加療約10日間を要する右下腿・左膝挫傷等の傷害をそれぞれ負わせた。」（①〜④は私が挿入しました）

[11] 裁判所職員総合研修所監修『刑法総論講義案〔四訂版〕』（2016年）148頁参照。
[12] 前掲『刑法総論講義案』150頁以下参照。

　①では，行為の具体的状況が示されています。この記述は，このような状況にあったのだから，当然結果の発生を予見することができるということを示す意味があります（従って，論述試験の場合には，このような状況を指摘して，「このような状況においては，結果の発生を予見することは可能である」というような一文が入ると思います」）。これを受けて②では，そのような状況の下でとるべき注意義務（結果回避義務）を示しています。ここでは当然そのような結果回避行動をとることが可能であったこと（結果回避可能性）が含意されているでしょう。だからこそ，③でそのような結果回避行動をとらなかったことを過失（すなわち実行行為）として示しています（論述試験では，②から③の間に，「そのような結果回避行動をとることが可能であったにもかかわらず」といった一文が入ると思います）。そして④では結果発生に至る具体的な因果経過と，発生した結果が記述されています。ここでは当然実行行為と結果との間の因果関係があるということが前提とされています（従って，その点に疑義が生じうる場合には，因果関係若しくは結果回避可能性の有無が，ここで検討されることになるでしょう）。このような過失の論じ方は，試験での論述の仕方にも参考になるものと思います。

実務における過失の論じ方

第1段階：行為の具体的状況を摘示し，そこでは結果発生の予見が可能であったということを示す（予見可能性）

第2段階：その結果を回避するためにとるべきであった行動（結果回避義務の内容）を示すとともに，その行動をとることが可能であったということ（結果回避可能性）を示す

第3段階：その結果回避行動をとらなかったこと，すなわち，注意義務違反としての過失行為（実行行為）があったことを示す

第4段階：結果が発生したことを示し，併せて，結果回避行動をとっていればその結果を回避することが合理的な疑いを超える程度に確実であったということを示す（結果，因果関係）

　さて，一般論が長くなりすぎた嫌いがありますので，課題判例について考えてみることにしましょう。課題判例11（最判平 12・12・20 刑集 54・9・1095）では，予見可能性の有無が問題となっています。

予見可能性の内容・程度

⑦説：構成要件的結果の発生及びそれに至る因果経過の基本的部
　　分に関する予見可能性が必要である（具体的予見可能性説［通説］）
⑦説：結果発生に至る具体的な因果過程の予見までは必要なく，一
　　般人ならば少なくともその種の結果がありうるとして，具体的に
　　危惧感を抱く程度のものであれば足りる（危惧感説）
☞判例は具体的予見可能性説か？
→「因果関係の基本的部分」とは何か？
＊最決平 12・12・20 刑集 54・9・1095
①炭化導電路が形成される経過の具体的な予見可能性→×
②誘起電流が接地されずに，別の原因によりケーブルが発熱して発
　火し火災に至るという因果経過の予見可能性→？
③誘起電流が大地に流されずに本来流れるべきでない部分に長時
　間にわたり流れ続けることによって火災の発生に至る可能性の
　予見可能性→○

　周知のごとく，予見可能性の程度に関しては，構成要件的結果の発生及びそれ
に至る因果経過の基本的部分に関する予見可能性が必要であるとする「具体的予
見可能性説」と，結果発生に至る具体的な因果過程の予見までは必要なく，一般
人ならば少なくともその種の結果がありうるとして，具体的に危惧感を抱く程度
のものであれば足りるとする「危惧感説」とがあるとされてきました。このうち，
判例・通説は「具体的予見可能性説」であるといわれています。しかし，「因果経
過の基本的部分」とは何を意味するのかは必ずしも明らかではありません。課題
判例 11 の事案では，実際に生じた因果経過である「炭化導電路の形成」という経
過は本件以前には報告がなかった事象であり，これについては具体的に予見可能
であったとは言いにくいところがあります（実際，第1審では，そのような観点から
予見可能性が否定されています[13]）。これに対して，最高裁は，「①炭化導電路が形成
されるという経過を具体的に予見することはできなかったとしても，②右誘起電
流が大地に流されずに本来流れるべきでない部分に長期間にわたり流れ続けるこ
とによって火災の発生に至る可能性があることを予見することはできたものとい
うべきである」としています。①から明らかなように，この判例では，現実の因
果経過の予見可能性は要求されていません。問題は②の予見可能性で足りるとい
うことを，どのような観点から説明するかということです。

　具体的予見可能性説を前提とするのであれば，これは「因果経過の基本的部分」
を示していることになるはずですが，そうだとすると，これは，現実の因果経過

のうちのどこが基本的部分なのかという観点から因果経過を絞り込むというやり方ではなく，現実の因果経過を含む形での因果経過の抽象化を図るという方法がとられていることになるでしょう。この観点からは，そのような抽象化はどこまで許容されるのかが問題となりますが，その点に関する基準を示すことはかなり難しいように思われます。

　他方で，このような予見可能性のとらえ方を，発生する可能性のある結果を回避するための行動との関連性において予見可能性の程度を判断していくものだと考える見方もあり得ます。このような見方によれば，発生する可能性のある結果が重大であればあるほど，それを回避することが強く要請されることになるので，そのような場合には予見可能性の程度は多少低いものであっても一定の結果回避行動をとることが義務付けられると考えられることになるでしょう[14]。このような考え方は，場合によっては危惧感説にかなり似通ったものになります[15]。このように見てみると，判例は具体的予見可能性説に立っている，とただ言ってみたところで，実際の問題の解決にはほとんど資するところはないということが

---

[13] 第 1 審は，「被告人が本件 Y 分岐接続器の接続工事を施工した時点において，Y 分岐接続器本体に炭化導電路が形成されるという，その所為から本件火災発生に至る因果経路の基本的な部分において，被告人に予見しえない事情が存在し，右の事情が介在したことによって本件火災が発生したものといえるから，結局，被告人には本件火災発生についての具体的な予見可能性は存在しなかったものというべきである」と判示しました。これに対して，原審は，「本件火災事故発生に至る核心は，被告人が接地銅板（小）の取り付けを怠ったことにより，ケーブルの遮へい銅テープに発生した誘起電流が長期間にわたり，本来流れてはいけない Y 分岐接続器本体の半導電層部に流れ続けたことにあるのであって，因果の経路の基本部分とは，まさに，そのこととそのことにより同部が発熱し発火に至るという最終的な結果とに尽きるのであって，これらのことを大筋において予見，認識できたと判断される以上，予見可能性があったとするに必要にして十分であり，半導電層部に流れ続けた誘起電流が招来した炭化導電路の形成，拡大，可燃性ガスの発生，アーク放電をきっかけとする火災発生というこの間のプロセスの細目までも具体的に予見，認識し得なかったからといって，予見可能性が否定されるべきいわれは全くない」として予見可能性を肯定しました。第 1 審と原審では，結果発生の予見可能性を肯定するためには，因果経過の基本的部分に関して予見可能性が必要であるという一般論の点では一致しているものの，何が因果関係の基本的部分なのかの点で見解を異にしているとみることができるでしょう。
[14] このような視点から見ると，「誘起電流が大地に流されずに本来流れるべきでない部分に長期間にわたり流れ続けることによって火災の発生に至る可能性」が予見できたことをもって，「工事のための Y 分岐接続器組立作業説明書に示された作業手順を遵守し，接続銅板の取り付けを怠ることなどないよう万全の注意を払い，漏電による火災の発生及びこれに伴う電車の乗客等の死傷の結果の発生を未然に防止すべき業務上の注意義務」を課すに十分かどうかが問題となるでしょう。

分かるのではないでしょうか。具体的な事実関係に基づいて，行為者にどこまで予見が可能であったか，それを前提にしてどのような結果回避行動を義務づけることができるか，ということを丹念に検討していくことが大切だということでしょう。

　次に，課題判例12（最決平17・11・15刑集59・9・1558）を見てみましょう。これは，チーム医療における過失の判断が問題となった事例です。本件もそうであるように，このような場合には，複数の関係者の不注意が重なって結果発生に至るケースが多く見られます。このようなケースで過失を論ずる際には，過失の共同正犯という構成を考える余地もありますが，過失の共同正犯が成立するためには「共同の注意義務に共同して違反したこと」が必要であるとすれば（最決平28・7・12刑集70・6・411参照），行為者間に立場・職務内容の相違があり，とりわけ，指揮・命令するような上下関係がある場合には，過失の共同正犯を肯定することは困難でしょうし，妥当でもないでしょう。そのような場合には，各人の過失を個別に判断することが基本となりますが，その際，特に上位者に関しては監督過失が問題とされやすくなります。ただ，監督過失という概念は使い方次第では安易に過失を肯定してしまう危険もはらむものですから，その判断には慎重さが求められ，過失の有無を判断する際には，監督上の不注意以外の要素がないかも併せて丹念に分析することが必要でしょう。そのような目線で見ると，課題判例12で

15　井田先生は，危惧感説の主張の核心は，「予見可能性の結果回避義務関連性」にあるとされています（井田・総論217頁）。低い程度の予見可能性には弱い結果回避措置が対応し，高度の予見可能性には強い結果回避措置が対応するということです。予見可能性が低い場合に，結果発生を回避するための万全の措置（例えば，行為の中止）を要求するのは行き過ぎであるとしても，さりとて結果発生の可能性を全く無視してよいというのでもないとすれば，直接的に結果の発生を回避する措置をとることまでは求められなくとも，結果が発生する危険性がないかを確認するような措置をとることは求められてよいでしょう。もっとも，そのような弱い結果回避措置をとるべき義務が，直ちに結果回避義務となるのかには議論の余地がありそうです。例えば，自動車を運転しているときに前方を注視することは，それ自体が歩行者に衝突して死傷させる結果を直接回避する行動ではなく，そのような死傷結果が発生する危険性の有無を確認するための行動であり，現に歩行者の存在を確認した場合にそれとの衝突を回避する行動とは性質が異なるようにも思われます。この点に着目して，本来の結果回避義務は，後者の衝突を回避する義務であり，前方注視義務はそのような結果回避義務を基礎づける予見可能性に関連した二次的な義務（情報収集義務）であるという見方も今日では主張されています（山本紘之「予見可能性の判断枠組みについて」川端博ほか編『理論刑法学の探求10』［2017年］120頁以下参照。情報収集義務という観念に批判的な見解として，山口・総論246頁以下）。

は，各関与者の過失を具体的な事実関係に基づいて入念に分析している点で，非常に参考になるといえるでしょう。なお，このように複数の行為者の過失が競合する事案では，信頼の原則の適用の可否も問題になるところですが，本件ではこの点は明示的に問題とされてはいません。これは，本件においては信頼の原則[16]の考え方は妥当しないということを意味するものではないでしょうが，そのような考え方も最終的には過失犯の成立要件との関係でその意義が問われるべきであるということを含意しているように思われます[17]。

　ところで，このいわゆる「過失の競合」のケースでは，上位者に安易に監督過失が肯定されてしまう危険があると共に，下位者あるいは必ずしも中心的な立場にいなかった者にも過失が肯定される危険があります。指揮命令関係がある場合には，下位者に一定の圧力がかかることも考えられるので，その点を考慮しないと不可能を強いる恐れがあるでしょう。また，不注意があること自体は否定できないが，必ずしも中心的な立場にいなかった者についても過失責任を問う場合，故意犯であれば正犯と共犯が区別されるところで過失犯においてはそのような区別がないことから[18]，過失犯の成立範囲が不用意に拡大してしまう懸念もないとはいえません（一般に過失による教唆・幇助は不可罰であると解されていることにも注意が必要でしょう）[19]。

授業後の課題

　以下は，最決平 18・3・27 刑集 60・3・382 の判旨です。

---

[16] 信頼の原則の多義性については，小林・総論 364 頁以下参照。

[17] 山本紘之・百選 I（8 版）113 頁参照。

[18] 井田先生は，過失犯については，結果回避義務違反の行為があり，発生結果との間に法的因果関係があれば正犯性は認められ，過失犯においては拡張的正犯概念が妥当するとされています（井田・総論 477 頁）。また，高橋則夫先生は，過失犯には正犯と共犯の区別は存在せず，統一的正犯概念（拡張的正犯概念による立法形式が統一的正犯体系であるとされます）が妥当するとされています（高橋・総論 484 頁）。これに対し，松宮先生は，過失犯についても限縮的正犯概念が妥当するべきであるという立場から詳細な検討を加えています（松宮孝明『過失犯論の現代的課題』[2004 年] 第 14 章及び第 15 章参照）。

[19] 自然人の過失責任とは別に，企業や組織自体の過失責任を問うことはできるでしょうか？例えば，イギリスでは，わが国でいう過失致死罪について法人の処罰が認められています（2007 年法人故殺罪法 Corporate Manslaughter Act 2007）。わが国でも同様の立法をすべきであるという議論がありますが，その場合，法人の「過失」とはどのようなものになるのでしょうか？　授業で学ぶ過失犯論は自然人を念頭に置いたものですが，法人も視野に入れたらどうなるのかということは大変興味深い問題です。皆さんも考えてみてください。

「1　原判決及びその是認する第1審判決の認定によれば，本件の事実関係は，次のとおりである。

(1)　被告人は，2名と共謀の上，平成16年3月6日午前3時40分ころ，普通乗用自動車後部のトランク内に被害者を押し込み，トランクカバーを閉めて脱出不能にし同車を発進走行させた後，呼び出した知人らと合流するため，大阪府岸和田市内の路上で停車した。その停車した地点は，車道の幅員が約7.5mの片側1車線のほぼ直線の見通しのよい道路上であった。

(2)　上記車両が停車して数分後の同日午前3時50分ころ，後方から普通乗用自動車が走行してきたが，その運転者は前方不注意のために，停車中の上記車両に至近距離に至るまで気付かず，同車のほぼ真後ろから時速約60kmでその後部に追突した。これによって同車後部のトランクは，その中央部がへこみ，トランク内に押し込まれていた被害者は，第2・第3頚髄挫傷の傷害を負って，間もなく同傷害により死亡した。

2　以上の事実関係の下においては，被害者の死亡原因が直接的には追突事故を起こした第三者の甚だしい過失行為にあるとしても，道路上で停車中の普通乗用自動車後部のトランク内に被害者を監禁した本件監禁行為と被害者の死亡との間の因果関係を肯定することができる。したがって，本件において逮捕監禁致死罪の成立を認めた原判断は，正当である。」

　仮に，この事案で，追突した車の運転者が過失運転致死罪（自動車運転死傷行為処罰法5条）に問われたとします。その場合の予見可能性はどのように判断されるかについて，自分の考え方を簡潔に述べなさい（予見可能性の点だけ答えれば足ります）。

考え方

　最決平元・3・14刑集43・3・262は，きわめて無謀な運転をして，同乗者に傷害を負わせたほか，知らないうちに荷台に乗り込んでいた者を死亡するに至らしめたという事案について，「被告人において，右のような無謀ともいうべき自動車運転をすれば人の死傷を伴ういかなる事故を惹起するかもしれないことは，当然認識しえたものというべきであるから，たとえ被告人が自車の後部荷台に前記両名が乗車している事実を認識していなかつたとしても，右両名に関する業務上過失致死罪の成立を妨げない」との判断を示しています。この判例については，具体的事実の錯誤における法定的符合説の考え方（その中でも数故意犯説）とパラレルに考えて，「およそ人が死ぬことの予見可能性で足りる」という解釈をしたものだという理解が有力です[20]。このような考え方に立てば，上記判例の追突した運転者についても，前方不注意という運転者にとって基本的な注意すら欠いて自動車を運転すれば，人の死の結果について予見可能性が認められるということになるでしょう[21]。

　これに対して，客体の具体的な認識可能性が必要だと解するならば，トランクの中に人がいることは通常は認識可能性がないでしょうから，予見可能性は否定されることになるで

---

[20]　安廣文夫・最判解平成元年度86頁，90頁以下。

[21]　実際，この事件で追突した運転者は，死亡した被害者に対する業務上過失致死罪で略式起訴されています（刑集60巻3号388頁参照）。

しょう[22]。

　なお，このようなケースで予見可能性を肯定するのであれば，それは危惧感説に接近することになり，具体的予見可能性説では説明が困難ではないかという指摘がありますが，具体的予見可能性説の論者も，皆が前掲最決平元・3・14の判断を否定しているわけではなさそうです。具体的予見可能性といっても，一定の結果の抽象化は避けられないということでしょうが，その程度が行き過ぎると最早「具体的予見可能性」といえるのか，疑問が出てくることになるでしょう。

---

[22] 大塚裕史・百選 I （第 5 版）103 頁，佐伯・考え方 268 頁，301 頁，松宮孝明『先端刑法総論』（2019 年）139 頁など。小林先生は，「抽象的法定符合説とは，あくまで責任主義の要請をみたしたうえで，重い処罰のために重ねて要求される故意の成立範囲を拡張する理屈であって，予見可能性という責任主義の要請そのものを緩和するためには用いることはできない」とされています（小林・総論 91 頁以下）。

▸第**8**回◂

原因において自由な行為

課題判例⑬
殺人贓物故買被告事件
昭和25年（れ）第548号
同26年1月17日大法廷判決

主　　文

原判決を破棄する。
本件を札幌高等裁判所に差し戻す。

理　　由

検察官上告趣意第2点第3点について。

　本件殺人の点に関する公訴事実に対し，原判決の判示によれば「然しながら，……被告人には精神病の遺伝的素質が潜在すると共に，著しい回帰性精神病者の顕在症状を有するため，犯時甚しく多量に飲酒したことによって病的酩酊に陥り，ついに心神喪失の状態において右殺人の犯罪を行ったことが認められる」旨認定判断し，もってこの点に対し無罪の言渡をしているのである。しかしながら，本件被告人の如く，多量に飲酒するときは病的酩酊に陥り，因って心神喪失の状態において他人に犯罪の害悪を及ぼす危険ある素質を有する者は居常右心神喪失の原因となる飲酒を抑止又は制限する等前示危険の発生を未然に防止するよう注意する義務あるものといわねばならない。しからば，たとえ原判決認定のように，本件殺人の所為は被告人の心神喪失時の所為であったとしても（イ）被告人にして既に前示のような己れの素質を自覚していたものであり且つ（ロ）本件事前の飲酒につき前示注意義務を怠ったがためであるとするならば，被告人は過失致死の罪責を免れ得ないものといわねばならない。そして，本件殺人の公訴事実中

には過失致死の事実をも包含するものと解するを至当とすべきである。しからば原審は本件殺人の点に関する公訴事実に対し、単に被告人の犯時における精神状態のみによってその責任の有無を決することなく、進んで上示（イ）（ロ）の各点につき審理判断し、もってその罪責の有無を決せねばならないものであるにかかわらず、原審は以上の点につき判断を加えているものと認められないことは、その判文に照し明瞭である。しからば原判決には、以上の点において判断遺脱又は審判の請求を受けた事件につき判決をなさなかった、何れかの違法ありというの外なく、即ち論旨はこの点において理由ありといわねばならない。

　そして、本件公訴事実である贓物故買の罪と殺人の所為とは、併合罪の関係にあること明瞭であるから、もし前示殺人の所為につき有罪と認定されるものとすれば、被告人は以上両罪につき併合罪として処断せられる関係にあるをもって、この点よりして原判決全部を破棄するものとする。

　よって、検察官の上告は以上の点において理由があるから、爾余の論旨並びに弁護人の上告論旨に対しては判断を省略し、旧刑訴447条448条の2に従い、主文のとおり判決する。

　この判決は、裁判官斎藤悠輔の少数意見を除き、全裁判官一致の意見によるものである。

　裁判官斎藤悠輔の反対意見竝にその前提である上告趣意第1点に対する単独意見は次のとおりである。
検察官の上告趣意第1点について。

　原判決は、先ず本件公訴事実を引用するのに、その起訴状に記載されている公訴事実中より故ら「突嗟に殺意を生じ」とある部分を省き、且つその公訴事実に対する判断として「被告人にＩに対する暴行又は傷害の意思があったとの点を除き」その他の点はこれを認めることができると説示しているだけで、右の除外した点を少しも判断していないのであるから、本件公訴事実中の被告中の主観的認識である、Ｉに対する「殺意」若しくは「暴行又は傷害の意思」についてはこれを肯定したのか否定したのかその理由を知ることができない。従って、原判決は、被告人が本件起訴状記載の殺人行為を心神喪失の状態において行ったとしたのか、若しくは第一審判決の認定したような傷害致死の行為を同状態において行ったとしたのか、又は過失傷害致死の行為であるが心神喪失中の行為であるから無罪としたのか等その判決の実質的確定力（いわゆる既判力）を明らかにすることができない。

　次に、原判決は「被告人及び証人Ｋ，Ｍ子の各供述記載及び当審鑑定人Ａの鑑定書の記載を綜合すると、被告人には精神病の遺伝的素質が潜在すると共に、著るしい回帰性精神病者的顕在症状を有するため、犯時甚だしく多量に飲酒したことによって病の酩酊に陥り、ついに心神喪失の状態において右殺人の犯罪を行ったことが認められる」と説示している。しかし、原判決挙示の被告人及び右証人の供述によれば、犯時可成りの量

124

の飲酒をした事実は認められるが，所論のごとく被告人の精神病的状態に関してはこれを窺い知ることができないし，また，右鑑定書には所論摘示のごとく「この精神状態は，直接の原因は，勿論多量の飲酒による酩酊のためであるが，被告人の素質を考える時，精神病の遺伝的素質が潜在すること，精神病質（変質者）としての心神の顕在症状の所持者であること，又当時砂糖闇買事件や婦人関係による家庭的不和による精神過労等の諸因子が基調にあったため，病的酩酊に陥ったものと思われる云々」と附言しており，原判決認定のごとき精神病的素質の潜在と回帰性精神病者的顕在症状を有するだけのために，多量飲酒と相待って病的酩酊に陥ったものとは記載されていない。しかも鑑定書記載のごとき精神過労の因子については原判決中にこれを確認するに足る証拠は少しも挙げられていないのである。

　果して然らば，原判決には判決の理由に不備あるか又は充分な証拠に基かないで心神喪失の事実を認定した違法があるものというべく，所論は結局その理由があって，原判決は，この点において，破棄を免れないものと考える。
同第2，3点について。

　所論は，要するに，原判決が本件犯行時に被告人が心神喪失の状態にあったこと及びこの状態は被告人の自ら招いた酩酊によって一時的に招来されたものであることを認めながら，斯る酩酊を自ら招いたことについての責任条件と責任能力とに十全な審理を尽さず直ちに被害者Iの死を生ぜしめた被告人の行為について全然刑事責任のないものと判断したことは，畢竟審理不尽の結果審判の請求を受けた事件について判決をしなかった違法があるか又は事実確定に関する法則若しくは実体刑罰法令の解釈を誤ったかの違法があるものとするものである。

　しかし，原判決は，前論旨で述べたように要するに被告人は精神病的素質の潜在や精神病者的顕在症状を有するため（鑑定書にはその他前論旨で引用したような特別な因子があると記載されている）犯時甚だしく多量に飲酒したことによって病的酩酊に陥りついに心神喪失の状態となった旨を認定しているだけで，所論のように単に自ら招いた酩酊によって一時的の心神喪失の状態になったこと若しくは多数説のごとく被告人が多量に飲酒するときは病的酩酊に陥り，因って心神喪失の状態において他人に犯罪の害悪を及ぼす危険ある素質を有すること等は何等認定していない。そして，いわゆる「原因において自由なる行為」を犯罪責任ありとするのは，もとより「心神喪失中の行為」そのものを犯罪責任あるとするのでなく，むしろその「心神喪失中の行為」をば一種の道具又は因果関係の一部と観察して，これに先行する心神喪失の原因となった自由意思行為を犯罪行為とするものである。従って，かかる特殊異常な場合における「原因において自由なる行為」の責任を審判するには，かかる特別な場合の行為につき明確な起訴のあることを要すること論を俟たない。しかるに，本件起訴状には単に「被告人は，昭和23年4月22日午前11時過頃より函館市……飲食店「S」事G方に於て同家使用人I当27年と会飲したるが，同日午後2時過頃同家調理場に於て偶々来合せたる同家女給Mを酔

余故なく段打したるを居合せたる前記 I 等が制止したるに憤慨し突嗟に殺意を生じ傍にありたる肉切庖丁（証第 6 号）を以て同人の略左鼠蹊部を突刺し因て左胯動脈切断に依る出血に依り其の場に即死せしめたるものなり」とあるだけで，所論のごとき酩酊によって一時的の心神喪失の状態に陥って本件犯行を為したこと並びに酩酊又はこれによる一時の心神喪失が故意又は過失によって自ら招いたものであることは，全然記載されていないのである。果たして然らば，所論は既にその前提において採用することはできない。また多数説は，本件起訴状並びに原判決を精査しないで，通常の殺人行為と所論のような特殊異常な殺人行為とを混同し却って，自ら審判の請求を受けない事件について判決をする違法を犯すものというべく，到底賛同することはできない。

（裁判長裁判官　塚崎直義　裁判官　長谷川太一郎　裁判官　沢田竹治郎　裁判官　霜山精一　裁判官　井上登　裁判官　栗山茂　裁判官　小谷勝重　裁判官　島保　裁判官　斎藤悠輔　裁判官　藤田八郎　裁判官　岩松三郎　裁判官　河村又介）

> **チェック**
> □本判決が殺人罪ではなく過失致死罪の成立可能性を認めているのは，どうしてか？
> □過失犯に関して原因において自由な行為という特別な法理論は必要か？

課題判例14

傷害致死被告事件
長崎地方裁判所平成 2 年（わ）第 317 号
平成 4 年 1 月 14 日刑事部判決

主　　文

被告人を懲役 3 年に処する。

未決勾留日数中 300 日を右刑に算入する。

この裁判確定の日から 3 年間右刑の執行を猶予する。

訴訟費用は全部被告人の負担とする。

理　　由

（犯行に至る経緯）

被告人は，昭和 16 年に妻 A 子と結婚し，終戦後復員してからは，同女の実家である長崎県南高来郡……に住んで，主に建設作業員として稼働し，同女との間に子ができなかったため，昭和 30 年に養女 B 子と養子縁組をしたが，同 47 年に同女が結婚し家を出てからは，妻 A 子と二人暮しとなり，昭和 58 年ころには建設作業員を辞め，同女と年

金で生活をしていたものである。

　被告人と妻Ａ子の間においては，当初こそその収入を被告人名義で預貯金していたが，その後，同女が自分名義の貯金もないと楽しみがないといったことからやがて夫婦別々に銀行口座等に貯金を持つようになり，昭和58年ころ被告人が退職し年金生活に入ってからは，両人の口座の区別が厳密になり，大きな出費がある場合には，Ａ子の方が年金受給額が多いにもかかわらず，同女が一向に自分のお金を出さないことから，被告人において支払うことが多くなり，被告人はこのような妻のけちなやり方に不満を感じていた。

　被告人は，平成2年11月15日，午前中の日課である畑仕事を終えて帰宅し，午前11時ころから，台所の椅子に腰掛けて焼酎を生のままで飲み始めたところ，妻Ａ子（当時72歳）が，数日前に郵送されてきた契約者及び被保険者が被告人，保険金受取人が妻Ａ子となっている簡易保険の生存剰余金63万3600円の支払い通知を被告人の前に差し出し，「これは降ろすけん。」と言ってきたが，被告人は，右保険の受取人は同女になっているが，加入者で保険料を実際に負担してきたのは被告人であるうえ，直ちに金が必要な用件もなく，そのまま貯金しておけば利子がつくことから，生存剰余金は引き出さずにおこうと考えた。

　被告人は，妻Ａ子に対して，「取らずにおけば，3，4年もすると60万円は80万円にもなるとぞ。今は働きよらんとやけん，入って来るとは利子だけぞ。」と言って，右引き出しに反対した。これに対し，同女は，「そげんこと言って貯めようと思っとるじゃろ。」「受取人はこっちになっとるけん，降ろす。」等と執拗に言い張るため，被告人はこれを腹だたしく思い，台所で焼酎を生でたてつづけに飲み始めた。

（罪となるべき事実）

　被告人は，以上のような経緯の下，長崎県南高来郡……の被告人方において，同日午後2時ころ妻Ａ子が台所の被告人のもとにやってきて，なおも右通知を見せながら「名前はおいの名前じゃもん。」等と執拗に生存剰余金の引き出しを主張したため，これに立腹し，同女に対し，手拳で頭部・顔面等を殴打したが，なおも，剰余金を引き出すと言いはる同女に対し，その後同日午後11時ころまでの間，腹立ちまぎれに焼酎を飲んで酩酊の度を強めながら，数次にわたり，手拳で頭部・顔面等を殴打し，背部等を足蹴にする暴行を加えたうえ，居間に向かって押し倒し，同間にうつ伏せに倒れた同女をなおも叩こうと同間に入ろうとした際，敷居につまずき，同間東側アルミサッシガラス戸に頭を強打したことから，一層激昂し，同女の背部・臀部等を足で踏みつけ，肩たたき棒（平成3年押第2号の1）で頭部等を滅多打ちするなどの暴行を加え，よって，同女に頭部・顔面及び胸背部打撲による皮下出血，筋肉内出血並びに胸骨及び肋骨骨折による胸腔内出血等の傷害を負わせ，同日午後11時ころ，被告人方居間において，同女を右傷害に基づく外傷性ショックにより死亡させたものである。

（証拠の標目）（省略）

（弁護人の主張に対する判断）

1　弁護人は，本件犯行当時，被告人は多量の飲酒のため，被害者に致命傷を与えた最終段階においては心神耗弱の状態にあったから，刑法39条2項に基づいて刑の減軽をすべきであると主張するのでこの点について検討する。

2　前掲各証拠によれば，本件犯行の動機は，被告人が，妻が生存剰余金の引出しを執拗に主張することに立腹してのものであることが認められ，それ自体充分了解可能な動機であることが認められる。しかしながら，前掲各証拠によれば，被告人は，本件犯行当日，午前11時すぎから焼酎を少なくとも1升以上，被告人の供述によれば約1升8合を飲んでおり，右飲酒量はそれ自体をとってみても，また，被告人が平素は焼酎の1升瓶を3日位であけることに比しても，極めて多量の飲酒量であることが認められる。そして，被告人の本件犯行についての記憶についてみるに，本件犯行当日の朝からの行動，妻A子と生存剰余金の件で口論となり，妻A子に対し最初の暴行を振うに至るまでの経緯については比較的詳細な記憶を有していることが認められる。しかし，その後の記憶に関しては，被告人は，捜査段階の供述調書及び実況見分調書において，その暴行の態様を三段階にわけて説明したり，また，個々の暴行について臨場感のある供述を行っている部分はあるものの，当初の暴行を振るった以後の状況に関する供述は一貫しあるいは全体として詳細であるとは言いがたいうえ，当公判廷における供述及び第2回公判調書中の被告人の供述部分によれば，被告人は妻A子に暴行を開始して以降のことは実際には殆ど覚えておらず，捜査段階における供述は，思い出したものというよりは，妻への詫びや供養のため記憶がないでは済まされず，何とか客観的状況に符合する供述を行おうとして考えながら述べたものである旨供述していること，C子の司法警察員に対する供述調書によれば，同女が午後3時40分ころ，被告人方に焼酎2本を配達し，被告人よりその代金を受け取っていることが認められるにも関わらず，被告人には一貫してその旨の記憶がないこと，被告人は逮捕当初においては，焼酎を飲み始めたのは午後5時か5時半である旨述べていたにも関わらず，右配達の事実が明らかになってからは，飲み始めた時間が午前11時からと大幅に変わってきており，その時間の差は単に思い違いとするには大きすぎることが認められるのであって，これらの事実に被告人の前記多量の飲酒量を考えあわせると，被告人には妻への暴行を開始して以後の記憶に関しては部分的な欠落が多くあることは否定できないものと認められる。また，本件犯行は，その動機において充分了解可能であるとはいえ，その態様は，判示のとおり外傷性ショックにより死に至らしめるほどの強力かつ執拗なものであって，それが約50年間もの長きにわたり連れ添ってきた妻に対するものであることを合わせ考えると，その動機と態様の間は著しく均衡を欠いているものと言わざるをえない。

3　ところで，本件犯行においては，被告人の酩酊下の犯行であって被告人から詳細の供述を得られないことや目撃者もないことから，被告人が妻A子に対して暴行を開始し

た時刻，被告人の飲酒量の時間的経過，妻Ａ子に対する暴行の終了時刻，同女の死亡時刻などの認定について困難が生ぜざるをえないのであるが，前記Ｃの司法警察員に対する供述調書によれば，同女が被告人宅に焼酎を配達した時間は午後3時40分ころであり，その時点において妻Ａ子が土間の方から台所の方にあがろうとしており，その右顔面がどす黒くなって目はみえないように腫れあがっていること及び被告人が既に酔っており興奮した様子であったが焼酎の代金は被告人が払ったことが認められることや，右配達前には被告人の供述によると当日8合ぐらい残っていた焼酎を飲んでいたことからすると午後3時40分以前において既に妻Ａ子と生存剰余金の件で口論となり，同女に対する暴行を開始しているが，その時点での飲酒量は8合以下であり，1升の飲酒がさらにこの後に行われていること，妻Ａ子に対する暴行は未だ同女が立ち歩ける程度のものであったことが認められ，その後，判示居間における執拗，強度の暴行が加えられ，致命傷を負わせたものと推測される。

4　以上2，3に照らして，鑑定人Ｋ作成の鑑定書の鑑定理由を検討すると，同鑑定書が述べるように，被告人は，酩酊に至るに充分な量の酒を飲んでおり，右飲酒によって，本件犯行の初めの時期には単純酩酊の状態にあったが，その後，本件犯行の中核的な行為を行った時期には複雑酩酊の状態になっていたものであって，右状態において，被告人の是非善悪を弁別する能力は著しく減退しており，それに従って行為する能力は著しく減退していた。すなわち被告人は犯行途中より心神耗弱の状態になったと認めるのが相当であると判断される（これに対し，被告人は普通酩酊状態であったとするＹ作成の鑑定書は，被告人が本件犯行を相当詳細に記憶していることを前提にしているものであるが，その前提事実については，前述のとおり被告人の記憶には部分的欠落が散見されることに鑑みると，疑問が残るものと言わざるをえず，採用できない。）。

5　そこで，更に検討するに，本件は，同一の機会に同一の意思の発動にでたもので，実行行為は継続的あるいは断続的に行われたものであるところ，被告人は，心神耗弱下において犯行を開始したのではなく，犯行開始時において責任能力に問題はなかったが，犯行を開始した後に更に自ら飲酒を継続したために，その実行行為の途中において複雑酩酊となり心神耗弱の状態に陥ったにすぎないものであるから，このような場合に，右事情を量刑上斟酌すべきことは格別，被告人に対し非難可能性の減弱を認め，その刑を必要的に減軽すべき実質的根拠があるとは言いがたい。そうすると，刑法39条2項を適用すべきではないと解するのが相当である。

　よって，弁護人の主張は採用しない。

（法令の適用）

　被告人の判示所為は刑法205条1項に該当するので，その所定刑期の範囲内で被告人を懲役3年に処し，同法21条を適用して未決勾留日数中300日を右刑に算入し，情状により同法25条1項を適用してこの裁判確定の日から3年間右刑の執行を猶予し，訴訟費用については，刑事訴訟法18条1項本文により全部これを被告人に負担させることとする。

（量刑の理由）

　本件は，妻と別々に口座を持ち貯金をしているのに大きな出費がある場合などに自分の貯金を出そうとはしない妻の客嗇に日頃から不満を持っていた被告人が，妻が契約者である被告人の意図に反して簡易保険の剰余金の引き出しを執拗に主張したことに立復して判示の暴行に及び被害者を死亡させた事案であって，妻の執拗な態度にも問題がないとは言えないものの，右は夫婦であれば当然話し合って解決すべき事柄であることからすれば動機において同情の余地に乏しく，犯行態様も長時間の間に，老齢の妻に対し，手拳で殴り，足蹴にし，さらには肩叩き棒を用いて頭部等を殴打したもので執拗かつ悪質であり，これにより貴重な人命を失うことになった結果も極めて重大で，被告人の刑事責任は重い。

　しかしながら，他方，本件犯行は，計画的なものではないこと，犯行途中より飲酒の影響のため複雑酩酊の状態に陥りそのため犯行がエスカレートした面があることは否定しえないこと，被告人自身，本件犯行によって約50年もの長きにわたり連れ添ってきた妻を失ったもので自責の念は強く，本件犯行を真摯に反省していること，右反省の現れとして，法律扶助協会に対し200万円の贖罪寄付をし，また，妻の墓を立てていること，被告人はこれまで前科前歴はなく社会人として真面目に稼働してきたものであって，現在77歳の高齢であること，被告人の養女が当公判廷において被告人の今後について面倒を見る旨約束していること等被告人に有利な情状も認められ，これに，被告人はすでに1年以上にわたり勾留されていることを併せ考えると，被告人に対し直ちに実刑をもって臨むことは相当でなく，被告人に対しては今回はその刑の執行を猶予し，社会内において自力更生の機会を与えるのが相当と思料した次第である。

　よって，主文のとおり判決する。

（裁判長裁判官　赤塚健　裁判官　坂主勉　浦島高広）

> **チェック**
> 　□本判決は，被告人のどの時点での行為を実行行為と認めているか？
> 　□本判決が，39条2項の適用を否定した理由は何か？

授　業

　今回のテーマは，「原因において自由な行為」です。原因において自由な行為とは，自らを責任無能力（あるいは限定責任能力）状態に陥れ，その状態で犯罪事実を生じさせる場合を指します。

原因において自由な行為

1　意義・・・自らを責任無能力（あるいは限定責任能力）
状態に陥れ，その状態で犯罪事実を生じさせる場合

例：酩酊すると他人に暴力を振るう性癖のある者が，その
性癖があることを知りつつ，それを利用して同席者を傷害
する意思で多量に飲酒し，責任無能力状態に陥って，同席
者を傷害した

飲酒（原因行為）――――（責任無能力）――――→傷害（結果行為）

2　問題の所在・・・実行行為時に十分な責任能力がない以
上，不可罰あるいは刑が減軽されることになるが，それは
不合理ではないか？
＊行為と責任の同時存在の原則…責任能力は実行行為の時
点で存在していなければならないとする原則

例えば，酩酊すると他人に暴力を振るう性癖のある者が，その性癖があること
を知りつつ，それを利用して同席者を傷害する意思で多量に飲酒し，責任無能力
状態に陥って，同席者を傷害した，というような場合がこれに当たります。この
ような場合に，実行行為時に十分な責任能力がない以上，不可罰あるいは刑が減
軽されることになるとすれば，それは不合理ではないかという関心から，一定の
要件の下にこのような場合でも完全な責任を問うことができるとすべきではない
かという見解が主張されており，そのような見解のことを「原因において自由な
行為の理論」と呼びます[1]。この問題を考える際には，自らを責任無能力（ある
いは限定責任能力）状態に陥れる行為を「原因行為」と呼び，直接的に結果を発生さ
せる行為を「結果行為」と呼ぶことが通例ですので，ここでもその用語例に倣う
ことにします[2]。

この問題の出発点は，「行為と責任の同時存在の原則」というものにあります。
これは，実行行為と責任能力とは同時に存在していなければならないとする原則
として，伝統的に唱えられてきたものです[3]。この原則との関係で，原因において
自由な行為が問題となる場面を考えてみると，結果行為の時点では責任無能力

---

[1] 学説では，原因において自由な行為の理論を否定する見解も主張されています。例えば，
浅田先生は，責任主義と罪刑法定主義を厳格に維持する限り，処罰を断念するほかないと明
言されています（浅田・総論302頁）。
[2] 結果行為時には自由な意思決定ができないが，原因行為時には自由な意思決定が可能であ
る，ということから原因において自由な行為と呼ばれます。

（あるいは限定責任能力）なのですから，結果行為を実行行為とする限りは完全な責任を問うことはできません。そうすると，この原則を維持しながら，原因において自由な行為のケースについて完全な責任を問おうとすれば，原因行為が実行行為であると解するほかないでしょう。現在では，このような考え方を「構成要件モデル」と呼ぶことが一般的になっています。これに対して，結果行為を実行行為だと解しながら，実行行為の時点で責任無能力（あるいは限定責任能力）であっても完全な責任を問い得る場合があるとする考え方を「例外モデル（あるいは責任モデル）」と呼びます（同時存在の原則の例外を正面から認めるので「例外モデル」と呼ばれます）。

　この2つのアプローチの特徴を確認しておきましょう。

```
┌─────────────────────────────────────────────────┐
│              2つのアプローチ                       │
│  例：飲酒（原因行為）→（責任無能力）→傷害（結果行為）  │
│                                                  │
│ ①構成要件モデル（間接正犯類似説）                    │
│    飲酒（原因行為）→（責任無能力）→傷害（結果行為）    │
│    実行行為         因果の流れ                      │
│ ②例外モデル                                       │
│    飲酒（原因行為）→（責任無能力）→傷害（結果行為）    │
│                              実行行為              │
│    意思決定    →（意思の連続）→意思決定の実現         │
│    1個の意思の実現過程としての1つの「行為」           │
└─────────────────────────────────────────────────┘
```

　まず，構成要件モデルは，原因行為を実行行為と考えます。原因行為の時点では完全な責任能力があるのですから，これによって完全な責任を問うことができる，というのは，ある意味当たり前のことであるように思われます。しかし，このアプローチにとって問題なのは，そもそも原因行為を実行行為と考えることができるのか，という点です。例えば，自己を複雑酩酊による責任無能力状態に陥れて相手方を殺害しようと考え，飲酒をしたという場合に，この飲酒行為に殺人罪の実行行為性を認めることができるか，と問われれば，少なからぬ人が躊躇いを覚えるのではないでしょうか。人の殺害を企て勢いをつけるために酒を飲んで

---

[3] 更に，責任能力以外の犯罪成立要素も実行行為の時点で存在しなければならないということを要求する，より包括的な内容のものとして理解される場合もあります。

殺害に及んだという場合であれば，酒を飲む行為を殺人の実行行為とは考えないでしょう。そのため，このアプローチにとっては，いかなる理由によって，どのような場合に原因行為に実行行為性を認めることができるのかが重要な問題となります。

　他方で，例外モデルの場合には，結果行為が実行行為だと考えられますから，その点での違和感はありませんが，その段階では責任無能力（あるいは限定責任能力）であるのになぜ39条が適用されないのかを説明しなければなりません。このアプローチによれば，実行行為である結果行為だけに着目すると完全な責任を問えないのですから，責任を問う対象を結果行為以外のものに求めることになります。従って，このアプローチによれば，いかなる理由によって，どのような場合に原因行為に完全な責任を問う根拠を求めることができるかが重要な問題となります。

　ところで，この２つのアプローチは，「構成要件モデルか，例外モデルか」というように二者択一の関係にあるかのような言い方がなされる場合がありますが，必ずしも相互に排他的なものではありません[4]。そもそも，構成要件モデルが言うように原因行為に実行行為性を肯定することができるのであれば，その場合に完全な責任を認めることを否定する理由はないはずです。従って，まずは構成要件モデルによって，どのような場合に完全な責任を問えるのかが問われなければなりません。次いで，構成要件モデルでは完全な責任を問うことはできないが，例外モデルならば完全な責任を問うことができるという場合があるのか，あるとすれば，それはどのような場合なのか，ということが問題となるでしょう。そこで，ここでも，まず構成要件モデルについて説明し，次いで，例外モデルの検討に移ることにします。

　なお，最初に一つ確認しておきますが，原因において自由な行為の理論が重要な問題になるのは主として故意犯の場合であり，過失犯の場合には特別な検討を必要としないという見方が一般的です。確かに，過失犯の場合には，直接結果を惹起する行為よりもかなり前の段階の行為について注意義務違反（＝過失行為＝実行行為）を考えることが可能であり，その意味では故意犯の場合のような特別な問題はあまり生じないといってよいでしょう。ですので，ここでも，検討の対象は

---

[4] 橋爪・悩みどころ 252 頁以下参照。

主として故意犯に置くことにします[5]。

　さて，それでは，まず，構成要件モデルから考えてみることにします。このアプローチは，原因行為を実行行為と見るものでした。このような考え方は，伝統的に間接正犯のアナロジーで説明されてきました。すなわち，責任無能力者を利用する間接正犯が肯定されるように，自己の責任無能力状態を利用する行為（原因行為）にも実行行為性を肯定することができる，と考えられたのです。

　このような見方には，いくつかの疑問が提起されています。

　まず，原因行為を実行行為だと考えると，原因行為に取り掛かった段階で実行の着手が肯定されることになり，未遂の成立時期が早すぎるという批判があります。例えば，自己を複雑酩酊による責任無能力状態に陥れて相手方を殺害しようと考え，飲酒をしたという場合に，飲酒した時点で殺人未遂罪が成立するというのは早すぎるであろう，ということです。しかしながら，この問題は，現在ではほとんど解消されていると言ってよいと思われます。というのも，現在では，実行の着手時期は，結果発生の具体的な危険性が生じた時点で認められるべきであり，それは必ずしも実行行為を開始した時点でなければならないわけではないと解するのが一般的になってきているからです[6]。間接正犯の実行の着手時期に関しても，被利用者の行為の時点で実行の着手を認めるべき場合があるということは，多くの論者が認めています（なお，大判大 7・11・16 刑録 24・1352 参照）。このように「実行行為の開始」＝「実行の着手」と解する必然性がないとすれば[7]，未遂の成立時期が早すぎるという批判は，決定的なものではないということになるでしょう。

　次に，原因行為には実行行為としての特徴が欠けているという批判があります。「酒を飲む行為」には，「人を殺す」という殺人罪の構成要件に該当する行為の特徴は認められないのだから，これを実行行為と見ることはできないのではないかという問題です。これは実行行為の定型性の問題ともいわれ，原因において

---

[5] ただ，原因において自由な行為に関して過失犯の場合に特別な問題が生じないということは，過失の認定が，結果から遡り，結果と法的因果関係があると考えられる行為を探し出していくという，下手をすれば過度に探索的なものになる危険や，過失行為の定型性の弱さという問題点と結びついていることも忘れてはならないでしょう。

[6] 橋爪・悩みどころ 254 頁，284 頁など。

[7] なお，「実行行為の開始＝実行の着手」という公式は維持しながらも，未遂犯の成立には更に法益に対する具体的な危険の発生も必要だとして実行の着手と未遂犯の成立とを分離する（「実行の着手≠未遂犯の成立」）見解も主張されています（高橋・総論 109 頁）。

自由な行為を間接正犯に類似の構造をもつものとして説明する論者の中にも，この点で故意犯の場合には原因行為に実行行為性を肯定することを躊躇する者もいます[8]。確かに，実行行為性の判断に一定の枠組みのようなものがなければ，法文で行為を規定している意味がなくなってしまい，罪刑法定主義に反する恐れもあるでしょう。しかし，行為が，それ自体として外形的に構成要件的な特徴を示していなければ実行行為性を認めることができないとするのは，硬直的すぎるように思われます。例えば，一般の不作為犯や間接正犯の場合でも，それ自体が外形的に構成要件的な特徴を示しているとはいえない場合が多いでしょう。例えば，背後者が他者に窃盗を命じて行わせるという場合に，背後者の命令する行為が被利用者の窃盗と相まって「窃取」したものと評価できるのであれば，背後者の行為自体に「窃取」の特徴が示されていなくとも，背後者の行為に窃盗罪の実行行為性を肯定することができることを表しています。そうだとすれば，原因において自由な行為の場合も，原因行為に実行行為性を認めることは不可能ではないと思われます[9]。

　では，どのような場合に原因行為に実行行為性を認めることができるのでしょうか？　原因行為には結果行為によって生じた結果が帰責されるのですから，原因行為には結果行為を経由して結果発生に至る危険性がなければならないでしょう。このような危険性が認められるのは，まず，原因行為の段階で，既に結果行為を経由して結果を発生させる意思決定をしている場合があるでしょう。結果行為時には自律的な意思決定ができない状態ですから，原因行為時の意思決定が強固であればあるほど，結果行為を経由して結果発生に至る危険性は高まるといえるでしょう。このように原因行為から結果行為へと移行する過程において犯罪実現の意思が連続している場合には，原因行為時の意思決定に支配される形で結果行為が行われるという意味で原因行為に危険性を認めることが可能であるように思われます。ここでは，結果行為が原因行為時の意思決定に支配されていることが重要なのですから，その意思の内容は原因行為時と結果行為時で同一性を保持していなければならないでしょう。例えば，Aを殺害する意思で飲酒行為をはじ

---

[8] 基本的には構成要件モデルに属する見解を主張されていた団藤先生も，この点を重視し，「泥酔中に人を殺すつもりで飲酒したというばあい，その飲酒行為に殺人罪の構成要件該当性を認めるのは無理である」とされていました（団藤・総論163頁）。
[9] 井田・総論499頁，橋爪・悩みどころ255頁参照。

め，責任無能力状態で B 殺害の意思を生じてこれを殺害したというような場合には，殺意という点では共通性があるとしても（錯誤論の面では実現事実に対して故意を認めることが可能である場合であっても）意思の内容が異なっているので，原因行為時の意思決定により結果行為が支配されることによって結果発生に至る危険性が結果に現実化したと考えることはできないように思われます[10]。

　それでは，そのような意思の連続性が認められない場合に，原因行為に実行行為性を認めることはできるでしょうか？　この場合については，原因行為に属性として結果行為に至る顕著な傾向があるならば，実行行為性を認めることができるのではないか，という見解が有力です。例えば，大量に飲酒すると暴力行為に及ぶ傾向や性癖が顕著であるにもかかわらず，大量に飲酒して責任無能力状態に陥って他人に暴行を加えて傷害を負わせたというような場合がこれに当たるでしょう[11]。そのような場合であれば，原因行為に結果行為を経由して結果を引き起こす危険性を肯定することが可能でしょう。このように見てくると，原因行為時の意思決定によって結果行為が支配されている場合か，原因行為に結果行為を引き起こす顕著な傾向がある場合には，原因行為に実行行為性を肯定して，最終的に発生した結果をそれに帰属させることができるように思われます。

　ところで，このようにして，原因行為に実行行為性を肯定した場合，故意犯が成立するためには，実行行為時＝原因行為時に故意がなければならないのは当然のことでしょう。

```
┌─────────────────────────────────────────────────┐
│          故意犯における原因において自由な行為          │
│                                                     │
│  例：　飲酒（原因行為）→（責任無能力）→傷害（結果行為）  │
│      ①　傷害の故意あり      →      傷害の故意あり     │
│      ②　傷害の故意なし      →      傷害の故意あり     │
│      ③　傷害の故意あり      →      傷害の故意なし     │
│                                                     │
│  ＊二重の故意                                        │
│   ・・・原因行為時に，結果に関する認識に加え，責任無能力状態 │
│        になることについての認識も必要か？              │
└─────────────────────────────────────────────────┘
```

[10] 橋爪・悩みどころ 257 頁参照。
[11] 佐伯・考え方 328 頁など参照。

結果行為時に初めて故意が生じたような場合には，（発生した結果については）過失犯の成立可能性しか認められません。更に，故意犯が成立するためには，結果の発生を認識しているだけではなく，自らが責任無能力（あるいは限定責任能力）になることの認識も必要かどうかについて議論があります。この点に関しては，故意が認められるためには犯罪事実の認識が必要であるという出発点に立ち返ると，結果だけではなく，実行行為性の認識や因果経過の認識も必要だということになるでしょう[12]。そうすると，原因行為が実行行為になるためには，その意思決定に支配される形で結果行為が行われるか，あるいは，原因行為に結果行為を引き起こす顕著な傾向があることが必要なのですから，故意が認められるためにはこれらの認識も必要だということになるでしょう。従って，いずれの場合でも自らが責任無能力（あるいは限定責任能力）に陥ることの認識も必要である，ということになります（いわゆる「二重の故意」と呼ばれるのがこれです）[13]。

このように理解された構成要件モデルにとって困難な問題を提起するのが，結果行為が限定責任能力下で行われた場合の取扱いです。この場合，限定責任能力であるとはいえ有責な行為を行っているのですから，直ちに原因行為を実行行為だとは言いにくいところがあります。実際，この点が，原因において自由な行為を間接正犯に類似の構造をもつものとして説明する見解の弱点となっていました。なぜならば，限定責任能力者を利用する場合には，一般に間接正犯を肯定することは困難であると考えられているからです[14]。しかし，結果行為が責任無能力下で行われた場合には完全な責任を問い得るのに，限定責任能力下で行われた場合には刑が減軽されるというのはいかにも不均衡な感じがします。そこで，この場合にも完全な責任を問い得るのではないかということで，いろいろと議論がなされているところです。近時の有力な見解は，原因行為時の意思決定が結果行

---

[12] 橋爪・悩みどころ 261 頁参照。

[13] 構成要件モデルによれば，結果行為は原因行為の危険性が現実化する因果経過の一部にとどまるので，結果行為の時点で故意があることが常に必要だということにはならないでしょうが，原因行為時の意思決定に支配される形で結果行為が行われるという点に原因行為の危険性が認められるケースでは意思の連続性が必要となるので，結果行為の時点でも故意がなければならないということになるでしょう。

[14] 佐伯先生は，限定責任能力者を利用した間接正犯の成立を肯定され，そこから心神耗弱状態下で結果行為が行われた場合でも完全責任能力を肯定することができるという見解を示されています（佐伯仁志「コメント②」山口厚＝井田良＝佐伯仁志『理論刑法学の最前線』[2001 年] 164 頁以下）。

為においても連続している場合は，結果行為時に新たな意思決定が行われてはおらず，当初の意思決定がそのまま実現されることになるのだから原因行為に実行行為性を肯定することは可能であると考えます。他人に新たな意思決定を行わせることは必ずしも容易とは言えないが，既に行っている自らの意思決定に従って結果行為が行われる場合には，当初の意思決定通りに事が実現する可能性が高いと考えることには一定の合理性がありそうです。従って，少なくとも，このように意思が連続している場合には，結果行為が限定責任能力状態で行われたとしても，完全な責任を問うことはできるというべきでしょう[15]。

　以上のような構成要件モデルと比べて，例外モデルは結果行為を実行行為と見る点に特徴があります。このように考える理由の一つは，原因行為を実行行為と見ると未遂犯の成立時期が早すぎるというところにありますが，原因行為を実行行為だと考えても直ちにその時点で未遂犯の成立が認められることにはならないという点は既にみたところです。また，例外モデルは，責任とは行為への意思決定に対する否定的な評価であるという理解を前提にして，完全な責任能力のある原因行為時の意思決定に貫かれる形で結果行為＝実行行為が行われているのであるから，完全な責任を問い得るとします。しかし，このような考慮は，先に見たように構成要件モデルにおいても部分的に取り込まれているように思われます。

　他方で，例外モデルは，そのままだと原因行為時の意思決定が非難の対象になるのですから，原因行為と結果行為との間に特別な結びつきがなくとも完全な責任を問うことができることになりはしないか，という問題が提起されています。例えば，A の殺害を固く決意して，A 宅に向かう途中で，突然，発作に襲われ責任無能力状態になったところで A を殺害したという場合でも，例外モデルによれば完全な責任を問うことができそうですが，その結論には疑問が提起されています[16]。

　更に原因行為時に責任能力があることだけが問題であるとすれば，原因行為時に故意がない場合であっても結果行為時に故意があれば故意犯の成立を肯定することができるということになり不当である，との批判もなされているところです[17]。そのため，最近では，例外モデルを基調とする見解においても，原因行為

---

[15] 井田・総論 501 頁以下，佐伯・考え方 328 頁以下，橋爪・悩みどころ 260 頁以下など参照。

[16] 井田・総論 496 頁，松原・総論 327 頁など参照。

[17] 井田・総論 496 頁など。

138

が結果行為を招致する関係が必要であるとか，原因行為時にも故意がなければ故意犯の成立を肯定することはできない，といったことを要求することが多くなってきました。しかし，そうなると構成要件モデルとの違いはあまりないことになりそうですし，例外モデルを出発点とすることからどうしてそのような追加的な要求がなされるのかの説明も難しくなってくるように思われます。このようなことを考えると，例外モデルでしか説明が困難であるケースというのは，それほどないのではないかという印象を受けるところです。

　課題判例 13（最判昭 26・1・17 刑集 5・1・20）は，結果行為の時点では殺意がありますが，原因行為の時点では殺意がないので過失犯の成否が問題となるケースです。この判例は，「多量に飲酒するときは病的酩酊に陥り，因って心神喪失の状態において他人に犯罪の害悪を及ぼす危険ある素質を有する者は居常右心神喪失の原因となる飲酒を抑止又は制限する等前示危険の発生を未然に防止するよう注意する義務あるものといわねばならない」としています。これは，そのような危険な素質を有する者には，その危険が現実化することを回避する義務（結果回避義務）があるとして，原因行為にそのような義務違反を認めて過失犯の成立を肯定したものと解することができるでしょう。これは結果行為が故意行為のケースですが，結果行為が過失行為であっても，原因行為の注意義務違反の危険性が結果行為を介して結果に及んでいると評価できる場合には完全な責任を問うことができると思われます[18]。

　最後に，課題判例 14（長崎地判平 4・1・14 判時 1415・142）ですが，これは実行行為の途中で心神耗弱状態になったケースです。

---

[18] 例えば，大阪地判平元・5・29 判タ 756・265 では，酒酔い運転中に死傷事故を起こした事案に関し，交通事故を惹起した時点では心神喪失ないし少なくとも心神耗弱の状態にあったことを否定することができないが，飲酒を開始する時点で，飲酒を止めるか，酩酊に陥らないように飲酒量を抑制すべき注意義務が発生しており，その時点では責任能力があることから完全責任能力者として業務上過失致死傷罪の成立が認められています。

```
         実行行為の途中からの心神喪失・心神耗弱
                      暴行
        ━━━━━━━━━━━━━━━━━━━━━━▶ 死亡
                      心神喪失・心神耗弱
                      傷害（⇒死因）
   ・一連の実行行為と構成要件的結果との間に因果関係が肯定
     されるのであれば，途中で心神喪失・心神耗弱になったと
     いう事情は因果関係の錯誤の問題にすぎない
   ⇒一連の行為ではあっても途中で行為態様が異なるなど、一
     体的に評価することができない場合には原因において自由
     な行為の理論を適用しなければならないのではないか？
```

　この判決は，「本件は，同一の機会に同一の意思の発動にでたもので，実行行為は継続的あるいは断続的に行われたものであるところ，被告人は，心神耗弱下において犯行を開始したのではなく，犯行開始時において責任能力に問題はなかったが，犯行を開始した後に更に自ら飲酒を継続したために，その実行行為の途中において複雑酩酊となり心神耗弱の状態に陥ったにすぎないものであるから，このような場合に，右事情を量刑上斟酌すべきことは格別，被告人に対し非難可能性の減弱を認め，その刑を必要的に減軽すべき実質的根拠があるとは言いがたい。そうすると，刑法39条2項を適用すべきではないと解するのが相当である」と判示しています。結論として39条2項の適用を否定しているのですが，その理由付けが問題となります。この点に関しては，このようなケースは，一種の因果関係の錯誤にすぎず，原因において自由な行為の理論を経ずとも完全な責任を問うことができるとする見解が有力です[19]。そのように解することができるケースもあるでしょうが，責任無能力・限定責任能力状態での行為によって致命傷が生じたというようなケースでは原因において自由な行為の理論によらなければ完全な責任を認めることはできないのではないかと思います[20]。原因において自由な行為の理論の適用が必要か否かは，自らが責任無能力・限定責任能力に陥ることの認識を要するか否かという点で差異を生じさせることになるでしょう。

---

[19] 中森喜彦「実行開始後の責任能力の低下」中山古稀（3）225頁以下。もっとも，前提として，本件の場合，一連の暴行を，責任能力のある時点での意思決定によって貫かれた一体のものとして把握することができるかという点には疑問が提起されるかもしれません（三上正隆・百選Ⅰ［第8版］75頁参照）。

[20] 井田・総論503頁。

140

授業後の課題

　甲はAの殺害を企て，景気づけのために酒を飲み始めたところ，多量に飲酒したため，想定外に複雑酩酊状態になり，心神耗弱の状態になったところで，殺害行為に着手しAを刺殺した。この場合，甲に39条2項は適用されるかについて，簡潔に述べなさい。

考え方

　このケースの場合は，飲酒行為の段階で自己が心神耗弱状態に陥ることを認識しているわけではないので，いわゆる二重の故意を要求する立場からすれば，飲酒行為を実行行為として完全な責任を問うことは困難でしょう（構成要件モデルでは説明が難しいということです）。その場合には，39条2項の適用が認められることになります（もっとも，「酒を飲めば見境がなくなる」というような認識があれば[21]，自己が心神耗弱状態に陥ることの意味の認識はあったと解する余地はあるかもしれません）。

　これに対して，飲酒行為時の意思決定が継続していることを根拠にして完全な責任を問い得るという立場に立てば（例外モデルによる場合を想定しています），39条2項を適用しないという結論に至るかもしれません。ただ，現在では，後者のような立場に立つ論者も，二重の故意を要求することが多くなっているので，結論的には39条2項の適用を認める場合が多いでしょう。

　なお，このケースは，実行行為の途中で心神耗弱になった場合ではないことに注意してください。本問を因果関係の錯誤として論ずる答案を時々目にしますが，そのような見方をするためには，飲酒行為を実行行為と解する必要があります。しかし，それは構成要件モデルの発想なので，上述のように二重の故意が要求されるとすれば，その点で問題があることになるでしょう。他方で，例外モデルに立って説明するのであれば，刺殺行為が実行行為になるので，故意の存否もその時点での認識が問題になりますから，そうなると因果関係の錯誤として理解することは難しくなると思われます。

---

[21] 多量に飲酒すると他人に危害を加える危険な傾向を有するといったケースであれば，飲酒の時点で多量の飲酒を控えるべき注意義務があったとして39条2項を適用することなく（重）過失致死罪の成立を認めることは可能でしょう。この点は，39条2項が適用されるにせよ殺人罪の成立が認められるのであればあまり実益がないと思いますが，結果行為時に心神喪失であって（原因において自由な行為の理論を用いても）殺人罪の成立が認められない場合には検討に値する問題となるでしょう。

▸第9回◂

実行の着手

課題判例15

殺人，詐欺被告事件

最高裁判所第一小法廷平成15年（あ）第1625号

平成16年3月22日決定

　　　　　　　主　　　文

　本件各上告を棄却する。

　　　　　　　理　　　由

　被告人Aの弁護人S及び被告人Bの弁護人Fの各上告趣意は，いずれも単なる法令違反，事実誤認，量刑不当の主張であって，刑訴法405条の上告理由に当たらない。

　なお，所論にかんがみ，殺人罪の成否について職権で判断する。

1　1，2審判決の認定及び記録によると，本件の事実関係は，次のとおりである。

(1)　被告人Aは，夫のVを事故死に見せ掛けて殺害し生命保険金を詐取しようと考え，被告人Bに殺害の実行を依頼し，被告人Bは，報酬欲しさからこれを引受けた。そして，被告人Bは，他の者に殺害を実行させようと考え，C，D及びE（以下「実行犯3名」という。）を仲間に加えた。被告人Aは，殺人の実行の方法については被告人Bらにゆだねていた。

(2)　被告人Bは，実行犯3名の乗った自動車（以下「犯人使用車」という。）をVの運転する自動車（以下「V使用車」という。）に衝突させ，示談交渉を装ってVを犯人使用車に誘い込み，クロロホルムを使ってVを失神させた上，最上川付近まで運びV使用車ごと崖から川に転落させてでき死させるという計画を立て，平成7年8月18日，実行犯3名にこれを実行するよう指示した。実行犯3名は，助手席側ドアを内側から開ける

ことのできないように改造した犯人使用車にクロロホルム等を積んで出発したが，Ｖを
でき死させる場所を自動車で１時間以上かかる当初の予定地から近くの石巻工業港に変
更した。

(3) 同日夜，被告人Ｂは，被告人Ａから，Ｖが自宅を出たとの連絡を受け，これを実行
犯３名に電話で伝えた。実行犯３名は，宮城県石巻市内の路上において，計画どおり，
犯人使用車をＶ使用車に追突させた上，示談交渉を装ってＶを犯人使用車の助手席に誘
い入れた。同日午後９時30分ころ，Ｄが，多量のクロロホルムを染み込ませてあるタオ
ルをＶの背後からその鼻口部に押し当て，ＣもＶの腕を押さえるなどして，クロロホル
ムの吸引を続けさせてＶを昏倒させた（以下，この行為を「第１行為」という。）。その
後，実行犯３名は，Ｖを約２Km離れた石巻工業港まで運んだが，被告人Ｂを呼び寄せ
た上でＶを海中に転落させることとし，被告人Ｂに電話をかけてその旨伝えた。同日午
後11時30分ころ，被告人Ｂが到着したので，被告人Ｂ及び実行犯３名は，ぐったりと
して動かないＶをＶ使用車の運転席に運び入れた上，同車を岸壁から海中に転落させて
沈めた（以下，この行為を「第２行為」という。）。

(4) Ｖの死因は，でき水に基づく窒息であるか，そうでなければ，クロロホルム摂取に
基づく呼吸停止，心停止，窒息，ショック又は肺機能不全であるが，いずれであるかは
特定できない。Ｖは，第２行為の前の時点で，第１行為により死亡していた可能性があ
る。

(5) 被告人Ｂ及び実行犯３名は，第１行為自体によってＶが死亡する可能性があるとの
認識を有していなかった。しかし，客観的にみれば，第１行為は，人を死に至らしめる
危険性の相当高い行為であった。

2　上記1の認定事実によれば，実行犯３名の殺害計画は，クロロホルムを吸引させて
Ｖを失神させた上，その失神状態を利用して，Ｖを港まで運び自動車ごと海中に転落さ
せてでき死させるというものであって，第１行為は第２行為を確実かつ容易に行うため
に必要不可欠なものであったといえること，第１行為に成功した場合，それ以降の殺害
計画を遂行する上で障害となるような特段の事情が存しなかったと認められることや，
第１行為と第２行為との間の時間的場所的近接性などに照らすと，第１行為は第２行為
に密接な行為であり，実行犯３名が第１行為を開始した時点で既に殺人に至る客観的な
危険性が明らかに認められるから，その時点において殺人罪の実行の着手があったもの
と解するのが相当である。また，実行犯３名は，クロロホルムを吸引させてＶを失神さ
せた上自動車ごと海中に転落させるという一連の殺人行為に着手して，その目的を遂げ
たのであるから，たとえ，実行犯３名の認識と異なり，第２行為の前の時点でＶが第１
行為により死亡していたとしても，殺人の故意に欠けるところはなく，実行犯３名につ
いては殺人既遂の共同正犯が成立するものと認められる。そして，実行犯３名は被告人
両名との共謀に基づいて上記殺人行為に及んだものであるから，被告人両名もまた殺人
既遂の共同正犯の罪責を負うものといわなければならない。したがって，被告人両名につ

て殺人罪の成立を認めた原判断は，正当である。

　よって，刑訴法 414 条，386 条 1 項 3 号，181 条 1 項ただし書により，裁判官全員一致の意見で，主文のとおり決定する。

（裁判長裁判官　泉徳治　裁判官　横尾和子　裁判官　甲斐中辰夫　裁判官　島田仁郎　裁判官　才口千晴）

チェック

□本決定が実行の着手を肯定したことの基礎には，どのような理解があると考えられるか？

□本決定で実行の着手が問題とされたのはなぜか？

□本決定が殺人既遂罪の成立を認めているのは，いかなる理由によるものか？

課題判例16

詐欺未遂被告事件

最高裁判所第一小法廷平成 29 年（あ）第 322 号

平成 30 年 3 月 22 日判決

　　　　　　　主　　　文

　原判決を破棄する。

　本件控訴を棄却する。

　原審における未決勾留日数中 120 日を本刑に算入する。

　　　　　　　理　　　由

　検察官の上告趣意は，判例違反をいう点を含め，実質は単なる法令違反，事実誤認の主張であって，刑訴法 405 条の上告理由に当たらない。

　しかしながら，所論に鑑み，職権をもって調査すると，原判決は，刑訴法 411 条 1 号により破棄を免れない。その理由は，以下のとおりである。

1　第 1 審判決は，以下のとおりの犯罪事実を認定し，これが詐欺未遂罪に当たるものとして，被告人を懲役 2 年 4 月に処した。

　被告人は，警察官になりすまし，被害者（当時 69 歳）から現金をだまし取ろうと考え，氏名不詳者らと共謀の上，被害者が，平成 28 年 6 月 8 日，同人の甥になりすました者に，仕事の関係で現金を至急必要としている旨嘘を言われて，その旨誤信し，同人の勤務する会社の系列社員になりすました者に，現金 100 万円を交付したことに乗じ，あらかじめ被害者に預金口座から現金を払い戻させた上で，同人から同現金の交付を受ける意図の下，同月 9 日午前 11 時 20 分頃から同日午後 1 時 38 分頃までの間，氏名不詳者

らが，複数回にわたり，被害者方に電話をかけ，「昨日，駅の所で，不審な男を捕まえたんですが，その犯人が被害者の名前を言っています。」「昨日，詐欺の被害に遭っていないですか。」「口座にはまだどのくらいの金額が残っているんですか。」「銀行に今すぐ行って全部下ろした方がいいですよ。」「前日の100万円を取り返すので協力してほしい。」「僕，向かいますから。」「2時前には到着できるよう僕の方で態勢整えますので。」などと嘘を言い，被害者を，電話の相手が警察官であり，その指示に従う必要がある旨誤信させ，被害者に預金口座から預金の払戻しをさせた後，同日午後1時38分頃，警察官になりすました被告人が，被害者から現金の交付を受けようとしたが，同人方付近で警戒中の警察官に発見されて逮捕されたため，その目的を遂げなかった。

2　被告人は，第1審判決に対して量刑不当を理由に控訴したところ，原判決は，控訴理由に対する判断に先立ち，職権で以下のとおり判示して第1審判決を破棄し，本件において，詐欺罪にいう人を欺く行為（欺罔行為）は認められず，本件公訴事実は罪とならないとして，被告人に無罪を言い渡した。

　刑法246条1項にいう人を欺く行為とは，財物の交付に向けて人を錯誤に陥らせる行為をいうものと解される。被害者に対し警察官を装って預金を現金化するよう説得する行為は，財物の交付に向けた準備行為を促す行為であるものの，被害者に対し下ろした現金の交付まで求めるものではなく，詐欺罪にいう人を欺く行為とはいえず，詐欺被害の現実的，具体的な危険を発生させる行為とは認められない。第1審判決が認定した犯罪事実には，現金の交付という財物の交付に向けてなされた犯人の欺罔行為が記載されたと解し得るものがない点において，理由不備の違法がある。

3　しかし，原判決の上記判断は是認することができない。その理由は，以下のとおりである。

(1)　本件の事実関係

　第1審判決及び原判決の認定並びに記録によると，本件の事実関係は，次のとおりである。

ア　長野市内に居住する被害者は，平成28年6月8日，甥になりすました氏名不詳者からの電話で，仕事の関係で現金を至急必要としている旨の嘘を言われ，その旨誤信し，甥の勤務する会社の系列社員と称する者に現金100万円を交付した。

イ　被害者は，平成28年6月9日午前11時20分頃，警察官を名乗る氏名不詳者からの電話で，「昨日，駅の所で，不審な男を捕まえたんですが，その犯人が被害者の名前を言っています。」「昨日，詐欺の被害に遭っていないですか。」「口座にはまだどのくらいの金額が残っているんですか。」「銀行に今すぐ行って全部下ろした方がいいですよ。」「前日の100万円を取り返すので協力してほしい。」などと言われ（1回目の電話），同日午後1時1分頃，警察官を名乗る氏名不詳者らからの電話で，「僕，向かいますから。」「2時前には到着できるよう僕の方で態勢整えますので。」などと言われた（2回目の電話）。

ウ　被告人は，平成28年6月8日夜，氏名不詳者から，長野市内に行くよう指示を受

け，同月9日朝，詐取金の受取役であることを認識した上で長野市内へ移動し，同日午後1時11分頃，氏名不詳者から，被害者宅住所を告げられ，「お婆ちゃんから金を受け取ってこい。」「29歳，刑事役って設定で金を取りに行ってくれ。」などと指示を受け，その指示に従って被害者宅に向かったが，被害者宅に到着する前に警察官から職務質問を受けて逮捕された。

エ　警察官を名乗って上記イ記載の2回の電話をかけた氏名不詳者らは，上記ア記載の被害を回復するための協力名下に，警察官であると誤信させた被害者に預金口座から現金を払い戻させた上で，警察官を装って被害者宅を訪問する予定でいた被告人にその現金を交付させ，これをだまし取ることを計画し，その計画に基づいて，被害者に対し，上記イ記載の各文言を述べたものであり，被告人も，その計画に基づいて，被害者宅付近まで赴いたものである。

(2) 本件における詐欺罪の実行の着手の有無

　本件における，上記（1）イ記載の各文言は，警察官を装って被害者に対して直接述べられたものであって，預金を下ろして現金化する必要があるとの嘘（1回目の電話），前日の詐欺の被害金を取り戻すためには被害者が警察に協力する必要があるとの嘘（1回目の電話），これから間もなく警察官が被害者宅を訪問するとの嘘（2回目の電話）を含むものである。上記認定事実によれば，これらの嘘（以下「本件嘘」という。）を述べた行為は，被害者をして，本件嘘が真実であると誤信させることによって，あらかじめ現金を被害者宅に移動させた上で，後に被害者宅を訪問して警察官を装って現金の交付を求める予定であった被告人に対して現金を交付させるための計画の一環として行われたものであり，本件嘘の内容は，その犯行計画上，被害者が現金を交付するか否かを判断する前提となるよう予定された事項に係る重要なものであったと認められる。そして，このように段階を踏んで嘘を重ねながら現金を交付させるための犯行計画の下において述べられた本件嘘には，預金口座から現金を下ろして被害者宅に移動させることを求める趣旨の文言や，間もなく警察官が被害者宅を訪問することを予告する文言といった，被害者に現金の交付を求める行為に直接つながる嘘が含まれており，既に100万円の詐欺被害に遭っていた被害者に対し，本件嘘を真実であると誤信させることは，被害者において，間もなく被害者宅を訪問しようとしていた被告人の求めに応じて即座に現金を交付してしまう危険性を著しく高めるものといえる。このような事実関係の下においては，本件嘘を一連のものとして被害者に対して述べた段階において，被害者に現金の交付を求める文言を述べていないとしても，詐欺罪の実行の着手があったと認められる。

　したがって，第1審判決が犯罪事実のとおりの事実を認定して詐欺未遂罪の成立を認めたことは正当であって，第1審判決に理由不備の違法があるとして，これを破棄した原判決には，法令の解釈適用を誤った違法があり，この違法は判決に影響を及ぼすことが明らかであって，原判決を破棄しなければ著しく正義に反するものと認められる。

　よって，刑訴法411条1号により原判決を破棄し，なお，訴訟記録に基づいて検討す

ると，第1審判決は，被告人に対し懲役2年4月に処した量刑判断を含め，これを維持するのが相当であり，被告人の控訴は理由がないこととなるから，同法413条ただし書，414条，396条によりこれを棄却し，原審における未決勾留日数の算入につき刑法21条，当審及び原審における訴訟費用につき刑訴法181条1項ただし書を適用することとし，裁判官全員一致の意見で，主文のとおり判決する。なお，裁判官山口厚の補足意見がある。

裁判官山口厚の補足意見は，次のとおりである。

私は，法廷意見に賛同するものであるが，本件において詐欺未遂罪が成立することについて，理論的観点から意見を補足しておきたい。

詐欺の実行行為である「人を欺く行為」が認められるためには，財物等を交付させる目的で，交付の判断の基礎となる重要な事項について欺くことが必要である。詐欺未遂罪はこのような「人を欺く行為」に着手すれば成立し得るが，そうでなければ成立し得ないわけではない。従来の当審判例によれば，犯罪の実行行為自体ではなくとも，実行行為に密接であって，被害を生じさせる客観的な危険性が認められる行為に着手することによっても未遂罪は成立し得るのである（最高裁平成15年（あ）第1625号同16年3月22日第一小法廷決定・刑集58巻3号187頁参照）。したがって，財物の交付を求める行為が行われていないということは，詐欺の実行行為である「人を欺く行為」自体への着手がいまだ認められないとはいえても，詐欺未遂罪が成立しないということを必ずしも意味するものではない。未遂罪の成否において問題となるのは，実行行為に「密接」で「客観的な危険性」が認められる行為への着手が認められるかであり，この判断に当たっては「密接」性と「客観的な危険性」とを，相互に関連させながらも，それらが重畳的に求められている趣旨を踏まえて検討することが必要である。特に重要なのは，無限定な未遂罪処罰を避け，処罰範囲を適切かつ明確に画定するという観点から，上記「密接」性を判断することである。

本件では，預金口座から現金を下ろすように求める1回目の電話があり，現金が被害者宅に移動した後に，間もなく警察官が被害者宅を訪問することを予告する2回目の電話が行われている。このように，本件では，警察官になりすました被告人が被害者宅において現金の交付を求めることが計画され，その段階で詐欺の実行行為としての「人を欺く行為」がなされることが予定されているが，警察官の訪問を予告する上記2回目の電話により，その行為に「密接」な行為が行われていると解することができる。また，前日詐欺被害にあった被害者が本件の一連の嘘により欺かれて現金を交付する危険性は，上記2回目の電話により著しく高まったものと認められる。こうして，預金口座から下ろした現金の被害者宅への移動を挟んで2回の電話が一連のものとして行われた本件事案においては，1回目の電話の時点で未遂罪が成立し得るかどうかはともかく，2回目の電話によって，詐欺の実行行為に密接な行為がなされたと明らかにいえ，詐欺未遂罪の成立を肯定することができると解されるのである。

　検察官○○○，同△△△△　公判出席
（裁判長裁判官　池上政幸　裁判官　小池裕　裁判官　木澤克之　裁判官　山口厚　裁判官　深山卓也）

チェック
　□本判決はどのような考え方に基づいて実行の着手を肯定したものか？
　□犯人の行為が窃盗や強盗に該当する場合にも本判決と同じ時点で実行の着手を肯定することはできるか？

授　業

　今回のテーマは「実行の着手」です。実行の着手は，予備と未遂を区別する機能を営みます。予備罪は一定の重大犯罪についてしか処罰規定がなく，しかもその刑は一般に軽いものになっています。それに対して，未遂犯は多くの犯罪で処罰規定があり（44条参照），その刑は既遂犯の刑に対して任意的に減軽されるにとどまります。そのため，実行の着手が認められるかどうかは，予備罪処罰規定がない場合には処罰の可否を分けますし，予備罪処罰規定がある場合でも処罰の軽重に大きな影響を及ぼすのですから，その肯否は非常に重要な問題になります。

　また，実行の着手が認められるかどうかは，単にその犯罪の未遂犯で処罰されるかどうかだけでなく，更に別の犯罪の成否に関係してくる場合があります。例えば，事後強盗罪（238条）の「窃盗」には窃盗未遂犯人も含まれると解されていますので，窃盗の実行に着手すれば事後強盗罪が成立し得ることになります。従って，例えば，窃盗未遂犯人が逮捕を免れるために相手方に暴行を加えて傷害を負わせると，最終的には強盗致傷罪（240条）が成立することになります[1]。また，強制性交等の罪の未遂罪を犯し，よって人を死傷させた場合には強制性交等致死傷罪（181条2項）が成立します。このようにある犯罪の未遂が成立するとそれを前提とする別の重い犯罪が成立する場合がある（いわば犯罪の格上げが生ずる）ことには十分に注意する必要があります。判例でも，このような関係で実行の着手が争われる場合が少なくないのです[2]。

　さて，この実行の着手の判断基準に関しては，いくつかの見解が主張されてい

---

[1] ここでは，窃盗が未遂であると事後強盗罪は未遂にとどまりますが，強盗が未遂でも負傷結果が発生すれば強盗致傷罪は既遂となるという点に注意が必要です。

ます。

```
実行の着手に関する学説
㋐説：犯意の成立がその遂行的行為によって確定的に認められる
  時点（主観説）
㋑説：構成要件に属する行為，または，それに密接する行為を行っ
  た時点（形式的客観説）
㋒説：結果発生の現実的危険が発生した時点（実質的客観説）
  ⇒危険性の内実や主観的要素の考慮の仕方などの点で㋒説内部
  にもニュアンスの異なる見解がある。また，密接性のような形式
  的基準と危険性という実質的な基準の関係をどのように見るか
  といったことも問題となる。
```

　大別すると，犯意の成立がその遂行的行為によって確定的に認められる時点とする「主観説」，構成要件に属する行為，または，それに密接する行為を行った時点とする「形式的客観説」，結果発生の現実的危険が発生した時点とする「実質的客観説」に分けることができるでしょう。このうち主観説は，主観主義刑法理論を支持する論者によって主張されたものであり，行為者の社会的危険性が外部に現れた時点で既に処罰することは可能だとするものですが，行為者が犯罪を行おうとする意思は場合によってはかなり早い段階で外部的に明らかとなるケースも考えられるので，この見解では処罰時期が早くなりすぎる恐れがあると考えられ，今日では支持を失っています[3]。

　他方で，形式的客観説は，構成要件に属する行為＝実行行為を行うことが「実行に着手」することになるとするのはまさに形式的には正しいように見えますが，これは結局，実行行為とは何か，という問いに行きつき，その点を明らかにしなければ，単なるトートロジーの嫌いがあります。更に，仮に実行行為の内容を示すことができたとしても，それに取り掛からなければ実行の着手を肯定すること

---

[2] 判例教材でよく取り上げられる，最決昭 40・3・9 刑集 19・2・69（窃盗の実行の着手→事後強盗未遂→強盗致傷罪）や最決昭 45・7・28 刑集 24・7・585（強姦［強制性交］の実行の着手→強姦［強制性交］未遂→強姦［強制性交］致傷罪）などは，まさにそのような例です。
[3] この見解も「遂行的行為」を要求するので，必ずしも常に処罰時期が早くなりすぎるというわけではないと思われますが，何をもって「遂行的行為」とするかは必ずしも明確ではなく，また，そもそもそのような客観的な歯止めをかけなければならないところに，この見解の問題性が表れているといえるかもしれません。

はできないとすると，実行の着手時期が遅くなりすぎる場合があるとの批判もあ
ります。例えば，侵入窃盗の場合には，物色行為を行えば窃盗の実行の着手を肯
定するのが判例・通説ですが，物色行為は，それ自体として「窃取」（235 条）に
は当たらないでしょう。それにもかかわらず，物色行為の段階で窃盗の実行の着
手を肯定すべきだとすれば，実行行為そのものよりも前の行為の段階で実行の着
手を肯定する必要性が出てきます。そのため，形式的客観説も，今日では，実行
行為に密接な行為に取り掛かった段階で実行の着手を肯定しています。これは，
一面では，実行行為との近さを問題とする点で一定の形式的な枠組みを提供する
ものではありますが，他面で，どこまでが密接な行為となるのかを純粋に形式的
に判断することは困難であり，結局は何らかの実質的な観点を盛り込まざるを得
ない（あるいは，実質的な観点と併用しなければならない）でしょう[4]。

　そのようなわけで，現在は，実質的客観説が支配的になっているのですが，そ
こにも基本的な考え方の違いによりニュアンスの異なる見解があるようです。一
つには，そこにいう結果発生の危険性をどのような観点から理解するか，という
点での見方の違いがあります。大雑把に言うと，結果発生の危険性のある行為を
行ったかどうか，という行為の危険性を問題とするのか，それとも，結果の発生
がどの程度差し迫ったか，という結果から遡って結果発生の切迫度のような意味
で危険性を考えるのかという違いがみられるところです。この違いは，間接正犯
の実行の着手時期[5]や原因において自由な行為の実行の着手時期の判断において
具体的な違いとなって表れてきます。ここでは，この問題について詳論はしませ
んが，基本的な対立図式は頭に入れておいてください。

　もう一つのポイントは，危険性を判断する際に，行為者の主観面を考慮するか，
考慮するとしたならばそれはどのような内容まで考慮するか，という点の考え方
の違いです。学説の中には，行為者の主観面は考慮すべきでないとする見解もあ

---

[4] 高橋・総論 396 頁。
[5] 間接正犯の実行の着手時期に関しては，利用者基準説と被利用者基準説とに見解が分かれ
ています。例えば，東京にいる者が北海道にいる知人を毒殺するために毒入りチョコレート
を郵送したという場合（間接正犯の形態をとる離隔犯のケース），前者によれば郵送に付し
た時点で殺人罪の実行の着手が肯定されるのに対して，後者によると被害者方に到達した時
点で実行の着手が肯定される（大判大 7・11・16 刑録 24・1352）とされます。井田先生は，
結果発生の自動性と結果発生の時間的切迫性という視点から両説を対比されています（井
田・総論 441 頁以下）が，この視点はこの問題を整理する上で非常に有益なものなので，一
読しておくとよいでしょう。

ります。しかし、例えば、人にピストルの銃口が向けられている場合、それが殺意をもって行われたのか、威嚇のために行われたのか、銃の手入れをしているときに偶々そうなったのか、という点を考慮に入れなければ、殺人罪の実行の着手の有無を判断することは困難でありましょう。従って、故意は考慮されなければならないと思います。問題は、それを超えた行為者の犯行計画のようなものまで考慮すべきかどうかという点です。そのようなものまで考慮するのは危険判断を不明確に主観化するとともに、未遂処罰時期を早めすぎるとして否定的に解する見解もありますが[6]、現在では、これも考慮すべきであるという見方が有力だといえるでしょう。このような見方には理由があると思います。例えば、物色行為に窃盗の結果発生の危険性が認められるのは「目的物を発見して取ろう」と思って物色していること、つまり、見つけたら直ちに窃取行為に出ようとする意思で行為に出ているからだと考えるべきではないでしょうか。行為者が次に何をするつもりなのかによってその後の事態の推移は左右されるでしょうから、結果発生に至る危険性もそのような行為者の意思によって影響を受けることになるでしょう。そうだとすれば、ある行為の段階で結果発生の危険性が認められるかどうかを判断する際には、その次に行為者は何をするつもりだったのかという意思を考慮しなければならず、それは結局犯行計画を考慮することになると思われます[7]。

　なお、犯行計画を考慮すると実行の着手が肯定されやすくなると考えがちですが、必ずしもそうとは限りません。例えば、自動車の中に無理やり引きずり込むという行為が、直後に殺害するために行われた場合と、別の場所に監禁して状況次第では殺害することも辞さないというつもりで行われた場合を比べると、後者の場合であれば、犯行計画を考慮した方が、むしろ殺人の実行の着手時期は後になる可能性があるでしょう[8]。更に、犯行計画自体が荒唐無稽であったり実現可能性の低いものであったりする場合には、いくら犯行計画を考慮しても結果発生の危険性が認められないというケースも当然あるでしょう[9]。要は、犯行計画の通りに事が運んで結果発生に至る危険性が、問題となる行為の時点であるといえるのかを判断するということだと思われます。

---

[6] 内藤・総論（下）Ⅱ1227頁。なお、大谷先生は、実行の着手に当たるかどうかは修正された構成要件に該当するかどうかの類型的判断であるから、故意（または過失）のみを考慮すべきであるとされます（大谷・総論366頁）。
[7] 橋爪・悩みどころ278頁以下参照。

　このような学説の議論状況を踏まえて，実行の着手に関する判例の考え方を見てみると，おおよそ次のようにまとめることができるのではないかと思います。

```
判例の判断枠組み

前提：行為者の犯行計画を考慮する
判断基準：
①形式的基準：実行行為に密接な行為に取り掛かったか
②実質的基準：結果発生の客観的危険性が認められるか
```

　まず，判例は，実行の着手を判断する際に行為者の犯行計画を考慮に入れています。そして，それを前提として，結果発生の危険性の有無を判断するというのが基本的な考え方のように見受けられます（判例は，この危険性について「客観的な危険性」という表現を用いることが多いようです）。他方で，判例では，直接結果を発生させる行為に「密接な行為」であることを指摘して実行の着手を肯定する例もよく見受けられます。ここには，実行行為を基準にしてそれに密接な行為か否かという形式面にも留意していることがうかがわれるでしょう。これらを全体としてみると，行為者の犯行計画も考慮した上で，実行行為に密接な行為かという形式的基準と，結果発生の（客観的な）危険性という実質的基準とを併用する[10]，というのが，実行の着手に関する判例の考え方であるといえそうです。

　このような判例の考え方が，はっきりと表れているのが課題判例15（最決平16・3・22刑集58・3・187［クロロホルム事件］）です。

---

[8] もっとも，これに対しては，後者の場合には殺害行為にとりかかっていないのだから犯行計画を考慮しなくとも当然に実行の着手は否定されるのであり，むしろ，前者の場合において犯行計画を考慮することから実行の着手時期が早められているとみるべきではないかといった疑問が提起されるかもしれません。ただ，仮に前者の場合は実行の着手を肯定することができるのに対して後者の場合には肯定することができないという結論が支持されるとすれば，客観的には自動車に引きずり込む行為として変わりがないのですから，この違いは犯行計画を考慮することによって説明されることになるでしょう。従って，少なくとも，犯行計画を考慮することによって常に実行の着手時期が早くなるというわけではない，ということは言えると思います。なお，前掲最決昭45・7・28に関して，犯行計画を重視して，ダンプカーに引きずり込んだ段階では実行の着手は認められないとする見解として，野村稔『未遂犯の研究』（1984年）302頁があります。
[9] 橋爪・悩みどころ284頁。

最決平16・3・22刑集58・3・187
（クロロホルム事件）

「Ⓐ実行犯3名の殺害計画は，クロロホルムを吸引させてVを失神させた上，その失神状態を利用して，Vを港まで運び自動車ごと海中に転落させてでき死させるというものであって，①第1行為は第2行為を確実かつ容易に行うために必要不可欠なものであったといえること，②第1行為に成功した場合，それ以降の殺害計画を遂行する上で障害となるような特段の事情が存しなかったと認められることや，③第1行為と第2行為との間の時間的場所的近接性などに照らすと，ⓐ第1行為は第2行為に密接な行為であり，ⓑ実行犯3名が第1行為を開始した時点で既に殺人に至る客観的な危険性が明らかに認められるから，その時点において殺人罪の実行の着手があったものと解するのが相当である。また，Ⓑ実行犯3名は，クロロホルムを吸引させてVを失神させた上自動車ごと海中に転落させるという一連の殺人行為に着手して，その目的を遂げたのであるから，たとえ，実行犯3名の認識と異なり，第2行為の前の時点でVが第1行為により死亡していたとしても，殺人の故意に欠けるところはなく，実行犯3名については殺人既遂の共同正犯が成立するものと認められる。」

・下線部Ⓐ：犯行計画の考慮
・下線部①〜③：具体的な考慮要因
・下線部ⓐ：密接行為性
・下線部ⓑ：結果発生の客観的危険性
・下線部Ⓑ：因果関係の錯誤？

　本決定は，「Ⓐ実行犯3名の殺害計画は，クロロホルムを吸引させてVを失神させた上，その失神状態を利用して，Vを港まで運び自動車ごと海中に転落させてでき死させるというものであって，①第1行為は第2行為を確実かつ容易に行うために必要不可欠なものであったといえること，②第1行為に成功した場合，それ以降の殺害計画を遂行する上で障害となるような特段の事情が存しなかったと認められることや，③第1行為と第2行為との間の時間的場所的近接性などに照らすと，ⓐ第1行為は第2行為に密接な行為であり，ⓑ実行犯3名が第1行為を開始した時点で既に殺人に至る客観的な危険性が明らかに認められるから，そ

---

[10] この「密接性」という基準と「危険性」という基準は，それぞれ個別に確定される（確定できる）ものでしょうか，それとも，両者には何らかの必然的な関係があるのでしょうか？例えば，密接性は肯定できるが危険性は肯定できないというケースだとか，逆に密接性は肯定できないが危険性は肯定できるといったケースは，あるのでしょうか？　あるとすれば，どのような場合でしょうか？　抽象的に言うと，この問いは，この2つのファクターは独立変数なのか，と表現することができるのではないかと思います。皆さんはどう考えるでしょうか？

の時点において殺人罪の実行の着手があったものと解するのが相当である」と判示しています。下線部Ⓐは，行為者の犯行計画を考慮していることを示しています。それを前提にして，①〜③の具体的な事情を考慮した上で，密接な行為という形式的な基準（下線部ⓐ）と結果発生に至る客観的な危険性という実質的な基準（下線部ⓑ）の双方に照らして，いずれも肯定できるということを確認して実行の着手を肯定しています。

　ここでやや注意を要するのは，①〜③の取扱いです。学生さんの答案では，この①〜③を実行の着手を判断する際のいわゆる規範のようなものとして位置付けているのではないかと思われる書きぶりのものがよく見られます。しかし，この部分は，それ自体が実行の着手を判断する際の規範（あるいは，実行の着手を判断する際に常にその存否を確認しなければならない判断要素）であるとは思われません（例えば，物色行為について窃盗罪の実行の着手を判断するときに，このようなことを並べるでしょうか？）。規範の部分は，あくまで，行為者の犯行計画を考慮した上で，実行行為に密接な行為といえるかという形式面と，結果発生の客観的な危険性が認められるかという実質面との両面から実行の着手を判断するというものだと考えるべきでしょう。この事案の場合には，第1行為と第2行為との独立性が比較的高いために，それでもなお第1行為の時点で実行の着手を肯定することができる，というためには，相応の事情をあげて説明する必要があったことから，このような書きぶりになったとみるべきでしょう[11]。

　本決定が第1行為に実行の着手を肯定したことについては，ほとんど異論がありませんが，その根拠をどこに求めるのか，とりわけ，結果発生の危険性の内容をどのように理解するのか，という点に関しては，見解が分かれる余地があります。すなわち，第1行為それ自体に直接結果を発生させる危険性があったから実行の着手が肯定されたのだという見方と，第1行為それ自体に直接結果発生の危険性があったことが決定的なのではなく，第1行為の時点で第2行為を経由して結果発生に至る危険性が既に存在していたことが実行の着手を肯定する本質的な根拠である，という見方がそれです。この違いは，例えば，第1行為がそれ自体

---

[11] 本件の調査官解説では，本決定は，「実行犯の殺害計画の内容も判断資料に加えた上で，被害者にクロロホルムを吸引させて失神させる行為（第1行為）が密接性という基準と危険性という基準を満たすかどうか検討し」，①〜③の事情を重視して，「第1行為を開始した時点で殺人罪の実行の着手があったとしたものであると思われる」とされています（平木正洋・最判解平成16年度174頁以下）。

としては致死的な作用を有していないが十分な時間眠らせて抵抗を排除することができる睡眠薬を投与するという行為だったいうような場合に顕在化してくるでしょう。既に見ましたが，実行の着手を認める根拠となる結果発生の危険性は，その行為の時点で計画通りに事が運んで結果発生に至る危険性のことだと理解するのであれば，当該行為それ自体に直接結果を発生させる危険性があることは実行の着手を肯定するための必須要素だとまではいえないでしょう。このことは，例えば，物色行為それ自体には占有移転という窃盗の結果を直接発生させる危険性は含まれていないけれども，目的物を発見すれば直ちに窃取するのだから，物色行為の時点でその後に窃取行為により窃盗の結果が発生する危険性が肯定できる，ということからも明らかであるように思われます[12]。

　ところで，本決定は，このように実行の着手について重要な判断をしているのですが，最終的に問題となっているのは，殺人未遂罪の成否ではなく，殺人既遂罪の成否です。どうして，殺人既遂罪の成否が問題となったのに，最初に実行の着手が判断されたのでしょうか？　実は，この点が，この判例の分かりにくいところの一つなのです。

　まず，予備行為から発生した結果については故意既遂犯を認めることはできない，という点については異論がありません。ですので，とりあえず未遂段階に至ったかどうかを判断することに意味がないわけではありませんが，結果が発生している場合には，通常は当該犯罪の実行行為があるはずなので，端的に既遂犯の成否を検討すればよいはずです。ところが，この判例の事案では，まさにその点に問題があったように思われます。というのも，この事案では，行為者は被害者を海中に転落させて（第2行為）殺害することにしていたので，この第2行為が実行行為なのではないか，しかしそうだとすると第1行為の時点では行為者に実行行為に当たる事実の認識がないので故意が否定されることになりはしないか，ということが問題となるからです。そこで，本決定は，おそらく，第1行為に実行の着手が認められることを確認した上で，それ以降の一連の行為を「一連の殺人行為」＝殺人罪の実行行為ととらえ，第1行為の時点で既に実行行為に当たる行為を行っている認識があり，ただ，その後の経過が予想していたものと異なったということで因果関係の錯誤に当たるが，因果関係の錯誤は故意を阻却しないと

---

[12] 平木・前掲170頁以下参照。

いう筋で考えたのではないかと思われます[13]。

　もし，本決定の論理がこのようなものであるとすれば，そこでは実行の着手の判断が，未遂犯の成立を基礎づけるだけでなく，実行行為それ自体を拡張する役割も果たしていることになるでしょう。ここが非常に分かりにくいところです。なぜならば，実行の着手を判断しているところでは，第1行為は第2行為に密接な行為であるという点が重視されていますが，通常，この「密接な行為」は，「実行行為に密接な行為」であって，それ自体が実行行為だとは解されていなかったからです（そのことは窃盗罪における物色行為の位置づけを考えてみれば明らかでしょう）[14]。それにもかかわらず，実行の着手を肯定することによってその後の一連の行為を「一連の実行行為」とすることには理論的な整合性に疑問が残るところです[15]。もっとも，このような問題意識は，学修の段階ではもってもらいたいものの，試験の答案で書く場面はないでしょう（時間と紙幅が限られている試験の場では，むしろ触れない方が賢明かもしれません）。そういうわけで，本決定の事案のような「早すぎた構成要件の実現」のケースに関しては，特段の問題がなければ，問題の所在を示したうえで，①第1行為の時点で実行の着手を肯定することができるか，それが肯定できたならばそれ以降の一連の行為を一連の実行行為ととらえ，②それと発生した結果との間に因果関係を肯定することができるか（クロロホルム事件の場合にはこの点は問題となりませんでした），それが肯定できるならば，第1行為の時点で一連の実行行為に当たる行為を行っている認識があり，③その後に因果関係の錯誤が生じているが因果関係の錯誤は故意を阻却しないから，結論として故意既遂犯が成立する，という流れで論じられれば大丈夫だと思います。

　さて，課題判例15により判例の実行の着手に関する考え方はほぼ確立したかのような感がありましたが，近時，若干の動きがありますので，その点にも触れて

[13]　平木・前掲181頁，小池信太郎・百選 I（第8版）131頁参照。これに対して，既遂の故意を否定し，殺人未遂罪が成立するにとどまるとするものとして，高橋・総論186頁，林・総論249頁，松原・総論315頁。

[14]　課題判例16における山口裁判官の補足意見では，「犯罪の実行行為自体ではなくとも，実行行為に密接であって，被害を生じさせる客観的な危険性が認められる行為に着手することによっても未遂罪は成立し得る」として，課題判例15が参照されています。

[15]　未遂犯の構成要件に該当する行為のことも実行行為と呼ぶ場合がありますが，その場合でも既遂犯の構成要件に該当する行為としての実行行為とは区別されるのが一般です（井田・総論200頁，山口厚『新判例から見た刑法〔第3版〕』[2015年]89頁など。なお，松原・総論310頁）。この点に関する私見については，髙橋直哉「実行の着手論雑考」研修854号（2019年）3頁以下。

おきましょう。特に注目されているのが課題判例 16（最判平 30・3・22 刑集 72・1・82）です。本件では，いくつかの嘘を重ねて被害者から現金を詐取しようとしていたのですが，被害者に現金の交付を求める前の段階で逮捕されてしまっています。本決定は，詐欺罪の実行の着手を認めたのですが，それがいかなる論理によるかは，必ずしも明確ではありません[16]。その点を探る手掛かりとして，山口裁判官の補足意見を見ると，この判断は「クロロホルム事件」の判断枠組みと同じ考え方をしたものではないか，ということがうかがわれますが，法廷意見はその点を明示していないため，別異に解釈する余地もあるのではないかということが議論されているのです[17]。その中でも，結果発生の危険性という観点ではなく，行為者の犯行計画を前提として，犯行の進捗度によって実行の着手を判断するべきであるとする有力な見解[18]が唱えられており，今後の動向が注目されるところです[19]。

　最後に，課題判例 16 に関連して，もしこれが詐欺ではなく，いわゆるキャッシュカードの「すり替え作戦」のような窃盗に当たる事案やアポ電強盗のような強盗に当たる事案であったとしたら，同じ段階で犯行がとん挫したときに，それぞれの犯罪についての未遂犯が成立するかどうか，という点も興味深い問題かと思います。ここでは，実行の着手を判断する際の形式的な限界の一つとして構成要件的特徴を備えた行為に取り掛かることが必要か[20]（例えば，強盗罪であったら，直接財物を奪う手段としての暴行・脅迫には取り掛かっていないとしても，少なくとも暴

---

[16] 法廷意見では，「本件嘘の内容は，その犯行計画上，被害者が現金を交付するか否かを判断する前提となるよう予定された事項に係る重要なものであったと認められる」と判示されています。この「交付するか否かを判断する前提となるよう予定された事項に係る重要なもの」という表現が，「交付の判断の基礎となる重要な事項」と同趣旨のことを述べているのだとすれば，この嘘自体が（一連の）「欺罔行為（＝実行行為）」であるとみることも不可能ではなさそうです。これに対して，山口裁判官の補足意見が，本件嘘を「欺罔行為（＝実行行為）」の一部と見ていないことは明らかです。

[17] 本判決の調査官解説では，「計画的，段階的犯行であることを踏まえて，実行の着手を判断するという点では，クロロホルム事件……の判断手法が踏襲されていると考えられる」としつつも，危険性の判断においては異なるところがあるのではないかということが示唆されています（向井香津子・最判解平成 30 年度 88 頁以下）。

[18] 樋口亮介「実行の着手—最高裁第一小法廷平成 30 年 3 月 22 日判決を踏まえて—」東京大学法科大学院ローレビュー 13 巻（2018 年）56 頁以下。

[19] 佐藤拓磨「詐欺罪における実行の着手」刑ジャ 57 号（2018 年）21 頁以下，安田拓人「特殊詐欺における実行の着手」法時 92 巻 12 号（2020 年）7 頁以下など参照。

[20] 西田先生は，この点を強調されています（西田・総論 324 頁以下）。

行・脅迫に当たる行為には取り掛かっている必要があるかどうかというようなことです），ということが新たな問題点として浮かび上がってきています。

最判平 30・3・22 刑集 72・1・82

「これらの嘘（以下「本件嘘」という。）を述べた行為は，被害者をして，本件嘘が真実であると誤信させることによって，あらかじめ現金を被害者宅に移動させた上で，後に被害者宅を訪問して警察官を装って現金の交付を求める予定であった被告人に対して現金を交付させるための計画の一環として行われたものであり，本件嘘の内容は，その犯行計画上，被害者が現金を交付するか否かを判断する前提となるよう予定された事項に係る重要なものであったと認められる。そして，このように段階を踏んで嘘を重ねながら現金を交付させるための犯行計画の下において述べられた本件嘘には，預金口座から現金を下ろして被害者宅に移動させることを求める趣旨の文言や，間もなく警察官が被害者宅を訪問することを予告する文言といった，被害者に現金の交付を求める行為に直接つながる嘘が含まれており，既に 100 万円の詐欺被害に遭っていた被害者に対し，本件嘘を真実であると誤信させることは，被害者において，間もなく被害者宅を訪問しようとしていた被告人の求めに応じて即座に現金を交付してしまう危険性を著しく高めるものといえる。このような事実関係の下においては，本件嘘を一連のものとして被害者に対して述べた段階において，被害者に現金の交付を求める文言を述べていないとしても，詐欺罪の実行の着手があったと認められる。」

☞キャッシュカードのすり替え作戦やアポ電強盗の場合にはどのように判断されるべきであろうか？

授業後の課題

　甲は，乙と共謀して，警察官になりすましてキャッシュカードを手に入れようと考え，次のような計画を立てた。まず，乙が，A に対し，電話で，警察官を名乗り，金融機関の口座から現金が不正に引き出されているので A 方を訪れる金融庁職員の指示に従ってキャッシュカードを封筒に入れるなどの手続をする必要があるなどとうそを言い，その後に，甲が，金融庁職員を装い A 方を訪れ，玄関内で，用意した封筒を A に渡してその中に本件被害品であるキャッシュカード 2 枚を入れさせて糊で封をしたところで，A に印鑑をもってくるように要求して，その間に，キャッシュカードが入った封筒を，あらかじめ用意したポイントカード 2 枚入りのダミー封筒とすり替えて，戻ってきた A にダミー封筒に封緘させ，大事に保管するようになどと指示して，キャッシュカード入りの封筒を所持して A 方から立ち去るというものである。この計画に基づいて，乙が A に電話をかけ，A に真に金融庁職員が

来訪するように誤信させ，数分後に金融庁職員になりすました甲が，A方に赴き，A方近辺の路上で乙に確認の電話をしていたところ，警戒中の警察官に職務質問されたため，その目的を遂げなかった。

甲及び乙の罪責について検討しなさい。

考え方

まず，甲らの計画通りに事が運んでいたならば，何罪が成立するかが問題となりますが，Aに交付行為を認めることは困難であるように思われますので，窃盗罪が成立すると考えるのが妥当でしょう。

そうすると，本問では窃盗未遂罪が成立するのか，就中，実行の着手の肯否が問題になります。この点については，課題判例16の判断に照らすと，詐欺か窃盗かの違いはあるものの，全体の計画の下にこの嘘を一連のものとして被害者に述べた段階で，窃盗の実行の着手を肯定することができる，という考え方があり得ると思われます。このとき，行為者の計画を前提に，被害者方ですり替える行為を実行行為だと見て，その前の嘘をそれに密接な行為であり，その時点で結果発生の客観的な危険性が認められる，といった形で論ずるならば，理論的な説明としてもそれなりの説得力のあるものだと見ることができるでしょう。例えば，大阪地判令元・10・10LEX/DB25566238は，警察官及び金融庁職員になりすましてキャッシュカードを窃取しようと考え，氏名不詳者らと共謀の上，氏名不詳者が，C方に電話をかけ，Cに対し，警察官及び金融庁職員を名乗り，Cの名前が詐欺犯人の所持品に記載されており，詐欺犯人がC名義の口座から出金するかなどを調査するため，C方を訪問する金融庁職員の指示に従ってキャッシュカードを封筒に入れるなどの手続をする必要がある旨うそを言い，さらに，金融庁職員になりすました被告人が，Cをして，Cが管理するC名義のキャッシュカードを封筒に入れさせた上，Cが目を離した隙に，同封筒を同形状の封筒とすり替えて同キャッシュカードを窃取するため，C方付近路上を訪れ，氏名不詳者からの指示を待っていたが，警戒中の警察官に職務質問されたため，その目的を遂げなかったという事案に関して，「架け子による欺罔行為や被告人の待機行為は，計画されていた被告人によるすり替え行為と密接な行為であり，架け子による欺罔行為が行われた時点で既に被告人によるすり替え行為が行われる客観的な危険性が飛躍的に高まったと認められるから，その時点において窃盗罪の実行の着手があった」と判示しています[21]。

他方で，窃盗の場合は，詐欺の場合とは異なり，その本質はあくまで相手方の意思に反する占有の移転にあるという点を強調して，その直前の行為の時点で実行の着手を認めるとしても，それは占有を弛緩させるための嘘（本問で言えば，甲がA宅でつく予定であった嘘）に限定されるべきであるといった考え方もあり得るでしょう[22]。

---

[21] 本件については，杉本一敏・法教483号（2020年）167頁参照。

―――――――――
22 横浜家裁川崎支決令 2・1・14 判タ 1484・252 は，氏名不詳者が被害者に電話をし，A が警察官を装って被害者方を訪問するというすり替え型キャッシュカード窃盗の事案において，クロロホルム事件決定の判断枠組みを採用した上で，「氏名不詳者が被害者に対して行った一連の発言は A のすり替え行為と密接に関連し，一連の発言がされ，A が被害者方のインターホンを押した時点で，すり替え行為が行われる客観的な危険が飛躍的に高まったと認められるから，遅くともその時点では窃盗未遂罪が成立すると考えられる」と判示しています（同旨の裁判例として東京高判令 3・3・11 公刊物未搭載 [吉川卓也・研修 877・15 に紹介があります]）。前掲大阪地判令元・10・10 に比べると実行の着手時期が少し遅くなっているように見えますが，「遅くとも」としているところからは，実行の着手時期についてはいろいろな見方があり得るものの，いずれにせよインターホンを押すところまでいけば実行の着手は十分に肯定できるだろうというニュアンスが伺われるので，それ以前の段階で実行の着手を認めることはできないというようなことまで判断したものではないでしょう（なお，杉本一敏・法教 494 号 [2021 年] 139 頁参照）。

▶第 **10** 回◀

不能犯・中止犯

基本事項の確認

□不能犯の意義について確認しなさい

□未遂犯と不能犯の区別に関する諸見解を整理しなさい

□中止犯の意義について確認しなさい

□中止犯の法的性格に関する諸見解を整理しなさい

□中止犯の成立要件を確認しなさい

課題判例⒄

殺人等被告事件

広島高等裁判所昭和 34 年（う）第 294 号

昭和 36 年 7 月 10 日第一部判決

主　　文

　原判決中被告人 T に関する原判示第 3 の(2)に関する部分を除きその余を破棄する。

　被告人 F を懲役 15 年に，T を懲役 3 年に各処する。

　原審における未決勾留日数中被告人 F に対しては 120 日を被告人 T に対しては 60 日を右各懲役刑に算入する。

　押収にかかる日本刀 1 振（昭和 34 年押第 59 号）はこれを没収する。

理　　由

　検察官並びに弁護人 H の各控訴の趣意は記録編綴の各作成名義控訴趣意書記載のとおりであるから，ここにこれを引用する。

　これに対する当裁判所の判断は次のとおりである。

　検察官の論旨について

　所論は原審の被告人 F に対する量刑は軽きに失し不当であるというのである。よって記録並びに当審証拠調べの結果を検討するに，同被告人の本件犯行（原判示第 1 の）は

被害者Sが好意的に被告人等のため荷物運搬の手伝をしてやっていた際原判決認定のとおりのやりとりの後敢行されたものであるところ、その際同被告人が右Sに対し「たあ坊すまんじゃったのお」と言った言葉は故意に同人の感情を刺戟し、殺人のきっかけを作ろうとしたものと解すべき相当の根拠がないでもないのであるが、仮りにそうでないとしてもその無礼をとがめられた上左顳顬部を1回手拳で殴られた位のことで、たやすく殺人を決意し車中から逃がれようとしていた無防備無抵抗な右Sに対し、至近距離から第1弾を発射し、同人の左側胸部に命中させて胸腹部貫通右上腕盲貫銃創を負わせ、必死に逃亡しようとする同人を尚執拗に追跡し原判示M歯科医院玄関前に逃げ込んだ同人に対し更に至近距離から第2弾第3弾を続いて発射し、同人の左顳顬部背部にそれぞれ命中させて頭部貫通銃創背部貫通銃創を負わしめ、右第2弾による頭部貫通銃創により右Sをその場に即死せしめているのであって（当審鑑定人O作成の鑑定書参照）その卑劣、非人情にして残忍なる犯行の手口に対しては、記録にあらわれた同被告人と右S間の従来の対立関係を考慮に入れても尚いささかも同情の余地を見出し得ないのである。かような本件犯行の動機、態様、被害法益の重大性、此の種事犯の社会治安に及ぼす影響（此の種事案については検察官所論のごとく報復的殺傷事件の続発する懸念のあることも考慮に入れなければならない）等諸般の情状を彼此考量するに原審の量刑は軽きに失するものというべく原判決中同被告人に関する部分は此の点において破棄を免かれない。論旨は理由がある。

　弁護人Hの論旨第1点について

　所論は原判示第1の事実につき事実の誤認を主張し、被告人Tは被告人Fの原判示3発の銃撃により既に死亡していた被害者Sの死体に日本刀を以て損傷を加えたに過ぎないのであるから、同被告人の所為は殺人罪に該当しないというのである。よって記録並びに当審証拠調べの結果を検討するに、当審鑑定人O、同K各作成にかかる鑑定書の各記載によれば被告人TがSに対し原判示傷害を加えたときには、Sは被告人Fによって加えられた原判示銃撃により既に死に一歩を踏み入れておったもの即ち純医学的には既に死亡していたものと認めるのが相当である。右認定に反する医師D作成の鑑定書、同U作成の鑑定書、証人Nの原審公判廷における供述、当審公判準備における証人Bの供述は前記各証拠に照しとうてい措信しがたいところである。してみると原審が被害者Sの死亡が被告人Fの与えた銃創と、被告人Tの与えた刺創とに因るものであると認定したのは事実の誤認であるというの外なく、右誤認は同被告人の判決に影響を及ぼすこと明らかであるから原判決中同被告人に関する部分は爾余の点につき判断を俟つまでもなく此の点において破棄を免がれない。論旨は理由がある。（尤も論旨は被告人TはSの死体に対し損傷を加えたに過ぎないから、その所為は死体損壊罪に該当すると主張するのである。なるほど同被告人がSに対し原判示傷害を加えたときには同人は既に死亡していたものであることは前認定のとおりであるが、原判決挙示の証拠によれば、被告人Tは原判示A組事務所玄関に荷物を運び入れていた際屋外で拳銃音がしたので、

被告人ＦがＳを銃撃したものと直感し，玄関外に出てみたところ，被告人ＦがＳを追いかけており，次いで両名が同事務所東北方約30米のところに所在するＭ歯科医院邸内に飛び込んだ途端2発の銃声が聞えたが，被告人Ｆの銃撃が急所を外れている場合を慮り，同被告人に加勢してＳにいわゆる止めを刺そうと企て，即座に右玄関付近にあった日本刀を携えて右医院に急行し，被告人Ｆの銃撃により同医院玄関前に倒れていたＳに対し同人がまだ生命を保っているものと信じ殺意を以てその左右腹部，前胸部その他を日本刀で突き刺したものであることが認められる。そして原審鑑定人Ｕの鑑定書によれば「Ｓの直接の死因は頭部貫通銃創による脳挫創であるが，通常同種創傷の受傷者は意識が消失しても文字どおり即死するものでなく，真死に至るまでには少くとも数分ないし十数分を要し，時によってはそれより稍長い時間を要することがあり，Ｓの身体に存する刺，切創は死後のものとは認め難く生前の頻死時近くに発生したものと推測される」旨の記載があり，一方当審鑑定人Ｏの鑑定書によれば「Ｓの死因はＭ歯科医院前で加えられた第2弾による頭部貫通銃創であり，その後受傷した刺，切創には単なる細胞の生的反応は認められるとしても，いわゆる生活反応が認め難いから，これら創傷の加えられたときには同人は死に一歩踏み入れていたもの即ち医学的には既に死亡していたものと認める」旨の記載があり，当裁判所が後者の鑑定を採用したものであることは前に記述したとおりである。

　このように，Ｓの生死については専門家の間においても見解が岐れる程医学的にも生死の限界が微妙な案件であるから，単に被告人Ｔが加害当時被害者の生存を信じていたという丈けでなく，一般人も亦当時その死亡を知り得なかったであろうこと，従って又被告人Ｔの前記のような加害行為によりＳが死亡するであろうとの危険を感ずるであろうことはいづれも極めて当然というべく，かかる場合において被告人Ｔの加害行為の寸前にＳが死亡していたとしても，それは意外の障害により予期の結果を生ぜしめ得なかったに止り，行為の性質上結果発生の危険がないとは云えないから，同被告人の所為は殺人の不能犯と解すべきでなく，その未遂罪を以て論ずるのが相当である。この点に関する論旨には賛同し難い。）

　よって刑事訴訟法第397条第1項第381条第382条を適用し原判決を破棄し同法第400条但書により当裁判所において直ちに判決する。

　当裁判所の認定した罪となるべき事実及びその証拠の標目は原判示罪となるべき事実中冒頭並びに第1の事実を

　被告人両名はいづれも山口県防府市のいわゆるＡ組の輩下であるが

第1　被告人両名はかねてより同組に属する一派の首領Ｓ（当時28年）に対し不快の念を懐いていたが昭和33年12月24日午後8時過頃同市荒神町所在の右Ｓ方に同組の会長Ｃの荷物約8箇をとりに行き，Ｓに同人の広告宣伝車で同町所在のＡ組事務所前まで送って貰った際被告人ＦがＳに対し「たー坊すまんじゃったのお」と言ったところ同人から「ちんぴらが何をたれやがるか，甲斐性があるならかかってこい」と言われて左顥

顳部を 1 回手拳で殴られたのに憤激して被告人 F は吐嗟に S を殺害しようと決意し，右事務所玄関上り口に置いてあった拳銃を持ち出し，同日午後 8 時 30 分頃右事務所前道路上において右広告宣伝車から降りて逃げ出そうとする同人目がけて 1 発発射し，同人の左側胸部に命中させ，同人に対し胸腹部貫通右上腕盲貫銃創を負わしめ，尚必死に逃亡する同人を追跡して同所から約 30 米離れた同町所在の M 歯科医院前に逃げ込んだ同人に対し更に第 2 弾第 3 弾を続いて発射し，同人の左顳顬部，背部にそれぞれ命中させ，同人に対し頭部貫通銃創，背部貫通銃創を負わしめ，同人をして間もなく同所において死亡せしめ殺害の目的を遂げたが被告人 T は右拳銃の発射音を前記事務所玄関において聞くや即座に被告人 F を応援加勢するため右玄関の下駄箱裏に置いてあった刃渡り約 60 糎の日本刀 1 振（昭和 34 年押第 59 号）を携えて前記医院前に到り，殺意を以て同所に上向きに倒れていた S の左右腹部，右前腕部，前胸部を右日本刀を以て突き刺し，同人に対し背面に達する上腹部刺創 2 筒，前胸部切創，右前腕部刺創各 1 筒を負わしめたが，右 S が被告人 F によって加えられた前記銃創により，その寸前死亡していたため殺害の目的を遂げなかった

と改め，その証拠として新たに

1，鑑定人 O 作成の鑑定書

を附加し，原判示第 3 ノ (2) の事実並びに之を認定するにつき引用している各証拠を削除する外原判決の当該摘示と同一であるからここにこれを引用する。

　法律に照すに被告 F の所為中第 1 の点は刑法第 199 条に，第 2 の点は銃砲刀剣類等所持取締法第 3 条第 1 項第 31 条に各該当するので，所定刑中いづれも有期懲役刑を選択し，以上は刑法第 45 条前段の併合罪であるから同法第 47 条本文第 10 条により重い殺人罪の刑に同法第 47 条但書の制限に従い加重をした刑期範囲内で同被告人を懲役 15 年に処し同法第 21 条に則り原審未決勾留日数中 120 日を右本刑に算入すべきものとする。

　被告人 T の所為中第 1 の点は刑法第 199 条第 203 条に，第 3 の (1) の点は銃砲刀剣類等所持取締法第 3 条第 1 項第 31 条に，第 4 の (1)，(2) の点はいづれも道路交通法附則第 14 条道路交通取締法第 7 条第 1 項，第 2 項第 2 号，第 9 条第 1 項，第 28 条第 1 号に，第 5 の点は刑法第 261 条に各該当するところ，右はいづれも原判示確定裁判を受けた罪と同法第 45 条後段の併合罪であるから同法第 50 条により未だ裁判を経ない右各罪につき処断することとし，いづれも所定刑中有期懲役刑を選択し，以上は同法第 45 条前段の併合罪であるから同法第 47 条第 10 条により重い殺人未遂罪の刑に同法第 14 条第 47 条本文並びに但書に従い加重した刑期範囲内において同被告人を懲役 3 年に処し，原審における未決勾留日数の一部刑期算入につき刑法第 21 条，没収につき同法第 19 条第 1 項第 2 号第 2 項本文，原審並びに当審における訴訟費用の負担免除につき刑事訴訟法第 181 条第 1 項但書を夫々適用し主文のとおり判決する。

（裁判長判事　村木友市　判事　渡辺雄　判事　幸田輝治）

□本判決が殺人未遂を認めた理由はどのようなものか？
□実行の着手を判断する際の「危険性」と未遂犯と不能犯を区別する際の「危険性」とは同じものか，それとも，違うものか？

課題判例⅛

殺人未遂被告事件

東京高等裁判所昭和 62 年（う）第 603 号

昭和 62 年 7 月 16 日刑事第二部判決

主　　文

原判決を破棄する。

被告人を懲役 2 年 6 月に処する。

原審における未決勾留日数中 120 日を右刑に算入する。

理　　由

本件控訴の趣意は，弁護人 I が提出した控訴趣意書及び同 Y が提出した控訴趣意書の補充書に，これに対する答弁は，検察官 K が提出した答弁書に，それぞれ記載されたとおりであるから，これらを引用する。

1　控訴趣意中事実誤認の論旨について

所論は，要するに，被告人には A に対する殺意がなく，同人を脅すつもりで振り下ろした牛刀に，これを払いのけようとした同人の左腕が当たって傷害を負わせたに過ぎないから，その殺意を肯定して殺人未遂罪の成立を認めた原判決には，判決に影響を及ぼすことが明らかな事実の誤認がある，というのである。

しかし，原判決の掲げる各証拠によると，被告人は，暴力団関係者であることを理由に，A からその経営する飲食店への出入りを断られたため，同行者の手前メンツをつぶされたとして憤慨するとともに，その後，この件で同人と話し合おうと何度か電話しても，同人から相手にされなかったこともあって，いら立ちの念をも強めていたこと，そして本件当夜，被告人は，自宅で飲酒を重ねているうちに，これまでの A とのいきさつを思い出して，むしょうに腹立たしくなり，酒勢も手伝って，同人に対する憤慨の情を押さえることができず，自宅の台所から牛刀を持ち出し，自己の左手首辺りを数回切りつけて，気持ちを引き締めたうえ，前記飲食店に赴き，同人を表の路上に連れ出して，「この野郎，殺してやる。」などと言いながら，牛刀を右手に振りかざし，更に，身の危険を感じて逃げまわる同人を執ように追い掛けて，路上に転倒し起き上がろうとしていた同人の左側頭部付近を目掛けて，牛刀を振り下ろしたこと，なお右牛刀は，その材質

が鋼で，全長が約43・2センチメートル，刃渡りが約29・3センチメートルという相当に長大なものであるうえに，かなりの重量もあり（なお，その刃こぼれは鑑定によるものであることが明らかである。），日ごろは鶏肉等を骨ごと切るのに使用されていたものであることなどの事実が明らかであって，これらの事実を総合すると，被告人にＡに対する殺意のあったことをうかがわせるに十分である。

　加えて，被告人も捜査段階においては，Ａをぶった切って殺してやろうとの気持ちで牛刀を持ち出したうえ，犯行現場においては，同人をめった切りにしてやるつもりで，その牛刀を振り下ろした旨明確に述べ，終始その殺意を認める供述をしていたものであって，この供述は，右認定の事実関係に徴しても，信用性が高いといわねばならない。

　これに反し，被告人は原当審公判廷においては，右の殺意を否定し，単にＡを脅すつもりであったなどと述べて，所論に添う供述をしているが，関係証拠に照らして到底採用し得るものではなく，所論にかんがみ記録を精査し，当審における事実取調べの結果を参酌して検討してみても，被告人が自宅の台所から牛刀を持ち出すに至った時点で，Ａに対する確定的な殺意が生じたと認定した原判決に，何らの事実の誤認はない。論旨は理由がない。

２　職権調査及び破棄自判について

　職権をもって，原判決を調査するに，原判決が，その罪となるべき事実において，被告人は殺意をもって，前記牛刀でＡの左側頭部付近を切りつけたが，とっさに同人がこれを左腕で防ぐなどしたため，同人に全治約２週間の左前腕切傷を負わせたにとどまり，殺害の目的を遂げなかった旨認定し，かつ，その法令の適用において，殺人未遂に関する法条を適用し，所定刑中有期懲役刑を選択しただけで，中止未遂及び法律上の減軽に関する刑法43条但書及び68条3号を適用していないことに徴すると，原判決は，被告人のＡに対する右の一撃によって殺人の実行行為は終了したが，同人の防御などの障害により，殺害の結果が発生しなかったとして，本件がいわゆる実行未遂で，しかも障害未遂に当たる事案であると認定していることが明らかである。

　しかし，前記の被告人の捜査段階における供述にもあるように，被告人は，Ａを右牛刀でぶった切り，あるいはめった切りにして殺害する意図を有していたものであって，最初の一撃で殺害の目的が達せられなかった場合には，その目的を完遂するため，更に，二撃，三撃というふうに追撃に及ぶ意図が被告人にあったことが明らかであるから，原判示のように，被告人が同牛刀でＡに一撃を加えたものの，その殺害に奏功しなかったという段階では，いまだ殺人の実行行為は終了しておらず，従って，本件はいわゆる着手未遂に該当する事案であるといわねばならない。

　そして，いわゆる着手未遂の事案にあっては，犯人がそれ以上の実行行為をせずに犯行を中止し，かつ，その中止が犯人の任意に出たと認められる場合には，中止未遂が成立することになるので，この観点から，原判決の掲げる証拠に当審における被告人質問の結果なども参酌して，本件を考察すると，原判示のように，被告人は確定的殺意のも

とに，Ａの左側頭部付近を目掛けて，右牛刀で一撃し，これを左腕で防いだ同人に左前腕切傷の傷害を負わせたが，その直後に，同人から両腰付近に抱きつくように取りすがられて，「勘弁して下さい。私が悪かった。命だけは助けて下さい。」などと何度も哀願されたため，かわいそうとのれんびんの情を催して，同牛刀で更に二撃，三撃というふうに追撃に及んで，殺害の目的を遂げることも決して困難ではなかったのに，そのような行為には出ずに犯行を中止したうえ，自らも本件の所為について同人に謝罪し，受傷した同人に治療を受けさせるため，通り掛かりのタクシーを呼び止めて，同人を病院に運んだことなどの事実が明らかである。

　右によると，たしかに，Ａが被告人の一撃を防御したうえ，被告人に取りすがって謝罪し，助命を哀願したことが，被告人が殺人の実行行為を中止した契機にはなっているけれども，一般的にみて，そのような契機があったからといって，被告人のように強固な確定的殺意を有する犯人が，その実行行為を中止するものとは必ずしもいえず，殺害行為を更に継続するのがむしろ通例であるとも考えられる。

　ところが，被告人は前記のように，Ａの哀願にれんびんの情を催して，あえて殺人の実行行為を中止したものであり，加えて，被告人が前記のように，自らもＡに謝罪して，同人を病院に運び込んだ行為には，本件所為に対する被告人の反省，後悔の念も作用していたことが看取されるのである。

　以上によると，本件殺人が未遂に終わったのは，被告人が任意に，すなわち自己の意思によって，その実行行為をやめたことによるものであるから，右の未遂は，中止未遂に当たるといわねばならない。

　そうすると，本件が中止未遂に当たることを認めなかった原判決には，未遂の事由について事実を誤認し，ひいて中止未遂に関する前記の各法条を適用しなかった違法があることに帰し，これらのかしは判決に影響を及ぼすことが明らかである。

　よって，量刑不当の論旨についての判断を省略し，刑訴法397条1項，382条，380条によって原判決を破棄したうえ，同法400条但書に従い，当裁判所において更に判決する。

（罪となるべき事実）

　被告人は，暴力団住吉連合会甲田会乙山組の構成員であるところ，昭和61年9月11日夜，肩書住居の自宅において飲酒中，東京都墨田区江東橋《番地略》のＭハイムでミュージックパブ「○○○」を経営するＡ（昭和29年1月1日生）から，かつて暴力団関係者であるとの理由で店への出入りを断られた一件を思い起こし，同行者の手前メンツをつぶされる思いをさせられたことや，その後この件で再三同人に電話しても同人から無視されたことなどを，かれこれ考えているうちに，次第に同人に対する憤慨の念が高まり，ついに翌12日午前3時ころ，同人を殺害しようと決意したうえ，自宅の台所から刃渡り約29・3センチメートルの牛刀1丁を持ち出して，右「○○○」に赴き，同日午前3時30分ころ，同人を右Ｍハイム前路上に連れ出して，「この野郎，殺してや

る。」などと怒号しながら右牛刀を振り上げ，身の危険を感じて逃げ出した同人を追い掛けて，同区江東橋……付近の路上に至った際，転倒して起き上がろうとしていた同人の左側頭部付近を目掛け，右手に持った同牛刀を振り下ろして切りつけたが，とっさにこれを左腕で防いだ同人から，両腰付近に抱きつくように取りすがられ，「勘弁して下さい。私が悪かった。命だけは助けて下さい。」などと哀願され，れんびんの情を催すとともに，後悔の念も加わって，自らの意思により犯行を中止したため，同人に全治約2週間の左前腕切傷を負わせたにとどまり，殺害の目的を遂げなかったものである。

（証拠の標目）《略》

（法令の適用）

　被告人の判示所為は刑法203条，199条に該当するので，所定刑中有期懲役刑を選択し，右は中止未遂であるから，同法43条但書，68条3号により法律上の減軽をした刑期の範囲内で，量刑を検討するに，本件犯行は，その動機において酌量の余地に乏しく，またその態様も，極めて危険，悪質であって，当時の被告人の生活態度なども考え併せると，その刑事責任は重いといわなければならないが，他方において，本件が中止未遂に終っていること，被告人に懲役刑の前科がないこと，被告人が被害者に示談金を支払っていることなどの被告人に有利な事情もあるので，これらの点をも考慮して，被告人を懲役2年6月に処し，原審における未決勾留日数の算入につき同法21条，原当審における訴訟費用につき刑訴法181条1項但書をそれぞれ適用して，主文のとおり判決する。

（裁判長裁判官　坂本武志　裁判官　田村承三　本郷元）

チェック

□本判決は，何を中止行為と見ているのか？

□本判決は，本件を着手未遂に該当する事案だとしているが，着手未遂と実行未遂とはどのように区別されるのか？　また，そのような区別にはどのような意義があるのか？

授　業

　今回のテーマは「不能犯・中止犯」です。まず不能犯から始めましょう。形式的には構成要件の実現に向けた行為に着手しているように見えるが，構成要件の実現がおよそ不可能であるため未遂犯として処罰されない行為を，不能犯といいます[1]。例えば，「丑の刻参り」などがその例だとされます。夜な夜なこっそり神社の御神木に「髙橋」と名前を書いた藁人形を五寸釘で打ち付けながら「刑法の髙橋，死ね」と叫んでいる様を想像するのは気味の悪いことですが，これによって死の結果が生ずることはないでしょう。このような場合は不能犯として不可罰

とされるのです。

　不能犯が問題となるケースには次の3つのものがあります。

不能犯の意義

1　　意義…形式的には構成要件の実現に向けた行為に着手してい
　　るように見えるが，構成要件の実現がおよそ不可能であるため未
　遂犯として処罰されない行為
　　　　例：丑の刻参り

2　　種類
(1)　方法の不能…その方法が，性質上，結果を発生させることが不
　　　可能な場合
　　　　　例：人を殺す目的で栄養剤を飲ませた場合
(2)　客体の不能…行為の客体が存在しないために結果が発生し得
　　　ない場合
　　　　　例：案山子を人だと思って切りつける場合
(3)　主体の不能…行為の主体が欠けるために結果の発生し得ない
　　　場合
　　　　　例：「事務処理者」（247条）でない者が自己を事務処理者
　　　　　　と誤信して任務違背行為を行おうとした場合

　まず，その方法が，性質上，結果を発生させることが不可能な場合があります
（方法の不能）。例えば，人を殺す目的で栄養剤を飲ませたような場合がこれです。
次に，行為の客体が存在しないために結果が発生し得ない場合があります（客体
の不能）。例えば，案山子を人だと思って切りつけるような場合がこれです。プロ
ジェクションマッピングで映し出されている人の映像を人だと思って発砲するよ
うな場合もこれに当たるでしょう。最後に，行為の主体が欠けるために結果の発

---

[1] このような不能犯の定義によるならば，不能犯であるが故に未遂犯として処罰されない場
　合と，（その他の）実行行為性が否定されるために未遂犯として処罰されない場合とは，区
　別するべきでしょう（井田・総論445頁参照）。不能犯になる場合には実行行為性が否定さ
　れますが，実行行為性が否定される場合が全て不能犯とされるわけではないということで
　す。例えば，飛行機事故に遭って死ぬことを期待して飛行機に乗ることを勧める場合，殺人
　罪の実行行為性が否定されますが，これは一般には不能犯と解されていないでしょう。とい
　うのも，このケースでは，飛行機への搭乗を勧める行為に結果発生の危険性が全くないとい
　うわけではなく（実際，飛行機が墜落して搭乗者が死ぬ危険性はゼロではないでしょう），
　殺人罪で処罰するに値するだけの一定程度の結果発生の危険性が認められないために実行
　行為性が否定されるからです。実際に飛行機が墜落して搭乗者が死亡したとしても（つまり
　結果が発生したとしても）実行行為性が否定されて殺人罪は成立しないのだとすれば，この
　問題は未遂犯としての処罰の可否にとどまらない内容を含んでいるというべきでしょう。

生し得ない場合があります（主体の不能）。例えば，「事務処理者」(247 条) でない
者が自己を事務処理者であると誤信して任務違背行為を行おうとしたような場合
がこれです。なお，そもそも犯罪に当たらない行為を犯罪だと思って行う場合（例
えば，単なる債務不履行も犯罪になると思って債務の履行をしない場合）は，そもそも構
成要件それ自体が存在しないのですから，当然に不可罰となります。これは幻覚
犯と呼ばれ，不能犯とは区別されています。

不能犯と未遂犯の区別

具体的危険説…行為の当時において，一般人が認識し得た事情及び
　行為者が特に認識していた事情を基礎として，一般人の判断にお
　いて，結果発生の可能性ありとされる場合には未遂犯とし，そう
　でない場合は不能犯とする
客観的危険説…行為時に存在したすべての事実を基礎にして，科学
　的見地から危険性の有無を判断する
→これではすべて不能犯となってしまわないか？
　☞「修正された客観的危険説」…結果不発生の原因を解明し，事
　　実がいかなるものであったなら結果の発生がありえたかを科
　　学的に明らかにした上で，こうした結果発生に必要な事実が存
　　在しえたかを一般人の見地から事後的に判断する

　不能犯は不可罰とされるのですから，これと未遂犯の区別は非常に重要です。
この両者の区別に関しては，①犯意が行為に現れれば，その犯意が実現するに至
らなかった原因の如何に関わらず全て未遂犯とする主観説，②行為者が行為時に
認識していた事実を基礎として，その事情の下に行為がなされたならば一般人の
見地において結果発生の危険があったかを問い，その危険があるとされる場合は
未遂犯，その危険がないとされる場合は不能犯とする抽象的危険説（主観的危険
説），③行為の当時において，一般人が認識し得た事情及び行為者が特に認識して
いた事情を基礎として，一般人の判断において，結果発生の可能性ありとされる
場合には未遂犯とし，そうでない場合は不能犯とする具体的危険説，④一般的に
犯罪を実現することが不能な場合（絶対的不能）は不能犯とし，特別の事情のため
に犯罪を実現することが不能な場合（相対的不能）を未遂犯とする客観的危険説（絶
対的不能・相対的不能区別説）などが主張されています。
　このうち，主観説は現在ではほとんど支持されていません。この見解では，不
能犯とされるケースはほとんどないことになりその妥当性が疑問視されること に

加えて，この見解は迷信犯（「丑の刻参り」のようなケース）については不能犯だとするのですが，行為者の社会的危険性を処罰根拠とするその考え方と整合性があるのか疑わしさが残ります[2]。次に，抽象的危険説も不能犯となる範囲が狭すぎるといわれます。この見解によれば，人を殺そうとして砂糖を毒薬と間違えて相手に飲ませたときは未遂犯，砂糖であることを知りながら砂糖で人が殺せると思って飲ませたときは不能犯ということになりますが，誰もそれを毒薬だと間違えるはずがないような状況で妄想的に毒薬だと思っているようなケースについてまで殺人未遂を認めるのでは，依然として未遂犯として処罰される範囲が広すぎると一般に考えられています。

　そこで，現在の議論は，具体的危険説と客観的危険説との対立を基本に展開されています。このうち客観的危険説は，かつては絶対的不能と相対的不能を区別する見方として唱えられていましたが，現在では，事後的に判明した事情も考慮した上で結果が発生する危険性を客観的・科学的に判断する立場として主張されています。ただ，この見解を貫徹すると結果が発生しなかったことには必ず原因があるのですから，それが科学的に明らかとなる限り[3]，未遂犯は結果不発生となるように運命づけられていることとなり，従って，全ての未遂犯は不能犯であるということにもなりかねません。この結論が支持しがたいことは明らかなので，客観的危険説の論者も不能犯の成立範囲を限定しようとします。その中でも有力な見解は，結果を発生させるために必要であったが現実には存在しなかった事実が存在した可能性の程度を，科学的一般人を基準にして事後的に問うことによって危険性の有無を判断する立場です（修正された客観的危険説）[4]。この見解によれ

---

[2] この見解が迷信犯を不能犯とするのは，他により確実に結果を発生させる手段があるのに，そのような迷信に訴えかけるような人物は，臆病な者であって，その社会的な危険性は重大ではない，というところに求められていますが（宮本英脩『刑法大綱』[1935年]192頁参照），皆さんは納得されるでしょうか？

[3] 結果が発生しなかった原因を科学的に完全には明らかにできなかった場合は，どのように考えるべきでしょうか？　客観的危険説を支持する見解の中には，そのような科学的不確実性を根拠にして危険を認めているように見えるものがあります（村井敏邦「不能犯」芝原邦爾ほか編『刑法理論の現代的展開Ⅱ』[1990年]182頁以下）。しかし，佐伯先生も仰っているように，なぜ，原因解明が不完全なものにとどまることを理由に行為者に責任を負わせることができるのかは，必ずしも明らかではないように思われます（佐伯仁志・争点91頁）。

[4] 山口・総論290頁。例えば，覚せい剤製造の事案で，製造工程自体は適切であったが，ある薬品の使用量が不足していたために成品を得ることができなかった場合には，適当な量を使用することがありえたと考えられる限りで未遂犯が成立するとされます。

ば，例えば，弾丸が装てんされていないピストルで撃とうとする行為については，
(実際には存在しなかった)「弾丸が装てんされている」という事実が存在していた可
能性がどの程度あるかを問い，その可能性が一定程度あったといえる場合には，
危険性を肯定して未遂犯の成立を認めることができるということになるでしょ
う[5]。

　他方，具体的危険説ですが，この見解を正しく理解していない学生さんも時折
みられるので，注意を要します。例えば，X は，A を殺そうとしてピストルを撃っ
たが，既に発砲した時点で A は死亡していたというケースについて考えてみま
しょう。このケースについて，具体的危険説に立つということを明示した上で，
このケースでは，X は A が生きていると認識しているから，それを前提とすれ
ば，結果発生の危険性を肯定することができる，と答える人が時々出てきます。
しかし，これは間違いです。このケースでは，一般人が A は生きていることを認
識できたかどうかが第一次的に重要なのであって，行為者がどう考えていたのか
だけで危険性を判断するとすれば，それは具体的危険説ではなく抽象的危険説に
なります。従って，このケースでは，一般人も A が生きていると考えるであろう
から[6]，一般人の見地からすれば A の死という結果が発生する危険性が感じられ
るので殺人未遂罪になる，というのが正しい推論過程になります。

　ここで問題となるのは，では，どうして具体的危険説の定義の中に，行為者が
認識した事実が含まれているのだろうか，という点です。その理由は，一般人が
認識できなくとも，行為者が特別に事実を認識している場合には，その事実を基
礎にして危険性を判断しないとおかしなことになってしまうからです[7]。例えば，
(教室設例ですが)ヤクザの親分の通夜が営まれているとしましょう。一般人が見れ
ば誰でも，その親分は亡くなったものと考えるでしょう。しかし，その親分は，

---

[5] この見解を採りつつ，客体の不能の場合には，このような仮定的な事実の存在可能性を問
題とすることなく危険性を否定して不能犯とする可能性を示唆する見解もありますが（山
口・総論 290 頁以下），客体の不能の場合だけを別異に解する理由があるのかは疑わしいよ
うに思われます（佐伯・考え方 352 頁，西田・総論 332 頁以下など参照）。
[6] ここは，A が既に死亡しているということを一般人が認識できたかどうかを問い，一般人
は認識できないから，結局，A は死んでいない＝生きているという前提で危険性を判断する
ことになると説明する方が正確かもしれません（井田・総論 452 頁以下参照）。
[7] これは，結論の妥当性を確保するためには，このように考えなければならないということ
を言っているにすぎず，理論的な説明としては不十分である，という批判があるかもしれま
せん。もっと理論的な説明を欲する方は，例えば，井田先生の見解を勉強してみることをお
勧めします（井田・総論 451 頁以下）。

実は，死亡したように見せかけて別人になりすまし海外逃亡を企てており，対立する組の者が，その事実を知って，殺害するために棺に向けてピストルを発砲したとします。この場合，一般人はその親分が生きているとは思わなかったであろうから，その結果が発生する危険性はなかったとはいえないでしょう。従って，行為者の認識した事実が優先するのは，一般人の認識し得た事実と行為者が認識した事実が食い違っていて，かつ，行為者が認識した事実の方が真実に合致している場合だということになります。

　もっともこの点に関しては，行為者の認識が客観的な事実に合致するかどうかは事後判断によって判明する事柄であり，具体的危険説が採用するはずの事前判断の枠組みと矛盾するのではないか，という批判が向けられているところです[8]。これに対しては，具体的危険説の側から，現実に存在していても行為の時点で一般通常人に認識不可能な事情は違法性の有無・程度に影響させないという限度において事前判断を採用するものであるとの反論がなされています[9]。ここは違法論に関する考え方の違いが色濃く反映しており，理論刑法学らしい精緻な議論の応酬が見られるところです。

　更に，具体的危険説にとって実際上困難な問題を提起するのは，危険性の判断基準として一般人を置くことは，その内容が不明確である上，科学的な法則が解明されているにもかかわらず社会には誤った俗説が流布しているような場合には不合理な結論に至るのではないか，という批判でしょう。確かに，一般人の危険感に依拠すると，科学的には結果が発生する可能性はないにもかかわらず「何となく危なそうだ」「もしかしたらそうなるかもしれない」といった，いわば無知に基づく漠然とした恐怖心のようなものを根拠にして危険性を肯定してしまう恐れがないとはいえません。他方で，一般人には全く理解できない方法で犯罪を実現しようと考えるような場合には，そもそも一般人の見地からどのように判断されるのかが不明になるのではないかという問題もあります[10]。そこから，危険性を判断する法則的知識については科学的な法則的知識を適用すべきだとする見解もあるところです[11]。

---

[8] 佐伯・前掲争点 90 頁。
[9] 井田・総論 452 頁。
[10] 佐藤拓磨先生は，「行為者がこれまで世間一般に知られていなかった方法によって犯罪を実行しようとした場合，具体的危険説の一般人基準は機能不全となる」とされています（佐藤拓磨『未遂犯と実行の着手』［2016 年］63 頁）。

　判例が不能犯の問題についてどのような立場に立っているかは，必ずしも判然としません。かつては，絶対的不能・相対的不能という客観的危険説を思わせるフレーズが用いられていましたが，現在ではそのような言い回しは見られません。他方で，はっきりと具体的危険説の考え方をとったと思われる裁判例もみられるところです。課題判例 17（広島高判昭 36・7・10 高刑集 14・5・310）もその一つです。「Ｓの生死については専門家の間においても見解が岐れる程医学的にも生死の限界が微妙な案件であるから，単に被告人Ｔが加害当時被害者の生存を信じていたという丈けでなく，一般人も亦当時その死亡を知り得なかったであろうこと，従って又被告人Ｔの前記のような加害行為によりＳが死亡するであろうとの危険を感ずるであろうことはいづれも極めて当然というべく」との判示は，具体的危険説と親和性があることは明らかでしょう。近時では，詐欺の途中でいわゆる「騙されたふり作戦」が開始され，その後で関与することとなった者に詐欺未遂罪の成立を認めるに当たって，「本件で『騙されたふり作戦』が行われていることは一般人において認識し得ず，被告人ないし本件共犯者も認識していなかったから，これを法益侵害の危険性の判断に際しての基礎とすることは許されない」と判示したものがあります（福岡高判平 29・5・31 判タ 1442・65。もっとも，上告審である最決平 29・12・11 刑集 71・10・535 は不能犯の点については判断しませんでした）。

　もっとも，判例が具体的危険説的な判断を示す場合があるとしても，それによって科学的な危険性判断が排除されているわけではないと思われます。明らかに科学的な意味での危険性が肯定される場合には，一般人の見地を持ち出すまでもないでしょうし，科学的な危険性と一般人の見地から見た危険性のいずれも肯定できるのであれば，より説得力のある形で危険性を根拠づけることができるともいえそうです（例えば，岐阜地判昭 62・10・15 判タ 654・261 参照）。

　不能犯の問題はこれくらいにして，次に中止犯に移りましょう。中止犯の法的性格，就中刑の減免根拠については，犯罪の完成を未然に防止しようとする刑事政策的考慮によるものとする政策説，犯罪成立要件である違法性または責任が減少するからだとする法律説及び両者の併用説などが主張されています。

---

[11] 井田・総論 459 頁。井田先生は，「刑法は，無知な人々のレベルに降りていくのではなく，むしろ人々の啓蒙をはかるべきである」とされています（井田良『刑法総論の理論構造』[2005 年] 274 頁）。もっとも，私は，科学の問題に関してであっても，専門家と素人を截然と区別し，前者の判断に常に優先権を与えてよいのか迷うところがあります。

```
中止犯における刑の減免根拠

1   政策説…犯罪の完成を未然に防止しようとする刑事政策
    的考慮による
2   法律説…犯罪成立要件である違法性・責任が減少する
    ①違法減少説
    ②責任減少説
    ③違法・責任減少説
3   併用説
```

　このうち政策説については，これを主たる論拠とするかどうかは別にして，中止犯にこのような意味があるということを否定するのは困難でしょう。法律説も，そのことは前提としつつ，中止犯に関する法的評価の内実を説明するためには，単に政策的な理由を引き合いに出すだけでは足りず，犯罪成立要素に関係づけるべきだと主張するものだといえるでしょう。ただ，中止犯の違法性や責任が減少するという説明には，かなり分かりにくいところがあります。なぜならば，中止犯が問題となる以前で既に未遂犯は成立しているはずであり，その未遂犯の違法性や責任が事後の中止行為によって減少するということが果たしてあり得るのか，ということが問題となるからです。この点については先行する未遂部分と中止行為を併せて違法性や責任を判断することも考えられますが，中止行為自体は犯罪だとは言い難いでしょうから，その部分についての違法性や責任を考えることはやはり釈然としないものが残ります。個人的には，法律説が違法性や責任の減少という言葉で説明している内実は，政策的考慮を働かせることが相応しいのはどのような行為かを示すものだと思うのですが，皆さんはどのように考えるでしょうか[12]。

　もっとも，中止犯の法的性格に関する議論は，中止犯の要件論とどのように結びつくのか，その関係には分かりにくいところがあるので，実際に中止犯の成否を論ずるときには，あまり大上段に振りかぶって法的性格の議論を展開する場面は多くないように思われます。実際問題として重要なのは，中止犯の要件をど

[12] 通常の犯罪論とはベクトルが反対を向いているので，中止犯規定は「逆の方向に向かった」構成要件である（平野龍一『犯罪論の諸問題（上）』［1981 年］146 頁）とか，中止犯は「マイナス犯罪」である（井田・総論 465 頁）とかという表現が用いられる場合もあります。いずれもセンス抜群の卓抜した表現ですが，それはやはり比喩的なものにとどまるのではないかという印象を払拭できません。

ように考えるのが合理的かという点でしょう。

中止犯の成立要件

1　任意性：「自己の意思により」
2　中止行為
　　＊「真摯な努力」の要否
3　中止行為と結果不発生との間の因果関係（必要か？）
　　＊欠効未遂
　　X は，A を殺そうとして毒薬を飲ませたが，翻意し病院に運んだところ，もともと毒薬は致死量に達していなかったので病院で治療を受けなくとも死の結果は発生しなかった

　中止犯の成立要件として任意性と中止行為が必要であることについては異論がありませんが，中止行為と結果不発生との間の因果関係が必要かという点に関しては議論があります。詳論はしませんが，いわゆる欠効未遂と呼ばれるケースをどう考えるかという問題がありますので，一度確認しておいてください[13]。また，中止行為に関して，判例は「真摯な努力」というものを要求する場合がありますが，その適否や内容についても議論のあるところなので，是非，確認しておいてください[14]。

---

[13] 特に，因果関係必要説に立つと欠効未遂の場合には中止犯が成立しないことになるが，その結論は結果発生の可能性があった場合と比較して不均衡なのではないかということが議論されています。もっとも，中止行為と結果不発生との間の因果関係までは不要であり，中止行為と未遂犯を基礎づける危険性の消滅との間の因果関係で足りると解するならば，欠効未遂の場合でも中止犯を肯定することは可能でしょう。

[14] 例えば，大阪高判昭 44・10・17 判タ 244・290 は，「被告人が被害者を病院へ担ぎ込み，医師の手術施行中病院に居た間に被告人，被害者の共通の友人数名や被害者の母等に犯人は自分ではなく，被害者が誰か判らないが他の者に刺されていたと嘘言を弄していたこと及び病院に到着する直前に兇器を川に投げ捨てて犯跡を隠蔽しようとしたことは動かし得ない事実であって，被告人が被害者を病院へ運び入れた際，その病院の医師に対し，犯人が自分であることを打明けいつどこでどのような兇器でどのように突刺したとか及び医師の手術，治療等に対し自己が経済的負担を約するとかの救助のための万全の行動を採ったものとはいいがたく，単に被害者を病院へ運ぶという一応の努力をしたに過ぎないものであって，この程度の行動では，未だ以て結果発生防止のため被告人が真摯な努力をしたものと認めるに足りないものといわなければならない」と判示しています。皆さんは，このような判断をどのように評価されるでしょうか？

```
┌─────────────────────────────────────────────────────┐
│                    任意性の判断                         │
│  1   学説                                              │
│   ①客観説：犯罪を遂げない原因が社会一般の通念に照らし通常      │
│         障害と考えるべき性質のものではない場合に任意性       │
│         が認められる                                   │
│   ②主観説：外部的障害が行為者の認識を通して中止の動機に影      │
│         響を及ぼしたかどうかによって，障害未遂と中止犯       │
│         とを区別する                                   │
│   ③限定主観説：広義の後悔（悔悟，同情，憐憫など）による場合     │
│         にのみ任意性をみとめる                           │
│   ＊フランクの公式：「やろうと思えばやれる」場合が任意の中止     │
│   であり，「やろうと思ってもやれない」場合が障害未遂である      │
│  2   判例                                              │
│   ⇒客観説的？（もっとも任意性を肯定するときには限定主観説的     │
│         な言い回しがよく見られる）                        │
│   客観的にどのような事情が存在したか⇒それが行為者の主観面      │
│   にどのように作用したか                                 │
└─────────────────────────────────────────────────────┘
```

　任意性に関しては見解の対立がありますが，近時，実務では，「やろうと思えば
やれる場合が任意の中止であり，やろうと思ってもやれない場合が障害未遂であ
る」という判断方法（いわゆるフランクの公式）が重視されているように思われます
（裁判員にはこのような観点からの説明がなされるようです）。これはフレーズとしては
分かりやすいですが，「やれる」「やれない」の意味が必ずしも明確ではないとこ
ろがあり，この公式を用いる場合にはその点に注意が必要でしょう。基本的には，
中止行為に出るきっかけとなった外部的な事情が何なのかを確認し，それが行為
者の主観面にどのように影響を及ぼしたのかということを具体的に判断し，規範
意識が働き得る状態で中止行為に出たのであれば任意性を肯定することができる
と思います。更に一歩進んで，実際に（反省，悔悟など広義の後悔という）規範意識
に基づいて中止行為に出たことを要求する見解（限定主観説）にも相当の理由があ
るように思われますが，それでは中止犯の成立範囲が狭くなりすぎ政策的に好ま
しいとは言いにくいでしょう。判例は，中止犯を否定する場合には客観説的な口
吻を示していますが，中止犯を肯定する場合には限定主観説的な考え方に親和性
のある判断をする裁判例も多いようです。このあたりに一貫性があるのかは，な
かなか判断しにくいところがあります。

　中止行為の態様については，かつて，着手未遂の場合（実行行為が終了しなかった
ので結果が発生しなかった場合）には不作為で足りる（＝着手中止）が，実行未遂の場

合（実行行為は終了したが既遂結果が発生しなかった場合）には結果の発生を防止する
ための積極的な作為が必要である（＝実行中止）との考え方が有力でした。

```
                       中止行為の態様

  1　着手未遂と実行未遂の区別
    着手未遂⇒不作為で足りる（着手中止）
    実行未遂⇒結果の発生を防止するための積極的な作為が必要
                                （実行中止）
    ⇒この区別は合理的か？
  2　因果性の遮断
    ①結果の発生に向けて因果の流れが進行を開始した場合
    （そのままにしておけば結果発生に至る状況が存在している場
    合）
    …結果の発生を阻止するための積極的な作為が必要である
    ②結果の発生に向けて因果の流れがまだ進行していない場合
    （結果を発生させるためには行為者による行為の続行が必要で
    ある場合）
    …行為を遂行しないという不作為で足りる
```

　課題判例 18（東京高判昭 62・7・16 判時 1247・140）は，そのような判断枠組みを
前提として，本件を着手未遂と見て実行行為の継続を止めたことをもって中止行
為に当たると判断したようです。
　しかし，実行行為の終了の前後で中止行為の態様（不作為で足りるか，積極的な作
為が必要か）を分ける判断枠組みは，いつ実行行為が終了したのかという判断の困
難な問題に直面することになります。例えば，相手方を殺害しようとしてピスト
ルを発砲したが，さらに 2 発目を撃つことが可能である場合，実行行為は終了し
たのでしょうか？　もし，終了していないとすれば，2 発目を撃たないという不
作為で中止行為としては足りることになりますが，1 発目で被害者に重傷を負わ
せていた場合でも不作為で足りるのでしょうか？　他方で，1 発目で実行行為が
終了したとするのであれば，積極的な作為が必要となりますが，1 発目が命中し
ていなければ結果発生を阻止するための積極的な作為は考えられないので 2 発目
を撃てるにもかかわらず撃たなかった場合でも中止犯は成立し得ないのでしょう
か？　このように判断に困る事例が出てきます。
　そこで，現在では，中止行為としてどのような態様の行為が求められるのかと
いう問題と実行行為の終了時期の問題とは切り離して考えることが一般的になり

ました。そして，中止犯が問題となる時点で，結果の発生に向けて因果の流れが進行を開始した場合（そのままにしておけば結果発生に至る状況が存在している場合）には，結果の発生を阻止するための積極的な作為が必要であるが，結果の発生に向けて因果の流れがまだ進行していない場合（結果を発生させるためには更に行為者による行為の続行が必要である場合）には，行為を遂行しないという不作為で足りるという考え方が有力になっています[15]。これは中止犯が問題となる時点において，結果発生を阻止するために必要な措置は何か，という観点から中止行為の態様を考えるものであり，基本的に妥当なものだと思われます。

授業後の課題

　乙は，盗んだキャッシュカードを用いて ATM で現金を引き出そうとして，まず残高照会をするために（1 回の引き出して最大限の金額を引き出すために残高照会をしようとしたものである），ATM にキャッシュカードを挿入し，暗証番号を入力したところ（この暗証番号は正しいものであった），被害者が既に盗難届を出していたため，キャッシュカードは ATM 内に飲み込まれてしまい，現金を引き出すことはできなかった。この場合，乙に窃盗未遂罪が成立するかどうかについて，簡潔に論じなさい（キャッシュカードを盗んだ点について言及する必要はない）。

考え方

　ここでは，2 つの点が問題になります。まず，残高照会をした時点では既に盗難届が出されていたため実際には引き出すことができない状態であったけれども，未遂犯を肯定することはできるか，という問題があります。これは未遂犯と不能犯の区別の問題になるでしょう。それに加えて，引き出しではなくその前の残高照会の時点で実行の着手を認めることができるか，という問題もあると思われます。この 2 点に留意しながら，論じていくことが必要でしょう。結論として窃盗未遂罪の成立を肯定する場合には，残高照会の時点で実行の着手を肯定することができるということを示したうえで，既に盗難届が出されていたとしても不能犯ではない，という筋で書いていくのが，比較的穏当な流れではないかと思います。

　ところで，実行の着手で問題とされる危険性と不能犯で問題とされる危険性とはどのような関係に立つのでしょうか？　おそらく，通説的な見解は，両者を基本的に同じものと考えてきたのではないかと推測されます[16]。これに対して，不能犯は結果発生の可能性の問題，実行の着手は犯行の進捗度の問題という形で分ける考え方もあります[17]。私は，どちらも危

---

[15] 西田・総論 340 頁，井田・総論 470 頁，高橋・総論 421 頁など。

[16] この点を明言するものとして，佐伯・考え方 348 頁。

[17] 佐藤拓磨「実行の着手について」研修 838 号（2018 年）4 頁，樋口亮介「実行行為概念について」西田献呈 33 頁など。類似の見方から，犯行計画の進捗度それ自体ではなく，構成

険性の問題だと思いますが，その内容（あるいは焦点を当てるところ）が違うのではないかと考えています。不能犯で問題となっているのは，そもそもその行為に結果を発生させる可能性という意味での危険性があったのかどうかであるのに対して，実行の着手で問題となっているのは，結果発生の切迫度といった意味での危険性[18]ではないかと思っています。

　例えば，物色行為の段階で実行の着手が認められるかどうか，という場合には，物色行為それ自体が有する結果発生の危険性を問題とはしていないでしょう。これに対して，死体に対する殺人の場合には，その行為自体に結果を発生させる可能性があったのかどうかが問われているのではないでしょうか？　さて，そうだとすると，人を殺害しようと思って寝室で寝ている被害者に発砲するつもりでピストルに手をかけたところで事が発覚したが，後で調べてみたところ，被害者は既にその時点では心臓発作で死亡していたという場合，未遂犯の成否を検討する際に問題となる危険性はどのようなものでしょう。死者に発砲することで死の結果が発生する危険性があるのか，という問題と，ピストルに手をかけたという段階で計画通りに事が運んで結果発生に至る危険性がその時点で認められるか，という問題とがあるような気がしませんか？　私はこの二つは別物であるように思うのですが，皆さんはどう考えるでしょうか？

要件該当行為の範囲画定に重点を置き，形式的客観説を支持する見解として，東條明徳「実行の着手論の再検討（六・完）」法学協会雑誌 138 巻 10 号（2021 年）144 頁以下。

[18] 私は，実行の着手で問題となっているのは，当の行為の段階で計画通りに事が運んで結果発生に至る可能性という意味での危険性ではないかと考えています。この意味での危険性の判断においては，結果発生に至る自動性・確実性も考慮されることになるでしょうから，単に切迫度を問題とするだけでは不十分かもしれません。ただ，自動性・確実性等を考慮することによって実行の着手を肯定できる時点は変動することがあるとしても，あくまで実行の着手の問題は行為が経過するプロセスの中でのどの時点で未遂犯の成立が肯定されるのかという時系列の問題であると考えているので，そのことを示すために切迫度という表現を用いてみました。より適切な表現があったら教えてください。

▸第**11**回◂

間 接 正 犯

基本事項の確認

□間接正犯の意義について確認し，問題となる類型を整理しなさい

□間接正犯の理論的基礎付けについて確認しなさい

課題判例⓭

強盗被告事件

最高裁判所第一小法廷平成12年（あ）第1859号

平成13年10月25日決定

主　文

本件上告を棄却する。

当審における未決勾留日数中270日を本刑に算入する。

理　由

弁護人Oの上告趣意のうち，判例違反をいう点は，事案を異にする判例を引用するものであって，本件に適切でなく，その余は事実誤認，量刑不当の主張であり，被告人本人の上告趣意は，事実誤認の主張であって，いずれも刑訴法405条の上告理由に当たらない。

なお，所論にかんがみ，職権で判断する。

原判決及びその是認する第1審判決の認定によると，本件の事実関係は，次のとおりである。

スナックのホステスであった被告人は，生活費に窮したため，同スナックの経営者C子から金品を強取しようと企て，自宅にいた長男B（当時12歳10か月，中学1年生）に対し，「ママのところに行ってお金をとってきて。映画でやっているように，金だ，とか言って，モデルガンを見せなさい。」などと申し向け，覆面をしエアーガンを突き付けて脅迫するなどの方法により同女から金品を奪い取ってくるよう指示命令した。Bは嫌がっていたが，被告人は，「大丈夫。お前は，体も大きいから子供には見えないよ。」な

どと言って説得し，犯行に使用するためあらかじめ用意した覆面用のビニール袋，エアーガン等を交付した。これを承諾したBは，上記エアーガン等を携えて一人で同スナックに赴いた上，上記ビニール袋で覆面をして，被告人から指示された方法により同女を脅迫したほか，自己の判断により，同スナック出入口のシャッターを下ろしたり，「トイレに入れ。殺さないから入れ。」などと申し向けて脅迫し，同スナック内のトイレに閉じ込めたりするなどしてその反抗を抑圧し，同女所有に係る現金約40万1000円及びショルダーバッグ1個等を強取した。被告人は，自宅に戻って来たBからそれらを受け取り，現金を生活費等に費消した。

　上記認定事実によれば，本件当時Bには是非弁別の能力があり，被告人の指示命令はBの意思を抑圧するに足る程度のものではなく，Bは自らの意思により本件強盗の実行を決意した上，臨機応変に対処して本件強盗を完遂したことなどが明らかである。これらの事情に照らすと，所論のように被告人につき本件強盗の間接正犯が成立するものとは，認められない。そして，被告人は，生活費欲しさから本件強盗を計画し，Bに対し犯行方法を教示するとともに犯行道具を与えるなどして本件強盗の実行を指示命令した上，Bが奪ってきた金品をすべて自ら領得したことなどからすると，被告人については本件強盗の教唆犯ではなく共同正犯が成立するものと認められる。したがって，これと同旨の第1審判決を維持した原判決の判断は，正当である。

　よって，刑訴法414条，386条1項3号，181条1項ただし書，刑法21条により，裁判官全員一致の意見で，主文のとおり決定する。

（裁判長裁判官　深澤武久　裁判官　井嶋一友　裁判官　藤井正雄　裁判官　町田顯）

チェック

□本決定が間接正犯の成立を否定した理由はどのようなものか？　間接正犯の成立を肯定した最決昭58・9・21刑集37・7・1070とはどのような点に違いがあるのか？

□本決定が教唆犯ではなく共同正犯の成立を認めた理由はどのようなものか？

課題判例⑳
公正証書原本不実記載，同行使，殺人未遂被告事件
最高裁判所第三小法廷平成14年（あ）第973号
平成16年1月20日決定

　　　　　主　　　文

　本件上告を棄却する。
　当審における未決勾留日数中520日を本刑に算入する。

理　　由

　弁護人Ｔの上告趣意は，事実誤認，単なる法令違反の主張であり，被告人本人の上告趣意は，事実誤認の主張であって，いずれも刑訴法405条の上告理由に当たらない。所論にかんがみ，本件における殺人未遂罪の成否について職権で判断する。

1　第1審判決が被告人の所為につき殺人未遂罪に当たるとし，原判決がそれを是認したところの事実関係の概要は，次のとおりである。

　被告人は，自己と偽装結婚させた女性（以下「被害者」という。）を被保険者とする5億9800万円の保険金を入手するために，かねてから被告人のことを極度に畏怖していた被害者に対し，事故死に見せ掛けた方法で自殺することを暴行，脅迫を交えて執ように迫っていたが，平成12年1月11日午前2時過ぎころ，愛知県知多半島の漁港において，被害者に対し，乗車した車ごと海に飛び込んで自殺することを命じ，被害者をして，自殺を決意するには至らせなかったものの，被告人の命令に従って車ごと海に飛び込んだ後に車から脱出して被告人の前から姿を隠す以外に助かる方法はないとの心境に至らせて，車ごと海に飛び込む決意をさせ，そのころ，普通乗用自動車を運転して岸壁上から下方の海中に車ごと転落させたが，被害者は水没する車から脱出して死亡を免れた。

　これに対し，弁護人の所論は，仮に被害者が車ごと海に飛び込んだとしても，それは被害者が自らの自由な意思に基づいてしたものであるから，そうするように指示した被告人の行為は，殺人罪の実行行為とはいえず，また，被告人は，被害者に対し，その自由な意思に基づいて自殺させようとの意思を有していたにすぎないから，殺人罪の故意があるとはいえないというものである。

2　そこで検討すると，原判決及びその是認する第1審判決の認定並びに記録によれば，本件犯行に至る経緯及び犯行の状況は，以下のとおりであると認められる。

(1)　被告人は，いわゆるホストクラブにおいてホストをしていたが，客であった被害者が数箇月間にたまった遊興費を支払うことができなかったことから，被害者に対し，激しい暴行，脅迫を加えて強い恐怖心を抱かせ，平成10年1月ころから，風俗店などで働くことを強いて，分割でこれを支払わせるようになった。

(2)　しかし，被告人は，被害者の少ない収入から上記のようにしてわずかずつ支払を受けることに飽き足りなくなり，被害者に多額の生命保険を掛けた上で自殺させ，保険金を取得しようと企て，平成10年6月から平成11年8月までの間に，被害者を合計13件の生命保険に加入させた上，同月2日，婚姻意思がないのに被害者と偽装結婚して，保険金の受取人を自己に変更させるなどした。

(3)　被告人は，自らの借金の返済のため平成12年1月末ころまでにまとまった資金を用意する必要に迫られたことから，生命保険契約の締結から1年を経過した後に被害者を自殺させることにより保険金を取得するという当初の計画を変更し，被害者に対し直ちに自殺を強いる一方，被害者の死亡が自動車の海中転落事故に起因するものであるよう

に見せ掛けて，災害死亡時の金額が合計で 5 億 9800 万円となる保険金を早期に取得しようと企てるに至った。そこで被告人は，自己の言いなりになっていた被害者に対し，平成 12 年 1 月 9 日午前零時過ぎころ，まとまった金が用意できなければ，死んで保険金で払えと迫った上，被害者に車を運転させ，それを他の車を運転して追尾する形で，同日午前 3 時ころ，本件犯行現場の漁港まで行かせたが，付近に人気があったため，当日は被害者を海に飛び込ませることを断念した。

(4) 被告人は，翌 10 日午前 1 時過ぎころ，被害者に対し，事故を装って車ごと海に飛び込むという自殺の方法を具体的に指示し，同日午前 1 時 30 分ころ，本件漁港において，被害者を運転席に乗車させて，車ごと海に飛び込むように命じた。被害者は，死の恐怖のため飛び込むことができず，金を用意してもらえるかもしれないので父親の所に連れて行ってほしいなどと話した。被告人は，父親には頼めないとしていた被害者が従前と異なる話を持ち出したことに激怒して，被害者の顔面を平手で殴り，その腕を手拳で殴打するなどの暴行を加え，海に飛び込むように更に迫った。被害者が「明日やるから。」などと言って哀願したところ，被告人は，被害者を助手席に座らせ，自ら運転席に乗車し，車を発進させて岸壁上から転落する直前で停止して見せ，自分の運転で海に飛び込む気勢を示した上，やはり 1 人で飛び込むようにと命じた。しかし，被害者がなお哀願を繰り返し，夜も明けてきたことから，被告人は，「絶対やれよ。やらなかったらおれがやってやる。」などと申し向けた上，翌日に実行を持ち越した。

(5) 被害者は，被告人の命令に応じて自殺する気持ちはなく，被告人を殺害して死を免れることも考えたが，それでは家族らに迷惑が掛かる，逃げてもまた探し出されるなどと思い悩み，車ごと海に飛び込んで生き残る可能性にかけ，死亡を装って被告人から身を隠そうと考えるに至った。

(6) 翌 11 日午前 2 時過ぎころ，被告人は，被害者を車に乗せて本件漁港に至り，運転席に乗車させた被害者に対し，「昨日言ったことを覚えているな。」などと申し向け，さらに，ドアをロックすること，窓を閉めること，シートベルトをすることなどを指示した上，車ごと海に飛び込むように命じた。被告人は，被害者の車から距離を置いて監視していたが，その場にいると，前日のように被害者から哀願される可能性があると考え，もはや実行する外ないことを被害者に示すため，現場を離れた。

(7) それから間もなく，被害者は，脱出に備えて，シートベルトをせず，運転席ドアの窓ガラスを開けるなどした上，普通乗用自動車を運転して，本件漁港の岸壁上から海中に同車もろとも転落したが，車が水没する前に，運転席ドアの窓から脱出し，港内に停泊中の漁船に泳いでたどり着き，はい上がるなどして死亡を免れた。

(8) 本件現場の海は，当時，岸壁の上端から海面まで約 1.9 m，水深約 3.7 m，水温約 11 度という状況にあり，このような海に車ごと飛び込めば，脱出する意図が運転者にあった場合でも，飛び込んだ際の衝撃で負傷するなどして，車からの脱出に失敗する危険性は高く，また脱出に成功したとしても，冷水に触れて心臓まひを起こし，あるいは

心臓や脳の機能障害，運動機能の低下を来して死亡する危険性は極めて高いものであった。

3　上記認定事実によれば，被告人は，事故を装い被害者を自殺させて多額の保険金を取得する目的で，自殺させる方法を考案し，それに使用する車等を準備した上，被告人を極度に畏怖して服従していた被害者に対し，犯行前日に，漁港の現場で，暴行，脅迫を交えつつ，直ちに車ごと海中に転落して自殺することを執ように要求し，猶予を哀願する被害者に翌日に実行することを確約させるなどし，本件犯行当時，被害者をして，被告人の命令に応じて車ごと海中に飛び込む以外の行為を選択することができない精神状態に陥らせていたものということができる。

被告人は，以上のような精神状態に陥っていた被害者に対して，本件当日，漁港の岸壁上から車ごと海中に転落するように命じ，被害者をして，自らを死亡させる現実的危険性の高い行為に及ばせたものであるから，被害者に命令して車ごと海に転落させた被告人の行為は，殺人罪の実行行為に当たるというべきである。

また，前記2 (5) のとおり，被害者には被告人の命令に応じて自殺する気持ちはなかったものであって，この点は被告人の予期したところに反していたが，被害者に対し死亡の現実的危険性の高い行為を強いたこと自体については，被告人において何ら認識に欠けるところはなかったのであるから，上記の点は，被告人につき殺人罪の故意を否定すべき事情にはならないというべきである。

したがって，本件が殺人未遂に当たるとした原判決の結論は，正当である。

よって，刑訴法414条，386条1項3号，181条1項ただし書，刑法21条により，裁判官全員一致の意見で，主文のとおり決定する。

（裁判長裁判官　濱田邦夫　裁判官　金谷利廣　裁判官　上田豊三　裁判官　藤田宙靖）

> **チェック**
> □本件の被害者は意思決定の自由を完全に奪われているか？
> □本決定が殺人罪の実行行為性を肯定したのは，どのような理由によるか？
> □本決定は殺人罪の実行行為性を肯定したが，殺人罪の間接正犯が成立するとはしていない。これはどのように理解すべきか？

授　業

今回のテーマは「間接正犯」です。間接正犯とは，自らは直接構成要件該当事実を実現する行為を行わず，他人を利用して構成要件を実現する場合のことを指します。例えば，大人が子供に命じて店の商品を盗ませる場合には，それを命じた背後者である大人に窃盗罪の間接正犯が成立する，などとされる場合がこれに

当たります。

かつては，間接正犯は処罰の間隙を埋めるために生み出された概念である，といった説明がされていました。すなわち，自らの手で直接に実行行為を行った者のみが正犯であるとする限縮的正犯概念（あるいは形式的客観説）を採用し，同時に共犯の従属性の問題において極端従属性説を採用することによって生ずる処罰の間隙（責任無能力者や刑事未成年者を利用して犯罪を実現した場合など）を埋めるために間接正犯という概念が案出されたかのように説かれていたのです。しかし，このように共犯でないから正犯であるとするかのような考え方は，今日では妥当ではないとされています。また，現在では制限従属性説が通説であるとされており，例えば刑事未成年者を利用した場合でも共犯は成立し得るとされていますが，だからと言って刑事未成年者を利用した間接正犯が認められないわけではありません。間接正犯は，まさに正犯として処罰されるべき実質を備えているからこそ認められる概念であって，その正犯性を積極的に根拠づける必要があるとするのが今日の一般的な理解であるといえます。

そういうわけで，間接正犯の主たる問題点は，詰まるところ，自ら直接に構成要件該当行為を行っていないのに，なぜ正犯となるのか，その理由を説明する，ということにつきます。この点をうまく説明できる一般理論が提示できれば，後はそれに従って具体的事案を処理していけばよいことになるでしょう。

間接正犯の意義

1　処罰の間隙を埋めるための概念？
2　正犯性の根拠
㋐説：背後者が被利用者を自己の犯罪を実現するための道具として利用した場合に間接正犯が認められる（道具理論）
㋑説：背後者に行為支配が認められる場合に間接正犯が認められる（行為支配説）
㋒説：背後者に直接正犯と質的に異ならない実行行為性（実行の意思と犯罪実現の現実的危険性）が認められる場合に間接正犯が認められる（実行行為性説）
㋓説：被利用者に規範的障害（犯罪行為を思いとどまらせる契機）が存在しない場合には背後者に間接正犯が認められる（規範的障害不存在説）
㋔説：被利用者に当該構成要件的結果についての自律的決定が存在した場合には，背後者の間接正犯性は否定され，そうでない場合には，相当因果関係（及び身分犯・自手犯等においてはそのような特殊な構成要件要素）が満たされる限り，背後者は間接正犯となる（自律的決定不存在説）

　しかし，実はその点が必ずしも明快に説明できないところがあるようです。伝統的には，間接正犯は，背後者が被利用者を自己の犯罪を実現するための道具として利用したから正犯になるのだと言われてきました。しかし，他人を道具として利用したか否か，という言い方は，具体的な内容を示しているというよりは，人を凶器のような犯罪の手段に例える比喩的な表現に近く，判断基準としては不明確にすぎるという感じがします。そこで，学説では，間接正犯の正犯性をより具体的・実質的に示すための努力が積み重ねられてきました。そこでは，背後者に行為支配が認められる場合に間接正犯が認められる（行為支配説）[1]，背後者に直接正犯と質的に異ならない実行行為性（実行の意思と犯罪実現の現実的危険性）が認められる場合に間接正犯が認められる（実行行為性説）[2]，被利用者に規範的障害（犯罪行為を思いとどまらせる契機）が存在しない場合には背後者に間接正犯が認められる（規範的障害不存在説）[3]，被利用者に当該構成要件的結果についての自律的決定が存在した場合には，背後者の間接正犯性は否定され，そうでない場合には，法的因果関係（及び身分犯・自手犯等においてはそのような特殊な構成要件要素）が満たされる限り，背後者は間接正犯となる（自律的決定不存在説）[4]など，様々な見解が主張されることとなりました。これらはそれぞれよく考えられたもので，もっともだと思われる内容を多く含んでいます。皆さんの中にも，このうちのいずれかの見解を支持され，かつ，それを十分に理解して使いこなせる人もいると思います。そういう方は，そのご自分の考え方に従って，問題を処理していただくということで構いません。ただ，そうではなく，どのように説明したらよいのか迷っているという人もいると思います。これから私がお話しすることは，そのようなまだ間接正犯についてどのように説明したらよいのか迷われている人を主たる対象にしていると思ってください。

　私は，そのような方々に対して，いつも，間接正犯に関する一般的な説明はいわゆる道具理論のフレーズで十分である，と言っています。それはなぜかと言うと，先に挙げたような様々な理論は，どれも大変優れたものなのですが，少し高級すぎるところがあるというか，かなり踏み込んでそれぞれの考え方を理解して

いないと，実際に問題を解決しようとするときにうまく使えない，ということがままあるからです⁵。

　私が，とりあえずは道具理論でよいのではないかと思う理由は，もう一つあります。それは，一般に間接正犯が成立するとされるケースには多様なものがあり，そのすべてについて統一的な正犯性の根拠を与えようとすると，あまり実質的な内容の豊かな理論では，全てをカバーするのが難しくなるのではないか，という点です。例えば，規範的障害の有無を基準にする見解によれば，他人の過失行為を利用する場合，別罪の故意を有している者の行為を利用する場合などについては，間接正犯を認めることがなかなか難しいのですが，一般的にはこれらの場合にも間接正犯は肯定できるとされているのです。そのような点に着目すると，間接正犯に関する様々な理論は，それぞれ間接正犯の重要な側面を照らし出すものではあるのですが，全てを説明し得るマスターキーのようなものとは言い難いように思われます。それに比べると，道具理論は，非常に間口が広いと言えるでしょう⁶。

---

⁵ 例えば，行為支配説という考え方がありますが，皆さんは，行為支配とは何か，と問われたときに，うまく説明できるでしょうか？　うまく説明できるという人は，かなり刑法が好きな方ではないかと思います。正直なところ，私は，この行為支配という概念に，何とも言えない捉えにくさを感じています。

　少し脱線しますが，この「行為支配」という概念は，もともとはドイツ刑法学で生まれた概念であり，とくに有名なのは C. Roxin という有力な刑法学者の出世作である『正犯と行為支配（Täterschaft und Tatherrschaft）』というモノグラフィーです。これは，私が大学院時代に初めて読み通したドイツ語の本だという点で非常に思い出深いものでもあります。本文が 665 頁に及ぶ大著（私が読んだのは第 5 版でした）を拙いドイツ語で本当に苦労して読んだのですが，正直に言って分かったという気には全くなれませんでした。その主たる原因が私の能力不足にあることは明らかですが，少なくとも行為支配説を本当に理解しようとすれば，このようなバックボーンも併せて理解しなければ無理であろうという印象は今でも変わりません。日本の刑法の教科書では，行為支配説についてよくて 1 頁程度の説明しかなく，これでは本当に理解することはできないだろうな，というのが偽らざる心境です。そういうわけで，この考え方は，ある意味使い手を選ぶところがあり，初学者にはあまり向いていないのではないかなと思います（もちろん，きちんと理解されている方が使う分には全く問題はないです）。

⁶ 私は，このように一つの概念の下で多種多様なケースが取り扱われる問題を考えるとき，いつも，「物事を正当化する原理や理由は一元的であるべきか，それとも多元的であってもよいのか」とか，「すべてを説明できる理屈は実は何事も説明していないのではないか」といったことが気になります。射程の広い一元的な判断枠組みを構築しようとすればするほど，それが具体的な結論を規範的に制約する力は弱まるというジレンマを感じるのですが，皆さんはどうでしょうか？

　もし，これが実情であるとすれば，入り口のところでいたずらに理論面に深入りするよりは，とりあえず一般的なことは道具理論でおさえておき，後は具体的な事実をもとにして考えていく方が，気が利いているのではないか，というのが私の見立てです。そういうわけで，一般的なことは道具理論でよいのではないか，といつも言っています。

　しかし，一般的な事柄を道具理論で済ませるということは，それだけ規範的な説明は薄くなるということを意味します。「他人を自己の犯罪を実現するための道具のように利用した場合に間接正犯が成立する」とただ言ってみたところで，具体的な事案の解決に資するところはあまりないでしょう。とすると，結局重要なことは，当該事案における，どのような事実をどのように評価すれば「他人を自己の犯罪を実現するための道具のように利用した」といえるのかを具体的に示すことだといえるでしょう。そういうわけで，道具理論に立って説明する場合には，具体的事案に基づいた説明をより厚く行う必要があります。その際，考慮されるべき事情は具体的事案によっていろいろでしょうが，一般的に留意しておくとよいものとしては，次のような事情があるでしょう。

　まず，背後者はどのような事情を利用しているのかということについて，直接行為者は事情を知らないとか，錯誤に陥っているとか，責任能力がないとか，いろいろあるでしょう。次に，背後者は直接行為者にどのような影響を及ぼしているのかという点でも，騙している，強制している，威迫しているといった事情が考えられるでしょう。更に，直接行為者はどのような状態で行為に出たのかということに関して，自律的な意思決定がどの程度可能だったか，行為に出ない可能性がどの程度あったのか，といった点の判断が問題になるでしょう。これらの事

実に着目しながら，最終的に，背後者が他人を道具のように利用して自己の犯罪を実現したと評価することができるかを検討していくという筋道で考えていけば，ほとんどの場合，それほどおかしな解答にはならないはずです[7]。

　さて，前置きが長すぎた嫌いがありますが，このような考え方を前提にして，いくつか問題となるケースを考えてみることにしましょう。

間接正犯の諸類型

①責任無能力者を利用する場合
②刑事未成年者を利用する場合
③情を知らない第三者を利用する場合
④錯誤に陥っている者を利用する場合
⑤過失行為を利用する場合
⑥他罪の故意を有する者を利用する場合
⑦他者を強制する場合

　間接正犯が認められる第1の類型は，自分の命ずる通りに行動する他人を利用する場合です。他人の意思決定に大きな影響を及ぼすことによって自分の思う通りに行動させるという点にポイントがあることから，意思支配型と呼ばれることもあります。例えば，是非弁識能力を欠く責任無能力者や未就学児などに盗みを命ずるような場合がこれに当たります。これらの者は，行為の是非を自分で判断する能力が十分ではないことに加え，普段の生活において他者に依存する程度が

---

[7] 間接正犯を論ずる際に，主観的には正犯意思，客観的には支配・利用関係を要件として挙げる答案をよく見かけます（例えば，裁判所書記官研修所監修『刑法総論行為議案〔四訂版〕』［2016年］78頁にも，そのように書かれています）。おそらく，これは間接正犯の正犯性を直接正犯と異ならない実行行為性があることに求める見解の影響ではないかと思います（なお，池田＝杉田編『新実例刑法〔総論〕』［2014年］33頁［前田厳］参照）。自己の犯罪を実現するために（つまり正犯意思をもって）他人を利用する行為が実行行為に当たると考えるということです。しかし，正犯意思は共同正犯にも必要なものであり，間接正犯に固有の要件であるとはいえないと思いますし，正犯意思と支配・利用関係を別個のものとすると，主観面だけで正犯意思が肯定されるかのようでもあり，やや問題があるような気がします（共同正犯と幇助犯の区別で問題とされる正犯意思は，単に主観面だけで決定されるものではなく，客観的な事情を考慮して判断されています）。実際上，一方的な支配・利用関係が肯定されるところで正犯意思が否定されるという事態は考えにくいので，間接正犯の成否を問題とする場合には，基本的に支配・利用関係の点に着目して論ずれば足りるのではないでしょうか（少なくとも，支配・利用関係の内実を具体的に検討することなく，正犯意思の有無を細かく検討するというのはセンスが悪いでしょう）。

非常に大きいですから，命令を拒絶することができない場合が多いといえるでしょう。

　この関係で特に注意を要するのが，刑事未成年者を利用するケースです。刑事未成年者には責任がないので不可罰となりますが，背後者がそのような刑事未成年者を利用して犯罪を実現する場合に間接正犯が認められるか，ということが実際にもよく問題となります。この場合に，直接行為を行っている者に責任がないため不可罰となるのだから，背後者はこのような責任のない者を利用した間接正犯となる，と短絡的に考えてはいけません。なぜならば，この場合に背後者が間接正犯となるためには，他人を自分の思う通りに行動させたといえるような状況がなければならないのですが，刑事未成年者に働きかける場合の全てにおいてそのようなことがいえるわけではないからです。一般に，13歳の者が，例えば，知人の大人から「あの店の物を盗んでこい」と言われて，躊躇することなく応じるでしょうか？　そんなことはないでしょう。きっと，大半の者は，「そんなことはしてはいけない」と考えて思いとどまるはずです[8]。それにもかかわらず，その大人が盗みをさせようとするのであれば，躊躇している刑事未成年者に強く働きかけて自分の思う通りにさせようとするでしょう。要するに，命じられた者が命令された通りに行動せざるを得ないだとか，そのように行動してもやむを得ないだとかと思われるような状況が生み出されなければならないということです。

　判例は，このような事情を「意思の抑圧」という言葉で表現しています。すなわち，最決昭58・9・21刑集37・7・1070は，父親が12歳の養女に窃盗を命じたという事案に関し，「Xが，自己の日頃の言動に畏怖し意思を抑圧されている同女を利用して右各窃盗を行ったと認められるのであるから，たとえ所論のように同女が是非善悪の判断能力を有する者であったとしても，Xについては本件各窃盗の間接正犯が成立すると認めるべきである」としているのです。ここでは，どうして「意思を抑圧されている」という評価に至ったのか，その根拠となる事実に

---

[8] このように直接行為に出る者に規範心理的に乗り越えなければならないハードルがある場合，法秩序の立場からすると，このような状態は背後者にとって犯罪実現の障害となるでしょう。このような場合，背後者にとって，直接に行為に出る他の人間は規範的障害になる，と表現されます。ここでは規範的責任論の考え方が重視されているといえるでしょう（曽根・総論236頁）。なお，過失行為者も規範的障害になるかに関しては議論のあるところですが，必要な注意をしていれば結果の発生を回避することができたというのであれば，法秩序の立場からすると，そのような結果回避行動をとることが期待される人だということになるでしょうから，過失行為者も規範的障害になり得ると考えるべきだと思います。

注目する必要があります。そうすると，「日頃 X の言動に逆らう素振りを見せる都度顔面にタバコの火を押しつけたりドライバーで顔をこすったりするなどの暴行を加えて自己の意のままに従わせていた」という事実が挙げられていることが重要な意味をもつことが分かるでしょう。平たく言えば，日ごろから虐待されていたため窃盗を命じられてもそれに逆らえる状態ではなかったというようなことが，「意思の抑圧」ということの実質的な中身だということができるでしょう。

　もう一つの重要な判例が課題判例 19（最決平 13・10・25 刑集 55・6・519）です。これは，母親が 12 歳の息子に強盗を命じたという事案です。この事案について，判例は，「本件当時 B には是非弁別の能力があり，X の指示命令は B の意思を抑圧するに足る程度のものではな（かった）」として，間接正犯の成立を否定しています。この事案では，母親は，執拗に息子に強盗をするように説得していますが，普段から言うことを聞かないと虐待していたなどというような事情はなく，このように指示命令しただけでは，息子は「意思を抑圧された」とは断じにくいでしょう。これは，息子の側からすると，執拗に説得されたため，なかなか断りにくい心情ではあったかもしれないが，結局は，自分の意思で犯行に及んだと評価されるということになるでしょう。そして，このことは，息子が，自分の意思で犯行現場において臨機応変に対処していることからも強く推認されることだと思われます。皆さんは，この 2 つの判例における結論の違いが，どのような事実関係の違いに起因しているか，しっかりと分析してほしいと思います。

　ところで，課題判例 19 に関しては，いくつか補足しておきたいことがあります。

　まず，この判例は，息子が現場で「臨機応変に対処」したことを，間接正犯を否定する方向で評価しています。しかし，これを，事前に指示されていたことではないが現場でうまく対処したという事情は，間接正犯を否定する方向に作用する事情である，と一般化することはできないと思います。例えば，課題判例 19 の事案を変え，日ごろから言うことを聞かないとひどい虐待を受けていたので，強盗に失敗したらどんな仕打ちを受けるか分からず恐怖を感じ，指示されたことではなかったが現場で何とか自分で考えて対処したというようなケースであれば，かなり印象は違うのではないでしょうか。指示されなかったことをなぜやったのか，という，理由や背景事情を考えることが重要です。

　次に，課題判例 19 は，間接正犯を否定した後，「X は，生活費欲しさから本件

192

強盗を計画し，Bに対し犯行方法を教示するとともに犯行道具を与えるなどして本件強盗の実行を指示命令した上，Bが奪ってきた金品をすべて自ら領得したことなどからすると，Xについては本件強盗の教唆犯ではなく共同正犯が成立するものと認められる」と判示しています。ここには2つ重要な点が含まれています。一つは，刑事未成年者との間に共同正犯が成立することを認め，更に，場合によっては教唆犯となる可能性もある，ということを示唆している点です[9]。これは，極端従属性説では説明が困難でしょう。この判例を見ると，判例は極端従属性説をとってはいない，ということができると思います[10]。もう一つは，共同正犯となる理由として挙げている事情です。ここでは，犯行への意欲・動機，犯行への具体的な寄与の中身，犯行によって得られる利益の帰属，といった，判例が狭義の共犯と（共同）正犯とを区別するときに重視していると思われるポイントが，かなりはっきりとした形で挙げられています。これは正犯と共犯の区別を考えるときに，とても役に立つところだと思います。

　さて，このように「意思の抑圧」の有無が刑事未成年者を利用した間接正犯の成否を分ける重要なポイントになるとすると，どのような場合に「意思の抑圧」が肯定されるのか，ということが具体的な問題を考える上で重要な関心事となるでしょう。そして，この点は，「意思の抑圧」という言葉を使うかどうかは別にし

[9] 本決定は，まず間接正犯の成否について判断し，それが否定されたところで共同正犯及び教唆犯の成否を検討しています。この点は訴訟の経緯によるところも大きいので，理論的な検討の順序を意識したものだとまではいえないように思います。他方，学説では，まず間接正犯の成否を検討し，それが否定された場合に共同正犯，さらに狭義の共犯の成否が順次検討されることになるとする見方（橋爪・悩みどころ49頁，井田・総論488頁以下）と，まず共謀の存否を検討して，共謀が存すれば共謀共同正犯が成立し，共謀が否定された場合にはじめて，教唆犯・幇助犯，間接正犯の可能性が問われるとする見方（高橋・総論436頁）がみられます。私は，間接正犯→共同正犯→教唆犯・幇助犯の順で検討していくのが妥当なのではないかと思いますが，これが唯一理論的に正しい考察順序であるとまではいえないかもしれません。ただ，事案から見て間接正犯の成立可能性を無視できない場合には，やはりその点については言及する必要があると思います。課題判例19の事案を素材とした問題を出すと，時々，共同正犯が成立するということしか書いてこない答案が出てくるのですが，結論はそうであるとしても，やはりなぜ間接正犯にはならないのかという点について説明がないと論述としては非常に薄っぺらな印象をもちます。
[10] 西田先生は，本決定について「これは制限従属性説をとるものである」とされています（西田・総論352頁）。共同正犯にも従属性が妥当するのかについては議論のあるところですが（否定するものとして，山口・総論315頁），仮に共同正犯には従属性は妥当しないと考えたとしても，本決定は，共同正犯が否定されれば教唆犯となり得るという含みをもつように思われますので，やはり極端従属性説では説明し難いように思われます。

て，刑事未成年者を利用する場合以外の意思支配型にも共通する問題です。ここは評価の問題が絡みますので，どんな場合にも当てはまる目盛りのようなものがあるわけではなく，また，同じ事案でも人によって判断が分かれることが当然あるでしょう。ただ，一つ注意していただきたいのは，もう命令された通りに行動するほか客観的に選択肢がないというような絶対的強制のような状態にまではなっていなくとも，間接正犯を認めることは可能である，という点です。

　このことを確認するために，課題判例 20（最決平 16・1・20 刑集 58・1・1）を見てみたいと思います。これは被害者に車ごと海中に転落して自殺することを命じたが，被害者は車ごと海に飛び込んだところで脱出し逃げようとして，実際にそのようにして一命をとりとめた，という事案に関して，殺人未遂罪の成立を認めたものです。この判例では，「本件犯行当時，被害者をして，Xの命令に応じて車ごと海中に飛び込む以外の行為を選択することができない精神状態に陥らせていたものということができる」として，「Xは，以上のような精神状態に陥っていた被害者に対して，本件当日，漁港の岸壁上から車ごと海中に転落するように命じ，被害者をして，自らを死亡させる現実的危険性の高い行為に及ばせたものであるから，被害者に命令して車ごと海に転落させたXの行為は，殺人罪の実行行為に当たるというべきである」と判示しています。ここで考えてみてほしいのですが，この事案の場合，被害者は，確かに命令された通りにする以外の行為を選択することができない「精神状態」に陥っていたかもしれませんが，例えば，ピストルを突き付けられて「やらなければ死んでもらう」などと脅されている場合のように物理的に他の選択肢をとることがほとんどできない状態であったとまではいえないでしょう（物理的には警察に助けを求めるなどの選択肢をとることは十分にできる状態だと思われます）。しかし，そのような絶対的強制の如き状況を作出しなくとも，被害者にそのような行動をとることもやむを得ないと思わせるような状況を作り出したならば，背後者にとって自分の思う通りに被害者を利用したということは十分に可能だと思われます[11]。

---

[11] 広島高判昭 29・6・30 高刑集 7・6・944 は，自殺者の「意思決定の自由を阻却する程度の威迫」を加えて自殺させたときには自殺関与罪ではなく殺人罪が成立するとしていました。これと比べると，本決定は，文字通り被害者の「意思決定の自由を阻却する」とまではいえず，自律的な意思決定の余地が残されているような場合であっても，通常の自由決定ではしないであろうと考えられる選択をするような状況に追い込めば間接正犯は成立し得ると判断しているように思われます（伊東研祐・平成 16 年度重判解 156 頁参照）。

　なお，課題判例 20 について，少し補足しておきます。この判例を紹介すると，よく「この判例では間接正犯という言葉が出てこないのですが，これを間接正犯として論ずることは間違いにはならないのですか」といった質問を受けます。これはもっともな質問です。確かに，この判例では間接正犯という言葉が出てこず，「殺人罪の実行行為に当たる」とされています。また，いわゆる偽装心中の事例である最判昭 33・11・21 刑集 12・15・3519 でも間接正犯という言葉は出てきません。これらの判例に共通しているのは，被害者を利用する事案であるということです[12]。講学上，このような事案は，被害者を利用した間接正犯の類型として説明されるのが一般的です。しかし，この場合は，被害者自身に結果が発生するので，背後者による被害者への働きかけそれ自体を実行行為と見ることも可能でしょう。判例はそのような捉え方をしているのだと思います。そこから，これを直接正犯だとする見解もありますが，仮に実行行為性を問題にする場合であっても，そこで考慮されている事柄の内実は背後者が被害者を自分の思う通りに行動させることができたかどうかという点であり，実質的には間接正犯であると考えるべきだと私は思います[13]。

　少し意思支配型の話が長くなりました。他の類型についても，簡単に触れておくことにします。

　間接正犯が認められる第 2 の類型が，不知・錯誤を利用するケースです。X は，

---

[12] 最決令 2・8・24 刑集 74・5・517 では，1 型糖尿病にり患している子供の母親に対して，インスリンの不投与を指示した被告人について，「インスリンの投与という期待された作為に出ることができない精神状態に陥っていた」母親を道具として利用して子供を死亡させたとして殺人罪の成立が認められています（十河太郎・法教 484 号［2021 年］130 頁，鎮目征樹・令和 2 年度重判解 114 頁参照）。この事例は第三者が利用されたケースですが，前掲最決平 16・1・20 と同様の判断枠組みが用いられているところが注目されます。なお，本決定では，父親の方は不保護の故意しかなかったとされており，「被告人は，未必的な殺意をもって，母親を道具として利用するとともに，不保護の故意のある父親と共謀の上，被害者の生命維持に必要なインスリンを投与せず，被害者を死亡させたものと認められ，被告人には殺人罪が成立する」とされており，父親との共同正犯関係がどうなるのかという点についても興味深い問題を提起するものだといえるでしょう。いわゆる部分的犯罪共同説によれば，父親とは不保護致死罪の限度で共同正犯が成立し，殺人罪については被告人の単独犯ということになりそうですが，この単独正犯性をどのようにして基礎づけるかはよく分かりません。本件では，母親を利用した間接正犯という構成が一応できますが，仮に母親の道具性が否定された場合には問題性はさらに増幅しそうです（小池信太郎「間接正犯と共同正犯」法教 473 号［2020 年］101 頁参照）。

[13] 藤井敏明・最判解平成 16 年度 13 頁以下参照。

客人Ｂの殺害を企て，事情を知らないお手伝いさんＡに毒入りのお茶をもっていかせ，Ｂは，それを飲んで死亡した，という場合に，Ｘに殺人罪の間接正犯が肯定される，というのがその例です。この場合も他人を道具のように利用するということができるでしょうが，その意味は，先ほどの意思支配型とはやや異なるように思われます。意思支配型の場合は，相手方の意思に働きかけて自分の思う通りに行動させようとする場合であるのに対して，不知・錯誤を利用するケースでは相手方が事情を知らないのをよいことにこれを利用する（この場合は「支配」という言葉よりは「利用」という言葉の方がしっくりくるのではないでしょうか）場合です。このとき，なぜ相手方が背後者の思う通りに行動することになるかといえば，それは相手方が事情を知らないからです。つまり，背後者は，相手方よりも事情をよく知っているという知識・情報面での優越性を利用して，相手方を自己の犯罪を実現するための道具として利用するという形になっているのです。

　ところで，この場合に相手方が背後者の思う通りに行動すると考えられるのはどうしてでしょうか？　それは，相手方は自分の行っていることが犯罪に当たるということを知らないので，その行為を思いとどまらない可能性が高いと考えられるからではないでしょうか？　基本的にはそうなのだと思います。ただ，そのように考えると，それでは，相手方の行為自体が犯罪に当たる場合には，その行為を思いとどまる可能性が高い（規範的障害がある）のですから，間接正犯は認められないことになりそうです。この点が問題となるのが，過失行為を利用するケースや，他の犯罪の故意を有する者の行為を利用するケースです。規範的障害の有無を重視する場合には，これらのケースに関して間接正犯が否定される可能性があるでしょう[14]。しかし，これらの場合も，背後者が実現しようとしている犯罪との関係でいえば，相手方は事実を知らず，背後者が優越的な知識・情報を有しているというところは変わりがないので，間接正犯を認めることは可能だと思います。他人を自己の犯罪を実現するための道具として利用したといえるかどうかは，問題となる犯罪毎に個別に判断されるべきである（規範的障害という言葉を使うのであれば，規範的障害の有無は犯罪ごとに判断されるべきである[15]）とでもいえ

---

[14] 西原先生は，過失行為を利用する場合には間接正犯を肯定しますが，他の犯罪の故意を有する者の行為を利用する場合については間接正犯の成立を否定されています（西原・総論［下］360頁）。

[15] なお，曽根・総論 237 頁参照。

るでしょうか。

間接正犯の限界事例

1　故意ある道具の利用
　①目的なき故意ある道具の利用
　②身分なき故意ある道具の利用
　③故意ある幇助的道具の利用
2　錯誤者の利用
　①正当化事情の錯誤の場合
　②客体の錯誤の場合
　③違法性の錯誤の場合
　⇒「正犯の背後の正犯」？

　さて，そうすると最後に残るのは，背後者が実現しようとする犯罪事実について被利用者が認識しているケースにおいて間接正犯が成立するのかという問題でしょう。例えば，公務員Ｘが，非公務員である妻Ａに事情を話して，賄賂を収受させた，というケースについて，Ｘに収賄罪の間接正犯を肯定することができるかということが問題となります（身分なき故意ある道具の利用）。このケースについては，Ｘに間接正犯を認める見解が有力なのですが，Ａが行為の違法性を正しく認識して行為に出ている場合には，規範的障害の程度が非常に大きくＸの道具となっているとは言い難いことが多いのではないかと思われます。そのような場合は，むしろ，両者を共同正犯とする方が実態に即しているのではないでしょうか[16]。65条1項は共同正犯にも適用されるというのが判例・通説ですので，このように解釈することは十分に可能だと思います。

　次に，いわゆる「故意ある幇助的道具の利用」のケースが問題となります。例えば，甲がＡの殺害を乙に依頼したところ，乙は専ら甲のためだけにＡを殺害したというような場合に，甲を殺人罪の間接正犯とし，乙を幇助犯とすることは

---

[16] 西田・総論354頁など。なお，このケースについては，非公務員が金員等を受け取った段階で既に公務員が「収受」したと評価することも可能だと思います（松宮・総論258頁以下など）。このように解した場合，公務員は収賄罪の直接正犯であり，非公務員はその関与の程度に応じて共同正犯か，あるいは，幇助犯が成立することになるでしょう（西田典之ほか編集『注釈刑法第1巻』[2010年]802頁[島田聡一郎]参照）。ところで，このようなケースの解決策として，公務員を収賄罪の教唆犯，非公務員を収賄罪の従犯とする見解も主張されています（浅田・総論447頁など）。ここには正犯が登場しませんね。皆さんは，このような見解をどのように評価されるでしょうか？

できるでしょうか？[17]　正犯と共犯の区別に関して，自己のためにする意思で行為する者が正犯で，他人のためにする意思で行為する者が共犯であるとする立場（主観説）[18] に立つと，このような処理も考えられることになるでしょう。しかし，このように考えると，実行行為を行う従犯というものを認めることになることに加えて，完全に自律的に行為する者が介在しているのに背後者を間接正犯とすることになります。特に後者に関しては，この場合，背後者が相手方を支配しているとか利用しているとかということは，かなり難しいと思います。そういう意味では，このような場合には間接正犯は認められず共同正犯が成立する，とするのがすっきりとはしているでしょう。ただ，例えば，被利用者は専ら背後者のためだけに行為に出たというような場合には，故意ある幇助的道具を利用した間接正犯と構成した方がむしろしっくりくるという場合があるかもしれません[19]。そのようなわけで，私としては，通常の場合には簡単に故意ある幇助的道具を利用した間接正犯は認めない方が賢明だと思いますが，他にうまい解決策が見当たらない場合の窮余の策として頭の片隅に置いておくとよいかなと思うところです。

　最後に，直接行為者は正犯であるといわざるを得ないが，それでもなお背後者を間接正犯とし得る場合があるか，という問題があります。例えば，直接行為者を騙して違法性の錯誤を生じさせて犯罪を実現するというケースでは，直接行為者が正犯であるということは否定できません。このとき，直接行為者が適法だと誤信したことに相当な理由があれば故意あるいは責任を阻却することを認める見解が現在では多数ですが，その場合でも直接行為者の行為が違法な行為であることに変わりはありません。それにもかかわらず背後者に間接正犯の成立を肯定す

---

[17] ドイツでは，ソ連のKGBの命令により亡命者を殺害したケースについて，暗殺を命令したKGBの指導者たちが間接正犯であり，殺害を行った行為者は従犯であるとした判例（BGHSt 18,87）があります（紹介として，堀内捷三ほか編『判例によるドイツ刑法（総論）』［1987年］190頁以下［西田典之］）。

[18] わが国の判例も「自己の犯罪を行う意思」か「他人の犯罪に加担する意思」かで正犯と共犯を区別する主観説に立っていると言われます。判例は，この区別をするに当たって，主観的要素だけではなく客観的要素も考慮して判断していることから，判例の立場を主観説と呼ぶことが妥当なのかは議論のあり得るところですが，実行行為を行う従犯を肯定している裁判例（横浜地川崎支判昭51・11・25判時842・127。なお，最判昭25・7・6刑集4・7・1178）もあることなどから，主観説的な傾向が看取されることは否定できないでしょう（判例の考え方は，主観説というよりは，むしろ，正犯と共犯を区別するに当たって実行行為を行っているかどうかにカテゴリカルな意味を認めない立場とでも言った方がよいのかもしれません。実行行為性を決定的なファクターだと見ないという点は，一方では共謀共同正犯を肯定し，他方では実行行為を行う従犯を認めるところに現れているといえるでしょう）。

るならば，それは「正犯の背後の正犯」[20] を肯定することになるでしょう。このような犯罪実現形態を認めることができるでしょうか？　直接行為者の違法性の錯誤が回避できないものであるならば，背後者はそのような状態にある直接行為者を道具として利用したということは十分可能であるとは思います。更に，過失行為を利用する場合や他罪の故意のある者を利用する場合に間接正犯の成立を認めるのであれば，違法性の錯誤が回避できるものであったとしても，実際に違法性を意識していない者であれば，やはり背後者に利用されているといい得るように思われます。このようなケースはまだ実際に問題となったことはないようですが，考えてみてもよいところでしょう。個人的には「正犯の背後の正犯」という間接正犯を肯定するよりも，共同正犯とする方が相対的に問題は少ないかなと思ったりしています。皆さんは，どのように考えるでしょうか？

授業後の課題

　以下は最決昭 58・9・21 刑集 37・7・1070 の判旨である。

　「被告人 X は，当時 12 歳の養女 A を連れて四国八十八ケ所札所等を巡礼中，日頃 X の言動に逆らう素振りを見せる都度顔面にタバコの火を押しつけたりドライバーで顔をこすったりするなどの暴行を加えて自己の意のままに従わせていた同女に対し，本件各窃盗を命じてこれを行わせたというのであり，これによれば，X が，自己の日頃の言動に畏怖し意思を抑圧されている同女を利用して右各窃盗を行ったと認められるのであるから，たとえ所論のように同女が是非善悪の判断能力を有する者であったとしても，X については本件各窃盗の間接正犯が成立すると認めるべきである」

---

[19] 例えば，A が，友人 B を騙して C 宅の庭にある C のボールを「あれは自分のボールなので取ってきてほしい」と言ったところ，B はそのボールが A のものではないことを知っていたが日頃から世話になっている A のために黙ってそのボールをもってきた，というケースを考えてみましょう。このケースについては，差し当たり，①A は，窃盗罪の間接正犯の意思で窃盗罪の教唆犯に当たる事実を実現したと見て，窃盗罪の教唆犯が成立するという考え方と，②B は専ら A のために行為しており正犯意思がないので幇助にとどまり，A は窃盗罪の間接正犯となるというという考え方がありそうです。①の方が多数ではないかと思われますが，A は当初の思惑通りの結果を得ているのにこれを教唆犯とすることに違和感をもつ向きもあるのではないかと思います。片面的共同正犯を肯定する立場によれば，A は間接正犯の意思で共同正犯に当たる事実を実現したと見て，窃盗罪の共同正犯を認めることも可能だと思われますが，判例・通説は片面的共同正犯を認めていません。そうすると，A を正犯とするのが実態に即した評価だと考える人は，②を支持することになるでしょう。感覚的には，A も B もそれぞれ個別に見ると正犯にしたいところだが，これを両立させることができる理屈がなかなか見つからないという感じではないでしょうか。皆さんならば，どのように考えるでしょう？
[20] この概念については，橋本・総論 241 頁参照。

　この事案において，A が 14 歳であり，その他の事情は全く同一であるとしたならば，X 及び A の罪責はどうなるであろうか。自己の考え方を簡潔に述べなさい。

考え方

　相手方が刑事未成年ではないことになるので，要素従属性の観点から共犯の成立を妨げる事情は基本的になくなるという点で，形式的には共犯をより肯定しやすいことにはなるでしょう。しかし，他人を自己の犯罪を実現するための道具として利用したといえるかどうかの判断は，具体的な事実を前提として，相手方を自己の思う通りに行動させたとえいるかどうかを問題にするものだと考えるのであれば，相手方が刑事未成年か否かは判断を分ける決定的な要素ではなく，最終的には「意思を抑圧された」といえるかどうかによって判断されることになると思われます。従って，X には窃盗罪の間接正犯が成立すると解されるでしょう[21]。

　他方，A の罪責をどうするかは悩むところです。構成要件該当性段階では（共同）正犯か幇助か，違法性段階では緊急避難による違法性阻却の可能性，責任段階では期待可能性の不存在による責任阻却の可能性などが考慮に値するでしょう。更に，X に間接正犯が成立すると考えたならば，A は常に不可罰とするべきかという問題も考えてみてください。

---

[21]　品田智史・百選 I（第 8 版）151 頁参照。

▸第 12 回◂

共 同 正 犯

基本事項の確認

□共同正犯の意義と効果について確認しなさい

□「一部実行の全部責任」と呼ばれるものの内容を確認し，その根拠について考えなさい

課題判例🔢

銃砲刀剣類所持等取締法違反被告事件

最高裁判所第一小法廷平成 14 年（あ）第 164 号

平成 15 年 5 月 1 日決定

主　　文

本件上告を棄却する。

理　　由

　弁護人 K 外 13 名の上告趣意のうち，判例違反をいう点は，原判決の認定に沿わない事実関係を前提とし，かつ，事案を異にする判例を引用するものであって，前提を欠き，その余は，憲法違反をいう点を含め，実質は事実誤認，単なる法令違反の主張であって，いずれも適法な上告理由に当たらない。

　なお，所論にかんがみ，職権で判断する。

1　原判決及びその是認する第 1 審判決の認定並びに記録によれば，本件に関する事実関係は，以下のとおりである。

(1) 被告人は，兵庫，大阪を本拠地とする三代目 K 組組長兼五代目 Y 組若頭補佐の地位にあり，配下に総勢約 3100 名余りの組員を抱えていた。K 組には，被告人を専属で警護するボディガードが複数名おり，この者たちは，アメリカ合衆国の警察の特殊部隊に由来するスワットという名称で呼ばれていた。スワットは，襲撃してきた相手に対抗できるように，けん銃等の装備を持ち，被告人が外出して帰宅するまで終始被告人と行動を共にし，警護する役割を担っていた。

　被告人とスワットらとの間には，スワットたる者は個々の任務の実行に際しては，親分である被告人に指示されて動くのではなく，その気持ちを酌んで自分の器量で自分が責任をとれるやり方で警護の役を果たすものであるという共通の認識があった。

(2) 被告人は，秘書やスワットらを伴って上京することも多く，警視庁が内偵して把握していただけでも，本件の摘発がなされた平成 9 年中に，既に 7 回上京していた。東京において被告人の接待等をする責任者は K 組 P 会会長の A（以下「A」という。）であり，A は，被告人が上京する旨の連絡を受けると，配下の組員らとともに車 5，6 台で羽田空港に被告人を迎えに行き，A の指示の下に，おおむね，先頭の車に被告人らの行く先での駐車スペース確保や不審者の有無の確認等を担当する者を乗せ（先乗り車），2 台目には A が乗って被告人の乗った車を誘導し（先導車），3 台目には被告人と秘書を乗せ（被告人車），4 台目にはスワットらが乗り（スワット車），5 台目以降には雑用係が乗る（雑用車）という隊列を組んで，被告人を警護しつつ一団となって移動するのを常としていた。

(3) 同年 12 月下旬ころ，被告人は，遊興等の目的で上京することを決め，これを K 組組長秘書見習い B（以下「B」という。）に伝えた。B は，スワットの C（以下「C」という。）に上京を命じ，C と相談の上，これまで 3 名であったスワットを 4 名とし，被告人には組長秘書ら 2 名と K 組本部のスワット 4 名が随行することになった。この上京に際し，同スワットらは，同年 8 月 28 日に Y 組若頭兼 T 組組長が殺害される事件があったことから，被告人に対する襲撃を懸念していたが，K 組の地元である兵庫や大阪などでは，警察の警備も厳しく，けん銃を携行して上京するのは危険と考え，被告人を防御するためのけん銃等は東京側で準備してもらうこととし，大阪からは被告人用の防弾盾を持参することにした。そこで，B から被告人の上京について連絡を受けた A は，同人の実兄である M 連合会 S 二代目 H 組組長の D（以下「D」という。）に電話をして，けん銃等の用意をも含む一切の準備をするようにという趣旨の依頼をし，また，C も，前記 P 会の組員にけん銃等の用意を依頼し，同組員は，D にその旨を伝えた。連絡を受けた D は，H 組の組員である E とともに，本件けん銃 5 丁を用意して実包を装てんするなどして，スワットらに渡すための準備を調えた。

(4) 同年 12 月 25 日夕方，被告人が B や C らとともに羽田空港に到着すると，これを A や H 組関係者と，先に新幹線で上京していたスワット 3 名が 5 台の車を用意して出迎えた。その後は，(2) で述べたようなそれぞれの役割区分に従って分乗し，被告人車のすぐ後ろにスワット車が続くなどの隊列を組んで移動し始め，最初に立ち寄った店を出るころからは，次のような態勢となった。

〔1〕先乗り車には，K 組本部のスワット 1 名と同組 P 会のスワット 1 名が，各自実包の装てんされたけん銃 1 丁を携帯して乗車した。

〔2〕先導車には，A らが乗車した。

〔3〕被告人車には，被告人のほか B らが乗車し，被告人は前記防弾盾が置かれた後部座

席に座った。

〔4〕スワット車には，K組本部のスワット3名が，各自実包の装てんされたけん銃1丁を携帯して乗車した。

〔5〕雑用車は，当初1台で，途中から2台に増えたが，これらに東京側の組関係者が乗車した。

　そして，被告人らは，先乗り車が他の車より少し先に次の目的場所に向かうときのほかは，この車列を崩すことなく，一体となって都内を移動していた。また，遊興先の店付近に到着して，被告人が車と店の間を行き来する際には，被告人の直近を組長秘書らがガードし，その外側を本件けん銃等を携帯するスワットらが警戒しながら一団となって移動し，店内では，組長秘書らが不審な者がいないか確認するなどして警戒し，店外では，その出入口付近で，本件けん銃等を携帯するスワットらが警戒して待機していた。

(5)　被告人らは，翌26日午前4時過ぎころ，最後の遊興先である港区六本木に所在する飲食店を出て宿泊先に向かうことになった。その際，先乗り車は，他車より先に，同区六本木……所在のホテル△△△別館に向かい，その後，残りの5台が出発した。そして，後続の5台が，同区六本木……付近路上に至ったところで，警察官らがその車列に停止を求め，各車両に対し，あらかじめ発付を得ていた捜索差押許可状による捜索差押えを実施し，被告人車のすぐ後方に続いていたスワット車の中から，けん銃3丁等を発見，押収し，被告人らは現行犯逮捕された。また，そのころ，先乗り車でホテル△△△別館前にその役割に従って一足先に到着していたK組本部のスワットと同組P会のスワットは，同所に警察官が来たことを察知して，所持していた各けん銃1丁等を，自ら，又は他の組員を介して，同区虎ノ門……の民家の敷地や同区赤坂……所在のビルディング植え込み付近に投棄したが，間もなく，これらが警察官に発見された。

(6)　スワットらは，いずれも，被告人を警護する目的で実包の装てんされた本件各けん銃を所持していたものであり，被告人も，スワットらによる警護態様，被告人自身の過去におけるボディガードとしての経験等から，スワットらが被告人を警護するためけん銃等を携行していることを概括的とはいえ確定的に認識していた。また，被告人は，スワットらにけん銃を持たないように指示命令することもできる地位，立場にいながら，そのような警護をむしろ当然のこととして受入れ，これを認容し，スワットらも，被告人のこのような意思を察していた。

2　本件では，前記1(5)の捜索による差押えや投棄の直前の時点におけるスワットらのけん銃5丁とこれに適合する実包等の所持について，被告人に共謀共同正犯が成立するかどうかが問題となるところ，被告人は，スワットらに対してけん銃等を携行して警護するように直接指示を下さなくても，スワットらが自発的に被告人を警護するために本件けん銃等を所持していることを確定的に認識しながら，それを当然のこととして受け入れて認容していたものであり，そのことをスワットらも承知していたことは，前記1(6)で述べたとおりである。なお，弁護人らが主張するように，被告人が幹部組員に

対してけん銃を持つなという指示をしていた事実が仮にあったとしても，前記認定事実に徴すれば，それは自らがけん銃等の不法所持の罪に問われることのないように，自分が乗っている車の中など至近距離の範囲内で持つことを禁じていたにすぎないものとしか認められない。また，前記の事実関係によれば，被告人とスワットらとの間にけん銃等の所持につき黙示的に意思の連絡があったといえる。そして，スワットらは被告人の警護のために本件けん銃等を所持しながら終始被告人の近辺にいて被告人と行動を共にしていたものであり，彼らを指揮命令する権限を有する被告人の地位と彼らによって警護を受けるという被告人の立場を併せ考えれば，実質的には，正に被告人がスワットらに本件けん銃等を所持させていたと評し得るのである。したがって，被告人には本件けん銃等の所持について，B，A，D 及び C らスワット 5 名等との間に共謀共同正犯が成立するとした第 1 審判決を維持した原判決の判断は，正当である。

　よって，刑訴法 414 条，386 条 1 項 3 号により，裁判官全員一致の意見で，主文のとおり決定する。なお，裁判官深澤武久の補足意見がある。

　裁判官深澤武久の補足意見は，次のとおりである。

　私は，法廷意見に賛同するものであるが，罪刑法定主義との関係において，共謀共同正犯の成立については，厳格に考えるべきものであるという立場から意見を述べておきたい。

1　本件は，被告人を組長とする K 組の組員 3100 名余の中から被告人の警護のために選ばれた精鋭の者が，けん銃等を所持して被告人を警護するために行われたものであって，被告人は K 組の組長としてこれら実行行為者に対し圧倒的に優位な支配的立場にあり，実行行為者はその強い影響の下に犯行に至ったものであり，被告人は，その結果，自己の身辺の安全が確保されるという直接的な利益を得ていたものである。

　本件犯行について，具体的な日時，場所を特定した謀議行為を認めることはできないが，組長を警護するために，けん銃等を所持するという犯罪行為を共同して実行する意思は，組織の中で徐々に醸成され，本件犯行当時は，被告人も警護の対象者として，実行行為者らが被告人警護のために，けん銃等を携行していることを概括的にではあるが確定的に認識して犯行場所ないしその付近に臨んでいたものである。

2　被告人と実行行為者間に，上記のような関係がある場合，具体的な謀議行為が認められないとしても，犯罪を共同して遂行することについての合意が認められ，一部の者において実行行為が行われたときは，実行行為に直接関与しなかった被告人についても，他人の行為を自己の手段として犯罪を行ったものとして，そこに正犯意思が認められる本件のような場合には，共謀共同正犯が成立するというべきである。

　所論引用の最高裁判所昭和 29 年（あ）第 1056 号同 33 年 5 月 28 日大法廷判決・刑集 12 巻 8 号 1718 頁は，犯罪の謀議にのみ参加し，実行行為の現場に赴かなかった者の共同正犯性を判示したものであって，被告人を警護するため，その身辺で組員がけん銃を所持していた本件とは，事案を異にするものである。

（裁判長裁判官　横尾和子　裁判官　深澤武久　裁判官　泉徳治　裁判官　島田仁郎）

> **チェック**
> □本決定が被告人に共謀共同正犯が成立するとしたのは，いかなる理由によるのか？
> □本決定と最大判昭 33・5・28 刑集 12・8・1718 は矛盾しないか？
> □共謀とはどのようなものか？

課題判例22

強盗殺人未遂被告事件
福岡地方裁判所昭和 59 年（わ）第 415 号
昭和 59 年 8 月 30 日刑事第二部判決

主　　文

被告人を懲役 5 年に処する。
未決勾留日数中 80 日を右刑に算入する。

理　　由

（罪となるべき事実）

被告人は弁論分離前の相被告人 O の知人であった者，G は佐賀市に本拠を持つ暴力団 I 一家 Y 組の組長であった者，T は同じく I 一家 T 組の組長であった者，弁論分離前の相被告人 U こと K は右 T 組の組長であった者，O は右 G の知人であった者であるところ，G，T，K 及び O の 4 名は，かねてから右 I 一家と対立抗争の関係にあった H 会 H 組の幹部 S（当時 33 歳）を殺害するとともに右 H 会の資金源である覚せい剤を奪取しようと企て，右 S と面識のあった O が，覚せい剤取引を口実に S をホテルにおびき出したうえ，右 K がけん銃で S を殺害するとともに，O において S の持参した覚せい剤を強取する旨の共謀を遂げ，昭和 58 年 11 月 11 日午前 2 時ころ，右 O において，右 S を福岡市博多区……所在の M ホテル 303 号室におびき出すとともに，覚せい剤取引の仲介を装い，S の持参した覚せい剤約 1・4 キログラムを買主に見分させると称して同人から受け取り同室から搬出した直後，右 K において，O と入れ替わりに右 303 号室に入り，至近距離から S 目掛けて所携の自動装てん式けん銃で実包 5 発を発射し，いずれも同人の左上腕部・背部・腹部等に命中させて前記覚せい剤を強取したものの，同人が防弾チョッキを着用していたため，同人に対し全治 2 か月間を要する左上腕貫通銃創・左上腕骨々折等の重傷を負わせるに止まり，殺害するに至らなかったものであるが，被告人は，O らの右犯行に際し，前記共謀の内容を知悉しながら，いずれも O の指示・命令に

より，(1) 同日午前 1 時ころ，K とともに，S をおびき出すホテルを捜し，前記 M ホテルにおいて 303 号室と 309 号室の 2 室を予約し，(2) 同日午前 1 時 40 分ころから午前 2 時ころまでの間，覚せい剤の買手と売手である S との取り次ぎ役を装って，O と S のいる 303 号室と売手がいると称する 309 号室を行き来したり，S の面前において，O が「まだ，向こうは品物を見せんといかん，言いよるんか。」「やっぱりつまらん言いよるんか。」と問うたのに対し，いずれも「はい。」と答え，あたかも 309 号室には真実覚せい剤の買手がいるかの如く装い，(3) 同日午前 2 時ころ，S が持参した覚せい剤を買手に検分させることを了承するや，右 303 号室から 309 号室に覚せい剤を搬出・運搬するとともに，さらに 309 号室において所携のショルダーバックに右覚せい剤を入れ，O とともに，右ショルダーバックを持って直ちに右 M ホテルを脱出し，もって O らの前記犯行を容易ならしめてこれを幇助したものである。

(証拠の標目)《略》

(共同正犯の訴因に対し幇助犯を認定した理由)

　検察官は，被告人が自ら財物である覚せい剤を 303 号室から搬出し奪取している以上，被告人はまさに実行行為の重要な一部を分担したものであるから，共同正犯者としての刑責を免れない旨主張する。

　よって検討するに，なるほど，被告人は，判示のとおり，S のいた 303 号室から 309 号室に前記覚せい剤を搬出し，さらに 309 号室においてショルダーバックに右覚せい剤を入れ，これを持って O とともに M ホテルを脱出しており，この点で，被告人が本件強盗殺人未遂の実行行為の一部を担当したことは明らかである。

　ところで，およそ共同正犯が成立するためには，各行為者にそれぞれ共同実行の意思が認められることも必要であることは多言を要しないが，行為者が実行行為の一部を分担する場合，一般にほとんど右共同実行の意思が問題にならないのは，右実行行為一部分担の事実のみから，通常極めて容易に共同実行の意思が推認されるからであろう。しかしながら，実行行為一部分担の事実も，結局は共同実行意思認定の一つの有力な判断材料にすぎないことに鑑みると，当該行為者が右実行行為に及んだ事情や当該犯罪全体に占める右行為者の行為の意義の如何を問わず，単に実行行為の一部を分担したことの一事のみで，常に共同実行の意思ありと解するのは相当でないと言うべきであって，前記推認を覆すに足りるような特段の事情の存する場合においては，たとえ当該行為者が形式上実行行為の一部に該当する行為を行なった場合であっても，共同実行の意思の存在を否定して，幇助犯の成立を認めるのが相当である。

　そこで，本件において右特段の事情が認められるか否かについて判断するに，前掲各証拠を総合すれば，以下の事実が認められる。

(1) 被告人は，名古屋市千種区にあるゲーム喫茶「D」でアルバイトをしていた昭和 58 年 10 月終り頃，知り合いの暴力団員 B から当時名古屋市中区に居住していた O を紹介され，以後 O と付き合うようになったが，右付き合いの程度は，被告人が O のマンショ

ンに何回か遊びに行ったり，またＯが右「Ｄ」に遊びに来たりという程度のもので，特に深い付き合いもなく，また被告人がＯの世話になって恩義を感じているということもなかったこと。

(2) 被告人は，同年11月8日をもって右「Ｄ」をやめたので，その旨伝えるため翌9日，前記Ｏ宅を訪問したところ，Ｏは，「俺，明日博多まで行かないかんけど，お前一緒に行かんか。」と誘い，日帰りで帰れるし，汽車賃も自分が出す旨言うので，被告人は，どうせ日帰りで帰れることでもあるし，久しぶりの九州ということもあって，Ｏの右誘いを軽く考えて，これを承諾したこと。

(3) 翌10日午後1時ころ，被告人は，Ｏとともに新幹線で名古屋をたち博多に向かったが，車中，博多に行く目的を尋ねたところ，Ｏは，一言，「ギャングたい。」と答えたこと，被告人は，一瞬はっとしたが，Ｏの言い方が冗談っぽく聞こえたことから，多少気にはなったもののその言葉の意味をあまり真剣には考えなかったこと。

(4) 被告人とＯは，同日午後6時半ころ博多駅に到着すると，Ｇ，Ｔ及びＫら3名の出迎えを受けたが，被告人は右3名とはその時が初対面であり，Ｏからは「佐賀のＩ一家の人間やから。」とのみ紹介を受けた（その後，右Ｉ一家が暴力団であることを知るようになった。）こと。

(5) その後，被告人を含む右の五名は，Ｔの運転する車で，福岡市内の焼肉屋に行き次いで佐賀市内へと向かい，この間，車中において，Ｇ，Ｔ，Ｋ及びＯの4名の間で，判示の謀議がなされたが，被告人は，この時初めて，Ｏら4名がこれからＳ（もっとも，「Ｓ」の名前自体は全く出なかったので，被告人は，終始相手が何者か知らなかった。）に対し強盗殺人に及ぼうとしていることを知ったこと，そして，被告人は，「大変なことに巻き込まれてしまった，自分はどうなるのだろう。」と畏怖し，気が動転したが，このような話を聞いてしまった以上，他の4名の男はいずれも暴力団員又は元暴力団員であり，しかも凶器も持参していることから，仮にも帰らせて欲しいなどと言おうものなら，逆に口封じのため，まず自分が殺されることになりはしないかと考え，とても脱けさせて欲しいなどとは言い出せず，仕方なくＯらに付き従っていくことにしたこと。

(6) なお，右謀議の際，被告人は全く口をはさまず終始黙ったままであったし，Ｏら4名の者も被告人の役割については全く話題にしなかったこと，かえって，Ｏは，覚せい剤奪取の方法に関しても，Ｋに対し，同人がＳをけん銃で撃った際，「その時，俺が覚せい剤を持って逃ぐるから。」と，自ら覚せい剤を搬出する役を担当する旨述べていたこと。

(7) 右謀議の結果，強取した覚せい剤は，すべてＯのものとする旨決せられたが，被告人とＯとの間では，Ｏが被告人に対し，右強取した覚せい剤の一部を分け前として与えるとか，Ｏやその他の共犯者がその他の利益を報酬として与えるとかの話は，全くなされなかったし，現に，Ｏが被告人に対し何等かの報酬を与えたこともなかったこと。

(8) 被告人ら5名の乗る車は，同日午後11時半ころ博多駅の裏に到着し，ここで被告人

は一人降ろされ，Ｏから近くのホテルにＳをおびき出す部屋を２室確保してくるよう命ぜられ，その後Ｏら４名は喫茶店へ入るべく再び他に走り去ったこと，したがって，この機会に，被告人は，Ｏらから逃げようと思えば逃げられたし，被告人自身も，一度は，そのまま逃げてしまおうかとも考えはしたが，当時の所持金の少なさ等から名古屋への帰着に手間取ることになれば，その間，Ｏらが被告人の内妻に危害を加えるおそれがあるなどと考え，逃走を断念したこと。

(9)　その後，ＯとＫは，博多駅近くでＴの運転する車を降りてＧらと別れた後，タクシーを拾って被告人がホテルを捜している付近に帰って来たが，この間，Ｏは，Ｋに対し，犯行方法に関し，それまでは謀議の結果，買手を装ってＫがＳのいる部屋に入室し，ここでＫがＳを射殺するとともにＯがＳの持参した覚せい剤を奪取することとなっていたのを，ＯがまずＳと交渉のうえ口実を設けてＳ持参の覚せい剤を部屋の外に持ち出した後，Ｏの合図に応じて，Ｋが入れ替わりに部屋に入ってＳを射殺することと変更するよう指示したこと，しかし，右実行方法の変更は，被告人に全く知らされなかったこと。

(10)　被告人は，Ｏ及びＫとともにホテル捜しを続けたが，ＯがＭホテル近くのホテル「Ｗ」を指して「あそこで部屋二つ取っとけ。」と命じたので同ホテルで部屋を取ろうとしたが，Ｋが突然Ｍホテルの方が良いと言い出したため，結局右Ｍホテルにおいて303号室と309号室の２室を予約したこと。

(11)　翌11日午前１時40分頃，ＯがＳを連れてＭホテルに到着し，303号室に入って行ったので，被告人とＫは309号室において待機していたところ，Ｏが309号室に来て，被告人を303号室に連れて行ったが，その際，Ｏは，「なんでも，はい，はいって言っとけよ。」と被告人に命じたこと，Ｏは303号室に入るとＳの前で，被告人に対し，「まだ，向こうは品物を見せんといかん，言いよるんか。」と尋ね，被告人が「はい。」と答えたところ，ＯはＳに「素人は，これやけん好かんもんな。」と述べるとともに，被告人に対し，「もう一回行って説得してこい。まだ，つまらんか聞いてこい。」と命じたこと，被告人は，Ｏの命令の趣旨を理解して，一度303号室を出て309号室に赴き，1,2分後，再び303号室に戻ると，Ｏは，また「やっぱりつまらん言いよるんか。」と問うたので，被告人も，これに応じて「はい。」と答えたこと。

(12)　その後，ＯとＳとの間で覚せい剤を見せるのが先か，金が先かでしばらくやりとりがあり，Ｏが今度は一人で309号室に出かけて行ったりもしたが，同日午前２時ころ，Ｓが先に覚せい剤を見せることを了承したので，Ｏはたまたま303号室に居合わせた被告人に対し，「お前，これ，向こうの部屋に持って行って見してこい。」と命じたこと，そこで，被告人は，Ｓの前に置いてあった覚せい剤結晶入りビニール袋10数袋を，Ｓの差出したウイスキーの箱様の物の中につめ込んだうえ，やはりＳの持ってきていた茶封筒の中にそれを入れて，309号室に持ち運んだこと，するとＯも，すぐ309号室に来て，被告人に対し，「これをバックに箱のままなおせ。」と命じたので，被告人もその通り従っ

たところ, Ｏは, Ｋに対し「あんた, 今から行ってやらないかんばい。」と指示するとともに, 被告人に対し「もう, 出かける用意せい。」と命じたこと, そのため, 被告人ら3名は, 直ちに靴を履くなどしてすぐに出られる準備をしたが, これが終ると, Ｏは, Ｋに対し「あんた, 行きない。」と指示し, さらに被告人に対し「お前, 行け, 車, 止めとけ。」と命じたこと, そこで, 被告人は, 覚せい剤の入ったショルダーバックを持って309号室を出て階段をかけ降り, 1階で, 後からすぐ降りてきたＯと合流するとともに, そのまま一緒にＭホテルを出て, 近くでタクシーを拾うと, これに乗り込み逃走したこと。

(13) その後, 被告人は, Ｏとともに, 小倉を経て山口県小郡まで逃走し, 同日午後7時か8時ころ, 小郡のモーテルに入ったが, その夜, 被告人は, Ｏの就寝中に, Ｏの財布から1万円を盗むとともに, Ｓから強取した覚せい剤のうち, 1袋を自己のポケットに入れて, Ｏから逃走したこと。

(14) さらに, 被告人は, 名古屋に着いた後, 右Ｏから盗んだ覚せい剤をＲらに合計39万円で売却処分し, この金員はＯらからの追及を免れるため, 名古屋を引き払って故郷の日田に帰るための費用に充てたこと。

以上の事実が認められる。

　右認定の事実によれば, 〔1〕被告人は, Ｏから騙され, 知らぬ間に本件犯行に巻き込まれたものであって, Ｏらの犯行計画を知った時（前示（5）の段階）には, 既に犯行から離脱することがかなり困難な状態にまで陥っていたものであること, 〔2〕被告人自身, Ｏに対し恩義を被っていたとか, 特に深い付き合いがあったとかの事実はなく, 他の共犯者とも本件犯行前は全く面識がなく, さらに本件被害者たるＳに対しては何の恨みもなかったことはもとより, 被害者が何者であるかさえ知らなかったのであり, また, 覚せい剤自体を必要とする事情があったわけでもないのであるから, 被告人には, Ｏらとともにに対し強盗殺人を働かねばならぬ理由は全くなかったものといわざるをえないのであって, それにもかかわらず, 被告人が本件犯行に加担したのは, そうしないと自己やその内妻にも危害が加えられるおそれを感じたからであること, 〔3〕他方, 他の共犯者にとっても, 被告人はせいぜいＯの手下程度の者にすぎないのであって, 謀議の際にも何等その役割が定められなかったし, 被告人自身も行きがかり上仕方なくその場にいたにすぎず自ら進んで謀議に加わる意思があったとも思われないこと, 〔4〕被告人に対しては, Ｏからも, 他の共犯者からも, 本件犯行への加担に対する報酬付与の約束は全くなされなかったし, 現実に報酬が与えられた形跡もないこと, 〔5〕本件犯行に際しても, 被告人は, 自己の意思に基づいて行動したのではなく, すべてＯのその場その場の命令に従って, Ｏから言われるままに, 判示の加担行為を行なったこと, 〔6〕覚せい剤を303号室から搬出した行為について見ても, それは, 被告人がたまたまその時303号室に居合わせたから, Ｏが被告人に対し右搬出を命じたにすぎないのであって, 仮に被告人が居合わせなければ, 当然Ｏ自身が右搬出行為を行なったものと考えられ, Ｏが

前記謀議の際及び K への実行方法変更の指示の際に，覚せい剤は自ら搬出する旨明言していたことをも考慮すると，右搬出行為が被告人によって行なわれること自体にさほど重要な意義があったとも認められず，本件犯行を全体として見れば，被告人は本件犯行において不可欠の存在であったとは考えられないこと，などの諸事情を窺うことができるのであって，これら諸事情を総合的に検討する限り，被告人自身，実行行為の一部を担当した事実があるにもかかわらず，O ら他の共犯者と共同して本件強盗殺人を遂行しようとするような正犯意思，すなわち共同実行の意思は到底認めることができない。

　そうすると，結局，被告人には，前記推認を覆すに足りる特段の事情があったというべきであって，前記認定の諸事実を総合すると，被告人は幇助の意思で判示の幇助行為を行なったものと認められるから，被告人には，共同正犯の成立を否定して，幇助犯の成立を認めるのが相当である。

　なお，弁護人は，被告人が S を殺害することを認容していたとは認められないから，被告人には強盗殺人未遂の幇助犯の成立は認めることができず，せいぜい強盗致傷の幇助犯の限度で刑責を問われるにすぎない旨主張する。しかし，幇助犯の成立に必要な幇助の意思が認められるためには，当該行為者が，正犯者の実行行為を表象したうえ，自己の行為が正犯の実行行為の遂行を促進することを認識している事実が認められれば足り，正犯の行為の構成要件的結果についてまで認容していることを要しないと解されるから，弁護人の右主張は採用することができない（そして，右に述べた意味での幇助の意思が被告人に認められることは，前記のとおりである。）。

（法令の適用）

　被告人の判示所為は，刑法 62 条 1 項，243 条，240 条後段に該当するところ，所定刑中無期懲役刑を選択し，右は未遂であり，かつ従犯であるから，同法 43 条本文，63 条，68 条 2 号により 1 回法律上の減軽をし，なお犯情を考慮し，同法 66 条，71 条，68 条 3 号を適用して酌量減軽をした刑期の範囲内で被告人を懲役 5 年に処し，同法 21 条を適用して未決勾留日数のうち 80 日を右の刑に算入することとする。

（量刑理由）

　本件は，対立抗争する暴力団の一方の組員らが，他方の組の幹部を殺害したうえ，その組の資金源である覚せい剤を強取しようと企て，被害者である右幹部組員にけん銃を発砲して覚せい剤を強取したという事案であるが，右殺害行為の点は，被害者がたまたま防弾チョッキを着用していたため，被害者に重傷を負わせたにとどまり，未遂に終ったとはいえ，至近距離からけん銃を発砲したという本件犯行態様はきわめて危険なものであるといわねばならない。そして，かかる暴力団同志の対立抗争は，単に仲間内の殺し合いにとどまらず一般市民をも巻き添えにするおそれが多分にあり，その社会に及ぼす害悪のほどは計り知れないものがあるのであって，この意味において，いかなる事情があったにせよ，その情を知りながらかかる対立抗争に加担し，判示の幇助行為を行なって，O らの本件犯行を容易ならしめた被告人の刑責は，やはり重いと言わざるをえ

ない。さらにまた，覚せい剤の害毒については今更いうまでもないが，被告人がSから奪った大量の覚せい剤が，被告人自身の，あるいはまたOの売却処分によってそのすべてが社会に流出してしまっていることもまた軽視できない事実なのであって，この点からしても被告人の刑責には，看過しえないものがあろう。

しかしながら，他方，被告人は，前記「共同正犯の訴因に対し幇助犯を認定した理由」において詳細に認定判断したとおり，同情すべき事情によって，本件犯行に巻き込まれ，その意に沿わぬ判示の各幇助行為をせざるをえなくなったものであるうえ，被告人の本件幇助行為も，本件強盗殺人未遂を全体として見る限り，必ずしも大きな地位を占めるものではなく，被告人自身，本件犯行において不可欠的な役割を果たしたものではないこと，被告人には業務上過失傷害の罰金前科が1犯あるだけであること，被告人は，弱冠24歳の前途ある若者であり，本件犯行についても，素直に自己の犯行を申し述べ，深く自己の行為を反省していることなど，被告人のために酌むべき事情もあるので，これら一切の事情を考慮して，主文のとおり量刑した次第である。

よって主文のとおり判決する。

（裁判長裁判官　池田久次　裁判官　亀川清長　杉田宗久）

チェック
□共同正犯と幇助犯とはどのようにして区別されるのか？
□被告人は実行行為の一部を担当したにもかかわらず，なぜ幇助犯とされているのか？

授　業

今回のテーマは，「共同正犯」です。共同正犯を認めることの法的効果は何でしょうか？　例えば，XとYが，強盗を計画し，Xは暴行を，Yは財物の奪取を分担した場合，XとYは強盗罪の共同正犯となります。Xが暴行罪，Yが窃盗罪となるのではありません。このように共同正犯が認められると，実行行為の一部しか分担していないにもかかわらず犯罪全体について正犯としての罪責を負うことになります。これを「一部実行（あるいは一部行為）の全部責任」と呼びます。また，XとYが，Aの殺害を計画し，それぞれAに向けてピストルを発砲したが，Xの弾丸のみ命中しAは死亡したという場合も，XとYは殺人既遂罪の共同正犯となります。この場合，どちらの弾丸が当たっても両者は犯罪全体について正犯となるのですから，どちらの弾丸が当たったのか分からない場合でも，両者とも殺人既遂罪の共同正犯となります。これに対して，XY間に共同正犯が成

立しなければ，弾が当たった方だけが殺人既遂で当たらなかった方は殺人未遂に
なりますし，どちらの弾が当たったのか判明しなかった場合はどちらも殺人未遂
にとどまります。このような場合を同時犯と言いますが，これと比較すると共同
正犯が重要な意味を持っていることがよくわかるでしょう[1]。

　この「一部実行（あるいは一部行為）の全部責任」という共同正犯の法的効果を
どのようにして説明するのか，という共同正犯の本質論については，古くから見
解の対立があります。

共同正犯の本質

「一部実行の全部責任」の根拠
　A説：相互に利用，補充し合い，各自の行為が一体となって犯罪の
　　　　遂行に結びついたからすべて正犯とされる
　　→相互利用・相互補充関係重視
　B説：犯罪実現にとって不可欠といえるほど十分な因果的寄与をし
　　　　て重要な役割を果たし，結果を共同して惹起したからすべて
　　　　正犯とされる
　　→犯罪実現に対する因果的寄与の重要性を重視

　一つは，相互利用・相互補充の関係を重視する見方です。2 人以上の者が共同
して犯罪を実行しようとする意思のもとに，お互いに利用し補充し合って，いわ
ば各自の行為が一体となって犯罪の遂行に結びついたから全て正犯とされるので
ある，といった説明がなされています[2]。この考え方は，犯罪共同説と呼ばれる見
解と親和性があり，感覚的に言うと，数人が一緒になって一つの犯罪を実行する
のが共同正犯である（「数人一罪」），というようなイメージです。この考え方によ
ると，相互の意思連絡が必要ですから，片面的共同正犯は否定されます[3]。過失の
共同正犯も厳格に考えれば否定されそうですが（「過失犯を一緒に実行しようとする意
思連絡」というものは想定しにくいですよね），過失犯にも実行行為はあるという現在
では共有されている認識を出発点にすると，そのような行為を共に行うことにつ
いての意思連絡というものは考えられるのではないかといった観点から過失の共

---

[1] 同時犯については 207 条に特例があります。最近，重要な判例が相次いで出されているの
できちんと勉強してほしいところです。この授業でも，後の回で取り上げます。
[2] 大谷・総論 410 頁など。
[3] ただし，片面的従犯は肯定される場合が多いので注意してください。

同正犯を肯定する立場も有力です[4]。

　これに対して，犯罪実現に対する因果的寄与の重要性を重視する見解も主張されています。例えば，「一部行為の全部責任」が問われるのは，共同実行という，単独正犯よりも類型的に危険な犯行形態において，各人の構成要件実現行為がその物理的因果性ないし心理的因果性により，犯罪実現にとって不可欠といえるほど十分な因果的寄与をして重要な役割を果たし，結果を共同して惹起したからである，といった説明が見られるところです[5]。このような見方は，共同正犯も基本的には各人がそれぞれ自分の犯罪を実現するものだとする（『数人数罪』）行為共同説と呼ばれる見解と相性がよいといえるでしょう。この考え方によると，相互の意思連絡は必ずしも必要とされませんので片面的共同正犯を肯定することも可能だとされます。また，行為を共同にする意思があれば共同正犯を肯定することができるので過失の共同正犯を肯定することにも理論的な難点はあまりないことになります。

　この共同正犯の本質論が重要な問題であることは確かなので，きちんと勉強しておいてほしいのはもちろんなのですが，この問題との付き合い方には多少注意が必要だと個人的には思っています。なぜかと言うと，試験の答案で，共同正犯が問題となると，何はさておき相互利用・補充関係云々と書くものによくお目にかかるのですが，具体的な事案の特徴も考えずにこのようなお題目を呪文のように唱えるのは考え物だと常々思うからです。実際に共同正犯が認められている事例には種々雑多なものがあります。それらを全部まとめて同じように説明できるかというと，私には疑問です。例えば，共謀共同正犯が認められるケースには，対等な立場の仲間が緊密に結びついて犯罪を実行する場合もあれば，親分子分のような上下関係がはっきりしていて上位者の指揮命令に基づいて犯罪が実行される場合もあります[6]。前者の場合は相互利用・補充関係で説明するのがしっくりくるでしょうが，後者の場合は因果的影響力の強さに着目した説明の方が納得できるのではないでしょうか。そのような具体的事案の特性を無視して，一つの理論的な鋳型に無理にはめ込もうとすると非常にいびつな感じがするのです[7]。そ

---

[4] 最決平28・7・12刑集70・6・411は，「業務上過失致死傷罪の共同正犯が成立するためには，共同の業務上の注意義務に共同して違反したことが必要であると解される」としています（本決定については，嶋矢貴之・百選Ｉ［第8版］160頁参照）。

[5] 内藤・総論（下）Ⅱ1365頁以下。

のようなわけで，共同正犯の本質に関する議論は重要でありきちんと勉強しなければならないけれども，そのいずれかの見解をとれば，実際の事案をすべてきれいに説明できるというようなものではない，ということに留意してほしいと思います。

　このように共同正犯の本質論で具体的に説明できることはあまり多くはなさそうだという認識を前提にすると，より重要なのは共同正犯の成立要件の分析だということになるでしょう。この点に関しては，共同実行の意思と共同実行の事実に分けて説明することが一般的です。実務的には，共謀とそれに基づく実行が必要だとされることが多いでしょう。

　これらの要件が満たされるかどうかを具体的事案に基づいて判断することになりますが，その際，実行共同正犯と共謀共同正犯[8] を区別することがよく行われます。この 2 つは，実行行為の分担があるかないかで区別されるのですが，60 条はこの 2 つを分けているわけではないですし，どちらも結局は共同正犯であるのならば，端的に共同正犯の要件を具備しているかどうかを問題とすればよいのであって，両者で成立要件が異なると考えるべき理由はないように思われます。おそらく，実務的には，実行共同正犯であれ共謀共同正犯であれ，共謀があること

---

[6] 共同正犯を「支配型」と「対等型あるいは分担型」に分ける議論がよく見られますが，具体的な事案をどちらに分類するのかは，時に微妙な場合も少なくありません。例えば，練馬事件（最大判昭 33・5・28 刑集 12・8・1718）は，「支配型」に分類される場合もあれば（井田良・百選Ⅰ［第 8 版］155 頁），「分担型・対等型」に分類される場合もあります（町野朔・百選Ⅰ［第 6 版］155 頁）。また，安達先生は，練馬事件について，「謀議参加にとどまる背後者は，事前の謀議を主導することで実行者の行為を自己の犯罪実現の手段として利用し，他方，実行者は背後者の主導によって形成されたスキームを実行に移すという意味で，背後者の関与行為を利用して」おり，両者は「持ちつ持たれつ」の関係にあると評されています（成瀬幸典＝安田拓人編『判例プラクティスⅠ総論〔第 2 版〕』［2020 年］60 頁）。類型論は考察のためには非常に便利ですが，問題を過度に単純化するおそれがあることには注意が必要でしょう。

[7] 個々の事情を無視して，特定の基準などを押し付ける杓子定規なやり方のことを，「プロクルステスの寝台 Procrustean bed」と呼ぶことがあります。刑法学者の中にも，時々，この言葉を用いられる方がいらっしゃいます。こういう言葉がパッと出てくるとカッコいいですね。教養のない私は，そのような文章が書ける人をうらやましく思います。

[8] 甲と乙が殺人を共謀し，それに基づいて乙が殺人を実行したという場合について，甲と乙は殺人罪の共謀共同正犯となる，と書いてくる答案が時々あります。概念整理の問題に過ぎないという感じもしますが，一般的には，共謀に関与しただけの者を共謀共同正犯と呼び，直接に実行を行った者は実行共同正犯と呼んでいると思います（三井誠ほか編『刑事法辞典』［2003 年］155 頁）。

を前提として，それに基づく実行があったといえるかを問題とするという点では共通しており，その際，正犯とされる理由（正犯性の根拠）として実行行為の分担は必ずしも必要とされていないということなのだと思います。そうだとすれば，実行共同正犯と共謀共同正犯で要件それ自体が異なる，とまで言う必要はないことになるでしょう。

　ところで，最近，学生さんの答案で「共同正犯の処罰根拠は因果性にある」という表現がとても多くて気になっています。あまりに多いので，最近は反論する気力を失いつつあるのですが，この表現は正確ではないと思います。なぜならば，因果性は共同正犯に固有の要件ではなく，狭義の共犯においても基本的に必要とされているものだからです。因果性がないところでは共同正犯は成立しませんから，その意味では，共同正犯の成立に因果性は必要です。しかし，因果性さえ肯定されれば共同正犯になるわけではありません。単に因果性を指摘するだけでは共同正犯がまさに「正犯」であることを説明することはできないのです[9]。このことを図式的に表すならば，共同正犯は，共犯の要素（共犯性）と正犯の要素（正犯性）の双方を備えていなければならず，因果性は共犯性に関係するものであるのに対し，正犯性ではそこに解消しきれないプラスアルファが求められる，とでも表現することができるでしょう[10]。そして，共同正犯に固有の問題（すなわち教唆犯や幇助犯では問題にならない事柄）は，まさに正犯性の点にあるということになります。従って，「共同正犯の処罰根拠は因果性にある」という表現は，共同正犯における正犯性の問題をうまく表現できていないという点で不適切だということなのです。共同正犯の成否が問題となる場合には，共同正犯の共犯性の部分が問われているのか，正犯性の部分が問われているのかをよく弁えて論ずる必要があるということでしょう。

---

[9] 井田・総論 505 頁。

[10] もっとも，最近，私は，このような考え方は共同正犯を「共犯性」と「正犯性」とに「分解」するような発想に基づいており，共同正犯のまさに共同正犯らしさ（いわば「共同正犯性」）のようなものを閑却することになっているのかもしれない，という印象ももつようになりました。もしかしたら私たちは因果的共犯論に毒されているのかもしれない，そんなもやもやした気持ちがあります。皆さんはどうでしょうか？

```
                          共同正犯の構造
  1   共同正犯の共犯性・・・因果性
          ⇒他人の行為を介して自己の行為の因果性が拡張される
           ＊因果的共犯論
           （⇒これは共同正犯だけの問題ではなく共犯全般に妥当す
             る理論である）
  2   共同正犯の正犯性
          ⇒実行行為性，行為支配，正犯意思，
            果たした役割の重要性 etc.
```

　さて，共謀共同正犯については，その肯否に関して学説上見解の対立が見られます。そして，肯定説の中にも様々な理論があるところです。勉強する際には，これらもしっかり確認してほしいと思いますが，試験の答案を書くという観点からすると，その肯否や理論的説明の詳細に踏み込むことが得策かどうかは，少し考えてみる必要がありそうです。まず，学説はともかく，判例においては共謀共同正犯が肯定されており，当面これが否定される可能性はありません。学修者としては，現に生きている法を学ぶことが大切ですので，自分がそれに賛成・反対のいずれであれ，ともかく正確に理解するということが大前提です。そして試験では，その理解の正確さが基本的に試されているわけですから，あまりエキセントリックな主張を展開しても読む側に真意がうまく伝わらないおそれがあります。

　そういうわけで，通常の試験では，共謀共同正犯は肯定されるものという前提で論述していくのが無難でしょう[11]（ただし，最近では「反対説の立場にも留意して論じなさい」的な問題もあるのでそれには注意が必要です）。そのような視点で見ると，共謀共同正犯において最も重要な点は何かと言えば，自ら直接実行行為を行わない者がなぜ共同「正犯」になるのか，という「正犯性」の論証にあることは明らかです。よく，「共謀共同正犯の要件は，①共謀，②共謀に基づく一部の者の実行で

---

[11] これは否定説を勉強しなくともよいということではありません。単に試験に対する一般的な戦略のようなものを述べているだけです。皆さんは，実務家になるために司法試験を受けなければなりません。どんなに優れた考え方や熱い思いをもっていても，司法試験に合格して実務法曹としての資格をもたなければ，実際に現場で専門家として仕事をすることはできません。司法試験はそのために越えなければならないハードルなのですから，そこでは戦略的思考が前面に出ることが避けられないでしょう。しかしそれはあくまで合格するための戦略なのであって，そのために自分が正しいと思っていることを曲げる必要はありません。その信念は，合格した後，現場で存分に展開してほしいと思います。

ある。①は…認められる。②も…認められる。故に共謀共同正犯が成立する」といった論述を見かけるのですが，内容的に不満の残るものが少なくありません。それは，この論述の過程に，「なぜこの人は実行行為を分担していないのに共同正犯になるのか」という点の実質的な説明がないことに原因があります。形式的に要件を並べても，その点の実質的な説明がないと説得力が乏しいのです。

　さて，その点に留意して共謀共同正犯について考察するとなると，どのような形になるのでしょうか。まず，共同正犯において実行行為の分担が必須の要件ではないといえるのはなぜなのかを示すことができるのであれば，そうするのが好ましいでしょう。ただ，この点を長大に論ずると頭でっかちな論述になりがちなので，実際には簡潔な叙述で済ませることになると思います。例えば，「共同正犯において『一部実行（あるいは一部行為）の全部責任』という法的効果が生ずるのは，関与者間に相互利用・補充関係が形成されることに本質的な理由があるから，そのような関係が形成されていると評価できるのであれば実行行為の分担は必ずしも必要ではないと考えることができる」とか，「共同正犯において『一部実行（あるいは一部行為）の全部責任』という法的効果が生ずるのは，犯罪の実現に対して重大な因果的寄与を及ぼすところに理由があるから，そのような重要な役割を果たしていると言えれば実行行為の分担は必ずしも必要ではないと考えることができる」といった程度の記述で十分だと思います（なお，これらの表現は実際に問題となっている事案の特徴に応じてよりフィットする方を選ぶということも試験戦略的にはあり得るところでしょう）。

　実質的に重要なのは，具体的な要件の検討です。この点に関しては，大きく分けて，2つの考え方があると思います。一つは，①共謀，②それに基づく一部の者の実行，という2要件型であり，もう一つは，①共謀，②それに基づく一部の者の実行，③正犯性，という3要件型のものです。

共謀共同正犯の成立要件

説明①
　　共謀（＝意思の連絡）＋α＋一部の者による実行⇒共同正犯
説明②
　　共謀（＝意思の連絡＋α）＋一部の者による実行⇒共同正犯
　（佐伯・考え方406頁）

（ここでは佐伯先生の分析を紹介しています。そこの「＋α」の部分が，おおむね私がいう正犯性に当たるものと思っていただいてよいと思います）。おそらく，皆さんの中にも，2要件型の人もいれば，3要件型の人もいると思います。これはどちらが良いとか悪いとかという話ではありません。ただ，注意しなければならないのは，どちらの構成をとっても，実質的に論ずる内容は変わらないはずだという点です。先に，共謀共同正犯において最も重要な点は，「なぜ実行行為を分担していない者が正犯になるのか」ということの説明にある，と言いました。従って，どのような論じ方をしようとも，この点の説明が欠けているものは，必然的に論述としては不十分なものになります。そのような目線で見ていくと，3要件型は③正犯性のところでこれを論ずるのでよいとして，2要件型ではどこでこれを論ずるのでしょうか？　それは①共謀のところでしょう。つまり，2要件型の場合には，共謀は，単なる意思連絡にとどまらず，正犯性の要素も含んでいなければならないことになるのです。正犯性の指標を正犯意思に求める判例の考え方によれば，共謀は「意思連絡＋正犯意思」といった内容のものになると思います。これに対して，3要件型の場合には，形式的には共謀の内容は意思連絡で足りることになりそうです。それでよいとは思いますが，判例は，共謀がある場合には共同正犯にすると思いますので，共謀を認めながら正犯性がないので幇助犯にとどまる，というような表現をすると違和感があると思います。ですので，論述する際には，結論を見据えて，共謀を認めるのであれば共同正犯を肯定する結論にもっていくことを前提とするべきでしょう（結論として幇助犯にする場合には，共謀という言葉を避けて，例えば，意思連絡という言葉にとどめておくというような表現上の工夫をしておいた方が要らぬ疑念を生じさせないと思います）。

　この2つの論じ方の違いは，判例でも見られるように思います。例えば，最大判昭33・5・28刑集12・8・1718は，「共謀共同正犯が成立するには，2人以上の者が，特定の犯罪を行うため，共同意思の下に一体となって互いに他人の行為を利用し，各自の意思を実行に移すことを内容とする謀議をなし，よって犯罪を実行した事実が認められなければならない」と判示しています。これは，2要件型に近いように思われます。これに対して，課題判例21（最決平15・5・1刑集57・5・507）では，「被告人とスワットらとの間にけん銃等の所持につき黙示的に意思の連絡があったといえる。そして，スワットらは被告人の警護のために本件けん銃等を所持しながら終始被告人の近辺にいて被告人と行動を共にしていたものであ

り，彼らを指揮命令する権限を有する被告人の地位と彼らによって警護を受けるという被告人の立場を併せ考えれば，実質的には，正に被告人がスワットらに本件けん銃等を所持させていたと評し得るのである。したがって，被告人には本件けん銃等の所持について，B，A，D及びCらスワット5名等との間に共謀共同正犯が成立するとした第1審判決を維持した原判決の判断は，正当である」と判示しています。前掲最大判昭33・5・28と比較すると，謀議の存在には触れることなく，意思連絡は「黙示」のもので足りるとしながら，被告人の地位や影響力といった役割の重要性に関する事柄が別途指摘されているところからすると，共謀と正犯性を区別して論ずる3要件型に近いように見受けられます。

　このような評価には異論もあるかもしれませんが，いずれにせよ注意してもらいたいのは，この2つの判例では事実関係にかなり違いがあるという点です[12]。前掲最大判昭33・5・28では，問題となっている被告人の関与は実際上共謀段階のものに限られていました。この事案では，共謀に関与したことをほとんど唯一の理由として共同正犯が認められるという筋立てになっているのです。従って，共謀がそれ自体として正犯となる理由（正犯性）を含んでいなければならないことになります。そのため，この判例では，非常に内容豊かな謀議の存在が要求されているのだと思います。他方で，課題判例21では，明示的な謀議があったわけではなく，事前の意思連絡としては黙示的なものしか認められませんが，それ以外の諸々の事情からすれば，被告人がこの犯罪の中心人物であると評価することができるという流れになっています。ここでは，正犯性を基礎づける要素を，共謀とはやや異なるものに求めた方が分かりやすい事案だったということができるでしょう。そのため，共謀を黙示の意思連絡[13]でギリギリ認めつつ，それ以外のところで，正犯であることを示すための事情をいろいろ指摘する，という形になったのではないかと思われます。このように，事実関係の違いが論じ方の違いとなって表れたように思います。皆さんも，判例を読むときや事例問題に取り組む際には，このような事実関係の違いに十分注意してください。

　ここで，共謀という概念について，いくつか注意しておきます。

---

[12] 芹澤政治・最判解平成15年度300頁参照。

```
                        共謀の意義

 1　客観的謀議説と主観的謀議説
 2　共謀が問題となる局面
   ①意思連絡の有無⇒共犯の成否
   ②正犯性⇒共同正犯か幇助犯か
   ③共犯の錯誤⇒実現事実に対する故意の存否
   ④共謀の射程⇒共謀と実行との間の因果性の有無
```

　まず，共謀については，具体的な謀議を内容とする外部的な行為（客観的謀議行為）が必要であるとする「客観的謀議説」と，客観的な謀議行為がなくとも実行行為の時点において犯罪の共同遂行の合意があれば共謀を認めることができるとする「主観的謀議説」とがありますが，後者が実務における一般的な理解です。

　次に，共謀という概念は多義的であるということに注意してください。どの場面で共謀がとりあげられるかによって，そこで問題とされている実質的な内容が異なることに注意が必要です。共謀が問題となる場面としては，①共謀の有無それ自体が争われる場合，②共同正犯なのか狭義の共犯（特に幇助犯）なのかが問題となる場合，③いかなる犯罪について共同正犯が成立するのかが問題となる場合，④事実関係のどの範囲まで共同正犯が成立するのかが問題となる場合，などが考えられます。①では，共謀があれば共同正犯，なければ無罪になるというケースです。ここでは主として意思連絡の有無が問われることになるでしょう。

13　課題判例 21 では，組織の在り方や組織内部での関係者の人的関係などから見て，口に出さずともお互いに了解しあっているといえるような状況があるといえそうです。いわば，「阿吽の呼吸」とでも言うべきものでしょうか。これに対して，近時，最高裁は，インターネット上の動画の投稿サイト及び配信サイトを管理・運営していた者と，同サイトに動画を投稿・配信した者との間に，無修正わいせつ動画を投稿・配信することについて，黙示の意思連絡があったと評価することができるとして，わいせつ電磁的記録記録媒体陳列罪及び公然わいせつ罪の共同正犯が成立するとしました（最決令 3・2・1 刑集 75・2・123）。この事案では，課題判例 21 のような組織的な関係はないものの，問題の性質上，お互いにそれぞれの存在は当然に織り込み済みで，それぞれに重要な役割を果たしており，お互いの行為が合わさって犯罪が実現されるという点で犯行に向けた意思の方向性も一致していると考えられるので結論としては共同正犯とすることに必ずしも反対ではありません。ただ，この判例では，課題判例 21 以上に「意思連絡」の内容は規範化されているように思われるので，その点はさらなる検討を要するでしょう（課題判例 21 では「黙示的に意思連絡があったといえる」とされているのに対し，この判例では「黙示の意思連絡があったと評価することができる」とされているあたりには微妙なものを感じます。なお，髙橋直哉・法教 493 号［2021 年］142 頁参照）。

②では，正犯性の有無が問題となります。前掲最大判昭33・5・28では，このような意味合いでの共謀が問題になったと思われます。③では，どの犯罪について共同正犯が成立するのかということで，関与者の認識が問題となり，主としていかなる犯罪事実の認識があったのかという故意の問題が前面に出てきます（この点は共犯の錯誤で特に問題となります）。他方で，④では，そのような法律的な意味での犯罪の理解よりは，むしろ，事実上の影響力の有無が重要な意味をもってきます。この点は「共謀の射程」の問題として近時議論されているところです。試験の際にも，そこで問われている事柄の内実を的確に把握し，共謀という言葉によって何を問題にしているのかが読む側にきちんと伝わる書き方を心がけるべきでしょう。

最後に，（共同）正犯と狭義の共犯の区別の問題について簡単に触れておきます。

共同正犯と狭義の共犯の区別

1　判断基準・・・正犯意思 or 果たした役割の重要性
2　考慮要因
　①共犯者間の関係
　②共犯者間の意思疎通・意思連絡の過程（謀議の有無など）
　③犯行の動機・意欲
　④利得の有無
　⑤関与行為の内容
　⑥犯行後の徴表

判例は，この区別を正犯意思の有無によって行っているといわれています。学説はこれに対して批判的なものも多く，主観的な意思で区別するのは妥当ではなく客観的に果たした役割の重要性を重視して区別するべきである，という見方が有力です[14]。しかし，判例も客観的な事情を無視しているわけではありません[15]。論理的に適切なやり方なのかについてはいろいろ見方もあるところでしょうが，判例は単に主観的な意思だけで正犯意思の有無を判断しているわけではなく，客観的な事実も総合的に考慮して，「これだけの事情があるのだから，どう考えても，『自分のためにやったものではありません，単に他人のために関与したにすぎ

---

[14] 西田・総論 379 頁以下など。
[15] 菊池則明「対等型共謀の共同正犯」植村立郎編『刑事事実認定重要判決 50 選（上）〔第 3 版〕』（2020 年）395 頁以下参照。

ません』などとはとても言えないであろう」と評価できるときに正犯意思があるとしているのだと思われます。その際に考慮されている事情としては，①共犯者間の関係（組織的な背景がある場合には組織の強固さ，組織内における各人の地位なども含む），②共犯者間の意思疎通・意思連絡の過程（謀議の有無など），③犯行の動機・意欲，④利得の有無，⑤関与行為の内容（実行行為の分担［犯罪の性質などにも留意］，計画立案，見張りなど），⑥犯行後の徴表（実際の分け前の分配，犯行報酬の有無，犯跡隠蔽工作など）などがあげられるでしょう。これらはそれ自体が判断基準となるものではなく，「正犯意思」の存在を推認させる事情として考慮されるものであり，これらの要因の現れ方は事案によってさまざまですから，あくまでその意義や重要性は具体的事案に即して判断されなければなりません。

　さて，判例が正犯意思の有無によって正犯と共犯を区別しているとされるとき，特に問題として指摘されるのが，客観的に実行行為を行っているにもかかわらず正犯ではなく幇助犯とされることがあるという点です（実行行為を行う従犯）[16]。この点に関して，課題判例 22（福岡地判昭 59・8・30 判時 1152・182）は，「実行行為一部分担の事実も，結局は共同実行意思認定の一つの有力な判断材料にすぎないことに鑑みると，当該行為者が右実行行為に及んだ事情や当該犯罪全体に占める右行為者の行為の意義の如何を問わず，単に実行行為の一部を分担したことの一事のみで，常に共同実行の意思ありと解するのは相当でないと言うべきであって，前記推認を覆すに足りるような特段の事情の存する場合においては，たとえ当該行為者が形式上実行行為の一部に該当する行為を行なった場合であっても，共同実行の意思の存在を否定して，幇助犯の成立を認めるのが相当である」と判示しています。実行行為の分担が常に正犯性を基礎づけるわけではないとすれば，このようなケースが生じ得ることは否定できないでしょう。ただ，このような取り扱いを認める場合には，他の関与者をどのように評価するのかという問題が同時に発生することになります。故意ある幇助的道具を利用した間接正犯を認

----

[16] この問題に関しては，構成要件該当事実の全部を自ら実行している場合と構成要件該当事実の一部を自ら実行している場合とを区別するべきだという見解があります（島田聡一郎『正犯・共犯論の基礎理論』［2002 年］221 頁以下）。確かに後者のケースの方が幇助犯の成立を認めることは比較的容易だとはいえるでしょうが，その場合でも，他の関与者は，実行行為の一部を自ら実行していないにもかかわらず，全体について正犯となるのはなぜかという問題が残るという点では，前者と共通する問題があると思います（甲と乙が強盗を企てて，甲が暴行，乙が財物奪取を分担したけれども，乙に正犯意思がないということで乙は幇助犯にとどまるとした場合，甲の罪責はどうなるのでしょうか？）。

めるかどうか，といったことが，この関連では問われることになるでしょう。

授業後の課題

XとYはA宅での窃盗を共謀し，それに基づいてYが実行に出たのだが，Yは，Aに発見され抵抗されたので，暴行を加えてその反抗を抑圧して現金を奪った。この場合，Yには強盗罪が成立するとして，Xの罪責はどうなるか？　なお，住居侵入罪について論ずる必要はないし，当初の共謀の射程はYの実行した強盗に及ぶという前提で考えてよいものとする。

考え方

これは，共犯と錯誤の問題です。錯誤論の観点からすれば，Xには窃盗の限度でしか故意犯の成立を肯定することはできませんからXには窃盗罪が成立する，ということになりそうです。さてこの場合，Xは窃盗罪，Yは強盗罪の罪責を負うとして，どの範囲で共同正犯が成立するのでしょうか？　ここでは，いわゆる罪名従属性が問題となります。この場合の処理については，①XYには強盗罪の共同正犯が成立し，Yの刑のみ38条2項によって窃盗罪の限度にとどまる（完全犯罪共同説），②XYは窃盗罪の限度で共同正犯となり強盗罪についてはXの単独犯となる（部分的犯罪共同説），③Xには窃盗罪，Yには強盗罪が成立し共同正犯となる（行為共同説）といった考え方があり得ますが，判例は部分的犯罪共同説に立っているといわれています（最決昭54・4・13刑集33・3・179，最決平17・7・4刑集59・6・403）。

この部分的犯罪共同説による場合，共同正犯が成立する範囲を画する基準が構成要件の（実質的な）重なり合いに求められているため，錯誤論によって得られる帰結と結論的に変わるわけではありませんが，故意の問題なのか，共同正犯の成立要件の問題なのか，によって検討の仕方に違いが出てくる可能性があります。行為共同説に立つ場合には，異なる犯罪間でも共同正犯は成立し得るのですから，専らXにどの範囲で故意犯が成立するのかということが問題となり，錯誤論の観点からこの問題は処理されることになります。これに対して，部分的犯罪共同説の立場からすると，構成要件の重なり合いという基準は，共同正犯の成立要件に関わるものですから，この問題は故意の問題（だけ）ではなく，共同正犯の成立要件の問題として取り扱われる，ということになるでしょう[17]。

この違いは，例えば，論述するときに，故意犯の成立範囲の問題として構成要件の重なり合いを引き合いに出すのか（この場合には38条2項が関係してきます），共同正犯の成立要件（共同実行の事実と共同実行の意思）を検討するところで構成要件の重なり合いを引き合いに出すのか（この場合には38条2項は関係しないでしょう）という論じ方の違いとしてあらわれてくることになるでしょう。実は，ここは学生さんからよく質問を受ける問題です。正直なところなかなか返答に迷うところなのですが，最近，私は，どちらでもよいのではないか，と答えることが多くなりました（いいかげんだと叱られるかもしれませんが）。

---

[17] 井田・総論557頁，高橋・総論511頁注32）など参照。

　おそらく，部分的犯罪共同説を理論的に純化して論ずるのであれば，この問題は共同正犯の成立要件の問題として論ずるのが理論的には正解だと思います。ただ，試験の答案として書くということを想定した場合には，それでは書きにくい場合も出てくるかもしれないなと思うことがあるのです。そこで，上の例で言えば，X は窃盗罪の罪責しか負わないことと，窃盗罪の限度で共同正犯が成立することが，構成要件の（実質的な）重なり合いという点に留意して示されていれば，答案としては十分ではないかと今のところ思っています[18]。

　ここで，部分的犯罪共同説に対して向けられている批判に少しふれておきたいと思います。例えば，殺意ある者（甲）と傷害の意思しかない者（乙）が共同して被害者に暴行を加えたところ，被害者は死亡したとします。このとき，乙の行為によって死の結果が発生した場合，あるいは，いずれの行為によって死の結果が発生したのか不明である場合，部分的犯罪共同説からすると，傷害致死罪の限度で共同正犯が成立するとして，甲に関しては，殺人罪の単独犯とすることはできず，殺人未遂罪の単独犯とせざるを得なくなり不当ではないかという批判が向けられています[19]。これに対して，部分的犯罪共同説の立場からは，傷害致死罪の限度で共同正犯が成立するということは，その範囲で一部実行全部責任の法理が働くことを意味するので，死の結果は客観的に甲に帰属されることになり，更に甲には殺意が認められるのだから殺人既遂罪の成立を肯定することができる，との反論がなされています[20]。しかし，これでは，甲が殺人罪の「単独」正犯であることの説明としては十分ではないように思われます。なぜならば，死の結果は共同正犯を認めることの結果として帰属されるのであり，単独犯の結果として生じているわけではないからです。この問題を回避する方法としては，①甲に殺人罪の間接正犯を肯定する，②部分的犯罪共同説の本旨は構成要件の実質的な重なり合いを一部実行全部責任の法理が働く必要条件とするところにあると理解するといったことが考えられますが，①についてはこのようなケースで一般的に間接正犯を肯定できるのか疑問ですし，②についてはこのように解すると罪名の一致にこだわるべき理由はなく，結論としては端的に殺人罪と傷害致死罪の共同正犯を肯定する方がすっきりしそうであるが，結局それは行為共同説ではないか，といった疑問が出てくるでしょう。ここは学説上もはっきりとした決着がつけられていないところなので，皆さんも考えてみてください。

---

[18] このあたりについては,是非,井田先生や高橋則夫先生のご意見を伺ってみたいところです。
[19] 山口・総論 316 頁以下など。
[20] 井田・総論 511 頁以下，高橋・総論 447 頁。

▸第**13**回◂

共犯の因果性

基本事項の確認

□共犯の処罰根拠論における惹起説（因果的共犯論）とはどのような考え方か，確認しなさい

□承継的共犯の意義と問題点について確認しなさい

□共犯関係の解消の意義と問題点について確認しなさい

課題判例㉓

傷害，強盗，建造物侵入，窃盗被告事件

最高裁判所第二小法廷平成 24 年（あ）第 23 号

平成 24 年 11 月 6 日決定

主　　文

本件上告を棄却する。

当審における未決勾留日数中 230 日を本刑に算入する。

理　　由

弁護人 H の上告趣意は，憲法違反をいう点を含め，実質は単なる法令違反，事実誤認の主張であって，刑訴法 405 条の上告理由に当たらない。

なお，所論に鑑み，傷害罪の共同正犯の成立範囲について，職権で判断する。

1　原判決及びその是認する第 1 審判決の認定並びに記録によれば，本件の事実関係は，次のとおりである。

(1) A 及び B（以下「A ら」という。）は，平成 22 年 5 月 26 日午前 3 時頃，愛媛県伊予市内の携帯電話販売店に隣接する駐車場又はその付近において，同店に誘い出した C 及び D（以下「C ら」という。）に対し，暴行を加えた。その態様は，D に対し，複数回手拳で顔面を殴打し，顔面や腹部を膝蹴りし，足をのぼり旗の支柱で殴打し，背中をドライバーで突くなどし，C に対し，右手の親指辺りを石で殴打したほか，複数回手拳で殴り，足で蹴り，背中をドライバーで突くなどするというものであった。

(2) Ａらは，Ｄを車のトランクに押し込み，Ｃも車に乗せ，松山市内の別の駐車場（以下「本件現場」という。）に向かった。その際，Ｂは，被告人がかねてよりＣを捜していたのを知っていたことから，同日午前３時50分頃，被告人に対し，これからＣを連れて本件現場に行く旨を伝えた。

(3) Ａらは，本件現場に到着後，Ｃらに対し，更に暴行を加えた。その態様は，Ｄに対し，ドライバーの柄で頭を殴打し，金属製はしごや角材を上半身に向かって投げつけたほか，複数回手拳で殴ったり足で蹴ったりし，Ｃに対し，金属製はしごを投げつけたほか，複数回手拳で殴ったり足で蹴ったりするというものであった。これらの一連の暴行により，Ｃらは，被告人の本件現場到着前から流血し，負傷していた。

(4) 同日午前４時過ぎ頃，被告人は，本件現場に到着し，ＣらがＡらから暴行を受けて逃走や抵抗が困難であることを認識しつつＡらと共謀の上，Ｃらに対し，暴行を加えた。その態様は，Ｄに対し，被告人が，角材で背中，腹，足などを殴打し，頭や腹を足で蹴り，金属製はしごを何度も投げつけるなどしたほか，Ａらが足で蹴ったり，Ｂが金属製はしごで叩いたりし，Ｃに対し，被告人が，金属製はしごや角材や手拳で頭，肩，背中などを多数回殴打し，Ａに押さえさせたＣの足を金属製はしごで殴打するなどしたほか，Ａが角材で肩を叩くなどするというものであった。被告人らの暴行は同日午前５時頃まで続いたが，共謀加担後に加えられた被告人の暴行の方がそれ以前のＡらの暴行よりも激しいものであった。

(5) 被告人の共謀加担前後にわたる一連の前記暴行の結果，Ｄは，約３週間の安静加療を要する見込みの頭部外傷擦過打撲，顔面両耳鼻部打撲擦過，両上肢・背部右肋骨・右肩甲部打撲擦過，両膝両下腿右足打撲擦過，頸椎捻挫，腰椎捻挫の傷害を負い，Ｃは，約６週間の安静加療を要する見込みの右母指基節骨骨折，全身打撲，頭部切挫創，両膝挫創の傷害を負った。

2　原判決は，以上の事実関係を前提に，被告人は，Ａらの行為及びこれによって生じた結果を認識，認容し，さらに，これを制裁目的による暴行という自己の犯罪遂行の手段として積極的に利用する意思の下に，一罪関係にある傷害に途中から共謀加担し，上記行為等を現にそのような制裁の手段として利用したものであると認定した。その上で，原判決は，被告人は，被告人の共謀加担前のＡらの暴行による傷害を含めた全体について，承継的共同正犯として責任を負うとの判断を示した。

3　所論は，被告人の共謀加担前のＡらの暴行による傷害を含めて傷害罪の共同正犯の成立を認めた原判決には責任主義に反する違法があるという。

　そこで検討すると，前記１の事実関係によれば，被告人は，Ａらが共謀してＣらに暴行を加えて傷害を負わせた後に，Ａらに共謀加担した上，金属製はしごや角材を用いて，Ｄの背中や足，Ｃの頭，肩，背中や足を殴打し，Ｄの頭を蹴るなど更に強度の暴行を加えており，少なくとも，共謀加担後に暴行を加えた上記部位についてはＣらの傷害（したがって，第１審判決が認定した傷害のうちＤの顔面両耳鼻部打撲擦過とＣの右母指基

節骨骨折は除かれる。以下同じ。）を相当程度重篤化させたものと認められる。この場合，被告人は，共謀加担前にＡらが既に生じさせていた傷害結果については，被告人の共謀及びそれに基づく行為がこれと因果関係を有することはないから，傷害罪の共同正犯としての責任を負うことはなく，共謀加担後の傷害を引き起こすに足りる暴行によってＣらの傷害の発生に寄与したことについてのみ，傷害罪の共同正犯としての責任を負うと解するのが相当である。原判決の上記２の認定は，被告人において，ＣらがＡらの暴行を受けて負傷し，逃亡や抵抗が困難になっている状態を利用して更に暴行に及んだ趣旨をいうものと解されるが，そのような事実があったとしても，それは，被告人が共謀加担後に更に暴行を行った動機ないし契機にすぎず，共謀加担前の傷害結果について刑事責任を問い得る理由とはいえないものであって，傷害罪の共同正犯の成立範囲に関する上記判断を左右するものではない。そうすると，被告人の共謀加担前にＡらが既に生じさせていた傷害結果を含めて被告人に傷害罪の共同正犯の成立を認めた原判決には，傷害罪の共同正犯の成立範囲に関する刑法60条，204条の解釈適用を誤った法令違反があるものといわざるを得ない。

　もっとも，原判決の上記法令違反は，一罪における共同正犯の成立範囲に関するものにとどまり，罪数や処断刑の範囲に影響を及ぼすものではない。さらに，上記のとおり，共謀加担後の被告人の暴行は，Ｃらの傷害を相当程度重篤化させたものであったことや原判決の判示するその余の量刑事情にも照らすと，本件量刑はなお不当とはいえず，本件については，いまだ刑訴法411条を適用すべきものとは認められない。

　よって，同法414条，386条1項3号，181条1項ただし書，刑法21条により，裁判官全員一致の意見で，主文のとおり決定する。なお，裁判官千葉勝美の補足意見がある。

　私は，法廷意見に補足して，次の点について私見を述べておきたい。

1　法廷意見の述べるとおり，被告人は，共謀加担前に他の共犯者らによって既に被害者らに生じさせていた傷害結果については，被告人の共謀及びそれに基づく行為がこれと因果関係を有することはないから，傷害罪の共同正犯としての責任を負うことはなく，共謀加担後の暴行によって傷害の発生に寄与したこと（共謀加担後の傷害）についてのみ責任を負うべきであるが，その場合，共謀加担後の傷害の認定・特定をどのようにすべきかが問題となる。

　一般的には，共謀加担前後の一連の暴行により生じた傷害の中から，後行者の共謀加担後の暴行によって傷害の発生に寄与したことのみを取出して検察官に主張立証させてその内容を特定させることになるが，実際にはそれが具体的に特定できない場合も容易に想定されよう。その場合の処理としては，安易に暴行罪の限度で犯罪の成立を認めるのではなく，また，逆に，この点の立証の困難性への便宜的な対処として，因果関係を超えて共謀加担前の傷害結果まで含めた傷害罪についての承継的共同正犯の成立を認めるようなことをすべきでもない。

　この場合，実務的には，次のような処理を検討すべきであろう。傷害罪の傷害結果に

ついては，暴行行為の態様，傷害の発生部位，傷病名，加療期間等によって特定されることが多いが，上記のように，これらの一部が必ずしも証拠上明らかにならないこともある。例えば，共謀加担後の傷害についての加療期間は，それだけ切り離して認定し特定することは困難なことが多い。この点については，事案にもよるが，証拠上認定できる限度で，適宜な方法で主張立証がされ，罪となるべき事実に判示されれば，多くの場合特定は足り，訴因や罪となるべき事実についての特定に欠けることはないというべきである。もちろん，加療期間は，量刑上重要な考慮要素であるが，他の項目の特定がある程度されていれば，「加療期間不明の傷害」として認定・判示した上で，全体としてみて被告人に有利な加療期間を想定して量刑を決めることは許されるはずである。本件を例にとれば，共謀加担後の被告人の暴行について，凶器使用の有無・態様，暴行の加えられた部位，暴行の回数・程度，傷病名等を認定した上で，被告人の共謀加担後の暴行により傷害を重篤化させた点については，「安静加療約 3 週間を要する背部右肋骨・右肩甲部打撲擦過等のうち，背部・右肩甲部に係る傷害を相当程度重篤化させる傷害を負わせた」という認定をすることになり，量刑判断に当たっては，凶器使用の有無・態様等の事実によって推認される共謀加担後の暴行により被害者の傷害を重篤化させた程度に応じた刑を量定することになろう。また，本件とは異なり，共謀加担後の傷害が重篤化したものとまではいえない場合（例えば，傷害の程度が小さく，安静加療約 3 週間以内に止まると認定される場合等）には，まず，共謀加担後の被告人の暴行により傷害の発生に寄与した点を証拠により認定した上で，「安静加療約 3 週間を要する共謀加担前後の傷害全体のうちの一部（可能な限りその程度を判示する。）の傷害を負わせた」という認定をするしかなく，これで足りるとすべきである。

　仮に，共謀加担後の暴行により傷害の発生に寄与したか不明な場合（共謀加担前の暴行による傷害とは別個の傷害が発生したとは認定できない場合）には，傷害罪ではなく，暴行罪の限度での共同正犯の成立に止めることになるのは当然である。

2　なお，このように考えると，いわゆる承継的共同正犯において後行者が共同正犯としての責任を負うかどうかについては，強盗，恐喝，詐欺等の罪責を負わせる場合には，共謀加担前の先行者の行為の効果を利用することによって犯罪の結果について因果関係を持ち，犯罪が成立する場合があり得るので，承継的共同正犯の成立を認め得るであろうが，少なくとも傷害罪については，このような因果関係は認め難いので（法廷意見が指摘するように，先行者による暴行・傷害が，単に，後行者の暴行の動機や契機になることがあるに過ぎない。），承継的共同正犯の成立を認め得る場合は，容易には想定し難いところである。

（裁判長裁判官　千葉勝美　裁判官　竹内行夫　裁判官　須藤正彦　裁判官　小貫芳信）

チェック

　□本決定が共謀加担前の傷害結果について傷害罪の共同正犯を認めなかったの

は，いかなる理由によるのか？

□本決定の考え方は，「承継的共同正犯は，後行者において，先行者の行為および
これによって生じた結果を認識・認容するにとどまらず，これを自己の犯罪遂
行の手段として積極的に利用する意思の下に，実体法上の一罪を構成する先行
者の犯罪に途中から共謀加担し，右行為等を現にそのような手段として利用し
た場合に限り成立する」という考え方（大阪高判昭 62・7・10 高刑集 40・3・
720）を否定したものか？

□強盗罪，詐欺罪における承継的共同正犯の成否についてはどのように考えるべ
きか？

課題判例24

住居侵入，強盗致傷被告事件

最高裁判所第三小法廷平成 19 年（あ）第 1580 号

平成 21 年 6 月 30 日決定

主　文

本件上告を棄却する。

理　由

弁護人Sの上告趣意のうち，判例違反をいう点は，いずれも事案を異にする判例を引
用するものであって，本件に適切でなく，その余は，単なる法令違反，事実誤認，量刑
不当の主張であって，刑訴法 405 条の上告理由に当たらない。

なお，所論にかんがみ，第1審判示第3の事実（以下「本件」という。）について，職
権で判断する。

1　原判決及びその是認する第1審判決の認定並びに記録によれば，本件の事実関係は，
次のとおりである。

(1) 被告人は，本件犯行以前にも，第1審判示第1及び第2の事実を含め数回にわたり，
共犯者らと共に，民家に侵入して家人に暴行を加え，金品を強奪することを実行したこ
とがあった。

(2) 本件犯行に誘われた被告人は，本件犯行の前夜遅く，自動車を運転して行って共犯
者らと合流し，同人らと共に，被害者方及びその付近の下見をするなどした後，共犯者
7名との間で，被害者方の明かりが消えたら，共犯者2名が屋内に侵入し，内部から入
口のかぎを開けて侵入口を確保した上で，被告人を含む他の共犯者らも屋内に侵入して
強盗に及ぶという住居侵入・強盗の共謀を遂げた。

(3) 本件当日午前2時ころ，共犯者2名は，被害者方の窓から地下1階資材置場に侵入

したが，住居等につながるドアが施錠されていたため，いったん戸外に出て，別の共犯者に住居等に通じた窓の施錠を外させ，その窓から侵入し，内側から上記ドアの施錠を外して他の共犯者らのための侵入口を確保した。

(4)　見張り役の共犯者は，屋内にいる共犯者2名が強盗に着手する前の段階において，現場付近に人が集まってきたのを見て犯行の発覚をおそれ，屋内にいる共犯者らに電話をかけ，「人が集まっている。早くやめて出てきた方がいい。」と言ったところ，「もう少し待って。」などと言われたので，「危ないから待てない。先に帰る。」と一方的に伝えただけで電話を切り，付近に止めてあった自動車に乗り込んだ。その車内では，被告人と他の共犯者1名が強盗の実行行為に及ぶべく待機していたが，被告人ら3名は話し合って一緒に逃げることとし，被告人が運転する自動車で現場付近から立ち去った。

(5)　屋内にいた共犯者2名は，いったん被害者方を出て，被告人ら3名が立ち去ったことを知ったが，本件当日午前2時55分ころ，現場付近に残っていた共犯者3名と共にそのまま強盗を実行し，その際に加えた暴行によって被害者2名を負傷させた。

2　上記事実関係によれば，被告人は，共犯者数名と住居に侵入して強盗に及ぶことを共謀したところ，共犯者の一部が家人の在宅する住居に侵入した後，見張り役の共犯者が既に住居内に侵入していた共犯者に電話で「犯行をやめた方がよい，先に帰る」などと一方的に伝えただけで，被告人において格別それ以後の犯行を防止する措置を講ずることなく待機していた場所から見張り役らと共に離脱したにすぎず，残された共犯者らがそのまま強盗に及んだものと認められる。そうすると，被告人が離脱したのは強盗行為に着手する前であり，たとえ被告人も見張り役の上記電話内容を認識した上で離脱し，残された共犯者らが被告人の離脱をその後知るに至ったという事情があったとしても，当初の共謀関係が解消したということはできず，その後の共犯者らの強盗も当初の共謀に基づいて行われたものと認めるのが相当である。これと同旨の判断に立ち，被告人が住居侵入のみならず強盗致傷についても共同正犯の責任を負うとした原判断は正当である。

よって，刑訴法414条，386条1項3号，181条1項ただし書により，裁判官全員一致の意見で，主文のとおり決定する。

（裁判長裁判官　那須弘平　裁判官　藤田宙靖　裁判官　堀籠幸男　裁判官　田原睦夫　裁判官　近藤崇晴）

チェック

□本件は実行の着手前の離脱の事案か，それとも，実行の着手後の離脱の事案か？

□本決定が共謀関係の解消を否定した理由はどこにあるか？

授 業

　今回のテーマは「共犯の因果性」です。このテーマは，私が大学時代に刑法を習ったときには独立の項目としてとりあげられてはいませんでした。このテーマがポピュラーなものとなったのは，学説において共犯の処罰根拠の問題が議論されるようになったことがきっかけだと思います。共犯の処罰根拠論は，時代的には昭和の終わりから平成の初めころに盛んに議論された問題です。

　共犯の処罰根拠論でまず問題となるのは，共犯の処罰根拠は正犯の処罰根拠と同じかどうかという点です。通説は，正犯も共犯も法益侵害という違法な結果を惹起したことを理由に処罰されることに変わりはなく，正犯は直接的な法益侵害行為であるのに対して，共犯は間接的な法益侵害行為であるという点で区別されるとしています。このような考え方を惹起説（因果的共犯論）と呼びます。これに対して，かつては，共犯の処罰根拠を，正犯に有責な犯罪行為を行わせた（正犯を誘惑して堕落させ，罪責と刑罰に陥れた）ことに求める見解（責任共犯論）や，正犯に違法な行為を行わせた（正犯を反社会的な状態に陥れ，社会の平和を攪乱した）ことに求める見解（違法共犯論）も主張されていました。これらの見解によると，正犯は法益侵害を理由に処罰されるのに対し，共犯は犯罪者や違法行為者を生み出したことを理由に処罰されることになります。しかし，これらの見解によると，共犯の処罰根拠と保護法益との関係が希薄化し，心情的，倫理的な要素で共犯の処罰を肯定してしまうおそれがあるといったことなどが問題視され，今日では一般に支持を失っています[1]。

　さて，惹起説は更に，そこにいう違法な事態の理解の仕方によって，共犯者は自ら違法な結果を惹起するものであり，共犯の違法性は正犯の違法性とは独立しているとする「純粋惹起説」，共犯は正犯が法益を侵害するのに関与し，正犯の結果不法を共に惹起するものであり，共犯の違法性は正犯行為の違法性に基づくとする「修正惹起説」，共犯は正犯を介して間接的に法益を侵害するものであり，共犯の違法性は共犯行為自体の違法性と正犯行為の違法性の双方に基づくとする

---

[1] 判例は，犯人が他人に自己の蔵匿・隠避を教唆した場合について，犯人蔵匿等罪の教唆犯の成立を肯定しています（最決昭40・2・26刑集19・1・59など）が，これに対しては責任共犯論によるものであり妥当ではないという批判が向けられています。どうしてこれが責任共犯論によるものだとされるのか，その理由を考えてみてください。

「混合惹起説」に分かれます。例えば，ⓐX は，甲の依頼により，甲に対して重大な傷害を負わせた（X の行為は違法であるとする）及びⓑ乙は，Y に対して，自傷行為をそそのかし，Y は負傷した（Y の行為は適法であるとする）というケースで考えると，純粋惹起説によればⓐ甲は適法ⓑ乙は違法，修正惹起説によればⓐ甲は違法ⓑ乙は適法，混合惹起説によればⓐ甲もⓑ乙も適法ということになります。純粋惹起説は違法の相対性を原則的に肯定し，修正惹起説はこれを原則的に否定するのに対し，混合惹起説によると，正犯が違法でなければ共犯も違法ではない（違法の相対性否定）が，正犯が違法であっても共犯が違法でない場合はあり得る（違法の相対性肯定）ということになります。最後の混合惹起説が通説であると言えるでしょう。

　共犯の処罰根拠論の射程に関しては，共同正犯にも妥当するという見方[2]と，共同正犯には妥当せず，狭義の共犯（教唆犯・幇助犯）のみを対象とするという見方[3]とがあります。いずれの見方にも相応の理由がありますが，共犯処罰のミニマムの要件，すなわち，他人の行為並びにそこから生じた結果についても罪責を負わせるために最低限度必要な要件という観点から見るならば，それは共同正犯にも妥当すると見るべきでしょう。要するに，自己の行為と何らの因果性も認められない他人の行為並びにそこから生じた結果については罪責を問われない，という当然の事理は共同正犯にも妥当するということです[4]。

　そして，この点にこそ，惹起説（因果的共犯論）が一般的に承認されたことによって合意が形成された内容が端的に表されています。つまり，自己の行為と何らの因果性も認められない他人の行為並びにそこから生じた結果については罪責を問われない，ということがそれです。そこから因果性の有無が争点となる問題を総称して共犯の因果性というテーマで講ずることが一般的になってきました。その

[2] 例えば，山口・総論 309 頁など。
[3] 例えば，斉藤誠二「共犯の処罰根拠についての管見」下村古稀（上）6 頁以下など。ちなみに，共犯の処罰根拠論のルーツであるドイツでは，共同正犯は正犯であるということが強調され，共犯の処罰根拠論は共同正犯には妥当しないという見方が一般的にとられています。
[4] これに対して，樋口先生は，因果的共犯論を共同正犯にも適用することは何ら自明の前提ではないにもかかわらず，因果的共犯論を共同正犯にも適用するとの前提が置かれることで，議論が一面的なものになったと批判されています（樋口亮介「平成の刑法総論」法時 91 巻 9 号［2019 年］37 頁）。このあたりは，議論が大きく動く可能性がありそうですので（なお，豊田兼彦「共同正犯の構造の再検討―2 つの最高裁決定を契機として―」佐伯仁志ほか編『刑事法の理論と実務②』［2020 年］79 頁以下も参照），今後の動向に注目しておいてもよいでしょう。

代表例が，承継的共犯と共犯関係の解消です。

　それでは，まず，承継的共犯の問題から始めましょう。これは，ある者（先行者）が犯罪の実行に着手した後，他の者（後行者）が事情を知りながらそれ以降の行為に関与した場合，後行者はどの範囲で共犯としての罪責を負うか，という問題です。例えば，A が強盗目的で X に暴行を加え（それによって X は傷害を負った），それにより X が反抗を抑圧された段階で，B が事情を知りつつ A と意思を通じて，こもごも X から金品を奪った，という場合に，A が強盗致傷罪の罪責を負うのは当然として，B は何罪の罪責を負うのか，ということが問題となるのです。

　この問題に関しては，学説が錯綜しています[5]。大まかに分けると，後行者は先行者が既に行った行為も含めて犯罪全体について罪責を負うとする見解（全面肯定説：上例では B は強盗致傷罪の共同正犯となる），基本的には肯定説に立つが，後行者が罪責を負う範囲に一定の限定を施す見解，及び，基本的には否定説に立つが，一定の場合に介入前の行為についても責任を問い得るとする見解（部分的肯定説：上例では B は強盗罪の共同正犯となる），後行者は自らが関与して以降の行為についてしか罪責を負わないとする見解（全面否定説：上例では B は窃盗罪の共同正犯となる），共同正犯については否定しつつも，従犯については肯定する見解（中間説：上例では B は窃盗罪の共同正犯と強盗［致傷］罪の従犯の観念的競合［あるいは法条競合］となる）といった見解が主張されているところです。このうち，かつては，部分的肯定説が比較的有力であったように思われます。例えば，従来の下級審裁判例では，「後行者において，先行者の行為及びこれによって生じた結果を認識・認容するに止まらず，これを自己の犯罪遂行の手段として積極的に利用する意思のもとに，実体法上の一罪（狭義の単純一罪に限らない。）を構成する先行者の犯罪に途中から共謀加担し，右行為等を現にそのような手段として利用した場合に限られる」（大阪高判昭 62・7・10 高刑集 40・3・720）という考え方が有力化していました[6]。

---

[5] 学説の詳細については，照沼亮介『体系的共犯論と刑事不法論』（2005 年）237 頁以下，十河太郎「承継的共犯論の現状と課題」川端博ほか編『理論刑法学の探求 9』（2016 年）121 頁以下，橋爪・悩みどころ 379 頁以下など参照。
[6] 平成 24 年決定以前の判例の分析については，照沼・前掲 214 頁以下，髙橋直哉「承継的共犯論の帰趨」川端博ほか編『理論刑法学の探求 9』（2016 年）160 頁以下など参照。

承継的共犯の意義

1　問題の所在・・・ある者（先行者）が犯罪の実行に着手した後，他の者（後行者）が事情を知りながらそれ以降の行為に関与した場合，後行者はどの範囲で共犯としての罪責を負うか
2　学説
　　例：Aが強盗目的でXに暴行を加え（それによってXは傷害を負った）それにより反抗を抑圧された段階で，Bが事情を知りつつAと意思を通じて，こもごもXから金品を奪った
　　(1) 全面肯定説…後行者は先行者が既に行った行為も含めて犯罪全体について罪責を負うとする見解：例の場合，Bは強盗致傷罪の共同正犯となる
　　(2) 部分的肯定説…基本的には肯定説に立つが，後行者が罪責を負う範囲に一定の限定を施す見解，及び，基本的には否定説に立つが，一定の場合に介入前の行為についても責任を問い得るとする見解：例の場合，Bは強盗罪の共同正犯となる
　　(3) 全面否定説…後行者は自らが関与して以降の行為についてしか罪責を負わないとする見解：例の場合，Bは窃盗罪の共同正犯となる
　　(4) 中間説…共同正犯については否定しつつも，従犯については肯定する見解：例の場合，Bは窃盗罪の共同正犯と強盗［致傷］罪の従犯の観念的競合［あるいは法条競合］となる

　そのような中で，最高裁がこの問題について初めて判断を下しました。課題判例23（最決平24・11・6刑集66・11・1281）がそれです。

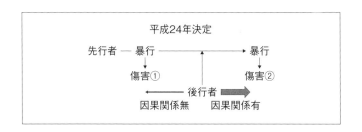

　本決定は，「被告人は，Aらが共謀してCらに暴行を加えて傷害を負わせた後に，Aらに共謀加担した上，金属製はしごや角材を用いて，Dの背中や足，Cの頭，肩，背中や足を殴打し，Dの頭を蹴るなど更に強度の暴行を加えており，少なくとも，共謀加担後に暴行を加えた上記部位についてはCらの傷害（したがっ

て，第1審判決が認定した傷害のうちDの顔面両耳鼻部打撲擦過とCの右母指基節骨骨折は除かれる。以下同じ。）を相当程度重篤化させたものと認められる。この場合，<u>被告人は，共謀加担前にAらが既に生じさせていた傷害結果については，被告人の共謀及びそれに基づく行為がこれと因果関係を有することはないから</u>，傷害罪の共同正犯としての責任を負うことはなく，共謀加担後の傷害を引き起こすに足りる暴行によってCらの傷害の発生に寄与したことについてのみ，傷害罪の共同正犯としての責任を負うと解するのが相当である。」と判示しました。この下線部には明らかに因果的共犯論の影響が見て取れます。しかも，この判例は，「原判決の…認定は，被告人において，CらがAらの暴行を受けて負傷し，逃亡や抵抗が困難になっている状態を利用して更に暴行に及んだ趣旨をいうものと解されるが，そのような事実があったとしても，それは，被告人が共謀加担後に更に暴行を行った動機ないし契機にすぎず，共謀加担前の傷害結果について刑事責任を問い得る理由とはいえない」とも言っています。原審は，先に見たような従来有力であった見解に基づいて，先行事情の積極的利用という点を重視して全体について共同正犯が成立するとしていたのですが，最高裁はこれを否定したのです。この事案では，かつての有力説の考え方に従っても，先行事情を利用したという説明にはしっくりこないものがあるので，そのような観点から承継的共同正犯を否定することも可能であったと思われるのですが，そうではなく因果関係がないことに承継的共同正犯を否定する論拠を求めたことから，この判例はかなり否定説に親和性のある判断であるように見えます。

　さて，そうなると，先にあげた強盗（致傷）罪のケースであっても，後行者は窃盗罪の罪責しか負わないのだろうか，ということに関心がもたれます。

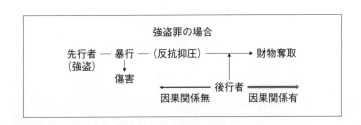

　この平成24年決定の射程は，ここで問題となった傷害罪の事例にしか及ばず，強盗罪等については別異に解する余地があると考えるべきでしょうが，関与以前

の事象については因果関係がないという論拠は，全ての犯罪に妥当するように見えるので，それとの整合性を保ちながら承継的共同正犯を肯定することは可能なのか，という点が問題となりそうです。千葉裁判官の補足意見は，その点に関して考える一つの手がかりになるかもしれません。千葉裁判官は，「強盗，恐喝，詐欺等の罪責を負わせる場合には，共謀加担前の先行者の行為の効果を利用することによって犯罪の結果について因果関係を持ち，犯罪が成立する場合があり得るので，承継的共同正犯の成立を認め得る」とする補足意見を述べています。これは，因果関係が必要な対象を関与の前後にまたがって進行している犯罪の結果に求めることによって，従来有力であった部分的肯定説的な見方と因果関係の問題を調和させようとするひとつの試みだと見ることもできるでしょう。このような見方によれば，先の例では，B は強盗罪の罪責を負うことになるでしょう（他方で，傷害結果は関与以前に既に発生している結果なので因果関係がなく強盗致傷罪の罪責は負わない，ということになりそうです）。

　そういうわけで，承継的共犯の問題については，今後の判例の動向が注目されるところですが，近時，最高裁は，いわゆる「だされたふり作戦」が行われた詐欺未遂事件において受領行為にのみ関与した者に関し，「被告人は，本件詐欺につき，共犯者による本件欺罔行為がされた後，だまされたふり作戦が開始されたことを認識せずに，共犯者らと共謀の上，本件詐欺を完遂する上で本件欺罔行為と一体のものとして予定されていた本件受領行為に関与している。そうすると，だまされたふり作戦の開始いかんにかかわらず，被告人は，その加功前の本件欺罔行為の点も含めた本件詐欺につき，詐欺未遂罪の共同正犯としての責任を負うと解するのが相当である」との判断を示しています（最決平 29・12・11 刑集 71・10・535）。結論的には，詐欺罪について途中から関与した者について承継的共同正犯を肯定する結果となっているので，どうやら判例は承継的共犯について否定説に立っているわけではないということは明らかになったかと思いますが，この判例では因果関係に言及するところがなく，平成 24 年決定との整合性に関しては必ずしも明確ではありません[7]。理論的にはまだまだ解明を要する問題が残されています。

　このようにまだまだ判例・学説が流動的な状況ですので，学生さんもこの問題については論じにくいという印象を持たれている方が多いようです。先行事情を積極的に利用したかどうかに着目する従来有力であった見解に立って解答される

人も，いまだにかなりの数見受けられます。きちんと論じられていれば，それで問題はないと思われますが，少なくとも，平成24年決定のような事案では，判例の立場を全く無視することはできないので，最低限，知識としてはそのような判例があるということを知っていなければならないでしょう。

　最後に，2点注意しておきたいことがあります。一つは，従来有力であった先行事情を自己の犯罪を実現するために積極的に利用したという理由付けを用いる際に，承継的共犯には共同正犯だけではなく，従犯もあり得るというところに注意してほしいということです。例えば，先にあげた例で後行者が先行者のために見張りをしたというケースならば承継的従犯が成立する場合があると思われますが，その場合には先行事情を積極的に利用したという説明は相応しくないでしょう。ここからは，私の考えになりますが，承継的共犯に固有の問題は関与以前の先行事情について因果性がないという点をどのように評価するのかという共犯性の問題が中心であり，それによって共犯が成立しうる範囲が画され，次いで，その関与の類型が共同正犯なのか従犯なのかという正犯性が問題となる（従来の先行事情の積極的利用という点は，正犯意思の問題としてこの正犯性に関わるものである）というように考えられるのではないかと思っています。

　もう一つ，承継的共同正犯がよく問題となる類型として傷害罪の成否が問題となる場合があるのですが，これに関しては承継的共同正犯の肯否に関わらず207条を適用すれば後行者も傷害罪の共同正犯になるのだから，承継的共同正犯の問題に言及することなく直ちに207条を適用して後行者にも傷害罪の成立を認める，という筋で書いてくる答案を時々目にします[8]。しかし，これは，少なくとも思考の順番として妥当ではないと思います。207条は共同正犯が認められない場合の例外規定であり，共同正犯が認められる場合にも適用される規定ではありません。従って，まず，基本となる共同正犯の成否が問われ，それが否定された場

---

[7] 平成29年決定は，「加功前の本件欺罔行為の点も含め」て共同正犯の責任を負うとしていますが，このような表現は，因果関係よりはむしろ犯罪の一罪性に着目する考え方のようにも見え，どことなく先祖返り的な印象を受けるところもあります（大判昭13・11・18刑集17・839頁は，強盗目的で被害者を殺害した夫から事情を知らされ金員の強取について協力を求められた妻が，やむなくこれを承諾し，蝋燭をかかげて夫の金品強取を容易にしたという事案について，強盗殺人罪は「単純一罪」であるということを理由にして妻に強盗殺人罪の幇助犯の成立を肯定しています）。

[8] なお，近時，最高裁は，207条の適用を肯定する判断を示しました（最判令2・9・30刑集74・6・669）。

合に初めて 207 条の適否が問題となる，という順番で考察が進められるべきなのです（これは共犯関係の解消が問題となるケースでも同様であり，まず共犯関係の解消の肯否が問われ，それが肯定されたときに初めて 207 条の適否が問題となると考えるべきでしょう）。

　次に，共犯関係の解消に移りましょう。この問題を考える前提として，共犯の中止犯について確認しておきます。

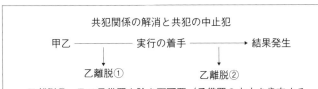

　甲と乙が，共同して強盗の実行に着手したが，途中で二人とも被害者 A がかわいそうになり，お互い合意の上で，犯行を中止したという場合，甲と乙は共に強盗罪の中止犯となります。甲と乙が，共同して強盗の実行に着手したが，甲は途中で被害者 A がかわいそうになり，なおも犯行を継続しようとする乙を力ずくで制圧し，犯行を中止したという場合には，甲は強盗罪の中止犯となりますが，乙は強盗罪の障害未遂にとどまります。要するに，共犯の場合にも中止犯は成立し，その効果は中止行為を行った者にしか及ばない（一身専属的である）ということです。

　この共犯の中止犯と共犯関係の解消は紛らわしいところがあるのですが，きちんと区別しなければなりません。重要なポイントは，共犯の中止犯の問題にはならないけれども共犯関係の解消は問題となり得るという場合があるということです。例えば，実行の着手前に離脱した場合には，（予備罪の規定がなければ）中止犯の問題にはなり得ません。傷害致死罪のような結果的加重犯の場合にも，中止犯は問題になり得ません。また，犯行の途中で離脱したけれども，他の共犯者によって犯行が継続され結果が発生したという場合も，そのままでは中止犯の問題になり得ません。更に，監禁罪のような継続犯では既遂後に離脱するというケー

スも考えられます。しかし，これらの場合であっても，途中で犯行から離脱し，それまで自分が与えた影響を取り除いたならば，たとえ他の共犯者によって犯行が継続されたとしても，それは離脱した者とは無関係に他の共犯者が行ったことであって，その部分について離脱した者が共犯としての罪責を負ういわれはないのではないか，という疑問が出てくるのではないでしょうか？　これが，共犯関係の解消の問題なのです。少し結論を先取りして言うと，共犯者がそれまでに自分が及ぼした因果的影響力を取り除く形で離脱したならば，それ以降の他の共犯者の行為及びそれによって生じた結果は離脱した共犯者とは関係のないものなのでその部分について共犯は成立しないというのが，共犯関係の解消の問題です。ここでは，どこまで共犯が成立するのかが問題となっているのです。それに対して，共犯の中止犯は，犯罪が未遂にとどまることを前提に，中止犯の成立要件が備わっているかどうか（刑の必要的減免が肯定されるかどうか）という問題です（予備の中止を認める場合もこれに準じます）。従って，両者は区別しなければなりません。

　くどいようになりますが，この区別が紛らわしい，実行の着手後の離脱の場合における両者の違いを説明しておきましょう。例えば，XとYが，窃盗を共謀し，実行に着手した段階でXが離脱したけれども，Yが犯行を継続し，窃盗既遂に至ったとします。このとき，共犯関係の解消が認められなければ，XY共に窃盗既遂の共同正犯となります。他方で，共犯関係の解消が認められると，Yが窃盗既遂となるのは当然ですが，Xは窃盗未遂にとどまります。更に，Xに中止犯の要件が備わっていればXには中止犯が成立するということになります（もっとも，着手後の離脱の場合に，共犯関係の解消は認められるが中止犯は否定されるというケースは，そう容易には考えにくいところがあります[9]。しかし，理論上は，共犯関係の解消が肯定されることによって罪責は未遂にとどまることになり，それを前提として中止犯の成否が問題となるという思考の順序になることに注意しなければなりません）。

　このように，共犯関係の解消は，共犯者中のある者が，犯罪の完成以前に犯行

---

[9] 例えば，甲と乙が，Aの殺害を共謀し，こもごもAに対して激しい暴行を加えていたけれども，乙は途中でAがかわいそうになり，自ら暴行を止めるとともに，甲の犯行継続も阻止しようとしたが，逆に甲から殴打されて失神してしまい，その後に甲が犯行を継続したためAは死亡したというケースを考えてみましょう。このケースで，仮に甲が乙を殴打して失神させたことによって「一方的な共犯関係の解消」が認められるとするならば，乙は殺人未遂罪の罪責を負うにとどまるでしょうが，中止犯を認めることは困難だと思います（中止行為を肯定することはできないのではないでしょうか）。

から離脱した場合に，その離脱した共犯者は，離脱後に他の共犯者が実行した犯罪について罪責を負うのか，また，罪責を負わないとすればその要件はどのようなものか，という問題です。

共犯関係の解消

1　問題の所在…共犯者のある者が，犯罪の完成以前に犯罪の遂行を思いとどまり，共犯関係から離脱した場合，その離脱した共犯者は，離脱した後に他の共犯者が実行した犯罪について罪責を負うのか，また，罪責を負わないとすればその要件はどのようなものか

2　因果的共犯論の影響…因果性を切断する形で離脱した共犯者は，それ以降の他の共犯者の行為及びその結果について責任を問われない

　ここで，用語の問題について少し補足しておきます。それは「離脱」という言葉と「解消」という言葉の使い分けです。判例は，共犯者中のある者が，犯行を止めたとか，その場を離れたとか，事実上，犯罪の遂行から抜ける行動に出たことをもって「離脱」したという言葉を用い，それを理由にして，その後に他の共犯者が行った行為及びその結果について共犯の罪責を負わないという法的効果を肯定するときに共犯関係の「解消」という言葉を用いているようです[10]。事実上の行為を指す場合は「離脱」，法的な評価を指す場合は「解消」とでもいえるでしょうか。この区別は分かりやすいですし，今後定着していくものと思いますので，ここでもこれに従うことにします。

　さて，共犯関係の解消がこのような問題だとした場合，どのような場合に離脱した者が罪責を負わないことになるのか，すなわち，共犯関係の解消の判断基準が重要な問題となります。

---

[10]　課題判例 24（最決平 21・6・30 刑集 63・5・475）参照。

240

```
                共犯関係の解消の要件

  1   判断基準…因果性の遮断
  2   考慮要因
   ①離脱意思の表明
   ②他の共犯者による了承
   ③他の共犯者が反抗を継続するのを阻止する行動をとったか
  etc.
  ☞実行の着手前と着手後で要件は異なるか？
  ☞どのような状況であれば因果性が遮断されたといえるか？
```

　この点について，現在では，因果的共犯論の立場から，因果性を遮断する形で離脱した共犯者は，それ以降の他の共犯者の行為及びその結果について責任を問われないと解するのが通説となっています。要するに，共犯関係の解消の判断基準は因果性の遮断である，ということです。

　ここで注意しておきたいのが，実行の着手の前後で要件を分ける考え方です。典型的なのは，実行の着手前は，①離脱意思の表明と②他の共犯者による了承で足りるが，着手後は，③他の共犯者が犯行を継続するのを阻止する措置を講じなければならない，といった形で，着手前は2要件，着手後は3要件とするものです。これは形式的でわかりやすいですが，必ずしも妥当な結論に至るとは限りません。

　例えば，強盗を共謀し，犯行に用いる脅迫用の拳銃を調達したが，実行に着手する前に離脱意思を表明し，他の共犯者がこれを了承する形で，犯行から抜けた者がいるとします。しかし，残った者がその拳銃を用いて強盗を実行したという場合に，共犯関係の解消を認めるべきでしょうか？　おそらく，多くの者は否定的に解するのではないかと思います。それは，拳銃を供与したことが犯罪の実現に大きく影響しているのであるから，その点について全く罪責を負わないというのはおかしいのではないか，という感覚によるものでしょう。このような場合は，やはり，拳銃を回収することまで行わなければ，自分が及ぼした影響力を取り除いたとは言えないのではないか，と考えるでしょう。つまり，実行の着手の前であっても，離脱意思の表明と他の共犯者による了承だけで常に共犯関係の解消が認められるというわけではなく，あくまで判断基準は因果性の遮断にあるということです。イメージ的に言えば，ある共犯者が離脱する段階で，それまでに及ぼしていた因果的影響力の内実に応じて，それを取り除くために必要であることを

行ったのかどうかを，具体的な事実関係に基づいて判断するということです。確かに，実行の着手の段階にまで至れば，結果の発生がかなり近づいているだけに，それまでに及ぼした因果的影響力を除去するためには相当のエネルギーを要することが多いでしょうから，一般的には着手後の離脱の方が認められにくいということにはなるでしょう。しかし，それは実行の着手の前後で離脱の要件が異なるからではなく，犯行が進展していけばいくほど因果性を遮断することが困難になる場合が多くなるということにすぎないと思います。

　判例も，実行の着手の前後で要件を形式的に分けているわけではありません。課題判例 24（最決平 21・6・30 刑集 63・5・475）は，「［本件］事実関係によれば，被告人は，共犯者数名と住居に侵入して強盗に及ぶことを共謀したところ，共犯者の一部が家人の在宅する住居に侵入した後，見張り役の共犯者が既に住居内に侵入していた共犯者に電話で『犯行をやめた方がよい，先に帰る』などと一方的に伝えただけで，被告人において格別それ以後の犯行を防止する措置を講ずることなく待機していた場所から見張り役らと共に離脱したにすぎず，残された共犯者らがそのまま強盗に及んだものと認められる。そうすると，被告人が離脱したのは強盗行為に着手する前であり，たとえ被告人も見張り役の上記電話内容を認識した上で離脱し，残された共犯者らが被告人の離脱をその後知るに至ったという事情があったとしても，当初の共謀関係が解消したということはでき」ないと判示しています。ここでは，強盗の実行の着手の前であるにもかかわらず，「被告人において格別それ以後の犯行を防止する措置を講ずることなく待機していた場所から見張り役らと共に離脱したにすぎ」ないことを理由にして共謀関係の解消が否定されています。この事案の場合は，共犯者が被害者宅に侵入し，まさに強盗に取り掛かる直前であり，そこまで現場に帯同することによって犯行に寄与しているにもかかわらず，共犯者が強盗に取り掛かることがほぼ確実だと思われる状況を放置して立ち去っているのですから，自分が離脱以前に及ぼした因果的影響力を取り除いたとは言いにくいでしょう。

　このように，共犯関係の解消は因果性の遮断を基準として判断するという枠組みを押さえておけば，後は具体的な事実に基づいてその肯否を判断するということになりますが，2 点補足しておきたいことがあります。

　1 つは，共同正犯関係の解消（共謀関係の解消）の取扱いです。おそらく，判例は，これも，因果的共犯論を前提として，因果性を遮断していればその後の犯行

については不可罰とし，遮断していなければその後の犯行についても共同正犯が成立すると考えているように思われます[11]。しかし，前回，共同正犯のところで，共同正犯には共犯性と正犯性の二つの側面があり，因果性は主として共犯性にかかわる問題である，というお話をしました。これに照らして考えてみると，因果性は遮断できていないから共犯性は残っているが，正犯性を基礎づける事情は失われたといえる場合があり得るのではないか，という疑問が出てくるのではないでしょうか。実際，学説では，離脱によって心理的因果性が欠けるとか，共同実行の意思がなくなるといった点に着目して，（共同正犯の）正犯性が否定される場合には，それ以降の犯罪については共同正犯ではなく幇助犯にとどめるべきである，という見解も有力に主張されているところです[12]。イメージ的には，共犯関係が完全に解消されたとはいえないが，関与形式が共同正犯から幇助犯にランクダウンしたとみるような考え方だとでもいえるでしょうか。確かに，これは分析的な考え方で魅力があるのですが，このような処理をする場合，離脱前の共同正犯と離脱後の幇助犯の関係をどうするかなど[13]，まだ解明されていない問題点が残るところなので，試験の解答としては書きにくいかなという感じがしています。ただ，このような見方もあるのだということは押さえておいてよいことでしょう。

　もう一つは，具体的にどのような場合に因果性の遮断を認めるかという，いわば勘所のようなものをどのあたりに設定するかという点です。これは評価が絡む問題ですので，人によって判断が分かれ得るところですから，具体的事実に基づいてきちんと評価のプロセスを示していれば，結論をどうするか自体はそれほど大きな問題ではないと思われますが，実際には判断に悩む場面も少なくないでしょう。一例として，名古屋高判平 14・8・29 判時 1831・158 をどのように評価するか，自分なりに考えてみると有益だと思います。この事案では，途中で犯行の継続を中止した共犯者が他の共犯者に殴られて気絶したという場合に，気絶後

---

[11] 出発点において共同正犯として関与したならば，後にその及ぼした影響力の程度が低下したとしても，それは依然として共同正犯として与えた影響力が残存していることを意味する，というような考え方をすれば，このような見方も可能であるように思われます（事後における因果的影響力の低下という量的な問題によって，因果性の質が変化するわけではないというようなイメージでしょうか）。

[12] 例えば，佐伯・考え方 389 頁以下，橋爪・悩みどころ 367 頁など。

[13] この点に関しては，橋爪・悩みどころ 390 頁，斎藤・総論 297 頁以下など参照。

に他の共犯者が行った行為及びその結果についても共同正犯としての罪責を負う
かが問題となりましたが，共犯関係は「被告人に対する暴行とその結果失神した
被告人の放置というB自身の行動によって一方的に解消され」たと判断されまし
た。共犯者による犯行の継続を阻止できなかったことに着目すると，因果性を完
全に遮断したとは断じにくい事案ですが，このような事案であれば共犯として処
罰するに値する因果的影響力はなくなったと評価することも可能かもしれませ
ん。限界事例ですので，考えてみるとよいでしょう[14]（なお，この判例では，共犯関
係の解消が認められたにもかかわらず，207条が適用されて結局被告人に傷害罪の罪責が肯
定されました。ここも議論のあるところですので注意しておいてください）。

　なお，近時，特殊詐欺の事案で，現金の受取り役（受け子）が欺罔役（架け子）
に隠れて詐取金を領得しようとして，「被害者宅付近に警察官がいるようです。」
などと電話で嘘をつき，架け子が「いったん離れて待機しろ。」と指示したのに対
し，これに従うように装って被害者から現金を受け取るケースが問題とされてい
ます[15]。単に待機を指示するだけでは因果性を遮断する措置として不十分だと思
われますし，受け子は詐取金の取得という点では架け子を排除しているものの，
架け子が作出した被害者の錯誤を利用している点で架け子を犯行全体から一方的
に排除したとも言いにくいでしょうから，共犯関係の解消を認めることは困難で
しょう[16]。

　最後に共謀関係の解消と共謀の射程の関係に触れておきます。

---

[14]　小林先生は，前掲名古屋高判平14・8・29は共犯関係の解消を安易に認めすぎていると批
判的に見ておられます（小林・総論580頁以下）。また，山口先生は，共同正犯ではなく幇
助犯とする可能性を示唆されています（山口・総論380頁以下）。

[15]　実務上，「抜き」と呼ばれます。大塚雄毅・研修846号（2018年）17頁以下参照。

[16]　この場合，故意も一般的には肯定されるでしょうが，例えば，電話を受けた架け子（甲）
が「今回はヤバイからやるな。絶対に帰ってこい。」と告げたところ，受け子（乙）が「分
かった。」と答えた（が実際には詐取金を受け取った）という事例で，もしこの乙の返答に
よって，甲が，乙は犯行の継続を断念したものと考えたとすれば，甲にはその後の犯罪事実
の認識が欠け，故意が阻却される可能性があるかもしれません。個人的には，因果性の遮断
を基礎づける事実の認識はなくとも犯罪事実の認識が欠けるケースはあり得るように思い
ますが，皆さんはどう考えるでしょうか？

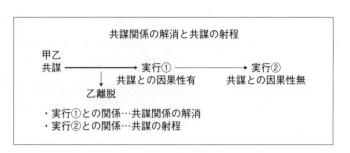

両者を共に共犯の因果性の観点から理解する立場を前提として，きわめて大雑把に整理すると，最初から共謀との因果性が認められず共謀の射程が及ばない場合には，共謀者は特に何かしなくとも共犯の罪責を負わないのに対し[17]，共謀の射程が及ぶ場合には，共謀者は因果性を遮断しなければ共犯の罪責を免れないことになります。例えば，甲乙が，A宅での住居侵入・窃盗を共謀し，乙が実行担当者になったとします。このとき乙が，予想外の障害に遭遇したためA宅での犯行を断念し，B宅に侵入して窃盗を行ったとしましょう。この場合，B宅への住居侵入・窃盗が共謀の射程外であれば，そのことだけで甲は共犯としての罪責を負わないことになります。これに対して，これが共謀の射程内であれば，甲がこの乙の犯行に及ぼした因果的影響力を除去する措置を講じない限りB宅への住居侵入・窃盗についても共同正犯の罪責を負うことになるでしょう[18]。

授業後の課題

前掲最決平 29・12・11 の判断に関して，①不能犯の問題に特に言及がないのはどうしてか，②後行者に共同正犯が肯定された理論的根拠は何か，を考えなさい。

---

[17] 但し，心理的因果性はないが物理的因果性はあるというケースについては，幇助犯の成立可能性が問題となるでしょう（橋爪・悩みどころ 370 頁）。また，共謀の射程を共同正犯に固有の相互利用補充関係の及ぶ範囲の問題とする見解（十河太郎「共謀の射程について」川端博ほか編『理論刑法学の探究③』［2010 年］98 頁以下）によれば，共謀の射程が否定されても狭義の共犯の成立可能性は残ることになります。

[18] もっとも，この場合には，更に共犯の錯誤も問題となることに注意が必要です。法定的符合説（抽象的法定符合説）によれば，甲は，乙の行ったB宅への住居侵入・窃盗について故意が認められることになるでしょうが，具体的符合説（具体的法定符合説）によれば，（一種の方法の錯誤と見られるでしょうから）甲には故意が否定されるものと思われます。

考え方

　本決定の判示は非常に簡潔であり，特定の立場を表明することを意識的に避けたのではないかと思われるところもあるため[19]，この判示内容をどのように理解するのかについては，様々な見方があり得ます[20]。

　第 1 に，先行者については，欺罔行為の時点で詐欺未遂罪が成立していることに異論はなく，後行者はその欺罔行為の危険性を承継することによって詐欺未遂罪の共同正犯となる，としたものだという理解があり得ます[21]。これは，欺罔行為と受領行為が一体であることから，後行者は欺罔行為の危険性を承継することになる，という見方です。これによると，後行者が加功した後の行為の危険性が問題となるわけではありませんから，不能犯の問題は出てこないということになるでしょう。他方で，この考え方によると，後行者は自己の行為とは因果性のない欺罔行為の危険性を根拠にして共同正犯の罪責を負うことになりますから，因果的共犯論とはそりが合わないことになりそうです。

　第 2 に，詐欺罪の主たる法益侵害結果は財物の占有移転であり，後行者は，途中から加功することによってその結果に因果性をもつことは可能である，という考え方によって本決定を理解する見方もありそうです[22]。この考え方は，因果的共犯論を前提としつつも，共犯においては，構成要件該当事実の全てについて因果性が必要なわけではなく，構成要件的結果の惹起に因果性があることで足りる，と解することによって承継的共同正犯を限定的に肯定しようとします。この考え方によると，後行者が加功した後の行為が未遂犯を肯定するに足りる危険性を有していることを説明しなければなりませんが，本件では，不能犯論においていずれの見解に立っても危険性を肯定することができるので[23]，本決定は，その点について特に触れなかったと見ることになるでしょう。

　第 3 に，共謀によって欺罔行為と受領行為が一体のものと評価され，その一体と評価された全体行為と結果との間に因果関係があれば共同正犯は肯定できる，という考え方によって本決定を理解する見方もあり得るでしょう[24]。これは，共犯者各人の個別行為と結果との間の因果関係は不要であり，個別行為の総体である全体行為と結果との間の因果関係があれば共同正犯は成立し得るという考え方に基づくものです。このように考えれば，本件でも欺罔行為と受領行為を合わせた全体行為が詐欺未遂罪に当たることは明らかであり，不能犯の点

---

[19]　川田宏一・最判解平成 29 年度 255 頁以下参照。

[20]　豊田兼彦・百選 I（第 8 版）166 頁以下参照。

[21]　松原芳博「詐欺罪と承継的共犯」曹時 70 巻 9 号（2018 年）23 頁。なお，松宮孝明『先端刑法総論』（2019 年）230 頁以下。

[22]　橋爪・悩みどころ 393 頁以下。なお，十河・前掲「承継的共犯論の現状と課題」142 頁以下。

[23]　危険性の判断については，安田拓人・法教 437 号 146 頁，橋爪・悩みどころ 400 頁など参照。

[24]　伊藤嘉亮「特殊詐欺における承継的共同正犯と共謀の射程」法時 91 巻 11 号 69 頁（2019 年）69 頁。なお，井田良「承継的共同正犯についての覚書」山中古稀 637 頁，橋本正博「『承継的共同正犯』について」川端古稀 591 頁以下。

を問題とする必要はなさそうですし，後行者が「加功前の本件欺罔行為の点も含め」て詐欺未遂罪の共同正犯になるとされている点とも相性がよさそうです。しかし，この見解は，いわゆる因果的共犯論とは異なるものなので，承継的共同正犯の場合に，自己の行為と因果性のない他者の行為について責任を問われる理由を説明しなければならないでしょう[25]。

　私個人は，細かな理論構成の点では違いがありますが[26]，結論的には上述の第2の見方に立って本決定を理解すべきではないかと考えています。（共同正犯を含め）共犯処罰のミニマムの要件として因果性はやはり必要なのではないかと思いますが，因果的共犯論を維持しつつ承継的共犯を（限定的にであれ）肯定しようとするならば，何らかの形で因果性要件を緩和しなければなりません。これが認められないのであれば（そのような考え方はもはや因果的共犯論ではないとされるのであれば），因果的共犯論を前提とする限り承継的共犯を肯定することは不可能です。もし，因果的共犯論がそのような見解なのだとすれば，それは支持するに値する見解なのか疑わしいように個人的には思っています。

---

[25] 全体行為モデルの問題点については，豊田・前掲92頁以下参照。
[26] 承継的共犯に関する私見の詳細については，髙橋・前掲179頁以下参照。

‣第14回◂

共犯と正当防衛・過剰防衛

基本事項
□共犯の要素従属性の意義について確認しなさい
□要素従属性の問題は共同正犯の場合にも妥当するものなのかについて，諸見解
を確認しなさい

課題判例㉕
殺人，出入国管理及び難民認定法違反，外国人登録法違反被告事件
平成2年（あ）第788号
同4年6月5日第二小法廷決定

　　　　　主　　　文

　本件上告を棄却する。
　当審における未決勾留日数中610日を本刑に算入する。

　　　　　理　　　由

　弁護人Fの上告趣意第1点は，憲法31条，39条違反をいう点を含め，その実質は単なる法令違反，事実誤認の主張であり，同第2点は，所論引用の判例は所論が主張するように違法性阻却・軽減事由が共同正犯者間で連帯的に考えられるとの判断をしたものではないから，前提を欠き，同第3点は，量刑不当の主張であって，刑訴法405条の上告理由に当たらない。

　なお，所論にかんがみ，職権で判断する。
1　原判決は，本件殺人の事実につき概要次のとおり認定した。
　被告人は，昭和64年1月1日午前4時ころ，友人Pの居室から飲食店「A」に電話をかけて同店に勤務中の女友達と話していたところ，店長のMから長い話はだめだと言われて一方的に電話を切られた。立腹した被告人は，再三にわたり電話をかけ直して女友達への取次ぎを求めたが，Mに拒否された上侮辱的な言葉を浴びせられて憤激し，殺してやるなどと激しく怒号し，「A」に押しかけようと決意して，同行を渋るPを強く説得

し，包丁（刃体の長さ約14・5センチメートル）を持たせて一緒にタクシーで同店に向かった。被告人は，タクシー内で，自分もＭとは面識がないのに，Ｐに対し，「おれは顔が知られているからお前先に行ってくれ。けんかになったらお前をほうっておかない。」などと言い，さらに，Ｍを殺害することもやむを得ないとの意思の下に，「やられたらナイフを使え。」と指示するなどして説得し，同日午前5時ころ，「Ａ」付近に到着後，Ｐを同店出入口付近に行かせ，少し離れた場所で同店から出て来た女友達と話をしたりして待機していた。Ｐは，内心ではＭに対し自分から進んで暴行を加えるまでの意思はなかったものの，Ｍとは面識がないからいきなり暴力を振るわれることもないだろうなどと考え，「Ａ」出入口付近で被告人の指示を待っていたところ，予想外にも，同店から出て来たＭに被告人と取り違えられ，いきなりえり首をつかまれて引きずり回された上，手けん等で顔面を殴打されコンクリートの路上に転倒させられて足げりにされ，殴り返すなどしたが，頼みとする被告人の加勢も得られず，再び路上に殴り倒されたため，自己の生命身体を防衛する意思で，とっさに包丁を取出し，被告人の前記指示どおり包丁を使用してＭを殺害することになってもやむを得ないと決意し，被告人との共謀の下に，包丁でＭの左胸部等を数回突き刺し，心臓刺傷及び肝刺傷による急性失血により同人を死亡させて殺害した。

2　原判決は，以上の事実関係の下に，Ｐについては，積極的な加害の意思はなく，Ｍの暴行は急迫不正の侵害であり，これに対する反撃が防衛の程度を超えたものであるとして，過剰防衛の成立を認めたが，一方，被告人については，Ｍとのけんか闘争を予期してＰと共に「Ａ」近くまで出向き，Ｍが攻撃してくる機会を利用し，Ｐをして包丁でＭに反撃を加えさせようとしていたもので，積極的な加害の意思で侵害に臨んだものであるから，ＭのＰに対する暴行は被告人にとっては急迫性を欠くものであるとして，過剰防衛の成立を認めなかった。

3　これに対し，所論は，Ｐに過剰防衛が成立する以上，その効果は共同正犯者である被告人にも及び，被告人についても過剰防衛が成立する旨を主張する。

しかし，共同正犯が成立する場合における過剰防衛の成否は，共同正犯者の各人につきそれぞれその要件を満たすかどうかを検討して決するべきであって，共同正犯者の一人について過剰防衛が成立したとしても，その結果当然に他の共同正犯者についても過剰防衛が成立することになるものではない。

原判決の認定によると，被告人は，Ｍの攻撃を予期し，その機会を利用してＰをして包丁でＭに反撃を加えさせようとしていたもので，積極的な加害の意思で侵害に臨んだものであるから，ＭのＰに対する暴行は，積極的な加害の意思がなかったＰにとっては急迫不正の侵害であるとしても，被告人にとっては急迫性を欠くものであって（最高裁昭和51年（あ）第671号同52年7月21日第一小法廷決定・刑集31巻4号747頁参照），Ｐについて過剰防衛の成立を認め，被告人についてこれを認めなかった原判断は，正当として是認することができる。

　よって，刑訴法 414 条，386 条 1 項 3 号，181 条 1 項ただし書，刑法 21 条により，裁判官全員一致の意見で，主文のとおり決定する。

（裁判長裁判官　木崎良平　裁判官　藤島昭　裁判官　中島敏次郎　裁判官　大西勝也）

> **チェック**
> □共謀はどの段階で成立しているのか？
> □被告人に過剰防衛の成立を認めなかったのは，いかなる理由によるのか？
> □仮に実行者に正当防衛が成立する事案であったとすれば，いかなる結論に至るであろうか？

課題判例26
傷害被告事件
平成 2 年（あ）第 335 号
同 6 年 12 月 6 日第三小法廷判決

主　　文

　原判決を破棄し，第 1 審判決中被告人に関する部分を破棄する。
　被告人は無罪。

理　　由

　弁護人 Y 及び同 T の上告趣意のうち，憲法 31 条，38 条違反をいう点は，記録を調べても，被告人に対する捜査官の取調べに所論のいうような違法があったとは認められず，また，原判決が被告人の自白のみで被告人を有罪としたものでないことは判文上明白であるから，所論は前提を欠き，その余の点は，事実誤認，単なる法令違反の主張であって，刑訴法 405 条の上告理由に当たらない。

　しかしながら，所論にかんがみ職権で調査すると，本件公訴事実について，被告人に共謀による傷害罪の成立を認め，これが過剰防衛に当たるとした第 1 審判決を維持した原判決の判断は，是認することができない。その理由は，次のとおりである。

一　本件公訴事実の要旨及び本件の経過
1　本件公訴事実の要旨は，被告人は，A 及び K と共謀の上，昭和 63 年 10 月 23 日午前 1 時 45 分ころ，東京都文京区大塚……P 会館前路上及び同区大塚……M ビル 1 階駐車場（以下「本件駐車場」という。）において，I（当時 45 歳）に対し，同人の背部等を足蹴にし，その顔面等を手拳で殴打してその場に転倒させるなどの暴行を加え，よって，同人に入通院加療約 7 か月半を要する外傷性小脳内血腫，頭蓋骨骨折等の傷害を負わせた，というものである。

2　第1審判決は，公訴事実と同旨の事実を認定し，被告人らの本件行為について，その全体を一連の行為として傷害罪が成立するものとし，これが過剰防衛に当たると認めて，被告人に対し懲役10月，2年間執行猶予の判決を言い渡し，原判決も，第1審判決の認定判断を是認し，被告人の控訴を棄却した。

二　原判決の認定事実と判断

1　原判決は，本件の事実関係について，次のように認定している。

　　被告人は，昭和63年10月22日の夜，中学校時代の同級生であるA，K，F及びSとともに，近く海外留学するSの友人Bを送別するために集まり，Mビル2階のレストラン「D」で食事をし，翌23日午前1時30分ころ，同ビルとは不忍通りを隔てた反対側にあるP会館前の歩道上で雑談をするなどしていたところ，酩酊して通りかかったIが，付近に駐車してあったAの乗用車のテレビ用アンテナに上着を引っかけ，これを無理に引っ張ってアンテナを曲げておきながら，何ら謝罪等をしないまま通り過ぎようとした。不快に思ったAは，Iに対し，「ちょっと待て。」などと声をかけた。Iは，これを無視してP会館に入り，間もなく同会館から出て来たが，被告人らが雑談をしているのを見て，険しい表情で被告人らに近づき，「おれにガンをつけたのはだれだ。」などと強い口調で言った上，「おれだ。」と答えたAに対し，いきなりつかみかかろうとし，Aの前にいたSの長い髪をつかみ，付近を引き回すなどの乱暴を始めた。被告人，A，K及びF（以下「被告人ら4名」という。）は，これを制止し，Sの髪からIの手を放させようとして，こもごもIの腕，手等をつかんだり，その顔面や身体を殴る蹴るなどし，被告人も，Iの脇腹や肩付近を二度ほど足蹴にした。しかし，Iは，Sの髪を放そうとせず，Aの胃の辺りを蹴ったり，ワイシャツの胸元を破いたりした上，Sの髪をつかんだまま，不忍通り（車道幅員約16・5メートル）を横断して，向かい側にある本件駐車場入口の内側付近までSを引っ張って行った。被告人ら4名は，その後を追いかけて行き，Iの手をSの髪から放させようとしてIを殴る蹴るなどし，被告人においてもIの背中を1回足蹴にし，Iもこれに応戦した。その後，ようやく，Iは，Sの髪から手を放したものの，近くにいた被告人ら4名に向かって，「馬鹿野郎」などと悪態をつき，なおも応戦する気勢を示しながら，後ずさりするようにして本件駐車場の奥の方に移動し，被告人ら4名もほぼ一団となって，Iを本件駐車場奥に追い詰める格好で迫って行った。

　　そして，その間，本件駐車場中央付近で，Kが，応戦の態度を崩さないIに手拳で殴りかかり，顔をかすった程度で終わったため，再度殴りかかろうとしたが，Fがこれを制止し，本件駐車場の奥で，今度はAがIに殴りかかろうとしたため，再びFが2人の間に割って入って制止した。しかし，その直後にAがIの顔面を手拳で殴打し，そのためIは転倒してコンクリート床に頭部を打ちつけ，前記の傷害を負うに至った。なお，IがSの髪から手を放した本件駐車場入口の内側付近からAの殴打により転倒した地点までの距離は，20メートル足らずであり，この間の移動に要した時間も短時間であり，被告人ら4名のうちKやFは，IがいつSの髪から手を放したか正確には認識していな

かった。

2　原判決は，右認定事実に基づき，IがP会館前でSの髪をつかんだ時点から，Aが本件駐車場奥でIを最終的に殴打するまでの間における被告人ら4名の行為は，本件駐車場中央付近でKを制止した後のFの関係を除き，相互の意思連絡のもとに行われた一連一体のものとして，その全体について共同正犯が成立し，これが過剰防衛に当たると判断した。

三　原判決の認定判断の当否について

1　原判決の認定した前記事実関係のうち，本件駐車場の奥の方に移動した際，被告人ら4名が「Iを本件駐車場奥に追い詰める格好で追って行った」とする点については，後述のように，これを是認することはできない。

2　本件のように，相手方の侵害に対し，複数人が共同して防衛行為としての暴行に及び，相手方からの侵害が終了した後に，なおも一部の者が暴行を続けた場合において，後の暴行を加えていない者について正当防衛の成否を検討するに当たっては，侵害現在時と侵害終了後とに分けて考察するのが相当であり，侵害現在時における暴行が正当防衛と認められる場合には，侵害終了後の暴行については，侵害現在時における防衛行為としての暴行の共同意思から離脱したかどうかではなく，新たに共謀が成立したかどうかを検討すべきであって，共謀の成立が認められるときに初めて，侵害現在時及び侵害終了後の一連の行為を全体として考察し，防衛行為としての相当性を検討すべきである。

3　右のような観点から，被告人らの本件行為を，IがSの髪を放すに至るまでの行為（以下，これを「反撃行為」という。）と，その後の行為（以下，これを「追撃行為」という。）とに分けて考察すれば，以下のとおりである。

（一）　まず，被告人らの反撃行為についてみるに，IのSに対する行為は，女性の長い髪をつかんで幹線道路である不忍通りを横断するなどして，少なくとも20メートル以上も引き回すという，常軌を逸した，かつ，危険性の高いものであって，これが急迫不正の侵害に当たることは明らかであるが，これに対する被告人ら4名の反撃行為は，素手で殴打し又は足で蹴るというものであり，また，記録によれば，被告人ら4名は，終始，Iの周りを取り囲むようにしていたものではなく，A及びKがほぼIとともに移動しているのに対して，被告人は，一歩遅れ，Fについては，更に遅れて移動していることが認められ，その間，被告人は，IをSから離そうとしてIを数回蹴っているが，それは6分の力であったというのであり，これを否定すべき事情もない。その他，Iが被告人ら4名の反撃行為によって特段の傷害を負ったという形跡も認められない。以上のような諸事情からすれば，右反撃行為は，いまだ防衛手段としての相当性の範囲を超えたものということはできない。

（二）　次に，被告人らの追撃行為について検討するに，前示のとおり，A及びKはIに対して暴行を加えており，他方，Fは右両名の暴行を制止しているところ，この中にあって，被告人は，自ら暴行を加えてはいないが，他の者の暴行を制止しているわけで

もない。

　被告人は，検察官に対する供述調書において，「Ｉさんがｓから手を放した後，私たち４人は横並びになってＩさんを本件駐車場の奥に追い詰めるように進んで行きました。このような態勢でしたから，他の３人も私と同じように，Ｉさんに対し，暴行を加える意思があったのだと思います。」と供述しているところ，原判決は，右供述の信用性を肯定し，この供述により，被告人ら４名がＩを駐車場奥に追い詰める格好で追って行ったものと認定するとともに，追撃行為に関して被告人の共謀を認めている。しかし，記録によれば，Ｉを追いかける際，被告人ら４名は，ほぼ一団となっていたということができるにとどまり，横並びになっていたわけではなく，また，本件駐車場は，ビルの不忍通り側と裏通り側とのいずれにも同じ６メートル余の幅の出入口があり，不忍通りから裏通りを見通すことができ，奥が行き詰まりになっているわけではない。そうすると，被告人ら４名が近付いて来たことによって，Ｉが逃げ場を失った状況に追い込まれたものとは認められないのであり，「被告人ら４名は，Ｉを駐車場奥に追い詰める格好で追って行った」旨の原判決の事実認定は是認することができない。したがって，また，被告人の右検察官に対する供述中，自分も他の３名もＩに暴行を加える意思があったとする部分も，その前提自体が右のとおり客観的な事実関係に沿わないものというべきである以上，その信用性をたやすく肯定することはできない。

　そして，Ｉを追いかける際，被告人ら４名がほぼ一団となっていたからといって，被告人ら４名の間にＩを追撃して暴行を加える意思があり，相互にその旨の意思の連絡があったものと即断することができないことは，この４人の中には，Ａ及びＫの暴行を二度にわたって制止したＦも含まれていることからしても明らかである。また，Ａ及びＫは，第１審公判廷において，Ｉから「馬鹿野郎」と言われて腹が立った旨供述し，Ｉの右罵言がＡらの追撃行為の直接のきっかけとなったと認められるところ，被告人がＩの右罵言を聞いたものと認めるに足りる証拠はない。

　被告人は，追撃行為に関し，第１審公判廷において，「謝罪を期待してＩに付いて行っただけであり，暴行を加えようとの気持ちはなかった。Ｓの方を振り返ったりしていたので，ＫがＩに殴りかかったのは見ていない。ＦがＡとＩの間に入ってやめろというふうに制止し，一瞬間があって，これで終わったな，これから話合いが始まるな，と思っていたところ，ＡがＩの右ほおを殴り，Ｉが倒れた。」旨供述しているのであって，右公判供述は，本件の一連の事実経過に照らして特に不自然なところはない。

　以上によれば，被告人については，追撃行為に関し，Ｉに暴行を加える意思を有し，Ａ及びＫとの共謀があったものと認定することはできないものというべきである。

４　以上に検討したところによれば，被告人に関しては，反撃行為については正当防衛が成立し，追撃行為については新たに暴行の共謀が成立したとは認められないのであるから，反撃行為と追撃行為とを一連一体のものとして総合評価する余地はなく，被告人に関して，これらを一連一体のものと認めて，共謀による傷害罪の成立を認め，これが

過剰防衛に当たるとした第 1 審判決を維持した原判決には，判決に影響を及ぼすべき重大な事実誤認があり，これを破棄しなければ著しく正義に反するものと認められる。

　そして，本件については，訴訟記録並びに原裁判所及び第 1 審裁判所において取り調べた証拠によって直ちに判決をすることができるものと認められるので，被告人に対し無罪の言渡しをすべきである。

　よって，刑訴法 411 条 3 号，413 条ただし書，414 条，404 条，336 条により，裁判官全員一致の意見で，主文のとおり判決する。

　検察官○○○○　公判出席

（裁判長裁判官　大野正男　裁判官　園部逸夫　裁判官　可部恒雄　裁判官　千種秀夫　裁判官　尾崎行信）

> **チェック**
> □被告人に追撃行為について共同正犯が成立しないとされたのは，どのような理由によるのか？
> □正当防衛行為を共同して行う意思は，共同正犯を根拠付けることができるか？
> □仮に最初の反撃行為を行った際，仲間のうちの一人が過剰な行為に及んでいたとしたならば，どのように処理されることになるであろうか？

授　業

　今回のテーマは，「共犯と正当防衛・過剰防衛」です。ここでは，いくつかのケースを取り上げますが，それぞれ問題の所在が異なっていることに注意してください。

　最初の問題は，共同正犯と正当防衛です。

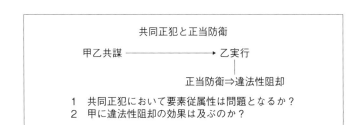

　正当防衛行為を共同して行う場合は，当然考えられます。例えば，甲が A から突然バットで殴りかかられたので，甲は乙に助けを求め，甲と乙が一緒になって

Aを押さえつけて制圧したというようなケースでは，甲と乙の行為が暴行罪の共同正犯の構成要件に該当しても，正当防衛に当たるということになるでしょう。この場合，甲と乙の行為をそれぞれ単独で検討するか，甲乙の行為を合わせて検討するかによって，例えば，正当防衛における防衛行為の相当性の判断が異なってくるでしょうが，防衛行為が共同して行われているのであれば，相当性の判断も2人の行為を合わせて判断するべきでしょう（この場合，2人の行為を合わせて考えるために，それぞれ個別に相当性を判断する場合よりも過剰防衛になりやすいような感じがするかもしれませんが，頭数で単純に加算するようなやり方では，実態を適切に反映していないと思われることもありそうですので，人数が多いからといって安易に相当性を逸脱したと評価してはならないでしょう[1]）。

　このように防衛行為を共同して行っている場合には，全体の行為をまとめて正当防衛の成否を判断することになるように一見すると思われるのですが，正当防衛の要件全てについてそのようなことがいえるのかということが問題となり得ます。このような問題を意識的に論ずるきっかけとなったのが課題判例25（最決平4・6・5刑集46・4・245）でした。本件では，実行者に過剰防衛が成立する場合に，共謀者にも過剰防衛が成立するのかが問題となりましたが，最高裁は，「共同正犯が成立する場合における過剰防衛の成否は，共同正犯者の各人につきそれぞれその要件を満たすかどうかを検討して決するべきであって，共同正犯者の一人について過剰防衛が成立したとしても，その結果当然に他の共同正犯者についても過剰防衛が成立することになるものではない」と判断しました。過剰防衛の刑の減免根拠について責任減少説を採用すれば，本決定は，責任は個別的に判断されるということを示したものにすぎない，と理解することもできるかもしれません。しかし，本決定は，積極的加害意思の存否による急迫性の肯否という点で各関与者の判断を分けています[2]。このように急迫性の肯否によって判断が分かれるとすれば，仮に実行者に正当防衛が成立するとしても，その効果は他の関与者に及ばない場合があるということを認めざるを得ないでしょう[3]。そうだとすれば，結論として，共犯者間において違法判断が相対化することになります。しかし，こ

---

[1] 安廣先生は，「防衛者側の人数が侵害者より多い場合には，防御防衛に属する行為でも十分対処できることが多いのに，集団心理が働くこともあるので，過剰防衛が認定されやすいともいえるが，各人がとっさの判断で必要と思った行為に出たのに，数人の行為をトータルすると行き過ぎのようにみえる場合に軽々しく過剰防衛とすべきではないと思われる」と指摘されています（安廣文夫「正当防衛・過剰防衛」法教387号［2012年］22頁）。

れは要素従属性の問題において一般に通説であると理解されている制限従属性説に反するのではないかという疑問が出てきます。

　この問題に関して学説の対応は分かれており，議論の内実を正確に理解することはなかなか難しいのですが，大まかに分けると次のように整理することができると思います。

　まず，直接結果を惹起した者の行為の違法性が阻却される場合には，背後にいる共犯者の行為の違法性も阻却されるのが原則であるが，例えば，背後者が正当な理由もないのに違法性が阻却される状況を作出したような場合には，背後者にまで，違法性阻却の効果を連帯的に及ぼすべきではない，とする見解があります[4]。これは，結論として，最小限従属性説に至ることになります[5]（従って，正犯行為の違法性が阻却される場合でも教唆・幇助が成立する可能性を肯定することになります）。もっとも，ここで最小限従属性説がとられるのは，正犯に違法性が欠ける場合でも共犯は成立する場合がある，ということを認めるからで，正犯に構成要件該当性が認められれば，常にそれで足りるというような積極的な主張として最小限従属性説が展開されているわけではないという点に注意しておいた方がよいでしょう（背後者が，直接結果を惹起した者にとって違法性阻却が問題となる状況を「不必要に作出した」という事情が重視されているのです）。また，この見解は，共同正犯においても要素従属性の問題は妥当すると考えています。

　次に，共同正犯は正犯であるから従属性は妥当せず，違法性阻却事由の有無は共同正犯者ごとに個別に判断すべきである，とする見解があります[6]。この見解によれば，共同正犯者間で違法が相対化する場合があることになります。他方で，この見解は，狭義の共犯については制限従属性説を維持します（従って，正犯行為の違法性が阻却される場合には教唆・幇助の成立を否定します）[7]。

---

[2] 第 1 審では，遅くとも現場に向かうタクシー内で共謀が成立しており，実行者にも積極的加害意思があるとして急迫性が否定されたため，過剰防衛が認められませんでした。これに対し，控訴審では，実際に防衛行為に出る段階で共謀が成立したと認定されたため，急迫性の判断が分かれることになりました。ところで，実行者が実際に防衛行為に出た段階で共謀が成立したとする判断は，どのようにすれば正当化できるでしょうか？　考えてみてください。

[3] 佐伯・考え方 378 頁参照。

[4] 島田聡一郎『正犯・共犯論の基礎理論』（2002 年）197 頁以下。

[5] 西田・総論 428 頁，佐伯・考え方 379 頁。

[6] 山口・総論 360 頁。

更に，共犯者間で違法評価は原則的に連帯するが，違法の相対性が認められる場合があるとする見解もあります。特に，違法性の本質に関して行為無価値論を前提にすると，行為者の主観的な認識の違い（例えば，正当防衛における防衛の意思の有無）によって違法評価が分かれる場合があるとされます[8]。この見解は，制限従属性説を原則としつつも，例外的に違法が相対化する場合を認めるものだといえるでしょうか。

このような見解を参考にしながら，各自，自分で納得のいく説明を考えてみてください。その際，共同正犯にも要素従属性は妥当するかという点が，思考の1つの分岐点となるので，その点について簡単に触れておきたいと思います。

上で，共同正犯においては要素従属性は問題とならないという見解を挙げました。例えば，ＸとＹが強盗を共謀し，Ｘが暴行，Ｙが財物奪取を分担した場合，構成要件該当性はＸとＹの共同行為について判断されるのであり，一方が他方に従属するという関係にはありません（この場合には，そもそも単独で強盗罪の構成要件を実現している者はいません）。また，共同正犯は相互に対等であるとすれば，一方に違法性阻却事由があり，他方にはないという場合，どちらに従属するのかという解決の困難な問題が生ずるでしょう[9]。そういうわけで，共同正犯の場合には，狭義の共犯と同じような意味での従属性は妥当しない，ということは確かだと思います。

ただ，要素従属性の問題が，共犯が成立する「犯罪」が備えているべき必要条件は何かという問題なのだとすれば，共同正犯においても類似の問題は生じ得るでしょう[10]。すなわち，共同正犯が成立するためには，構成要件に該当する行為を共同にすれば足りるのか，それとも，違法行為を共同にすることまで必要なのか，という問題がそれです。そして，この問題について前者のように考えると，結果的にそれは最小限従属性説を採用するのと同じことであるように見えるでしょう。もっとも，これを従属性の問題とするかどうかは，多分に言葉の問題で

---

[7] 山口先生は，「教唆・幇助は正犯行為に加功する『二次的責任』類型だから，正犯について違法性が阻却されて刑法の介入が正当化されない場合には，正犯行為への加功に対する『二次的責任』の追及も正当化されず，共犯（教唆・幇助）は成立しないと考えるべきだと思われる」とされています（山口・総論359頁）。

[8] 井田・総論485頁以下。

[9] 高橋・総論487頁。

[10] 松宮・総論285頁。なお，町野・総論402頁。

あるようにも思われるところです。

　ところで，共同正犯と正当防衛・過剰防衛の成否が問題となる場合には，問題の所在が異なるいくつかの事例群があります。前掲最決平 4・6・5 や，その関連で議論されている共同正犯と正当防衛の問題において争点となっているのは，共同正犯者間での違法の相対性という問題です。これに対して，同じく共同正犯における過剰防衛の成否が問題となった課題判例 26（最判平 6・12・6 刑集 48・8・509）では，そもそもどの範囲で共同正犯を肯定することができるのかが問われています。また，課題判例 25 では，「共同正犯が成立する場合における過剰防衛の成否は，共同正犯者の各人につきそれぞれその要件を満たすかどうかを検討して決するべき」であるとされていますが，全ての要件について個別に判断すべきなのかは疑問のあるところです。先に述べたように，防衛行為を複数の者が共同して行う場合，防衛行為の相当性は，それぞれ単独の行為毎に判断されるのではなく，全体をまとめて判断されるのではないかと思われます。そして，このことに関連して検討を要する問題が生じてくる場合もあるようです。そこで，以下では，これらの問題について検討してみることにします。

　まず，課題判例 26 ですが，本判決は，「相手方の侵害に対し，複数人が共同して防衛行為としての暴行に及び，相手方からの侵害が終了した後に，なおも一部の者が暴行を続けた場合において，後の暴行を加えていない者について正当防衛の成否を検討するに当たっては，侵害現在時と侵害終了後とに分けて考察するのが相当であり，侵害現在時における暴行が正当防衛と認められる場合には，侵害終了後の暴行については，侵害現在時における防衛行為としての暴行の共同意思から離脱したかどうかではなく，新たに共謀が成立したかどうかを検討すべきであって，共謀の成立が認められるときに初めて，侵害現在時及び侵害終了後の一連の行為を全体として考察し，防衛行為としての相当性を検討すべきである」と判示しています。

```
┌─────────────────────────────────────────────────────────────┐
│                    共同正犯と過剰防衛                            │
│  不正の侵害 ──────────────→ 侵害終了                           │
│                                                               │
│  甲乙共謀 ──→ 共同の反撃行為 ──→ 甲単独の追撃行為               │
│              （正当防衛）         （過剰防衛）                   │
│  ・正当防衛を共同して行う意思連絡で共同正犯を基礎づけること        │
│    はできないか？                                              │
│  ・共謀の射程の問題か？                                         │
└─────────────────────────────────────────────────────────────┘
```

　この判例の理解としては，当初の合意は正当防衛という適法行為に関するものであり，これに後の違法行為を帰属させることはできないという判断を示したものであるとする理解が有力です[11]。このような理解によれば，最初の合意内容が正当防衛に関するものであるということが決定的な意味をもつことになります。これによれば，正当防衛としての最初の暴行に関する共謀（＝適法行為の共謀）は，後の追撃行為としての暴行（＝違法行為）には及ばない（あるいは，正当防衛という適法行為に関する合意は共同正犯を基礎づける「共謀」には当たらない）という一般論を展開したものだというようにこの判例を理解することになるでしょう。

　これに対して，この判例は，そのような一般的な準則を示したものではなく，あくまで具体的な事実関係の下において最初の暴行に関する共謀の射程が後の追撃行為には及んでいなかったという判断をしたものである，という見解もあります[12]。この見解によれば，当初の行為が正当防衛である場合でも，その共謀の射程は後の過剰防衛行為にまで及ぶと見られる場合もあれば[13]，当初の行為が過剰防衛である場合でも，一部の者がそこでの共謀内容とは無関係の追撃行為に出た場合には共謀の射程外と評価される場合があり得ることになります。共同正犯の成否を論ずる場合にも，第1段階は構成要件該当性を判断するのだとすれば，適法行為の共謀では共同正犯の関係を認めることはできないとするのは，やや問題があるように思われますので，個人的には後者の考え方の方がベターであるように思いますが，ここは難しく，判断に迷うところです[14]。いずれの立場に立つに

---

[11] 井田・前掲565頁，松宮・前掲266頁以下。

[12] 橋爪・悩みどころ320頁以下。

[13] もっともその場合でも，過剰性を基礎づける事実の認識が欠ければ，通説を前提とすると故意が否定されることになるでしょう。

しても，その前提的理解を明確に示して論を展開すれば十分に説得力のある論述になると思います。

　さて，課題判例 26 は，量的過剰防衛に関するものでしたが，質的過剰防衛の場合には，また別の問題が出てくるようです。

共同正犯と誤想過剰防衛

不正の侵害 ──→ 甲乙共謀 ──→ 反撃行為
　　　　　　　　　　　　　　　　⇒防衛行為の相当性逸脱（過剰）
　　　　　　甲は過剰性を基礎づける事実の認識有
　　　　　　乙は過剰性を基礎づける事実の認識無
　　　　　　⇒乙の罪責はどうなるのか？

　この関係で興味深い裁判例に，東京地判平 14・11・21 判時 1823・156 があります。これは，複数の者が一緒に防衛行為を行った際，一部の者の行為が相当性を逸脱していたという事案に関するものですが，そこでは，「急迫不正の侵害に対して反撃行為を行った場合，客観的には，それが防衛行為の相当性の範囲を逸脱して過剰防衛とみられる場合であっても，その行為者において，相当性判断の基礎となる事実，すなわち，過剰性を基礎づける事実に関し錯誤があり，その認識に従えば相当性の範囲を逸脱していないときには，誤想防衛の一場合として[15]，行為者に対し，生じた結果についての故意責任を問うことはできない[16]。そして，複数の者が，そのような反撃行為を共同して行った場合，相当性判断の基礎となる事実の認識の有無は，各人について個別に判断すべきものと解されるから，そ

---

[14] この問題の難しさの一端は，共同正犯の成立要件としての共謀が体系論的にどこに位置づけられ，また，その内容はいかなるものだと解するべきかが必ずしも判然としないというところにあるように思われます。共同正犯を修正された構成要件とし，それ以外は単独犯の場合と同じ体系的思考が妥当するというのであれば，適法行為を対象とする共謀というものも想定できるとするのが自然だと思いますが，例えば，共同正犯の構成要件の内容が，関与者の行為を単独で評価したときに（少なくとも一部の者の行為は）違法と評価されることを必要とするという形で修正されるのだと考えるならば，適法行為を対象とする共謀というものはないことになるでしょう。このあたりは，正直なところよく分かりません。

[15] 急迫不正の侵害が存在するが防衛行為の相当性を誤信した場合も誤想防衛の範疇に含めるのが一般的な理解でしょう（井田・総論 385 頁参照）。

[16] この場合，防衛行為の相当性を誤信した点について過失があれば過失犯の成立を肯定することができるとする見解が一般的です（いわゆる「過失による過剰防衛」）。

のうちの一人の反撃行為が，防衛行為の相当性の範囲を逸脱したものであり，そのような反撃行為により生じた結果につき，客観的には，共同して反撃行為を行った他の者の行為との間の因果関係を否定し得ない場合であっても，共同して反撃行為を行った者において，相当性判断の基礎となる事実に関し錯誤があり，その認識に従えば相当性の範囲を逸脱していないときには，誤想防衛の一場合として，その者に対し，生じた結果についての故意責任を問うことはできないものというべきである」と判示されています[17]。これは，防衛行為を一緒に行った場合，防衛行為の相当性は，各人の行為それぞれについて判断されるのではなく，共同者の行為を合わせて全体的に判断されることを前提として，過剰性を基礎づける事実の認識に関しては，各人について個別に判断されるべきだとしたものです。過剰性を基礎づける事実の認識は故意の存否に関わる問題ですから，これが各人について個別に判断されなければならないことは当然ですが，その認識対象が各人の行為に限られず共同者の行為全体になるとする点に特徴があるといえるでしょう。

　以上のように，共同正犯と正当防衛や過剰防衛の関係が問題となる場合には，問題の所在が異なるいくつかのケースがありますので，何が問題になっているのかを的確に見抜いて解決の筋道を描き出すことが大切です。

授業後の課題

　前掲最決平4・6・5は，「共同正犯が成立する場合における過剰防衛の成否は，共同正犯者の各人につきそれぞれその要件を満たすかどうかを検討して決するべきである」るとしています。これを前提にして，この事案の被告人に関し，過剰防衛の要件が備わっているかどう

---

[17] この事案で故意責任が否定されると，過失致死罪が成立するか，あるいは，不可罰かということになります。他方，共同して反撃行為に出て実際に過剰な行為を行った者は，過剰防衛の傷害致死罪の罪責を負うことになるでしょう。では，この両者の関係はどうなるのでしょうか？　一方に過失致死罪が成立するとした場合，共同正犯の成立に故意の共同を要求しない行為共同説からは傷害致死罪と過失致死罪の共同正犯が認められるでしょうが，（部分的）犯罪共同説からどのように解されるのかはやや不明確な感があります（橋爪・悩みどころ 419 頁参照）。構成要件段階での故意の共同があれば共同正犯の成立には十分であると考えれば，（部分的）犯罪共同説からも傷害致死罪の共同正犯を肯定することは可能だと思われますが（もっとも，その場合でも，最終的に成立する過失致死罪は単独犯ということになるでしょう），適法行為を共同にする意思では共同正犯を基礎づける「共謀」は認められないと解する立場に立った場合には，このような解決ができるのか疑問も残るところです（後者の立場に立った場合には，正当防衛・過剰防衛の判断自体が関与者毎に個別化する可能性があると思います）。

かを判断する対象となるのはどの行為なのかを簡潔に示しなさい。

考え方

　過剰防衛の要件が備わっているかどうかを判断する対象となる行為は，当然，何らかの犯罪の構成要件に該当する行為でなければならないでしょう。しかし，被告人の行為を個別に見ると，そもそも被告人自身は犯罪の実行行為を行っていませんから，過剰防衛の成否を検討する対象となる行為は，共同正犯者の行為にならざるを得ません[18]。共謀共同正犯は，共謀に基づいて犯罪を実行したことによって成立するものであり，実行担当者の実行は，共謀者にとっても実行と評価されると考えれば，一応この点の説明は可能でしょう。この課題に対する答えとしては，この点を指摘できれば十分です。

　ただ，そのように考えた場合，本決定が「共同正犯者の各人につきそれぞれその要件を満たすかどうか」を検討するように求めていることが何を意味するのかが問題となるでしょう。過剰防衛の成否を検討する対象となる行為を実行担当者の行為だとした場合，それを抜きにして判断することができないのであれば，「各人につきそれぞれその要件を満たすかどうか」を判断することはそもそもできないのではないかという疑問が生じてくるのではないでしょうか？　学説では，各人それぞれについて要件が満たされるかどうかを検討するのではなく，要件が満たされているかどうかは実際に防衛行為をした者の行為を基準にして判断し，その法的効果が共謀者に及ぶか否かという形で考えるべきである，という主張もみられます[19]。余裕があれば，自分の考え方をまとめてみるのもよいでしょう。

---

[18] この問題を出したところ，タクシー内でナイフを渡すなどした行為が過剰防衛判断の対象となる行為である，とする解答が相当数みられました。しかし，この行為は殺人の実行行為とはいえませんし，そのように考えると，この行為の段階では侵害が間近に押し迫ってはいませんから，積極的加害意思を問題とするまでもなく急迫性は否定されることになりそうです。

[19] 橋爪・悩みどころ 409 頁。小林先生は，前掲最決平 4・6・5 について，「『侵害の予期＋積極的加害意思＝侵害の急迫性の否定 (による正当防衛及び過剰防衛の排除)』という図式を，左辺の主体（背後者＝被告人）と右辺の侵害を受ける主体（直接行為者）が異なる場合にまで，そのままあてはめてしまったことは致命的な誤謬というほかない)」と厳しく批判されています（小林・総論 666 頁）。

▸第 15 回◂

罪　数

課題判例27
職業安定法違反，詐欺，組織的な犯罪の処罰及び犯罪収益の規制等に関する法律違反被告事件
最高裁判所第二小法廷平成 21 年（あ）第 178 号
平成 22 年 3 月 17 日決定

主　　文

本件上告を棄却する。

理　　由

　弁護人 K の上告趣意のうち，判例違反をいう点は，事案を異にする判例を引用するものであって，本件に適切でなく，その余は，憲法違反をいう点を含め，実質は単なる法令違反，事実誤認，量刑不当の主張であって，刑訴法 405 条の上告理由に当たらない。
　所論にかんがみ，本件詐欺の罪数関係及びその罪となるべき事実の特定方法につき職権で判断する。
1　本件は，被告人が，難病の子供たちの支援活動を装って，街頭募金の名の下に通行人から金をだまし取ろうと企て，平成 16 年 10 月 21 日ころから同年 12 月 22 日ころまでの間，大阪市，堺市，京都市，神戸市，奈良市の各市内及びその周辺部各所の路上において，真実は，募金の名の下に集めた金について経費や人件費等を控除した残金の大半を自己の用途に費消する意思であるのに，これを隠して，虚偽広告等の手段によりアルバイトとして雇用した事情を知らない募金活動員らを上記各場所に配置した上，おおむね午前 10 時ころから午後 9 時ころまでの間，募金活動員らに，「幼い命を救おう！」「日本全国で約 20 万人の子供達が難病と戦っています」「特定非営利団体 NPO 緊急支援グループ」などと大書した立看板を立てさせた上，黄緑の蛍光色ジャンパーを着用させる

とともに1箱ずつ募金箱を持たせ、「難病の子供たちを救うために募金に協力をお願いします。」などと連呼させるなどして、不特定多数の通行人に対し、NPOによる難病の子供たちへの支援を装った募金活動をさせ、寄付金が被告人らの個人的用途に費消されることなく難病の子供たちへの支援金に充てられるものと誤信した多数の通行人に、それぞれ1円から1万円までの現金を寄付させて、多数の通行人から総額約2480万円の現金をだまし取ったという街頭募金詐欺の事案である。

2　そこで検討すると、本件においては、個々の被害者、被害額は特定できないものの、現に募金に応じた者が多数存在し、それらの者との関係で詐欺罪が成立していることは明らかである。弁護人は、募金に応じた者の動機は様々であり、錯誤に陥っていない者もいる旨主張するが、正当な募金活動であることを前提として実際にこれに応じるきっかけとなった事情をいうにすぎず、被告人の真意を知っていれば募金に応じることはなかったものと推認されるのであり、募金に応じた者が被告人の欺もう行為により錯誤に陥って寄付をしたことに変わりはないというべきである。

この犯行は、偽装の募金活動を主宰する被告人が、約2か月間にわたり、アルバイトとして雇用した事情を知らない多数の募金活動員を関西一円の通行人の多い場所に配置し、募金の趣旨を立看板で掲示させるとともに、募金箱を持たせて寄付を勧誘する発言を連呼させ、これに応じた通行人から現金をだまし取ったというものであって、個々の被害者ごとに区別して個別に欺もう行為を行うものではなく、不特定多数の通行人一般に対し、一括して、適宜の日、場所において、連日のように、同一内容の定型的な働き掛けを行って寄付を募るという態様のものであり、かつ、被告人の1個の意思、企図に基づき継続して行われた活動であったと認められる。加えて、このような街頭募金においては、これに応じる被害者は、比較的少額の現金を募金箱に投入すると、そのまま名前も告げずに立ち去ってしまうのが通例であり、募金箱に投入された現金は直ちに他の被害者が投入したものと混和して特定性を失うものであって、個々に区別して受領するものではない。以上のような本件街頭募金詐欺の特徴にかんがみると、これを一体のものと評価して包括一罪と解した原判断は是認できる。そして、その罪となるべき事実は、募金に応じた多数人を被害者とした上、被告人の行った募金の方法、その方法により募金を行った期間、場所及びこれにより得た総金額を摘示することをもってその特定に欠けるところはないというべきである。

よって、刑訴法414条、386条1項3号により、裁判官全員一致の意見で、主文のとおり決定する。なお、裁判官須藤正彦、同千葉勝美の各補足意見がある。

裁判官須藤正彦の補足意見は、次のとおりである。

私は、法廷意見に賛成するものであるが、さらに、被害者の錯誤の介在や被害金額という視点から、以下の点を付言しておきたい。

詐欺罪は、欺もう行為による被害者の錯誤（瑕疵ある意思）に基づき、財物の交付又は財産上の利益の移転がなされることによって成立する犯罪である。そうすると、詐欺

罪において，複数の被害者がある場合には，各別の瑕疵ある意思が介在するから，一般的にはこれを包括評価するのは困難であり，個々の特定した被害者ごとに錯誤に基づき財物の交付又は財産上の利益の移転がなされたことが証明されなければならず，個々の特定した被害者ごとに被告人に反証の機会が与えられなければならないのであるが，犯意・欺もう行為の単一性，継続性，組織的統合性，時や場所の接着性，被害者の集団性，没個性性，匿名性などの著しい特徴が認められる本件街頭募金詐欺においては，包括評価が可能であり，かつ，相当であると考えられる。しかし，被告人が領得した金員の額が詐欺による被害金額であるというためには，その金員は欺もう行為による被害者の錯誤に基づき交付されたものでなければならず，本件の場合も，原判決が認定した約2480万円が被害金額であるというためには，その全額が，寄付者が被告人の欺もう行為によって錯誤に陥り，そのことによって交付した金員でなければならない。そうすると，不特定多数であるにせよ，個々の寄付者それぞれに錯誤による金員の交付の事実が合理的な疑いを差し挟まない程度に証明された場合にのみ，その交付された金員の額が被害金額として認定されるというべきである。本件のように包括一罪と認められる場合であっても，被害金額については可能な限り特定した被害者ごとに，錯誤によって交付された金員の額が具体的に証明されるべきであって，それによって他の被害者の寄付も錯誤によってなされたとの事実上の推定を行う合理性が確保されるというべきである。したがって，例えば，一定程度の被害者を特定して捜査することがさして困難を伴うことなく可能であるのに，全く供述を得ていないか，又はそれが不自然に少ないという場合は，被告人が領得した金員が錯誤によって交付されたものであるとの事実の証明が不十分であるとして，被害金額として認定され得ないこともあり得ると思われる。

　裁判官千葉勝美の補足意見は，次のとおりである。

　私は，法廷意見に賛成するものであるが，本件犯罪行為を一体のものと評価し包括一罪として扱うことについて，次の点を補足しておきたい。

　一般に，包括一罪として扱うためには，犯意が単一で継続していること，被害法益が一個ないし同一であること，犯行態様が類似していること，犯行日時・場所が近接していること等が必要であるとされることが多い（犯意の単一性及び被害法益の同一性を挙げるものとして，最高裁昭和29年（あ）第180号同31年8月3日第二小法廷判決・刑集10巻8号1202頁）。このような見解が示されるのは，特定の構成要件に該当する複数の行為を全体として一つの犯罪として評価するのに相応しいものであるかどうかという観点からみると，上記の犯意の単一性・継続性等々が認められれば，通常はそのような評価が可能になるからである。私も，この見解は基本的には堅持されるべきものと考えている。そして，これを基に，多数人に対し欺もう行為を行ったという詐欺罪について考えると，通常の犯行態様を念頭に置く限り，複数の被害者ごとに法益侵害があり，被害法益が一個とはいえないので，これを包括一罪として扱うことはできないということになろう。

　しかし，上記の被害法益が一個であること等は，包括一罪として扱うための「要件」とまで考えるべきではなく，あくまでも，包括一罪としてとらえることができるか否かを判断するための重要な考慮要素と考えるべきであり，これらのどれか一つでも欠ける場合は，それだけで包括一罪としての評価が不可能であるとまで言い切る必要はない。本件のように，通常の詐欺罪とは異なる犯行態様で欺もう行為がされた場合は，原点に立ち返って，全体として一つの犯罪と評価して良いかどうかを，具体的に見ていく必要があろう。

　本件においては，犯意は一個であり，欺もう行為も全体として一連の行為と見ることができよう。問題は，被害法益をどうとらえるかである。詐欺罪の保護法益は，個人の財産権であって，それは被害者ごとに存在するものであり，本件においてもその点は変わらない。集団的・包括的な財産権のような法益概念を想定し，その法益侵害があったというとらえ方は，そのような特殊な被害法益を新たに創設するものであり，これは，立法論としてはあり得なくはないが（もっとも，そのような法益概念は，その内容・外延が不明確であり，立法論としても慎重な検討が求められるところである。），現行刑法の詐欺罪における被害法益概念とは異なるものといわなければならない。法廷意見は，被害法益は被害者個々人ごとに存在することを前提としているものであり，その点では，現行刑法の詐欺罪の従来の概念を一部変更するようなものではない。

　ところで，これを前提に考えた場合，本件街頭募金詐欺の犯行態様，特に，その被害者の被害法益に着目してみると，被害者は，自分が寄付した金額について，明確な認識を有しなかったり（例えば，ポケットに在った小銭をそのまま金額を確認せず募金箱に投入したケースなどが考えられる。），あるいは，認識を有していても，街頭で通りすがりの際の行為であるから，寄付の金額自体に重きを置いておらず，その金額を早期に忘却してしまうこと等があることが容易に推察されるところである。そして，募金箱に投入された寄付金は，瞬時に他と混和し，特定できなくなるのである。このように，本件においては，被害者及び被害法益は特定性が希薄であるという特殊性を有しているのであって，これらを無理に特定して別々なものとして扱うべきではない。

　欺もう行為が不特定多数の者に対して行われる詐欺は，本件のような街頭募金詐欺以外にも存在するところであり，虚偽の情報を広く流して不特定多数から多額の出資を募り，一定の金員を詐取するなどがその例である。しかしながら，このような犯罪は，欺もう行為が不特定多数に対してされたとしても，被害者は，通常は，その出資金額（多くの場合，多額に及ぶものであろう。）を認識しており，その点で，被害者を一人一人特定してとらえ，一つ一つの犯罪の成立を認めて全体を併合罪として処理することが可能であるし，そうすべきものである。

　他方，本件は，前述したように，被害者ないし被害法益の特殊性があり，それを被害者単位に犯罪が成立していると評価して併合罪として処理するのは適当でないと思われる。そして，実際上も，被害者及び被害金額を特定することは，多くの場合不可能であ

り，例外的に特定できたケースに限ってしか犯罪の成立を認めないという考え方は，街頭募金詐欺の上記の特殊性を無視するものであり，採り得ないところである。

（裁判長裁判官　古田佑紀　裁判官　竹内行夫　裁判官　須藤正彦　裁判官　千葉勝美）

チェック

　□包括一罪の意義及び具体例について，確認しなさい

　□被害法益が単一ではない場合であっても包括一罪を認めることはできるのか？

　□本件の場合に包括一罪を否定するならば，どのような処理をすることが考えられるか？

課題判例㉘

業務上横領被告事件

最高裁判所大法廷平成 13 年（あ）第 746 号

平成 15 年 4 月 23 日判決

主　　文

　本件上告を棄却する。

　当審における未決勾留日数中 610 日を本刑に算入する。

理　　由

　弁護人 K，同 S，同 Y，同 H の上告趣意について

1　所論指摘の第 1 審判決判示第一，第二の各犯罪事実は，これらに対応する各訴因と同内容であり，その要旨は，「被告人は，宗教法人 A の責任役員であるところ，A の代表役員らと共謀の上，(1) 平成 4 年 4 月 30 日，業務上占有する A 所有の川崎市中原区小杉御殿町……の土地（以下「本件土地 1」という。）を，B 株式会社に対し代金 1 億 0324 万円で売却し，同日，その所有権移転登記手続を了して横領し，(2) 同年 9 月 24 日，業務上占有する A 所有の同区小杉町……の土地（以下「本件土地 2」という。）を，株式会社 C に対し代金 1500 万円で売却し，同年 10 月 6 日，その所有権移転登記手続を了して横領した。」というものである。

2　原判決の認定によれば，上記各売却に先立ち，被告人は，各土地に次のとおり抵当権を設定していた。すなわち，本件土地 1 については，昭和 55 年 4 月 11 日，被告人が経営する D 株式会社（以下「D」という。）を債務者とする極度額 2500 万円の根抵当権（以下「本件抵当権〔1〕」という。）を設定してその旨の登記を了し，その後，平成 4 年 3 月 31 日，D を債務者とする債権額 4300 万円の抵当権（以下「本件抵当権〔2〕」という。）を設定してその旨の登記を了し，また，本件土地 2 については，平成元年 1 月 13

日，D を債務者とする債権額 3 億円の抵当権（以下「本件抵当権〔3〕」という。）を設定してその旨の登記を了していた。

　しかし，原判決は，本件抵当権〔1〕，〔3〕の設定の経緯やその際の各借入金の使途等はつまびらかでなく，これらの抵当権設定行為が横領罪を構成するようなものであったかどうかは明瞭でないし，仮に横領罪を構成することが証拠上明らかであるとしても，これらについては，公訴時効が完成しているとし，また，本件抵当権〔2〕の設定は横領に当たるが，本件土地 1 の売却と本件抵当権〔2〕の設定とでは土地売却の方がはるかに重要であるとして，本件土地 1，2 を売却したことが各抵当権設定との関係でいわゆる不可罰的事後行為に当たることを否定し，前記 (1)，(2) の各犯罪事実を認定した第 1 審判決を是認した。

3　所論は，原判決の上記判断が最高裁昭和 29 年（あ）第 1447 号同 31 年 6 月 26 日第三小法廷判決・刑集 10 巻 6 号 874 頁（以下「本件引用判例」という。）に違反すると主張する。

　本件引用判例は，「甲がその所有に係る不動産を第三者に売却し所有権を移転したものの，いまだその旨の登記を了していないことを奇貨とし，乙に対し当該不動産につき抵当権を設定しその旨の登記を了したときは，横領罪が成立する。したがって，甲がその後更に乙に対し代物弁済として当該不動産の所有権を移転しその旨の登記を了しても，別に横領罪を構成するものではない。」旨を判示し，訴因外の抵当権設定による横領罪の成立の可能性を理由に，訴因とされた代物弁済による横領罪の成立に疑問を呈し，事件を原審に差戻したものである。

　なお，所論は，原判決が大審院明治 43 年（れ）第 1884 号同年 10 月 25 日判決・刑録 16 輯 1745 頁に違反するとも主張するが，同判決は，抵当権設定とその後の売却が共に横領罪に当たるとして起訴された場合に関するものであり，本件と事案を異にするから，この点は，適法な上告理由に当たらない。

4　そこで，本件引用判例に係る判例違反の主張について検討する。

　委託を受けて他人の不動産を占有する者が，これにほしいままに抵当権を設定してその旨の登記を了した後においても，その不動産は他人の物であり，受託者がこれを占有していることに変わりはなく，受託者が，その後，その不動産につき，ほしいままに売却等による所有権移転行為を行いその旨の登記を了したときは，委託の任務に背いて，その物につき権限がないのに所有者でなければできないような処分をしたものにほかならない。したがって，売却等による所有権移転行為について，横領罪の成立自体は，これを肯定することができるというべきであり，先行の抵当権設定行為が存在することは，後行の所有権移転行為について犯罪の成立自体を妨げる事情にはならないと解するのが相当である。

　このように，所有権移転行為について横領罪が成立する以上，先行する抵当権設定行為について横領罪が成立する場合における同罪と後行の所有権移転による横領罪との罪

数評価のいかんにかかわらず，検察官は，事案の軽重，立証の難易等諸般の事情を考慮し，先行の抵当権設定行為ではなく，後行の所有権移転行為をとらえて公訴を提起することができるものと解される。また，そのような公訴の提起を受けた裁判所は，所有権移転の点だけを審判の対象とすべきであり，犯罪の成否を決するに当たり，売却に先立って横領罪を構成する抵当権設定行為があったかどうかというような訴因外の事情に立ち入って審理判断すべきものではない。このような場合に，被告人に対し，訴因外の犯罪事実を主張立証することによって訴因とされている事実について犯罪の成否を争うことを許容することは，訴因外の犯罪事実をめぐって，被告人が犯罪成立の証明を，検察官が犯罪不成立の証明を志向するなど，当事者双方に不自然な訴訟活動を行わせることにもなりかねず，訴因制度を採る訴訟手続の本旨に沿わないものというべきである。

　以上の点は，業務上横領罪についても異なるものではない。

　そうすると，本件において，被告人が本件土地1につき本件抵当権〔1〕，〔2〕を設定し，本件土地2につき本件抵当権〔3〕を設定して，それぞれその旨の登記を了していたことは，その後被告人がこれらの土地を売却してその旨の各登記を了したことを業務上横領罪に問うことの妨げになるものではない。したがって，本件土地1，2の売却に係る訴因について業務上横領罪の成立を認め，前記 (1)，(2) の各犯罪事実を認定した第1審判決を是認した原判決の結論は，正当である。

　以上の次第で，刑訴法410条2項により，本件引用判例を当裁判所の上記見解に反する限度で変更し，原判決を維持するのを相当と認めるから，所論の判例違反は，結局，原判決破棄の理由にならない。

　よって，刑訴法414条，396条，平成7年法律第91号による改正前の刑法21条により，裁判官全員一致の意見で，主文のとおり判決する。

　検察官○○○○，同△△△△，同□□□　公判出席

（裁判長裁判官　町田顯　裁判官　福田博　裁判官　金谷利廣　裁判官　北川弘治　裁判官　亀山継夫　裁判官　梶谷玄　裁判官　深澤武久　裁判官　濱田邦夫　裁判官　横尾和子　裁判官　上田豊三　裁判官　滝井繁男　裁判官　藤田宙靖　裁判官　甲斐中辰夫　裁判官　泉德治　裁判官　島田仁郎）

チェック

□本件土地に関する抵当権設定行為及び所有権移転行為は，それぞれ横領罪の成立要件を具備しているか？

□不可罰的事後行為とは何か？　共罰的事後行為とは何か？

□本判決は抵当権設定行為と所有権移転行為の双方に横領罪が成立する場合における罪数評価については明言していないが，理論的にはどのように考えるべきか？

授　業

　今回のテーマは「罪数」です。罪数は，普段の学修ではあまり深く勉強する時間がないかもしれませんが，実務的には非常に重要です。ここでは，基本的な事柄を確認した上で，近時議論のある非常に興味深い論点について，判例を参考にしながら考えてみたいと思います。

　一つの犯罪事象には常に１個の犯罪しか含まれていないというわけではありません。社会的・歴史的事実としては１個の犯罪事象であっても，そこに複数の犯罪が含まれていることは当然あります。また，発覚するまでに年月が経ったため，多数の犯行が一度に明らかになるようなこともあります。そのような場合には，行為者は一体いくつの犯罪を行ったのか，ということを判断する必要があります。なぜならば，行為者の行った行為に対して，どの刑罰法規を適用できるのか，また，適用すべきなのかを決定しなければならないからです。そして，行為者が複数の犯罪を実行したとされる場合，それに対してどのような法的効果を付与するべきなのか（どのような刑で処罰するべきなのか）が問題となります。このように，行為者が実行した犯罪の個数を確定することと，行為者が複数の犯罪を実行している場合の法的な取扱いを決めることが，罪数論の問題になります。罪数論は，実務的には，①適用すべき罰条の決定及び処断刑・宣告刑の決定という実体法的な問題のほかに，②一事不再理の効果が及ぶ範囲の画定[1]，③公訴時効の起算点の確定[2] という手続法的な役割も果たしています。

---

[1] 例えば，科刑上一罪となる事実の一部が起訴され，確定判決があったときは，その一罪を構成する他の事実についても一事不再理の効力は及ぶのに対して，併合罪の関係にある複数の事実について，その一方に確定判決があっても，他方については一事不再理の効力は及ばないとされます。

[2] 判例は，観念的競合の場合について，一罪全体が終わった時を起算点としていますし（最決昭63・2・29刑集42・2・314），包括一罪の場合もこれを構成する最終の犯罪行為が終わった時を起算点としています（最判昭31・8・3刑集10・8・1202）。

```
                    罪数論の意義

・行為者が実行した犯罪の個数の確定→一罪か，数罪か？
・行為者が複数の罪を実行したとされる場合，それにどのような法
 的効果を付与すべきか（どのような刑で処罰すべきか）を決定す
 る
＊罪数論の実務的役割
・適用すべき罰条の決定及び処断刑・宣告刑の決定
・一事不再理の効果が及ぶ範囲の画定
・公訴時効の起算点の確定
```

　罪数には様々な形態がありますが，大別すると一罪と数罪に分けることができます。そして，一罪の中には，1個の犯罪しか成立していないと評価される本来的一罪と数個の犯罪が成立しているけれども刑を科す上では一罪として取り扱われる科刑上一罪とがあります。更に，本来的一罪は単純一罪[3]と包括一罪[4]に分けられ，科刑上一罪は観念的競合と牽連犯に分けられます。他方で，1人が数罪を犯した場合で，科刑上一罪に当たらず，45条に該当する場合を併合罪といいます。なお，科刑上一罪にも併合罪にも当たらない数罪のことを単純数罪と呼ぶことが，現在では一般的になってきているようです。

```
                    罪数の諸形態

 1   本来的一罪
     ・単純一罪（含：法条競合［特別関係・補充関係・択一関係］）
     ・包括一罪（同質的包括一罪・異質的包括一罪［混合包括一
      罪］）
 2   科刑上一罪（54条1項）
     ・観念的競合
     ・牽連犯
 3   併合罪（45条）
 4   単純数罪
```

　罪数論には興味深い問題がたくさんありますが，ここでは，近時議論の多い，

---

[3] 法条競合も単純一罪の一種とされる場合が一般的だと思われますが（山口・総論393頁など），単純一罪を認識上一罪とし，法条競合を評価上一罪として区別する見解もあります（鈴木茂嗣「罪数論」中山研一ほか編『現代刑法講座第3巻』［1979年］284頁。なお，構成要件上一罪と罰条上一罪という区別をするものとして井田・総論580頁）。

包括一罪について取り上げることにします。

　まず，包括一罪の意義について概観しましょう。

包括一罪

1　意義…外形上は構成要件に数回該当するようにみえる行為で
　　　　あっても，一個の罰条を適用することでそれを包括的
　　　　に評価できる場合
2　具体例
(1)　接続犯…同一の犯意に基づき場所的・時間的に近接した条件
　　　　　のもとで行われる数個の同種行為
(2)　共罰的事前・事後行為
(3)　随伴行為…主たる法益侵害惹起に随伴する従たる法益侵害惹
　　　　　起について，主たる法益侵害惹起を処罰する罪の
　　　　　刑に吸収して評価すれば足りる場合
(4)　混合包括一罪

4　包括一罪の中には，実質的に見ると科刑上一罪に近い処理がなされているように見えるものもあります。例えば，東京高判平7・3・14高刑集48・1・15は，「一般に銀行預金を担保として第三者から融資を受ける場合には，当該第三者に質権設定承諾書を交付し，その後融資金の交付を受けるのが通常予想される形態と考えられる。ところが，本件においては，融資金が銀行預金の原資となっている関係で，まず融資金が入金されて預金に当てられてこれに関する質権設定承諾書が作成され，それが融資先に交付されているのである。しかし，元々（偽造）質権設定承諾書の交付は，融資金の入金（騙取）につき必要不可欠なものとして，これと同時的，一体的に行われることが予想されているのであって，両者の先後関係は必ずしも重要とは思われないところである。事実，本件と同様の不正融資事件において，事務処理の都合等から融資金の入金前に預金通帳等を作成して質権設定承諾書を偽造し，これを交付するのと引き換えに不正融資金が振込入金された事例もあることは当裁判所に顕著な事実であり，かつその場合には，当然のことながら，有印私文書偽造，同行使，詐欺とは順次手段結果の関係にあり結局一罪であるとして処断されているのである。そして，右の場合と偶々その担当者の事務処理の都合等から偽造質権設定承諾書の交付と振込入金との時間的先後が逆になった本件のような場合とで罪数処理に関する取扱いを異にすべき合理的な理由を見い出し難いことからすると，偽造有印私文書行使罪と詐欺罪との法益面での関連性が必ずしも強くないことを考慮に入れても，両者は包括一罪として処断するのが相当と解される。」と判示しています。ここでは明らかに科刑上一罪とのバランスが考慮されています（松宮・総論337頁）。確かに，包括一罪とされるものの中には，複数の罰条を適用することが可能であるが，併合罪とするのは行き過ぎである一方で，法定されている科刑上一罪の類型にも該当しないというケースが含まれているように思われます（特に混合包括一罪の場合にはそのような傾向が強いのではないでしょうか）。かつて，平野先生は，包括一罪も科刑上一罪の一種であり，本来の科刑上一罪は明示的の方法がとられるのに対し，包括一罪では黙示的方法がとられるとされました（平野・総論Ⅱ413頁）。私には腑に落ちる説明ですが，皆さんはどうでしょうか？

　包括一罪とは，外形上は構成要件に数回該当するようにみえる行為であっても，1個の罰条を適用することでそれを包括的に評価できる場合をいうとされています。これには，①行為の外形上同じ構成要件に数回該当するようにみえるが包括して一罪と評価される場合（同質的包括一罪）と②行為の外形上異なる構成要件に該当するようにみえるが包括して一罪と評価される場合（異質的包括一罪［混合包括一罪］）があるとされます。①は，更に，構成要件的行為として数個の同種行為が予定されている犯罪である集合犯（常習犯［例：常習賭博罪【186条1項】]，職業犯［例：わいせつ物頒布・販売罪【175条】]，営業犯［例：無資格医業の罪【医師法17条，31条1項1号】]）と，同一の犯意に基づき場所的・時間的に近接した条件のもとで数個の同種行為を行う接続犯[5] に分けられます。最判昭24・7・23刑集3・8・1373 は，わずか2時間余の短時間内に，同一機会を利用して，前後3回にわたり，同一の倉庫内から，米俵合計9俵を窃取した事案について，単一の窃盗罪が成立するとしましたが，これなどは接続犯の例だとされています。他方，②には，共罰的事前行為（例：殺人予備罪の処罰は殺人罪の刑に吸収される）や共罰的事後行為（例：窃盗後の器物損壊罪は窃盗罪の刑によって評価されつくしている）のほか，随伴行為があるとされます。随伴行為とは，主たる法益侵害惹起に随伴する従たる法益侵害惹起について，主たる法益侵害惹起を処罰する罪の刑に吸収して評価すれば足りるとされる場合であり，拳銃で射殺する際の衣服の損傷に関する器物損壊が殺人罪の刑に吸収して評価される場合などがこれに当たります[6]。その他，判例では，窃盗あるいは詐欺と2項強盗による強盗殺人未遂罪との包括一罪を認めたものもあります（最決昭61・11・18刑集40・7・523）。このように包括一罪には雑多なものが含まれており，これが一罪として評価される統一的な理由を見出すこ

---

[5] 昭和22年改正前には「連続シタル数個ノ行為ニシテ同一ノ罪名ニ触ルルトキハ一罪トシテ之ヲ処断ス」（旧55条）という連続犯の規定がありました。この規定は，解釈によりその適用範囲が著しく拡張されていましたが，連続犯を構成する一部に確定判決があると全体に一事不再理効が及ぶことになり，捜査の制限が厳しくなった現行刑事訴訟法下では処罰し得なくなる場合が生じるため廃止されました。しかし，判例は，連続犯を廃止した後も，これに該当するようなケースを部分的に包括一罪の中に取り込んでいるようです（最判昭31・8・3刑集10・8・1202）。

[6] 東京地判平7・1・31判時1559・152 は，顔面を手拳で殴打して傷害を負わせるとともに眼鏡レンズ1枚を破損したという事案について，傷害罪と器物損壊罪の観念的競合を認めず，レンズの破損は傷害罪で包括的に評価されるとしました。これに対して，只木先生は，観念的競合を認めるべきだとされています（只木誠「罪数論・競合論・明示機能・量刑規範」安広文夫編著『裁判員裁判時代の刑事裁判』[2015年] 455頁以下）。

とは容易ではありません。形式的には数罪の成立を認めることは十分可能であるが，様々な理由から数罪として取り扱うことに問題が生じ，しかも法定された科刑上一罪として取り扱うこともできないようなケースを一罪とするために，かなり便宜的に用いられている気味がないとはいえません。

　そのような視点で見た場合に興味深いのが，課題判例 27（最決平 22・3・17 刑集64・2・111）です。これは，いわゆる街頭募金詐欺の事案に関するものでした。

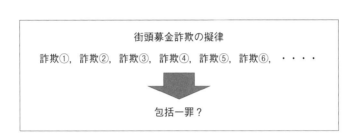

　通常，詐欺罪は，被害者ごとに成立し，併合罪になると考えられています。それを前提とすれば，街頭募金詐欺の場合も寄附者ごとに詐欺罪が成立し，併合罪とするのが筋でしょう。ところが，課題判例 27 は，「この犯行は，偽装の募金活動を主宰する被告人が，約 2 か月間にわたり，アルバイトとして雇用した事情を知らない多数の募金活動員を関西一円の通行人の多い場所に配置し，募金の趣旨を立看板で掲示させるとともに，募金箱を持たせて寄付を勧誘する発言を連呼させ，これに応じた通行人から現金をだまし取ったというものであって，個々の被害者ごとに区別して個別に欺もう行為を行うものではなく，不特定多数の通行人一般に対し，一括して，適宜の日，場所において，連日のように，同一内容の定型的な働き掛けを行って寄付を募るという態様のものであり，かつ，被告人の 1個の意思，企図に基づき継続して行われた活動であったと認められる。加えて，このような街頭募金においては，これに応じる被害者は，比較的少額の現金を募金箱に投入すると，そのまま名前も告げずに立ち去ってしまうのが通例であり，募金箱に投入された現金は直ちに他の被害者が投入したものと混和して特定性を失うものであって，個々に区別して受領するものではない。以上のような本件街頭募金詐欺の特徴にかんがみると，これを一体のものと評価して包括一罪と解した原判断は是認できる」と判示しました[7]。接続犯の場合には同一人に法益侵害が

生じているので，比較的包括一罪としやすいですが，本件の場合には法益侵害が別人に生じているので包括一罪とすることにはかなり無理があるケースだと思われます。それにもかかわらず，判例がこのような取扱いを認めた主たる理由は手続法的なところにあったといえるでしょう。もし，このような事案を併合罪として取り扱うと，被害者及び被害額が特定できたものについてしか起訴することができず，併合罪加重をしてもその量刑は実態から乖離したものになる恐れがあります（本件でも特定された被害者は9名，被害額は21,120円ですが，全体の詐取額は約2480万円だというのですから，大きな開きがあります）[8]。他方で，全体を包括一罪とすると個別の行為が特定されなくとも，全体としての行為が特定されていれば罪となるべき事実としては十分であると解されます。そのため，課題判例27でも，「その罪となるべき事実は，募金に応じた多数人を被害者とした上，被告人の行った募金の方法，その方法により募金を行った期間，場所及びこれにより得た総金額を摘示することをもってその特定に欠けるところはない」と判示されています。街頭募金詐欺における個々の被害者・被害金額の特定が著しく困難若しくは不可能であるという特殊性に鑑みると，このような処理をする必要性は高いといえるでしょう。ただ，そのような便宜的な理由で包括一罪の成立を認めてよいのかは疑問のあるところですし[9]，併合罪とするのが原則であるとすると，いかなる場合に包括一罪とすることが許されるのかという点の判断基準も問われなければならないことになるでしょう。手続法上の要請だけで罪数評価を決定することに問題があるとすれば，何らかの実体法上の根拠が示されなければならないと思いますが，そのあたりの議論はいまだ現在進行形といったところでしょう。街頭募金詐

---

[7] 佐伯先生は，平成22年決定で問題となったような，ある程度の期間にわたって連続して行われた複数の行為を包括一罪として扱う場合を連続的包括一罪と呼んでいます（佐伯仁志「連続的包括一罪について」植村退官（1）24頁）。

[8] 亀井先生は，被害者等が特定できたケースを個別に訴因とした上で，不特定多数者への侵害を訴因外の余罪として量刑上考慮する方法をとるべきことを示唆されています（亀井源太郎・判例セレクト2010［Ⅰ］33頁）。

[9] 松宮先生は，（補足意見も含めて）本決定が示すような理由づけは，現行法の詐欺罪の解釈として包括一罪の処理を支持するものではなく，街頭募金詐欺罪という不特定かつ多数の被害者を対象とする集合的な詐欺危険犯を立法すべき根拠に過ぎないとされ，それにもかかわらず，現行の詐欺罪の解釈としてこのような判断をすることは，罪刑法定主義違反であると共に，憲法41条にも違反するとされています（松宮孝明「詐欺罪の罪数について」立命館法学329号［2010年］23頁以下）。皆さんは，このような見解をどのように評価されるでしょうか？

欺という犯行形態が，個々の被害者よりはむしろ多衆に標的を定めるものであり，一般に個々の被害額も軽微であるということなどに注目して，被害者や個々の法益侵害の個性が重要ではない類型であるとみて，全体を包括的に評価することを認めるといった考え方などがあり得ると思います[10]。皆さんもそれぞれ考えてみてください[11]。

　なお，犯罪の特定という観点からは，最決平 26・3・17 刑集 68・3・368 も興味深い判例です。本決定では，暴行が断続的に行われ被害者は傷害を負っているけれども，個々の暴行と傷害結果との因果関係が特定できない事案に関して，「検察官主張に係る一連の暴行によって各被害者に傷害を負わせた事実は，いずれの事件も，約 4 か月間又は約 1 か月間という一定の期間内に，被告人が，被害者との上記のような人間関係を背景として，ある程度限定された場所で，共通の動機から繰り返し犯意を生じ，主として同態様の暴行を反復累行し，その結果，個別の機会の暴行と傷害の発生，拡大ないし悪化との対応関係を個々に特定することはできないものの，結局は一人の被害者の身体に一定の傷害を負わせたというものであり，そのような事情に鑑みると，それぞれ，その全体を一体のものと評価し，包括して一罪と解することができる」と判断されました。本件の場合，被害法益の同一性という点では包括一罪とすることに問題はありませんが，個々の行為がそれぞれの段階における意思決定によって行われているところから意思決定の 1 個性が問題となり得るところでした。本決定は，厳格な意思決定の 1 個性を要求しませんでしたが，行為者と被害者との人間関係に注目し，断続的に行われた犯行であることに全体を包括して評価する契機を見出しているものと思われます[12]。なお，全体を包括一罪とした場合には，個々の暴行と傷害との対応関係を具体的に明らかにする必要はないでしょう[13]。

---

[10] 只木誠・百選 I（第 8 版）206 頁以下参照。

[11] ネット上では事業などを支援するためのクラウドファンディングが数多く見受けられますが，仮にこれが詐欺であった場合はどのように対処されるでしょうか？　このようなケースでは，被害者を特定することは技術的に可能であると思いますが，出資者が多数に上る場合，どのように取り扱われることになるでしょうか？　考えてみてください。

[12] 本決定の調査官解説では，「被告人において，共通の事情（人間関係）を背景として，共通の動機から，繰り返し犯意が沸き起こったというものであり，犯意の発現は断続的であるものの，その基底において意思が継続していると評価することができると思われる」とされています（辻井靖夫・最判解平成 26 年度 94 頁）。巧みな説明であり，包括一罪とする結論にも反対ではないのですが，「基底における意思の継続」という表現にはやはりフィクションの感が否めません。

次に，不可罰的事後行為について検討することにしましょう。

不可罰的事後行為・共罰的事後行為

① 窃盗 ─────────────→ 器物損壊

② 占有離脱物横領 ───→ 器物損壊

・器物損壊罪は犯罪として成立しているか？
・器物損壊罪で処罰することはできるか？

不可罰的事後行為の典型例としてよく挙げられるのは，窃盗犯人が盗品を損壊する場合，この損壊行為は不可罰的事後行為であるというものです。ところで，この場合，どうして器物損壊行為は不可罰になるのでしょうか？　それは，先行する窃盗罪の評価において器物損壊行為が共に評価されているといえるからだと説明されています（つまり窃盗罪の刑において共に評価されるということです）。しかし，そうだとすると，器物損壊行為は罰せられないのではなく，窃盗罪の規定で共に罰せられているのですから，不可罰的事後行為という表現はミスリードの感があります。そのため，現在では，このような場合は共罰的事後行為と表現することが一般的になっています[14]。理論的に見ても，器物損壊罪が成立しないとすれば，器物損壊行為にだけ関与した者もその共犯とはならないことになるでしょうが，それはおかしなことでしょう。なお，器物損壊罪は犯罪としては成立しているのだとすれば，検察官が立証の難易等を考慮して，窃盗罪ではなく器物損壊罪で起訴し，裁判所がこれを有罪とすることはできますし，また，先行する窃盗罪について公訴時効期間が経過している場合でも器物損壊罪で起訴することはできるということになります。これに対して，占有離脱物横領後に器物損壊行為に及んだというケースについては，器物損壊罪は成立しない（従って不可罰である）とする見解も有力です[15]。その理由は，もし器物損壊罪が成立するとなると，占有離脱物横領罪の刑が軽く定められていることの意味がなくなってしまう，という

---

[13] 橋爪・悩みどころ 460 頁。

[14] 井田・総論 584 頁など。

[15] 西田・総論 450 頁。これに対して，包括一罪として重い器物損壊罪で処断するものとして，林・各論 298 頁。

点に求められています。

　課題判例 28（最大判平 15・4・23 刑集 57・4・467）は，不可罰的事後行為の意義を改めて考えさせるきっかけとなった重要な判例です（これは，明示的に判例変更をしている数少ない判例の一つでもあります[16]）。かつて判例は，他人の不動産を占有する者が，これに無断で抵当権を設定したときは，その行為が横領罪を構成し，その後の売却行為は横領罪を構成しないとしていました（最判昭 31・6・26 刑集 10・6・874）。これは，横領罪を状態犯と理解し，横領行為後に更に同一物を処分する行為は不可罰的事後行為であって別途横領罪を構成するものではないとするものだと一般に理解されていました[17]。

　これに対し，最高裁は，「委託を受けて他人の不動産を占有する者が，これにほしいままに抵当権を設定してその旨の登記を了した後においても，その不動産は他人の物であり，受託者がこれを占有していることに変わりはなく，受託者が，その後，その不動産につき，ほしいままに売却等による所有権移転行為を行いその旨の登記を了したときは，委託の任務に背いて，その物につき権限がないのに所有者でなければできないような処分をしたものにほかならない。したがって，売却等による所有権移転行為について，横領罪の成立自体は，これを肯定することができるというべきであり，先行の抵当権設定行為が存在することは，後行の所有権移転行為について犯罪の成立自体を妨げる事情にはならないと解するのが相当である」と判示し，明示的に判例を変更しました。

　罪数の問題を考える前に，横領罪の成立要件との関連で 2 点注意しておきたいと思います。

---

[16] 本件の控訴審判決に関わられた安廣先生は，「『裸の大様』の話を借りていえば，旧判例は，いずれもはじめから裸だったのであり，本大法廷判決によって衣類を脱がされたわけではないと思います。旧判例を支持していた論者（研究者のみならず，実務家も含まれます）は，その論述時点における自己の不明を恥じるべきであって，本大法廷判決以後の論説の中には，その反省が欠けているからこそ，論旨が分かりにくくなっているものが少なくないように思います」と述べておられます（「判例との関りを振り返っての雑感」中央ロージャーナル第 12 巻第 2 号［2015 年］36 頁以下）。重い言葉ですね。
[17] ここでは，先行行為によって客体である物の全部について横領が成立するという見方（いわゆる「全部横領」）が暗に前提とされていたといえるでしょう。

278

```
┌─────────────────────────────────────────────────────────────┐
│                      横領後の横領                              │
│                                                               │
│      抵当権設定行為  ──────────→  所有権移転行為               │
│          (①)                          (②)                    │
│                                                               │
│  ・①は横領罪の成立要件を満たしているか？                       │
│  ・②は横領罪の成立要件を満たしているか？                       │
│  ・①②共に横領罪が成立するとした場合，罪数関係はどうなるか？     │
└─────────────────────────────────────────────────────────────┘
```

　第1に，本判決は，抵当権設定行為も横領になるという考え方を前提にしていますから，所有権それ自体を消滅させる行為でなくとも横領に当たるという解釈をしなければなりません。横領の意義について領得行為説に立つ場合には，この結論は比較的容易に是認されるでしょうが，法益侵害結果をどのように理解するかという点は，やや問題になり得るものと思います。所有権を消滅させるのではなく，所有権の機能（所有権者がその物を利用・処分し得るという事実上の可能性）を阻害する行為であっても横領に当たるとして，そのような機能侵害をもって横領の法益侵害結果であると考える見方[18]もあるでしょうし，法益侵害はあくまで所有権それ自体を侵害するところにあり，抵当権設定行為はその侵害結果発生の危険を惹起するものだから横領に当たると解し，横領罪を危険犯として理解する見方[19]もあり得るでしょう。

　第2に，先行する抵当権設定行為が横領に当たるとしても委託信任関係は依然として継続しているのでなければ，後の売却行為について横領罪は成立しません。先行する抵当権設定行為が横領罪に当たるとすれば，その後当該不動産は「盗品その他財産に対する罪に当たる行為によって領得された物」（256条）に当たることになり，その占有は最早本人との委託信任関係に基づくものとはいえないのではないか，との疑問を呈する向きもあるかもしれません。しかし，先行する抵当権設定行為が横領に当たるとしても，その前後で占有形態に変化がなければ，適切に管理してくれることに対する本人の信頼は依然として保護すべきでしょう。実際上も，例えば，委託された金銭の一部を無断で費消した場合，それによって委託信任関係は消滅するとすれば，その後，残りの受託金を費消する行為は占有離脱物横領罪にしか当たらないことになり不当であると思います。

---

[18] なお，西田典之『刑法解釈論集』（2013年）434頁以下参照。
[19] 橋爪・法教439号（2017年）83頁。

　このように土地の売却行為が横領罪に当たるとした場合には，先行する抵当権設定行為も横領罪に当たるとすることとの罪数関係をどのように評価すべきなのか，という問題が生ずることになります。課題判例 28 は，後行行為を犯罪として成立しない不可罰的事後行為とは捉えないことは明言していますが，先行行為と後行行為との罪数評価については慎重に判断を留保しています。

　学説においては，このような場合には包括一罪とする見解が有力です。併合罪とすること[20] には（不可能ではないとしても）若干行き過ぎの感があるので，結論的には包括一罪とするのが穏当であると思われますが，それをいかにして根拠づけるかはかなりの難問です。

　この点に関しては，①売却行為は抵当権設定行為の共罰的事後行為であり，どちらも横領罪が成立するが，両罪を処罰することは二重処罰となり許されないとする見解，②「全部横領」性（領得の 1 回性）という横領罪の罪質の特殊性に基づく特殊な包括一罪であるとする見解，③客体と委託信任関係の同一性を根拠とする見解などが主張されています。

　①の見解は，「犯罪の成立とは，刑罰法規の適用可能性のことである」との考え方を前提にして，抵当権設定行為も売却行為も全部横領であるとしつつ，同一客体に対する全部横領が競合する限りで包括一罪になるとします[21]。もっとも，売却行為に横領が成立するかどうかは，抵当権設定行為が先行することを度外視して考えることができない以上[22]，抵当権設定行為を全部横領だとしつつ，後の売却行為も当然に全部横領だと解することができるのかには疑問も生じ得るように思われます。

　②の見解は，先行行為と後行行為の双方について法益侵害（構成要件該当性）を肯定することと，「1 個の物は 1 回しか領得できない」という基本的理解との実質的な調和を図ろうとするものです[23]。巧みな説明ではありますが，そこにいう「全部横領」性は非常に観念的で（本来「1 個の物は 1 回しか領得できない」のであればそ

---

[20] 伊東先生は，併合罪となる可能性を認めておられます（伊東・各論 222 頁）。

[21] 山口厚＝井田良＝佐伯仁志『理論刑法学の最前線Ⅱ』（2006 年）259 頁［井田良］。

[22] この点は，売却行為が横領罪に当たり，しかもそれが「全部横領」なのだとすれば，翻って抵当権設定行為は横領に当たらないのではないか，という疑問にもつながってくるでしょう。例えば，浅田先生は，抵当権設定行為は背任罪に当たり得るにとどまり，その後の売却が横領になるという見解を主張されています（浅田・各論 282 頁）。また，そもそも，抵当権設定行為がいかなる意味で「全部横領」なのかも問題となり得るでしょう。

[23] 山口厚『新判例から見た刑法〔第 3 版〕』（2015 年）139 頁。

もそも何故複数の横領罪が成立し得るのかが問題となるでしょう），全体を一罪とするために便宜的に持ち出されている感がないではありません。

　③の見解[24] は，部分横領を認める点[25] で複数の横領罪が成立することの説明としては明快ですが，客体と委託信任関係の同一性のみで一罪性を根拠づけることができるのかは，なお検討を要するように思われます。また，部分横領を認めるのであれば，むしろ併合罪とするのが素直な理解ではないかといった疑問も出てくるのではないでしょうか。

　このように，この問題は，判例もなく，学説の議論も現在進行形で定説もないところですから，試験の解答としては，客体の同一性・委託信任関係の同一性・犯意の継続性・行為の時間的場所的近接性などに着目して包括一罪とするといった程度のことが書けていれば十分であると思われます[26]。

　ところで，課題判例 28 は，「所有権移転行為について横領罪が成立する以上，先行する抵当権設定行為について横領罪が成立する場合における同罪と後行の所有権移転による横領罪との罪数評価のいかんにかかわらず，検察官は，事案の軽重，立証の難易等諸般の事情を考慮し，先行の抵当権設定行為ではなく，後行の所有権移転行為をとらえて公訴を提起することができる」としています。これは検察官に起訴の対象となる行為を選択する裁量権を認めたものでしょう。従って，検察官は，売却行為を訴追することも，（公訴時効の問題などがなければ）抵当権設定行為を訴追することもできるということになるでしょう[27]（なお，双方を訴追するということも可能であると思われます[28]）。

　ここで先行行為と後行行為の双方に横領罪の成立を認め包括一罪とするという考え方によれば，売却行為が訴追・処罰される場合には抵当権設定行為を量刑に

[24] 前掲『理論刑法学の最前線Ⅱ』261 頁以下［佐伯仁志］。
[25] 横領後の横領を認める理由づけとして，横領罪を所有権の機能に対する侵害と見て，抵当権設定後の売却行為は残された所有権の機能をさらに侵害するという点を指摘する見解があります（西田・前掲『解釈論集』434 頁）。これは，実質的には部分横領を肯定することになると私は思うのですが，皆さんはどう考えるでしょうか？
[26] もっとも，犯意の継続性や行為の時間的場所的近接性といった，一般に包括一罪を認める際に重視される点が欠けていてもなお包括一罪とすることが可能か，という問題が生じ得るところに，この問題の難しさがあります。そして，この問題は，先行行為を背任にしても解消されるものではありません（むしろ異なる犯罪間の包括一罪を肯定するのは，よりハードルが高くなるといえるかもしれません）。
[27] 抵当権設定行為，売却行為のいずれかだけを起訴し，有罪判決が確定した場合，どの範囲で一事不再理効が及ぶのかという問題も考えてみてください。

おいて考慮し，抵当権設定行為が訴追・処罰される場合には売却行為を量刑において考慮するということができることになるでしょう[29]。そうだとすれば，前者の場合，抵当権設定行為は共罰的事前行為であり，後者の場合，売却行為は共罰的事後行為であるということになると思われます（双方が訴追された場合には，全体を包括して横領罪一罪を認めることになるでしょう）。

授業後の課題

　甲は，A金融会社から，BになりすましてB名義のローンカード（融資用キャッシングカード）を入手した上，このカードを使って現金を手に入れようと計画した。そこで，甲は，身分証明用にBの運転免許証の外観を有する書面を作成して，A金融会社に赴き，担当係員Cの求めに応じて，その書面を提示した。更に，甲は，極度額付基本契約書の提出を求められたので，Cから渡された極度額付基本契約書用紙の記載事項欄にBの姓名，住所等を書き入れて，Cに交付した。その結果，Cは，甲を「B」だと信じ，返済能力があるものと誤信して，B名義のローンカード1枚を甲に交付した。甲は同ローンカードの交付を受けると，直ちにA金融会社店舗内ATMコーナーにおいて設置されているATM機に同ローンカードを挿入し，所定の操作を経て現金20万円を引き出してその場を離れた。
　甲に成立する犯罪と，その罪数関係について簡潔に説明しなさい。

---

[28] 大阪地判平20・3・14判タ1279・337は，同一建物に関する抵当権設定仮登記と所有権移転仮登記が起訴された事案について，「先行する前記抵当権設定仮登記の点について包括的一罪として横領罪の成立を認めれば足り，後行する前記所有権移転仮登記の点はいわゆる不可罰的ないし共罰的事後行為としてもはや処罰の対象にはなら」ないとし，「抵当権設定仮登記による横領罪が成立し，…所有権移転仮登記による横領罪は成立しない」としています。併合罪にはならないということはよく分かりますが，後行行為について横領罪の成立自体を否定するかのようでもある点にはやや疑問がないではありません。
[29] 抵当権設定行為と売却行為を比較した場合，その法益侵害（の危険）の程度は後者の方が大きいことから，抵当権設定行為の処罰において売却行為が共に処罰されるといえるのかには疑問が生じ得るかもしれません。しかし，例えば，窃盗後の器物損壊の場合でも法益侵害の程度は後者の方が大きいかもしれませんが，それでも窃盗の処罰において後の器物損壊の点も共に処罰されていると解することができるとされています。それは，窃盗罪においてその後の盗品の処分も当然考慮に入れた上で法定刑が定められているはずであるという点が大きな理由になっているでしょう。そのような観点から見ると，横領の場合も，実は一つ一つ切り取ってくれば横領に当たり得ると思われる行為が連続的に行われるケースは容易に考えられるところなので（例えば，委託された金銭を「持ち逃げ」して「費消」したというケースでは，「持ち逃げ」も「費消」も，いずれも横領には当たり得るはずです），そのような場合があり得ることを当然に考慮に入れて法定刑が定められている（従って，連続して行われている行為の1つが横領として起訴されたとき，その行為を処罰することによって，他の横領に当たり得る行為も共に処罰されている）と解し得るように思われます。

考え方

　甲には，①運転免許証様の書面を作成した行為について有印公文書偽造罪，②Cに提示した行為について同行使罪，③極度額付基本契約書を作成した行為について有印私文書偽造罪，④Cに交付した行為について同行使罪，⑤ローンカードの交付を受けた行為について詐欺罪，⑥ATMで現金を引き出した行為について窃盗罪が成立すると考えられます。①②⑤の間及び③④⑤の間には，それぞれ順次手段結果の関係があるのでいずれも牽連犯（刑54条1項後段）となるのですが，⑤をかすがいとして，結局，①〜⑤の罪全体が科刑上一罪となることに注意が必要です[30]。

　このように本来併合罪となるべき数罪が，それぞれある罪と観念的競合あるいは牽連犯の関係に立つことにより数罪全体が科刑上一罪になることをかすがい現象と呼びます。例えば，Xが，Aの住居に侵入し，中にいたA及びBを順次殺害したという場合，Aに対する殺人罪とBに対する殺人罪は本来併合罪となるはずですが，それぞれと牽連犯の関係に立つ住居侵入罪がかすがいとなって全体が科刑上一罪として取り扱われることになります[31]。このような取扱いに対しては，路上で二人を殺害した場合には併合罪となるのに，これに住居侵入が加わると（犯罪行為が一個付け加わるにもかかわらず）全体が科刑上一罪となり殺人一罪で処断されることになるのは権衡を失するという批判が向けられています[32]。そこで学説では，Z罪とA罪及びZ罪とB罪との間に科刑上一罪の関係がある場合について，㋐Z罪とA罪間にのみ科刑上一罪を認め，それとB罪との併合罪とする，㋑観念的競合の場合には，Z罪とA罪との観念的競合とZ罪とB罪との観念的競合が併合罪となる，㋒罪数としてはかすがい現象を認めるが，処断刑は，A罪・B罪の併合罪と，A罪・Z罪，B罪・Z罪のそれぞれについての最も重い刑との組合せによって決定する等々，様々な見解が主張されているところですが，いずれも一長一短があり，結局，現行法上はかすがい現象を認めざるを得ないということになりそうです（もっとも，現行刑法は法定刑の幅が広いので，実際上の不都合はほとんど生じないでしょう）。

　なお，ローンカードの交付を受けた行為について詐欺罪（⑤），ATMから現金を引き出した行為について窃盗罪（⑥）の成立を認めるということで，試験の答案としてはまず問題ないと思われますが，一部に詐欺一罪説も主張されていますので，その点について若干補足しておきましょう[33]。

　詐欺一罪説は，ⓐローンカードによるATMからの現金引き出しは，従来，係員が店頭で貸付金の交付を行っていた作業に代替するものであり，ローンカードによるATMからの現金引き出しは，ローンカードの交付による現金交付行為と同視することができる，ⓑ係員によるローンカードの交付は被害を受けた金融業者係員の処分意思に基づいて生じた因果の

---

[30] 大阪地判平8・7・8判タ960・193。

[31] 最判昭29・5・27刑集8・5・741。

[32] その他，本来併合罪関係に立つ乙罪・丙罪が，集合犯である甲罪の行為とそれぞれ観念的競合の関係に立つ場合，乙罪に対する確定判決の既判力が甲罪，丙罪にも及ぶことになり妥当でない，という批判もなされています。

[33] 詳細については，平木正洋・最判解平成14年度37頁以下参照。

流れの一過程にすぎない，ⓒ特に，犯人がローンカードの交付を受けた直後に，係員の面前で ATM から現金を引き出した場合や，係員がその場で ATM の操作方法を指導したような場合には，係員が ATM を自分の手足として用いて現金を交付したものと解することができる，といったことを主要な論拠とします。

しかし，カードローンにおいては，ローンカード入手後相当期間を経てから現金を引き出す場合，ローンカードの交付を受けたのとは別の店舗で引き出す場合，日時・店舗を異にして複数回にわたって引き出す場合など，様々な利用形態が考えられるところであり，これら全ての場合に，ローンカードの入手行為と現金引出行為を一連の行為と見ることは困難でしょう。また，ローンカードが有する機能に鑑みると，カード入手行為を単なる因果の流れの一過程に過ぎないと見ることには疑問があります。更に，ローンカードを交付した係員が ATM 内の現金を犯人に交付したと認めることも困難であると思われます。以上のような点に鑑みるならば，詐欺罪と窃盗罪の両罪が成立し，併合罪となるという結論が支持されるべきでしょう[34]。

最後に改めて結論を示すと，甲には，①運転免許証様の書面を作成した行為について有印公文書偽造罪，②C に提示した行為について同行使罪，③極度額付基本契約書を作成した行為について有印私文書偽造罪，④C に交付した行為について同行使罪，⑤ローンカードの交付を受けた行為について詐欺罪，⑥ATMで現金を引き出した行為について窃盗罪が成立し，①②⑤の間及び③④⑤の間には，それぞれ順次手段結果の関係があるのでいずれも牽連犯（刑 54 条 1 項後段）となるが，⑤をかすがいとして，結局，①〜⑤の罪全体が科刑上一罪となり，これと⑥が併合罪となる，ということになります。

---

[34] 最決平 14・2・8 刑集 56・2・71。これに対して，松宮先生は，現金の借入行為は最初の行為で騙し取った権利（松宮・各論 263 頁参照）の実現にすぎないのだから詐欺罪の包括一罪とすべきだとされます（松宮孝明『先端刑法各論』［2021 年］148 頁以下）。なお，実質的な法益の同一性などに着目して包括一罪とする見解として，林美月子・平成 14 年度重判解 150 頁。

著者紹介

髙 橋 直 哉 (たかはし なおや)

1966 年　岩手県に生まれる
1989 年　中央大学法学部卒業
1995 年　中央大学大学院法学研究科博士後期課程満期退学
1995 年　中央大学法学部兼任講師
1999 年　東海大学文明研究所専任講師
2007 年　駿河台大学大学院法務研究科准教授
2013 年　中央大学大学院法務研究科教授（現在に至る）

主要著書

『刑法基礎理論の可能性』（成文堂、2018 年）
『刑法演習サブノート 210 問』（共編著 弘文堂、2020 年）
『刑法演習ノート〔第 2 版〕』（共著 弘文堂、2017 年）

刑法の授業 ［上巻］

2022年 2 月 1 日　初版第 1 刷発行

著　者　髙 橋 直 哉

発 行 者　阿 部 成 一

〒162-0041　東京都新宿区早稲田鶴巻町514番地

発 行 所　株式会社　成 文 堂

電話 03(3203)9201(代)　　Fax 03(3203)9206
http://www.seibundoh.co.jp

製版・印刷・製本　三報社印刷　　　　　検印省略

©2022　N. Takahashi　Printed in Japan
☆乱丁・落丁本はおとりかえいたします☆
ISBN978-4-7923-5348-3　C3032

定価(本体3000円＋税)